KB011810

근대 사회정치철학의
테제들

근대 사회정치철학의 테제들

홉스에서 마르크스까지

연구모임
사회비판과대안
엮음

사월의책

근대 사회정치철학의 테제들

1판 1쇄 발행 2021년 2월 10일

지은이 고지현, 김광식, 김은희, 문성훈, 박성진, 이유선, 이행남, 정대훈, 진태원, 한상원
엮은이 연구모임 사회비판과대안
펴낸이 안희곤
펴낸곳 사월의책

편집 박동수
디자인 김현진

등록번호 2009년 8월 20일 제2012-000118호
주소 경기도 고양시 일산서구 중앙로 1388 동관 B113호
전화 031)912-9491 | 팩스 031)913-9491
이메일 aprilbooks@aprilbooks.net
홈페이지 www.aprilbooks.net
블로그 blog.naver.com/aprilbooks

ISBN 978-89-97186-46-4 94100
ISBN 978-89-97186-20-4 (세트)

* 책값은 뒤표지에 있습니다.

차례

편집자 서문

홉스에서 마르크스까지

근대 사회정치철학의 테제들

서구의 역사에서 근대란 교과서적으로 볼 때, 르네상스 이후 중세가 몰락하고 1차, 2차 세계대전이 발발하기 전까지의 시기를 통칭한다. 에릭 홉스봄은 다소 편차가 있지만, 이 시기의 정점을 혁명의 시대, 자본의 시대, 제국의 시대로 규정하기도 했다. 물론 철학적 의미에서 근대의 핵심적 특징을 말하는 '근대성'을 어떻게 해석하느냐에 따라 현재까지도 근대의 연속으로 보거나, 혹은 탈근대로 보기도 한다. 그러나 이러한 논의는 차치하고 다소 편의적 구분에 따라 근대를 이해한다면, 이 시기 동안 기독교 중심의 중세 봉건제 사회가 붕괴하고 정치적 자유주의, 경제적 자본주의, 문화적 개인주의라는 세 가지 이념에 기초한 새로운 사회, 즉 근대 사회가 형성되었다.

물론 이러한 과정은 절대 순탄하지 않았다. 중세라는 한 시대가 저물고 근대라는 새로운 시대가 등장한 것은 수많은 혁명적 사건을 통해서였기 때문이다. 14세기 이탈리아 도시국가를 중심으로 등장한 새로운 문화적 흐름이었던 르네상스는 분명 중세와의 단절을 의미하는 혁명적인 것이었다. 르네상스는 중세에는 찾아볼 수 없었던 전혀 새로운 인간을 찬미했기 때문이다. 중세에 인간은 신이 창조한 세계의 한 부분이거나 위계적 신분질서 속에서 특정 신분의 구성원일 뿐이었다. 그러나 이제 인간은 주관적 의식을 갖춘 개성적 존재로 이해되었다. 16세기 루터, 칼뱅에서 시작하여 유럽 전체로 확산한 종교개혁 운동은 비록 기독교 자체를 부정한 것은 아니지만, 기독교 중심의 중세를 지탱하던 교회의 권력을 붕괴시키는데 결정적 역할을 했다. 종교개혁은 이른바 '구원'의 문제를 교회와 성직자에 대한 순종이 아니라, 신 앞에 독립적 존재인 개개인의 신앙과 하나님의 은총의 문제로 봄으로써 교회와 성직자가 설 자리를 잃고 말았기 때문이다. 16-17세기 갈릴레이와 뉴턴을 중심으로 일어난 과학혁명은 실험과 관찰을 통한 경험적 증명과 수학에 기초한 합리적 추론을 자연 탐구의 새로운 방법으로 설정함으로써 당시의 목적론적 세계관에서 벗어나 자연을 인과론적으로 설명하는 새로운 세계관을 확립하였다. 더구나 이러한 과학혁명은 창조주로서의 신이 부여한 본성이 아니라, 경험적으로 관찰 가능한 자연적 욕구, 혹은 그것이 자기보존 본능이든 사회성이든, 아니면 둘 다든 자연적 본성을 통해 인간을 이해하도록 했다는 점에서 이미 중세를 넘어섰다.

분명 이러한 세 가지 혁명적 사건들은 각기 다른 배경에서 발생했지만, 하나로 수렴되어 새로운 인간관을 형성했다는 점에서 근대 사회가 태동하는 데 결정적 역할을 했다. 이제 인간은 신이 창조한 이 세계의 일부분으로서 신의 섭리에 따라 살아야 하는 존재가 아니라, 주관적 의식을 갖춘 개성적 존재이며, 신 앞에서 독립적으로 설 수 있는 평등한 존재이고, 자연적 욕구에 따라 사는 자유로운 존재가 되었다는 것이다. 그리고 근대 사회란 바로 이런 인간이 만들어낸 새로운 사회인 것이다.

그렇다면 근대 인간은 어떤 사회를 만들었을까? 이 역시 두 가지 혁명적 사건을 통해 알 수 있다. 그 하나는 17-18세기에 일어난 시민혁명이고, 다른 하나는 19세기의 산업혁명이다. 시민혁명은 영국의 경우 청교도혁명과 명예혁명을 말하며, 이 과정을 통해 영국은 의회민주주의를 확립하였다. 프랑스의 경우 그것은 자유, 평등, 우애의 이념을 표방한 프랑스대혁명이었다. 서구 사회는 이러한 시민혁명을 통해 중세라는 1000년의 기간을 이어온 신분제를 무너뜨리고, 모든 시민에게 자유롭게 살 수 있는 권리가 평등하게 보장된 새로운 사회로 거듭나기 시작하였다. 시민혁명이 새로운 정치체제를 형성한 정치 혁명이었다면, 19세기 산업혁명은 자본주의라는 새로운 경제체제를 확립한 경제 혁명이었다. 물론 자본주의는 이미 10세기부터 이탈리아 도시를 중심으로 상업자본주의 형태로 나타났고, 르네상스기를 지나 상업화된 농업과 공장제 수공업을 통해 중세 봉건제도의 상징인 장원과 길드를 와해시켰다. 그러나 자본주의적 생산양식이 사회 전체로 확산된 계기는 기계제 대공업을 가능하게 했던 산업혁명이었으며, 이를 통해 근대 사회는 자본가와 노동자라는 양대 계급으로 재편되었다.

이렇게 근대는 르네상스를 출발점으로 종교개혁, 과학혁명, 시민혁명, 산업혁명을 거쳐 새로운 사회를 태동시켰지만, 그 결과는 참담한 것이었다. 비록 정치적으로 의회민주주의가 확립되고, 시민의 참정권에 기초한 국민주권 국가가 등장하였지만, 자본주의 체제 내에서 근대 사회의 구성원은 자본가와 노동자로 양분되면서 경제적 불평등이 확대되고 착취와 억압도 가속화되었다. 그리고 끝내 근대 국가마저도 제국주의로 변질되면서 서구 사회는 세계대전이라는 참혹한 소용돌이에 빠져들고 말았다.

그렇다면 이렇게 근대라는 새로운 시대가 태동하고, 또 저물어가는 동안 사회정치철학자들은 무엇을 했을까? 사회정치철학자 본연의 역할은 시대의 문제를 개념적으로 포착하고, 기존 사회를 비판하거나 대안적 사회의 비전을 제시하는 데 있다. 그렇기에 근대에도 수많은 사회정치철학자가 등장하여 기존 사회를 비판하고, 새로운 사회에 대한 구상을 제시하였다. 중세의 잔재들을 비판하고, 왕정을 공격하고, 인간의 자유와 평등을 주장하면서 시민혁명의 사상적 토대를 제공하는가 하면, 자유주의를 제창하고 자본주의를 옹호하며 그 발전 방안을 제시하기도 했다. 물론 근대가 야기한 문제들도 비판의 대상이 되었다. 개인의 자유를 최고의 가치로 삼는 자유주의가 대다수 개인의 부자유로 귀결되고, 모든 국민의 경제적 풍요를 목표로 삼았던 자본주의가 광범위한 착취와 빈곤을 낳게 되자 근대 사회를 수정하거나 근대 사회 자체를 넘어서려는 새로운 혁명도 구상되었기 때문이다.

이 책에서는 이러한 근대의 사회정치철학자 중 홉스, 로크, 스미스, 루소, 스피노자, 칸트, 헤겔, 밀, 그린, 마르크스 등 10명의 철학자가 제시한 핵심 테제가 무엇이고, 또 왜 이런 테제를 제시했는지를 살펴본다. 그리고 이들의 입장이 어떤 의의를 갖는지도 따져볼 것이다. 물론 더 많은 근대의 사회정치철학자를 소개할 수 있지만, 지면의 제약 때문에 이들로 한정한 것에 아쉬움이 남는다.

이들 사회정치철학자의 입장은 오늘날 우리 사회를 성찰하는 데 길잡이 역할을 할 수 있다. 아직도 우리는 이들이 제기했던 문제 틀에서 크게 벗어나 있지 못하기 때문이다. 이런 점에서 이들의 입장은 우리 사회를 비판하고 대안적 사회를 모색하는 데 시사하는 바가 크다. 아무쪼록 이 책에 등장하는 10명의 사회정치철학자의 입장을 되새기고 곱씹어보면서 우리 사회에 대한 성찰의 수준을 높일 수 있기 바란다.

2021년 1월

편집책임자 문성훈

I

Thomas Hobbes

1 토머스 홉스

'리바이어던', 자연 상태로부터의 탈출 혹은 복귀?

고지현

영국인 토머스 홉스(Thomas Hobbes, 1588~1679)는 어려서 부모를 여의었으나, 부유한 삼촌 손에서 자라며 훌륭한 교육을 받았다. 6세 때 라틴어와 그리스어를 배웠고, 어린 나이에 옥스퍼드 대학에서 문법과 논리학을 전공해 학사학위를 받았으며, 케임브리지 대학에서 공부하는 동안 캐번디시(Cavendish) 가문의 가정교사로 발탁되는 등 탁월한 재능을 보였다. 오랫동안 유지된 캐번디시와의 관계 덕분에 홉스는 당대 유명한 철학가들, 예를 들어 프랜시스 베이컨(Francis Bacon), 마랭 메르센(Marin Mersenne), 피에르 가상디(Pierre Gassendi), 르네 데카르트(René Descartes), 갈릴레오 갈릴레이(Galileo Galilei) 등과 교류할 수 있었다. 그 시대 많은 사상가들이 그러했듯이, 홉스는 그저 단순하게 철학자라기보다는 오늘날 우리가 르네상스 교양인이라 부르는 다방면의 학식을 갖춘 인물이었다. 기하학과 과학에 능했을 뿐만 아니라 고대 역사가들 및 시인들의 작품도 연구했고, 88세에는 호메로스의 작품을 영어로 번역하기도 했다.

홉스는 왕당파와 의회파 간의 시민전쟁이라는 정치적으로 매우 불안정한 시대를 살았다. 1640년 영국의 임박한 내전으로 인해 신변의 위협을 느낀 그는 프랑스로 망명한 후, 그곳에서 11년을 보냈다. 1642년 파리에서 그는 『시민론』(*De Cive*)을 출간했고, 이어 자연철학 연구에 몰두했다. 이 시기 가장 의미 있는 성과를 꼽자면, 아마도 『자유와 필연성에 관하여』(*Of Libertie and Necessitie*, 1654)일 것이다.

홉스의 가장 유명한 저서는 단연 『리바이어던』(*Leviathan, or the Matter, Forme, and Power of a Commonwealth Ecclesiasticall and Civil*)이다. 이 책은 그가 파리에서 이미 작업 중이던 『물체론』(*De corpore*)을 중단한 후 이전 자연법과 시민론에서 다뤘던 주제들을 발전시켜 집필하기 시작해, 영국으로 돌아온 1651년에 이르러서야 런던에서 출간될 수 있었다. 1655년에 『물체론』이 드디어 빛을 봄과 동시에 『인간론』(*De Homine*, 1658)이 출간됨으로써 홉스는 거의 20년 전부터 계획했던 3부작 '철학의 요소'를 완성하게 된다. 이후 그는 과학과 정치학에 관한 논쟁적 글들 외에는 그 어떤 체계적인 저서도 출간하지 않았다. 1679년 하드윅 홀(Hardwick Hall)에서 사망할 때까지 집필된 글로서 주목할 만한 것은 성문화된 법이 관습에 우선한다는 『잉글랜드의 관습법을 공부하는 학생과 한 철학자의 대화』(*A Dialogue between a Philosopher and a Student of the Common Laws of England*), 영국 내전의 원인과 역사를 다룬 『베히모스』(*Behemoth*) 등이다.

1 | 근대, 정치적 사유의 새로운 시작

내전의 혼란기에 탄생한 『리바이어던』은 홉스 정치철학의 진면목을 보여준다. 이 저서는 무엇보다도 평화와 질서를 보장할 수 있는 강력한 정부의 필요성에 초점을 두고 있다. 그 힘을 홉스는 주권자의 권력에서 찾았고, 그래서 절대왕정을 지지했다. 하지만 그로부터 제시된 이념적 지지의 성격은 오늘날에도 여전히 모호하다는 평가를 받는다. 홉스에게 평화와 질서의 구축은 지상과제였지만, 정부가 세습왕정인가 아닌가는 그다지 중요하지 않았다. 홉스의 정치철학에서 통일적인 해석을 기대하기란 매우 어렵다. 한편에는 개인주의에 바탕을 둔 근대 초 자유주의의 태동, 민주주의의 근본원리인 인민주권의 정당화 논리를 엿볼 수 있는가 하면, 또 다른 한편에서는 신민에 대해 여전히 생사여탈권을 쥔 주권자의 절대 권력과 그에 따른 신민의 복종명령이 일관되게 개진되고 있다.

개인의 자유주의와 권위에 바탕을 둔 절대주의라는 양 극단의 공존을 홉스는 모순이라 생각하지 않았다. 사회적 원자화와 엄격한 정치적 개입은 함께 갈 수 있고 또 그래야만 한다. 만약 각 개인이 서로 결속되지 않는다면, 무질서를 예방하기 위해 외부적 힘을 사용하는 것이 불가피하다. 이 같은 주장은 타당할까? 이를 17세기 중반부터 날로 인기를 끌던 자연과학 모델에 바탕을 둔 기계주의적 유물론에 비추어본다면 충분히 수긍이 간다. 이에 따르면 궁극적으로 '우주는 기계적으로 움직이는 물질 입자들로 구성되어 있다.' 혹은 '인간을 비롯해 모든 동물은 살과 피로 구성된 기계에 불과하다.' 홉스는 육체의 근육들과 기관들이 시계장치와 똑같은 것이라 믿었다. 시계장치는 17세기에 가장 진보한 기술이었다.

시계는 어떻게 작동하는가? 이를 알려면 우리는 먼저 시계를 분해해보고 그 안의 부품들과 속성들을 잘 살펴본다. 그런 다음 다시 부품들을 하나하나 조립해 나가면서 시계의 작동방식을 파악해낸다. 인간도, 사회도 마찬가지다. 홉스는 인간의 행동을 스프링이나 톱니바퀴의 작동에 빗대 설명하곤 했다. 인간 혹은 사회라는 전체는 각 부분들로 나뉘고 또 합해지는, 분해와 조립의 방식으로 이해될 수 있다. 물론 전체가 작동하기 위해서는 각 부분들의 기능적 통일성이 확보되어야 한다. 스프링이 팽팽해서 시계장치를 단단하게 움직일 수 있고, 또 톱니바퀴가 맞물려 돌아가려면 외부로부터 동력이 전달되어야 한다. 하나의 국가 혹은 사회가 시계장치처럼 작동하려면 각 개인들의 결속을 이룰 수 있도록 외부의 힘이 가해져야 한다. 그것이 17세기 주권자에게 부여된 절대 권력이다.

이 기계론적 세계관은 2000년 전통의 고대 정치사상과의 단절[1]을 함축하고 있다. 홉스는 기존의 도덕철학과 정치적 사유가 자연과학에서 이루어낸 만큼이나 똑같은 정도로 진보했다면 내전은 막을 수 있었으리라 생각했다. 그는 내전의 종식과 안정된 정치질서의 구축을 지상명령으로 여겼다. 그러나 고대의 전통적 사유는 평화의 법칙을 발견할 능력이 없다. 플라톤도 아리스토텔레스도 정치철학의 기본 문제를 올바름의 문제로 보았고, 이 정의를 실현할 조건을 묻는 방식으로 정치적 사유를 전개했다. 이때 인간은 공동체를 이루는 자연적 능력을 가진 사회적 존재로 규정된다. 이른바 '정치적 동물'(zoon politikon)이라는 아리스토텔레스의 인간 개념이 그것인데, 그에 따르면 인간은 천부적으로 사회성(정치성)을 본질로 하는 존재로서, 이 본질은 우주론적 목적론과 실천철학적 덕윤리에 따라 생(生) 전체에 걸쳐 서서히 실현된다.

홉스 또한 올바름의 본질과 기능에 주의를 기울이지 않은 것은 아니지만, 고대 정치철학과는 전혀 다른 길을 걸었다. 그는 사회적인 모든 것을 국가, 더 나아가 개인의 자기보존 욕구와 결부시켰다. 개인들은 근본적으로 이기적이고 비사회적이며, 그런 점에서 사회란 인간 본질에 속한 자연적 속성이 아니라 개인에게 부차적이고 외재적인 것이다. 또한 고대 정치철학의 모델과는 달리 선과 악, 정의와 부정의를 가를 객관적 기준이란 것은 부재한데, 그 까닭은 비사회적인 개인들에게 모두 똑같이 권력 추구의 욕망이 있기 때문이다. 서로 다른 이해관계와 분규의 가능성, 갈등 등을 조정할 유일한 심급은 법과 도덕의 사안과 관련해 무조건의 권한을 쥔 주권자의 결단에 있다. '진리가 아니라 권위가 법을 만든다.'(auctoritas, non veritas facit legem)

아리스토텔레스의 덕윤리로부터 단호하게 등을 돌린 홉스는 그 빈자리를 강력한 힘의 논리로 채웠다. 도덕에서 권력으로의 패러다임 전환, 이것이 홉스가 마키아벨리와 더불어 근대 정치철학의 혁명적 창시자로 불리는 핵심 근거다. 고대 이래 정치사상에서 그 어떤 진보적 발전도 이루어지지 않았다고 보았던 홉스는 자신이야말로 엄밀한 의미에서 정치철학의 새로운 시작을 개시한다는 야심에 찬 자신감을 드러냈다. 정치적 사유의 새로운 시작은 목적론에 따라 자연적 사회성이라는 개념을 정당화했던 우주론적 위계질서의 관념을 밀어내고 일체의 목적론을 배제함과 동시에 자기보존이라는 인간학적 공리와 결부된 기계론적 세계관을 관철한다. 이로써 물론 치러야 할 대가가 있다. 근대 정치에서 국가와 사회구성원으로서의 개인은 비사회적인 원자로 자리매김됨으로써 원리상 탈정치화의 운명을 짊어질 수밖에 없다. 근대의 정치는 정치로부터의 개인의 자유로 시작되었다.

2 | 사회계약설: 자연 상태에서 국가의 창설로

그렇다면 평화의 법칙은 어떻게 발견될 수 있을까? 홉스는 일종의 사유실험을 활용한다. 만약 국가가 존재하지 않는다면 인간의 삶은 어떠할까? 『리바이어던』은 이러한 물음을 통해 국가에서의 인간 존재를 설명하고 정당화될 수 있는 것이 무엇인지 찾아냄으로써 국가 건설의 필요성을 역설한다. 국가의 필요성을 이해하려면 국가 없이 사는 것이 무엇을 뜻하는지 알아야 한다. 홉스는 국가 없는 삶의 상황을 '자연 상태'라 불렀다.

국가가 없다면 우리는 불안에 떨 것이다. 자연 상태에서 인간들은 자력에 기댈 수밖에 없다. 우리는 생존을 위해 물질적 재화를 필요로 하지만, 필요한 재화는 희소하고 우리 모두는 본성상 생존하려 애쓰는 까닭에 희소한 재화를 둘러싸고 경쟁이 일어날 수밖에 없다. 개인이 저마다 생존을 위해 벌이는 이 싸움에서 과연 누가 안전할 수 있을까? 자연 상태란 본성상 평등한 존재로 간주되는 인간이 자신을 보존하기 위해 필요한 수단이나 능력 모두를 동원할 권리 혹은 자유를 지닌 상태다. 이를 홉스는 '만인의 만인에 대한 투쟁'(bellum omnium contra omnes)이라 불렀다. 이 분쟁의 직접적인 원인은 경쟁의식, 불신, 자부심이다. 사유재산이나 지배권이 존재하지 않는 자연 상태에서 인간은 오로지 "자연적인 정념"에 따라 자신의 권리를 행사하고, 옳고 그름과 정의와 불의를 판단해줄 만한 공동의 법률이나 규약 같은 것이 부재한 까닭에 "형벌에 대한 공포"도 물론 결여되어 있다.[2] 따라서 이 상태의 인간은 자신의 권력 및 욕망의 극대화만을 추구하는 각개투쟁자이며 비사회적 존재다. '인간은 늑대다.' 홉스의 이 유명한 문구는 자연 상태라면 인간은 어떤 실존양태를 보일 것인가라는 가정 하에서 추론된 것이다. 인간 본성에 대한 불신과 염세주의적 시각은 당대 마키아벨리와 공유하는 점이다.

자연 상태는 무질서, 혼란, 맹목성과 임의성, 무정부주의적 난립과 같은 기표로 소환되고, 이는 곧 '문명계'와 대립을 이루는 야만의 상태나 다름없는 것으로 이해된다. 이 야만 상태를 벗어나기 위한 수단으로 홉스는 사회계약론을 제시한다. 계약은 사회계약과 복종계약이라는 이중계약으로 이루어진다. 만인이 만인에 대해 벌이는 전쟁의 상태에서 기본 덕목은 폭력과 갈취다. 그럼에도 불구하고 자연 상태에서는 죽음에 대한 공포처럼 인간을 평화로 인도하는 정념들이 존재한다. 물론 이러한 정념들은 평화의 조건을 제시하는 이성의 개입을 필요로 하며, 이를 통해 인간들로 하여금 하나의 협약을 이루도록 유도할 수 있다. 다만 순수한 이성의 개입으로 이루어진 협약이 제도화되고 법적 효력을 띠어야 할 것이다. '법은 칼이 없을 경우 말에 불과하다.' 따라서 자연 상태를 벗어날 수 있는 유일한 길은 한 사람이나 하나의 회의체, 곧 동일한 인공적 페르소나(인격, 의인擬人, person)에게 모든 사람들이 자신의 권리를 양도하기로 합의하는 것이다. 이로써 창출되는 공동의 권력이 바로 '리바이어던', 국가이며, 이를 통해 주권자와 신민(인민) 사이에는 복종과 통치의 관계가 성립하게 된다. 협약의 공유로 탄생한 이 통치권자에게 일련의 권한이 부여된다.

① 통치권자는 피통치자들을 보호하고 평화를 위해 필요한 것이 무엇이며 이를 위해 피통치자들에게 가르쳐야 할 것이 무엇인지 결정한다.
② 사유재산 제도를 정립할 권한이 주어진다.
③ 분쟁을 해결할 판사의 권한이 있다.
④ 전쟁을 선포하거나 평화조약을 체결할 권한이 있다.

홉스에게 있어 주권자의 권위는 피통치자, 즉 인민(신민)의 동의에 바탕을 두고 있어 이들이 계약을 통해 자발적으로 양도하는 권리들 외에는 독자적인 권력을 가질 수 없다. 따라서 사회계약설의 지향점은 주권자에 대해 법적 규범을 부여하려는 데 있으며, 바로 그러한 전제 하에서 주권은 인민에게서 나온다는 근대 정치의 공리가 성립한다.

오해를 피하기 위해 언급해둘 점이 있다. 외견상 홉스의 사회계약설이 이중의 층위로 나뉜다 해서 마치 인민과 통치자 간에도 일종의 계약 논리가 적용되는 것은 아니다. 국가 창설 계약은 주권자(군주 혹은 왕, 리바이어던이라는 유한의 신)와 개인(인간)의 계약이 아니라, 일관되게 개인들 간의 계약이다. 국가의 수장이 되는 자는 그 자체로 이 계약의 당사자가 아니며, 그래서 뭔가 합의를 깰 수 있는 사항조차 애초 없다. 그럼에도 불구하고 어떻게 주권자는 절대 권력을 쥐게 되는 것일까? 또한 인민은 왜 계약 당사자도 아닌 주권자에게 신민으로서 복종하게 되는 것일까?

주권자에 대한 복종이 아이러니하게도 자발적 성격을 띤다면, 그것은 개개인이 자기 이익을 추구하는 데 가장 적절한 형태이기 때문이다. 홉스는 인간의 이타주의나 헌신이 아니라, 그와 정반대로 이기성과 기대치에 부합하는 자기이익 추구에 호소한다. 말하자면 저마다의 생존 전쟁으로 이어지는 갈등의 증폭보다 평화의 구축이 훨씬 더 유익한 정치적 비전을 제시한다는 논리다. 이에 따라 각 개인은 자신의 힘과 권리를 절대군주에게 기꺼이 양도한다. 하지만 언급했듯이 조건이 있다. 절대군주가 사회를 통제하지 못한다면, 더 이상 개인들의 안전을 제공할 수 없다면, 각 개인은 다시금 제 자신의 힘만을 믿을 수밖에 없다. 이는 다시 보편적인 시민전쟁으로 되돌아가고, 새로운 계약과 새로운 통치자가 등장해야 함을 뜻한다. 내쳐진 군주는 다시 주권을 주장할 어떤 권리도 없다. 말하자면 홉스에게 국가와 군주는 개인의 자기보존을 확보해주는 수단일 뿐이다.

3 | 다중에서 인격체, 인민, 시민으로

자연 상태에서 국가 건립으로 나아가는 사회 상태로의 이행 과정을 좀 더 자세히 들여다보기로 하자. 국가 창설을 위해서는 자기이익 추구로 원자화된 각 개인이 상호 유대와 결속을 이루어야 하는데, 홉스의 서술을 면밀하게 따라가 보면, 이 이행에서 개별자의 존재방식이 변형을 일으키고 있다.

자연 상태는 "해체된 다중(Multitude)", "합일되지 않은 다중의 분규 상태"다.[3] 말하자면 홉스는 다중을 원칙적으로 조합과 분해, 구성과 해체가 가능한 '원자'들의 무질서한 상태로 본다. 인간을 기하학적 구성원리나 기계의 역학구조로 파악될 수 있는 물체로 보기 때문에, 인간이라는 각 개체가 작은 물질의 입자나 균질한 원자로 간주되는 것이다. 그래서 홉스는 양화(量化)의 논리로 다중을 특징짓고 규정한다.

다중은 소규모이든 대규모이든 간에 일종의 거대한 가족과도 같은 대도시와 왕국의 치안을 보장하기에는 역부족이다. 신뢰할 만한 치안에 필요한 다중은 특정 수에 한정된 것이라기보다는 "위협적인 적대자"와 비교하는 가운데 생겨나기 때문에, "공동의 적"에 맞설 수 있는 '단일' 전선의 형성이 중요하다. 하지만 다중은 크든 작든 그들 행동 각각이 자신들의 이해타산에만 얽매어 있어 서로 반목하는 당파들만 양산할 뿐이다. 홉스가 공동의 적에 대응할 수 있는 구심점의 필요성을 강조할 때, 거기에는 "적"과 "동지"를 뚜렷하게 구별하는 논변이 핵심적 역할을 하고 있다. 대중은 반목하고 이해타산의 정도에 따라 항시적으로 적과 동지로 나뉘며, 그렇게 나뉘는 '부분 대중'은 대외적인 적과 관련해서만 아니라 오히려 내부의 경계로서 내재적이다. 이 "모두를 억제하는 일반적인 권력"의 창출이 계약을 통해 이루어져야 하며, 그러한 "실제 단일체"란 "국가", 곧 다중이 "하나의 의인(擬人, person)으로 합일"되어야만 한다.[4]

이와 같은 이행에서, 곧 주권자로 대표되는 국가와 합일된 다중 사이에서 변환이 일어나고 있다. 홉스는 인민과 다중을 엄격하게 구별해야 할 필요성을 여러 차례에 걸쳐 강조한 바 있다.

> 인민은 단일한 의지를 가진 단일한 실체다. (…) 다중은 그렇지 않다. 모든 코먼웰스(commonwealth)에서는 인민이 군림한다. 심지어 군주제에서도 인민이 권력을 수행한다. 왜냐하면 인민의 의지는 한 사람의 의지를 통해 표현되기 때문이다.[5]

단일한 의지를 지닌 인민은 행위에 있어서도 단일하게 귀속될 수 있다. 반면 다중은 "단일한 실재가 아니라 다수의 사람들, 이들은 모든 문제에 관해 자기 자신의 의지와 자기 자신의 판단"을 저마다 지니고 있다. 여기서 홉스는 자연적 정념의 표상인 다수를 의지와 판단을 가지고 이성을 활용할 줄 아는 개인으로 변용시킨다.

> 다중 전체는 각각의 개인과 구분되는 하나의 인격으로서, 이것은 다른 이의 것이라기보다는 나의 것이라고 말할 수 있는 그런 대상이 존재하지 않는다. 또한 다중에게 그들의 행위로서 귀속되어야

할 그 어떤 행위도 존재하지 않는다.[6]

달리 말해 다중은 통일성을 확보할 수 없는 다수의 집합에 불과하다. 이들은 하나의 통일성을 구축할 의지를 가진 개인으로 우선 변환되어야 하며, 이렇게 원자화된 개인들의 다수를 대표하는 의인이 평의회를 구성한다. 이로써 알 수 있듯이 홉스는 익명의 다수로 형성된 대중에 대해 부정적 시각을 드러내고 있으며, 이 집단적 존재 양태가 자신의 국가 수립론의 위험요소라는 점을 명확하게 인식하고 있다. 홉스는 이른바 봉기와 반란의 주범으로 대중을 지목한다.[7] 또한 부분적으로 봉기를 정당한 권력투쟁의 관점으로 바라보았던 마키아벨리[8]와는 달리 홉스는 주권자에 대한 저항을 일체 허용하려 들지 않았다.[9] "반란"은 "복종 계약의 파기로, 전쟁 상태로의 복귀를 의미한다."[10]

4 | 리바이어던이라는 신화 - 다중 길들이기

하나의 국가로 인민 전체가 단일체의 변용을 이루는 것을 이미지로 잘 표현하고 있는 것이 그 유명한 『리바이어던』의 책 표지 동판화[11]이다. 르네상스 말기, 특히 바로크 시대에 널리 유행했던 엠블렘(Emblem) 예술의 알레고리 기법으로 구사된 이 표지화만큼 한 철학자의 이론을 이토록 탁월하게 압축적으로 묘사하고 있는 것도 없을 것이다.[12]

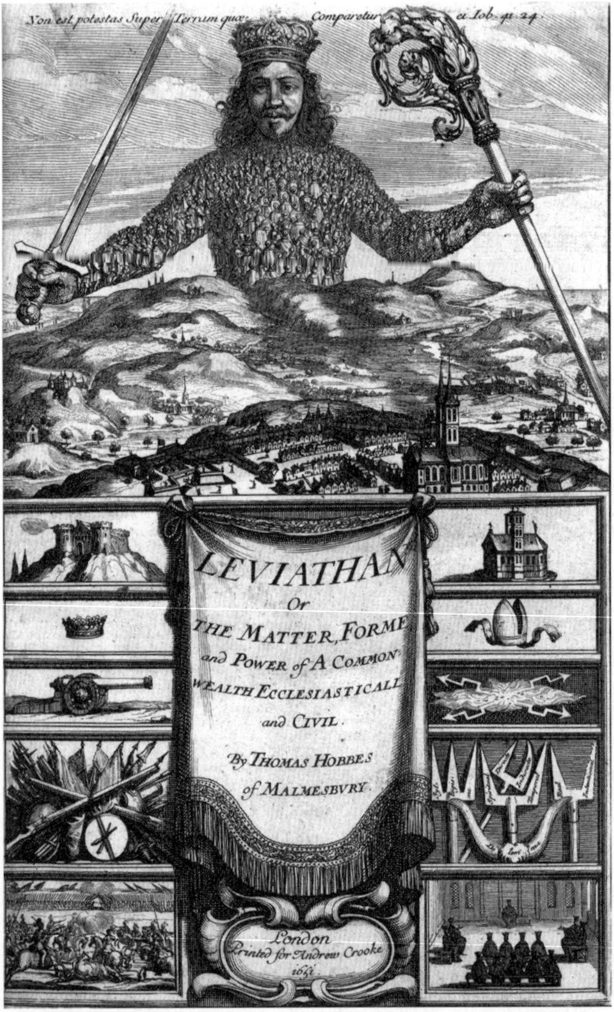

『리바이어던』의 책 표지 동판화

동판화는 상단 수평 위로 우뚝 솟아 있는 거인 리바이어던의 위엄을 뚜렷하게 각인시키려는 듯 관찰자의 시선이 그곳에 집중되도록 상당히 안정적이고 세밀하게 구상되어 있다. 거인의 양손에는 세속의 권력을 상징하는 검과 교회 권력을 의미하는 주교의 석장이 쥐여져 있다. 그 구체적인 권력수단으로 성(城), 왕관, 대포, 창/무기, 전투가 그려져 있고, 또 다른 편에는 교회, 주교관(主教冠), 파문의 빗장, 교리논쟁, 스콜라 철학의 논증법(삼단논법, 딜레마, 구별법), 가톨릭 공회의 교리논쟁이 상징적으로 묘사되어 있다. 그 가운데 바로크 장식 스타일의 커튼 모양 위에는 영어로 책의 저자, 출간지, 출판사, 출간일 등이 표기되어 있다. 그리고 가장 인상적인 것은 군주의 몸이다. 해체된 다중이 모두 하나의 합일체로 결집하듯이 개체 모두가 하나의 군주 신체를 구성하고 있다. 말하자면 각 개인은 국가라는 신체의 일부를 형성하는 재료인 셈이다.

주지하다시피 '리바이어던'은 구약성서 욥기에 나오는 바다 괴물의 이름이다. '지상에 그와 비교할 만한 힘은 없다.'(Non est potestas super terram quae comparetur ei, 욥기 41:24)[13] 모든 권력을 주권자에게 양도하고, 그 외 이 권한과 경쟁할 만한 그 어떤 무리의 규합도 용납하지 않겠다는 단호함이 바로 이 욥기 구절로 극명하게 표현되고 있다. 리바이어던은 인민들로 구성된 단 하나의 신체로 단단하게 묶였을지언정 알레고리의 거침없는 구사로 매우 다의적이고, 더 나아가 상반된 의미를 띤 대상으로 지칭되기까지 한다. 그것은 신이 기예를 통해 자연을 창조했듯이 모방의 힘으로 인간이 만들어낸 인공 동물이다. 또 홉스의 기계주의적 사유방식을 암시하듯이 자동기계로 명명되기도 하며, '라틴어로 키비타스(civitas)라 불리는 코먼웰스 혹은 국가'이다.[14] 또 다른 한편 신에 비유되기도 한다. '다중이 하나의 인격(person)으로 통일된 국가'인 리바이어던은 '언젠가 죽을 운명의 신'이다.[15] 이렇게 리바이어던은 위대한 인간이자 인격이며, 자동기계 장치이자 인공 신체이고, 신이면서도 동시에 국가 전체, 또 통치자, 주권자이다.

홉스는 책 표지 동판화 구상에 직접 참여한 것으로 알려져 있다. 이는 적어도 표지의 이미지로 구현된 시각적 전략을 저자가 의식하고 있었음을 시사한다. 그런데 왜 홉스는 자기 정치이론의 영향력을 행사하고 의미를 부여하는 데 있어 바다 괴물과 같이 종교적 의미까지 함축한 신화를 필요로 했던 것일까? 그 스스로가 확신했음에도 불구하고 근대 정치이론의 새로운 시작은 기계주의 원리에 착상한 합리주의의 방법론으로 충분하지 못했던 것일까? 기하학 논증법의 유추로 도출된 근대 정치질서가 신화적 바다 괴물의 이름과 기이하게 얽힌 구조는 한번 짚어봐야 할 문제임에 분명하다.

정치철학에서 신화가 소환되는 경우는 사실상 아주 새로운 것은 아니다. 예컨대 플라톤은 국가론에서 세간에 널리 통용되는 견해에 맞서 정치적 신화를 진리의 유통수단으로 활용할 생각을 했다. 홉스와 마찬가지로 국가의 통치자를 '위대한' 거인으로 사고한 그는 신화를 '불가피하면서도 고결한 기만'으로 규정했다. 나라의 통치자 및 훌륭한 수호자는 살아서도 영예가 주어져야 하지만, 그 영예가 후대에도 지속되기 위해서는 죽어서도 무덤이나 기념물과 같은 문화적 장치로 보전되어야 한다. 훌륭한 것을 통치자들 자신만이 아니라, 시민들도 곧이곧대로 듣게 하기 위한 방도로 플라톤은 "페니키아 전설"을 언급한다.

> 시인들이 말하듯 그리고 그들이 사람들로 하여금 그렇게 믿게끔 했듯이, 여러 곳에서 일어났으나, 오늘날의 우리 시대에는 일어난 적도 없지만, 정작 일어날지 어쩔지는 나 자신도 모를 일이로되, 이를 곧이듣도록 하는 데에는 많은 설득을 요할 걸세.[16]

플라톤이 말하는 전설이란 새로운 국가 창설에 늘 앞서거니 뒤서거니 하면서 수반되는 건국신화를 뜻한다. 이 신화는 '허구'이지만, 한 나라 구성원들의 하나됨과 그 정체성 형성에 필수불가결한 문화적 장치다. 홉스의 이미지 전략은 이와 같은 문화 및 예술의 역할에 대한 플라톤의 통찰력과 궤를 같이한다.[17] 다만 그 정치적 신화의 기능 부여에 있어서는 차이가 있다고 볼 수 있다.

홉스는 플라톤처럼 허구의 적극적 활용에 관심이 있었던 것이 아니라, 국가 질서의 토대를 토론거리로 삼을 여지조차 없애려 했다. 『시민론』의 서문에서 개진된 대목 하나를 살펴보기로 하자. 홉스는 플라톤에서 키케로, 또 아우구스티누스에 이르기까지 고대 정치적 사유를 지배한 관념, 말하자면 '안정된 정치 질서는 올바름(정의)을 기반으로 삼아야 한다'는 바로 그 관념이 왜 거부될 수밖에 없는지에 대해 다음과 같이 해명하고 있다.

> 왜냐하면 우리가 이런 종류의 문제에 대해 논의를 시작하기 전에

> 군주들이 자신의 권력을 그저 단순하게 요구했던 것이 아니라, 이미 행사했기 때문이다. 군주들은 논거 제시를 통해서가 아니라 범죄의 처벌과 올바름의 방어를 통해 자기 통치권을 지켰다. 거꾸로 시민들은 사인(私人)의 말에 따라서가 아니라 국가의 법에 따라 정의를 헤아렸다. 평화는 공개 토론회를 통해서가 아니라 국가권력의 힘을 통해 알아보게 되었다. 그렇다, 사람들은 이러한 최상의 국가권력을 가시적인 신성(神聖)처럼 (…) 숭배했다.[18]

이 대목은 앞서 언급했듯이 '진리가 아니라 권위가 법을 만든다.'는 천명을 그대로 반영하고 있다. 주권자의 법률적 권한은 사회계약을 맺은 인민들에 의해 승인이 되거나 선출되는 것이 아니라, 기존에 이미 권력을 쥔 군주에게 그대로 부여된다. 그래서 절대왕정을 지지했던 홉스 정치철학의 면모가 여실히 드러나는 대목이기도 하다.

어찌됐든 리바이어던이 국가이면서도 위대한 인간이자 거대한 기계일 뿐만 아니라, 인간처럼 '언젠간 죽을 운명의 신'이라는 점에 주목해보자. '불멸의 신 밑에서 우리의 평화와 안전을 책임지는 언젠간 죽을 운명의 신'[19]이 리바이어던이다. 홉스는 국가에 대해 일반 시민이 이전 불멸의 신을 숭배했던 것과 같은 외경심을 가질 것을 절실히 기대한다. 리바이어던은 자동기계 장치처럼 이성의 엄밀한 계산능력으로 구축되었지만, 이에 대해 숭배의 감정까지 불러일으키기에는 간극이 존재한다. 성경에 나오는 리바이어던이라는 괴물을 호출한 과감한 시도는 바로 숭배와 외경심으로 국가와 법에 대한 시민의 절대적 복종을 유도하고 그 태도를 유지하도록 하는 방책이며, 아울러 자칫 느슨해지거나 해체로 귀결될 수도 있는 다중의 결속력에 지속적으로 경고의 메시지를 보내는 암시로도 작용한다. 신화의 정치적 용도는 일종의 다중 길들이기인 셈이다.

5 | 나가는 말

지금까지 살펴본 바에 따르면, 홉스의 사회계약설은 자연 상태로부터의 탈출을 의미하며, 그러한 점에서 자연 상태란 우리의 문명 질서를 유지하기 위해 항구적으로 극복해야 할 대상으로 간주된다. 그렇다면 오늘날 자연 상태로부터의 탈출은 과연 어느 정도까지 성공적이라고 말할 수 있을까? 홉스에 따르면, 사회계약의 완성은 인민이 하나의 통일체로 규합된 국가의 형성을 통해 이루어진다. 그리고 국가가 안정적으로 유지되기 위해서는 이 단일성이 지속되어야 한다. 그런데 이 단일성에 균열이 일어난다면 어떻게 될까? 근대 정치철학의 기초를 놓은 홉스 이론의 주효 성과는 주지의 사실이지만, 바로 그 성과를 바탕으로 지금까지 지속적으로 거론되는 수용사적 난맥을 살펴보면, 홉스 자신이 기대했던 근·현대 국가 혹은 사회의 안정적 질서의 확보란 여전히 현재진행형의 과제로 남아 있으며, 그것도 역사적으로 새로운 형태로 재생산되는 복합적인 위기에 줄곧 봉착하고 있다. 정치철학적 담론에 비추어보아도 우리는 자연 상태를 극복했다기보다는 오히려 상시적으로 그 위험에 노출되어 있으며, 특정 역사적 국면에서는 홉스가 그리도 피하고자 했던 전쟁 상태로의 복귀가 표면화되기도 했다. 또한 하나의 국가라 상정된 리바이어던은 대내외 균열에 휘말리는 위험에 줄곧 노출되고, 잠재적으로도 위험이 여전히 상존해 있기도 하다.

앞서 언급했던 것처럼, 홉스에게 있어 자연 상태란 실재했던 역사적 사건이나 사태라기보다는 계약론의 체계적인 시발점으로서 지적 실험의 구성물이다. 물론 이 사유실험에는 홉스 자신이 살았던 시대에 대한 경험이 어느 정도 반영되었을 것이다. 만약 자연 상태를 '예외 상태(≒비상사태)의 이념형(Idealtypus)'[20]으로 본다면, 이 사유 구성의 방법론은 홉스의 내전 경험에 가장 근접할 것이다. 이 외에도 자연 상태를 서양 문화의 발전론과 관련지어 특정 역사적 단계로 보는 언술도 있다. 이른바 문명사 이전에 존재했을 인류의 태곳적 단계로서 우리가 흔히 야만의 세계라 부르는 위협적이고 불안정한 상태가 바로 그것이다. 이에 대한 사례로 홉스는 당대 유럽인의 눈에 비친, 통치 권력도 없고 동물적 생활양식으로 유지되는 아메리카 원주민들의 삶을 가리키고 있다.[21] 물론 이와 같은 사례는 자연 상태가 지적 구성의 산물로서 그저 단순한 허구에 불과하다는 견해에 맞선 것이지만, 그렇다고 경험적 실재와 전적으로 동일한 것은 결코 아니다.

인간의 본성에 대한 홉스의 견해도 마찬가지다. '인간은 늑대'라는 규정은 정치적 인간에 대한 경험적 연구를 통한 인간학적 진술이 아니라, 인간 행동의 무수한 가능성을 이해관계라는 범주로 환원하여 이기성에 주도되는 행동방식을 설득력 있게 분석하려는 인식 발견술적인 가정인 것이다.

하지만 우리는 역사적으로 전쟁 상태, 한 나라의 위기로 표출되는 내전, 그 속에서 겪게 되는 야만의 경험에 직면할 때마다 홉스의 자연 상태론을 떠올리곤 한다. 근대 이후 홉스 이론에 직·간접적으로 영향을 받는 정치철학의 전개에서 바로 이 자연 상태의 난제가 중심에 서 있다. 요컨대 주권론 및 정치적인 것의 이론가인 20세기 정치철학자 카를 슈미트(Carl Schmitt)는 주권전쟁을 선포하거나 평화조약을 체결할 리바이어던의 권한을 예외 상태에서의 주권자의 결단 권한으로 환원시켜 자연 상태를 비상시국으로 실체화했다. 이때 주권자의 결단에 주효한 것은 '적과 동지'의 구분이다. 홉스가 대내외적으로 하나의 국가를 수립하기 위해 적과 동지를 구분한 것을 슈미트는 정치적인 것의 본질로 환원시켰다. 이와 같은 규정은 홉스가 통일체로 묶은 리바이어던의 신체가, 그것이 국가의 표상이든 아니면 사회의 구성원으로서 인민 혹은 시민이든 간에, 반목과 대립으로 점철되어왔고, 또 균열을 일으킬 가능성이 상존한다는 인식에서 비롯된다. 홉스 이론에 의지한 슈미트의 정치적인 것의 개념은 오늘날 전 지구적 차원에서 전개되는 내전 개념[22]으로까지 확장되고 있다.

평화의 구축이라는 지상 명령 속에서 인식 발견술적 방법론으로 설정된 홉스의 자연 상태론에 비추어보면, 슈미트의 예외 상태론과 적과 동지의 식별은 마치 정치적인 것의 존재론적 의미로 전환된 것으로 보인다. 요컨대 국가 통수권자로서 주권자이든, 민주주의 주권의 본령인 국민이든 간에, 우리가 정치적 권한 혹은 권리를 소환할 경우 나(우리, 동지)와 대척점에 선 적을 상정하지 않고서는 정치적 힘의 발휘가 불가능하다는 것이다. 한 나라 안에서 계급의 분할, 성(性) 대결, 인종차별, 정상성과 비정상성의 경계구축 등으로 표면화되는 사회적·문화적 갈등구조뿐만 아니라, 전 지구적 차원에서 전개되는 국가 간의 전쟁 상황(동맹과 적), 그로부터 파생되는 난민의 처참한 실존 및 혐오양상들까지, 오늘날 우리가 정치적 목소리를 내려고 할 때면 적과 동지라는 분열된 틀 속에 갇히게 되고, 결국에는 승리와 패배를 가르는 힘의 논리에 자기보존의 욕망을 투사하도록 강제된다.

과연 우리는 이 이항적 적대성의 상정 없이 또 다른 정치적 힘이란 것을 상상할 수는 없는 것일까? 우리의 실재 경험계는 오히려 한 나라의 국민 혹은 지구촌의 인간이 반쪽으로 쪼개어 구분 짓기에는 너무나도 다양하고 다채로운 실존의 무늬로 직조되어 있지는 않은가? 이 물음이 홉스 정치철학의 근대성이 우리에게 남긴 문제이며, 이에 대한 응답을 우리가 찾을 때 지상에서의 인류 평화 구축이라는 홉스의 본래 취지를 되찾을 수 있을 것이다.

II

JOHN LOCKE

2 존 로크

저항적 자유주의와 부르주아 이데올로기 사이의 줄타기[1]

김은희

존 로크(John Locke, 1632~1704)는 17세기 영국에서 활동한 대표적인 사회계약론 사상가이며 인식론 분야에서도 경험론자로서 빠짐없이 거론되는 철학자이다. 그는 1632년 영국 청교도 집안에서 태어났다. 그의 아버지는 경제적으로 넉넉지 않은 시골 변호사였고 의회파의 지지자로서 활동하였다. 이러한 아버지의 영향으로 그는 의회주의 명문학교인 웨스트민스터 스쿨에 입학하였다. 이후 옥스퍼드 크라이스트 처치 대학에 입학하여 학사와 석사 학위를 취득하였는데 이때 아리스토텔레스와 스콜라 철학에 머문 옥스퍼드 학풍보다는 새로운 데카르트 철학, 자연과학, 더 나아가 실험과학과 의학 등에 관심을 갖게 되었다. 이런 분야에 지적 자극을 주고 그를 훈련한 사람은 바로 화학자 로버트 보일이었고 당시 보일의 실험실에는 로크와 여러 젊은 과학자들이 드나들었다.

로크는 옥스퍼드 대학에서 고전어와 철학 등을 가르치며 자연과학, 의학 훈련과 연구를 병행하다가 1666년에 옥스퍼드를 방문한 애슐리 남작(후일 샤프츠베리 백작)을 우연히 만나 교유하게 되었고 이는 로크 인생의 가장 큰 전환점이 되었다. 로크는 옥스퍼드를 떠나 애슐리 경의 주치의이자 정치적 자문가로서 그의 대저택에 기거하며 실험과 연구를 하였고 당시 요동치던 영국 정계에 노출되며 애슐리 경의 관심사인 무역과 식민 사업에도 참여하였다. 1674년에 의학 학사를 취득하고 옥스퍼드에서 의학 연구원으로 일하기도 하였다.

그러던 중 가톨릭교도인 제임스를 왕위에 올리려는 찰스 2세의 시도를 막기 위한 의회의 왕위계승배제 법안을 샤프츠베리 백작이 주도하여 국왕과 의회가 맞서는 "배제 위기"가 발생하였다. 샤프츠베리 백작은 투옥과 복권을 되풀이하는 등 국왕으로부터 탄압을 받게 되며 로크도 네덜란드에 망명하여 독서와 집필 활동을 이어 나가게 되었다. 그의 정치적 저항 정신을 담은 『통치론』(*Two Treatises of Government*, 1689)은 의회파의 승리, 즉 명예혁명 시점에 발행되지만 실질적으로는 정치적 위기였던 네덜란드 망명 시기에 집필되었다는 해석이 유력하다.

로크는 1689년 메리 공주를 수행하며 영국에 귀국하여 명예혁명의 현장에 있게 되고 그 해 『관용론』, 『통치론』, 『인간지성론』 등 역작을 출간하였다. 그 이후 그는 식민 사업을 하는 무역위원회 감독관으로 지내다가 1704년에 생을 마쳤다.[2]

그의 역작들은 모두 그의 다채로운 삶의 여정을 반영한 산물들이었다. 그가 정치적 격랑 속에서도 끊이지 않고 연구한 실험과학, 의학 등은 그의 경험론 철학 저술들의 토대가 되었고, 샤프츠베리 백작과의 교유로 인해 참여하게 된 정치적 저항 활동은 그의 저항적인 자유주의 사상을 담은 저술의 배경이 되었다. 그의 인생에서 또 한 가지 인상적인 것은 바로 샤프츠베리 백작이 열렬한 관심을 가지고 수행했던 무역, 식민 사업에도 그가 열심히 참여했다는 점이다. 이러한 그의 인생행로를 살펴본 독자들은 로크가 원했던 자유로운 사회가 사실상 유럽 부르주아 계급사회에 한정되어 있다는 혐의를 가질 수도 있을 것이다.

이렇듯 로크는 한편으로 자유주의 전통의 사상적 선조들 중 하나로 거론되며 현대 자유주의 전통에서 계승할 소중한 지적 자원으로 여겨지지만,[3] 다른 한편으로 그의 자유주의는 자본주의적 인간과 사회의 출현을 정당화하는 논리에 지나지 않는다는 비판을 받기도 한다.[4] 그가 저술 활동을 하던 17세기 영국에서는 정치적 평등권의 향유가 무산자 계급까지 확장되지 않았다. 이렇게 일부 계급만이 국가의 적극적 시민으로 인정되었던 역사적 상황에서 로크가 "인민"이라는 보편적 언어로 "평등"을 말한 것은 역사적 배경에서 볼 때 특수 계급에 한정된 논리의 은폐로 볼 수밖에 없다는 해석과 평가가 후자의 입장이다. 만약 로크의 자유주의가 후자의 주장대로 특수한 계급을 위한 논리로 이뤄져 있다는 것이 입증된다면, 계급 구분이 없이 모든 이의 정치적 평등을 기본적인 권리로 인정하고 법적으로 보장하는 것을 당연시하는 현대 자유주의 사회에는 로크의 유산이 더 이상 맞지 않는 것으로 여겨져야 할 것이다.

당시 로크는 무산자들의 정치적 평등에 대해 명시적으로 입장을 표명하지 않았다. 하지만 그렇다고 해서 그의 자유주의가 특수한 계급 논리에 머물 수밖에 없고 따라서 실제로 정치적 평등이 보편화된 사회에 적용할 수 없을 정도로 한계를 지녔다고 곧바로 결론내릴 수는 없다. 이 글은 로크의 자유주의가 과연 특정 계급, 즉 무산자 계급을 정치적 시민권에서 배제하는 논리를 가지는지 묻고자 한다. 그런 논리를 갖고 있다는 점이 밝혀진다면 로크의 정치이론은 계급을 넘어선 보편적인 이론적 대안으로 자리매김하기 어려울 것이다. 하지만 그런 논리를 갖고 있다는 점이 확실히 입증될 수 없다면 로크의 정치이론은 시대적으로 부르주아 계급이 자신을 옹호하기 위해 만든 이데올로기란 태생을 지녔어도 그것을 넘어 보편적 확장성을 갖게 되며 다른 시대와 다른 맥락에서도 이론적 대안으로 자리매김할 수 있을 것이다. 이를 타진해보기 위해 이 글은 다음과 같이 전개된다.

1절에서는 로크의 『통치론』의 기본 논리가 소개되고, 2절에서는 맥퍼슨이 『소유적 개인주의의 정치이론』에서 해석한 로크 사상의 논리 구조가 소개된다. 이는 로크의 정치사상을 부르주아 계급의 이데올로기로서 바라보는 해석을 대표한다. 3절에서는 로크의 정치사상이 함축하고 있는 무산자 배제의 논리 저변에 놓인 가정으로 지목된 소유적 인간관에 대한 맥퍼슨의 관점을 비판적으로 검토한다. 4절에서는 재산 불평등이 판결권에서도 불평등을 초래한다는 맥퍼슨의 해석이 코헨의 반론에 의해 논박된다는 점, 그리고 무산자들이 합리적 존재로 인정받고 있지 않다는 맥퍼슨의 해석은 코헨의 또 다른 반론에 의해 논박된다는 점을 보일 것이다. 하지만 그렇다고 해서 코헨이 로크의 사상 내에서 무산자의 정치적 평등을 확보할 논리를 찾은 것은 아니다. 결론적으로 맥퍼슨이 본 대로 로크의 자유주의에는 무산자에 대한 정치적 배제 논리가 있다는 점이 입증된다고 볼 수 없지만, 그렇다고 무산자 배제 가능성을 거부할 논리도 없으며, 로크의 자유주의는 현실적 정황에 따라 다른 귀결을 산출할 수 있다는 점을 우리는 알아야 할 것이다.

1 |『통치론』의 기본 발상

로크의 자유주의는 분명히 절대주의, 권위주의 정치에 대한 저항의 논리로 읽힐 수 있고 굵직한 역사적 흐름 속에서 그렇게 종종 활용되었다. 하지만 당시 영국의 절대 왕정에 대한 저항을 주도한 세력이 보편적 인민이라고 보기는 어렵다. 역사적으로 볼 때 17세기 후반 영국에서는 인클로저 운동이 벌어지면서 토지 사유화에 대한 정당화 논리가 필요한 특수한 계층이 생겨났고 이들은 기득권을 가진 절대 왕정에 맞설 필요가 있었다. 이들은 토지 소유와 재산 증식에 몰두하여 자본주의 사회의 도래를 견인하게 되는데,『통치론』은 이들의 토지 소유와 대규모 재산 증식이 정당화될 수 있는 논리로 해석될 수 있으며 이렇게 형성된 재산을 침탈하려는 권위주의 논리에 저항하는 논리를 담고 있다.[5] 총 2론으로 구성된 로크의『통치론』은 1론에서 당시 절대 왕정의 옹호자로서 영향력 있던 필머의

『부권론』에 대한 반론을 제시하고 2론에서 자연 상태, 재산론, 사회 계약, 정부에 대한 저항 등 오늘날까지 유명한 아이디어를 제시한다.

당시 영국의 상황에서 기득권인 왕권 세력에 대한 도전 세력인 부르주아 계급은 저항의 논리가 필요했다. 그리고 다른 한편으로는 무산자 계급과의 차별적 지위를 확보할 논리가 필요했을 수 있다. 즉 이때 우리는 로크의 자유주의가 무산자를 정치적으로 배제하려는 논리 또한 함축하지 않는지 혐의해볼 수 있다. 이 혐의는 입증을 요구한다. 이 글은 이것이 입증되는지의 문제를 풀고자 한다. 우선 로크의 『통치론』 2론의 기본 논리를 요약할 필요가 있다.

로크는 자연 상태에 대한 기술로 시작한다. 그가 규정한 자연 상태는 모든 사람들이 자유롭고 평등한 상태이며 자연법에 구애받는 상태이다. 여기서 자유롭다는 것은 자연법의 한계 안에서 자기 의지에 따라 행동하고 내 인신(인격)과 재산을 처리할 수 있음을 의미한다. 평등하다는 것은 자연법에 따라 어느 누구에게도 자연적인 지배권과 우위를 인정하지 않고 모두가 똑같은 "판결권"(jurisdiction)을 가진 상태이다. 자연법은 누구나 이성으로 알 수 있는 신의 법이다. 사람들은 똑같은 정도의 이성 능력을 가진 존재이기에, 세상사에 대한 동등한 판단력과 결정권을 가진 것으로 인정받는다는 것이다.[6]

자연 상태에서 규범 노릇을 하는 자연법은 '자신과 타인을 파괴할 수 없다', '자신을 보존해야 한다', '같은 이유로, 가능한 최대의 다른 사람들을 보존해야 한다'이다.[7] 사람들이 이런 자연법을 알고 실천할 능력을 지닌 상태로서 자연 상태가 그려진다. 그리고 이런 법을 지키기 위해서 그 법을 실행할 수단으로서 자연권이 보장된다. 자연권은 자연법 집행을 위반하는 이들을 처벌할, 각자가 지닌 권리이다. 또한 자연권은 생존을 위해 신이 자연물로 제공한 것에 대한 권리를 포함한다.[8]

로크는 자연 상태에서 생존을 위해 신이 모든 인류에게 자연을 공유물로 주었다는 주장으로 재산론을 시작한다. 이 첫 주장이 의도적으로 겨냥하고 있는 필머의 부권론은 신이 아담에게 자연을 주었기에 아담의 후손인 군주가 정당하게 신의 제공물을 소유한다는 주장이다.[9] 그 주장에 따르면 인류는 누구나 아버지의 권위가 지배하는 가족 안에 태어나기에 자연적으로 예속된 존재로 태어나며, 왕의 권위는 바로 인류의 아버지인 아담에게서 계승된 것이기에 백성들은 아버지인 왕에게 자연적으로 예속된다는 것이다. 로크는 아예 이 주장에 정면 대치되는 주장, 즉 신은 인간에게 자연을 공유물로 주었다는 주장으로 시작하는데, 그 주장을 입증하는 논거를 많이 제시하지는 않는다. 단지 어디에도 신이 아담과 그 후손에게만 자연을 소유하도록 허락하거나 판정하는 "명시적인 신법"이 없다고 주장함으로써 자신의 공유물 입론이 강화된다고 여긴다.[10,11] 어차피 신의 의중은 어느 편도 알 수 없기에 여기서 승부를 가르는 것은 그런 주장으로 시작한 입장이 갖는 설명력일 것이다.

태초에 신이 준 권위로 인해 아담의 후손인 왕이 땅을 정당하게 소유한다는 주장을 거부할 논리는 로크 이전에도 고안되었는데[12] 그것은 최초의 소유가 인류의 동의를 통해 발생한다는 것이었다. 이에 맞서 필머는 소유 성립을 위한 동의의 이론에 따르면 후대는 동의에서 배제된다는 점 등의 이론적 약점을 비판했다.[13] 로크 또한 동의에 기초한 최초 사유화 논리로는 필머의 반론에 대응할 수 없다는 것에 공감하여 그 대안으로서 노동 투입을 통한 사유화 논리를 제시한다. 한 인간은 자신의 인신에 대한 소유자임이 명백하므로 이 인신으로부터 나온 노동도 그의 소유임이 확실하고, 그러한 노동이 자연물에 투입되면 그 자연물이 그 사람의 소유가 된다는 논리이다. 소유를 하는 방식은 여러 가지가 거론되는데 단순 채집이나 사냥에서부터 땅의 경우 구획 짓기, 개간을 통해 가치를 산출하기 등이 거론된다.

어쨌든 한 사람의 인격적 부분(노동)이 자연이라는 공유물에 투입되면서 그 인격이 가진 자기소유 권리가 자연 안에 발생한다는 주장이다. 로크는 이를 강화하기 위해 나머지 인류의 동의를 받아야 어떤 자연물이 자기 소유가 될 수 있었다면 인류는 벌써 굶어 죽었을 것이라는 귀류법적 논리를 사용하기도 한다. 그리고 그는 한 사람이 열매를 보고 따서 먹기까지의 과정에서 그 열매가 그 사람의 것이 되는 확실한 지점은 그가 노동을 한 순간이라고 하면서 노동이 소유를 발생시킨다고 주장한다.[14] 또한 로크는 최초의 자연 상태에는 땅이 충분하고 좋은 상태로 남아 있으므로 이런 사유화가 타인의 생존을 위협하지도 않는다는 점을 들어 사유화의 부정적 효과에 대한 우려를 덜어낸다.[15]

그는 사유화가 정당화될 수 있는 한계를 제시하는데, 학자들마다 이런 한계 내지 단서 조항의 목록으로 인정되는 바가 다르기는 하지만,[16] 텍스트상 명확한 것은 신이 명령한 손상 금지 조항이다.

즉 자신이 사용할 수 있는 한도를 넘어 사유화해서 그것이 썩어버릴 경우 그는 신이 준 것을 낭비한 것이며 이는 신의 명령을 위반한다.[17] 사유화에 관한 이런 소극적인 명령 외에 신은 적극적인 명령도 하는데 그것은 노동을 통해 세상의 가치를 증가시키라는 것이다. 이 논리는 분명 홀로 큰 땅을 차지하기만 하고 개간하지 않아 타인이 생존 수단을 구할 입지를 좁히는 부류들에 대한 비판을 담는다. 여기까지는 아무 노력 없이 땅을 소유한 채 가치를 증식시키지도 않고 타인에게 생존 수단을 얻을 기회도 주지 않는 당시 기득권에 대한 저항적 의도가 잘 구현되어 있는 것으로 보인다.

하지만 이 설명은 돈의 등장으로 인해 다른 국면을 맞는다. 로크에 따르면 인류사회는 썩지 않는 금·은·귀금속 따위를 돈으로 사용하기로 암묵적인 동의를 하였다.[18] 돈은 교환을 용이하게 하는 효과도 있지만 로크가 주목한 것은 돈은 아무리 축적해도 썩지 않기에 손상 금지 한계라는 자연법적 한계를 극복할 수 있다는 점이다. 이렇게 대규모의 재산 축적은 자연법을 위반하지 않은 것으로 간주되어 정당화된다.[19]

로크는 이 국면에서 경제적 불평등 심화에 대해 문제를 느끼기보다 이 국면에서 발생하는 희소로 인한 재산 분쟁의 증가를 문제로 느끼고 이에 대한 해결로서 정치사회의 도입을 끌고 온다. 로크가 생각한 정치사회의 기능은 분쟁 상태, 더 나아가 타인의 인신과 재산을 침탈하려는 맹수와 같은 이들이 벌이는 전쟁 상태로부터 인민을 보호하는 것이다. 여기서 로크는 보호의 대상이 되는 한 개인이 지닌 "재산"이 그의 생명, 자유, 물질적 자산이라는 세 요소를 모두 포함한다고 명시한다.[20] 로크에 따르면 인민이 정치사회를 성립시키기로 동의하는 목적은 자신의 재산을 보호하기 위해서이다.[21] 정치사회를 성립시킬 동의는 만장일치를 통해 하지만, 인민은 그 이후의 정치적 결정은 실현 가능한 사회 운영을 위해 다수결 원리에 맡기기로 한다.[22] 그리고 그들은 정부 형태를 정해서 통치 권력을 누군가에게 위임한다. 이때 통치 권력을 위임받은 자는 상호 이득을 전제로 한 계약의 당사자가 아니라, 임무를 부여받은 자일 뿐이다. 따라서 로크에 따르면 그는 인민이 생각한 정부의 목적과 기능에 맞게 통치해야 하고 이를 위반할 시 인민과 전쟁을 벌이겠다는 의도를 가진 자로 간주되어도 무방하다. 그래서 로크는 인민의 저항은 인민이 통치자에게 벌이는 전쟁이 아니라 통치자가 인민에게 걸어온 전쟁에 맞대응하는 것이라 여긴다.[23]

2 | 소유적 개인주의: 맥퍼슨의 해석

맥퍼슨은 1962년에 『소유적 개인주의의 정치이론』을 통해 로크의 『통치론』이 가진 자본주의적 이데올로기의 성격을 집중적으로 분석한다. 그는 로크가 가진 시대적인 특수한 가정들을 분석해낼 수 있어야 그의 이론이 가진 외견상의 비일관성들이 해소된다고 주장한다. 이 가정들은 로크가 의식하고 있을 수도 있고 의식하지 못한 채 담겨져 있는 것일 수도 있지만 이 가정들이 밝혀져야 로크의 텍스트를 제대로 해석할 수 있다는 것이다.[24] 그래서 맥퍼슨이 분석해낸 핵심 가정이 바로 홉스에서부터 로크까지 관통하고 있는 '소유적 개인주의'라는 가정인데, 이는 서구 자본주의 계급국가를 성립시키는 바탕이 된다.[25] 맥퍼슨은 지금의 현대 사회는 모든 계급이 정치적 평등을 법적으로 보장받는 대중 민주주의 사회에 진입했는데 여전히 로크적 자유주의를 자유주의 전통으로 받아들임으로 인해, 무산자를 배제하는 계급국가 논리의 근본 가정을 유지하고 있어 현대 민주주의를 곤경에 빠지게 한다고 생각한다. 그에 따르면 자유주의는 이런 계급국가 논리를 낳는 가정을 버려야 한다. 그렇지 않으면 자유주의와 민주주의는 원리상 결코 양립할 수 없을 것이다.[26]

로크의 자연 상태는 돈의 도입 이전과 이후라는 두 국면으로 나뉠 수 있다. 이때 돈의 도입 이전을 자연 상태 1이라 하고 이후를 자연 상태 2라고 해보자. 자연 상태 1에는 맥퍼슨이 보기에 땅이 충분히 양질의 상태로 남아 있어야 한다는 충분성 조항과 소유한 것들이 썩어 낭비되면 안 된다는 손상 금지 조항이 통용되고 노동으로 재산권이 발생한다는 원리가 통용된다.[27] 이때는 경제적 불평등이 거의 없고 따라서 계급도 분화되지 않는다. 하지만 맥퍼슨에 따르면 자연 상태 2에 들어가면서 돈의 도입은 충분성 조항과 손상 금지 조항을 무효화한다.[28] 자연법 위반 없이 말이다. 그리고 타인의 노동을 돈으로 구입할 재력이 있는 이들이 타인의 노동을 갖고 대규모 재산 증식을 이뤄도 사유화는 정당화된다.[29] 자신의 토지가 없는 무산자들은 재산을 증식하는 계급에 자신의 노동을 팔아 살 수밖에 없다. 이런 맥퍼슨의 해석은 로크의 재산권 논리가 재산상의 거대한 격차와 불평등을 결코 정당화하지 않는 요소들을 유지한다고 보는 해석에 대한 명백한 반론이 된다.

이런 거대한 경제적 불평등과 격차는 계급 발생을 수반한다. 왜냐하면 돈으로 구매한 타인의 노동으로 토지를 무제한적으로 사유화해서 충분한 땅을 남겨놓지 않고도 재산 소유가 정당화되는 부류와, 자신의 노동밖에 가진 것이 없어 타인에게 노동을 제공하는 일의 기회만을 가진 부류가 점차 고착되기 때문이다. 맥퍼슨에 따르면 이런 경제적 불평등을 성립시킨 것은 타인의 노동을 구매할 수 있다는 점인데, 이런 노동의 구매나 양도는 자기 인신을 소유하고 그 인신의 노동을 소유할 수 있기에 처분까지 할 수 있다고 여기는 "소유적 개인주의" 가정에서 비롯한다.[30]

로크 역시 자연 상태에서 경제적 불평등이 벌어질 수밖에 없다는 것을 인정하지만 이는 그에게 문젯거리로 여겨지지 않는다. 이는 마치 외모나 성격의 차이처럼 현실상의 여러 차이들로 여겨질 뿐이다. 이때 맥퍼슨은 로크는 보지 못했던 경제적 불평등과 판결권의 불평등 간의 연결을 본다. 로크에 따르면 판결권은 자연 상태에서 누구나 가지는 평등한 자연권이다. 하지만 맥퍼슨은 타인에게 생존 여부를 의존해야 하는 무산자의 경우 자연 상태 2에서 이미 대규모 재산을 확보한 부류와 동등한 판결권을 가질 수가 없다고 주장한다. '평등한 자연권의 토대인 자신의 신체를 온전히 소유할 수 있는 자연권을 상실'하기 때문이다.[31] 맥퍼슨의 해석에 따르면 사실상 로크는 자연 상태에서 이미 무산자를 동등한 인민으로서 여기지 않았다는 것이다.

맥퍼슨에 따르면 이런 불평등 상태는 개인이 지닌 합리성에 있어서도 격차가 주어짐을 의미한다. 자연 상태 1에서의 합리성은 자연법에 따라 자신과 타인의 생존을 추구하기 위해 그 수단이 되는 점유를 노동을 통해 하는 것이다. 하지만 자연 상태 2로 들어가면서 합리성은 세상에 가치와 재산을 무제한적으로 증식시킬 수 있는 능력으로 변화하는데 그런 의미의 합리성은 이제 무산자의 능력 밖의 일이 된다는 것이 맥퍼슨의 해석이다.[32] 그에 따르면 자유주의 정치철학이 기본적으로 깔고 있는 동등성의 조건인 합리성은 로크의 경우 이렇게 무산자를 배제하는 논리가 된다.

자연권으로서의 평등한 판결권도, 합리성도 발휘할 수 없는 존재는 당연히 사회계약 당사자의 "인민"에 포함되지 않았을 것이라고 주장하며 맥퍼슨은 로크의 다른 저작과 자료들에서 발견되는 노동자에 대한 로크의 부정적 가치판단을 증빙으로 제시한다.[33] 로크가 말했던 보편적 표현의 "인민"은 사실상 좁은 의미의 재산을 가진 부류를 지칭하는 것이었고 그들 간의 계약으로 인해 창출된 정치사회는 배제된 무산자들에게 평등한 정치적 권리를 허용하지 않는 계급국가일 수밖에 없다는 것이 맥퍼슨의 추론이다.

지금까지 소개한 맥퍼슨의 논리를 재구성해보면 다음과 같다. ①에서 ⑤까지의 각 단계들이 논리적으로 잘 연결되는지는 3절에서 검토한다.

① 개인은 자기 인신과 노동에 대해 소유권을 가지며 따라서 처분권을 가진다.

② 돈이 도입된 자연 상태 2에서 무제한적 재산 증식이 정당화되고 현저한 경제적 불평등과 계급이 발생한다.

③ 자연 상태 2에서 무산자는 불평등한 판결권을 가진다.

④ 자연 상태 2에서 무산자는 불평등한 합리성을 가진다.

⑤ 무산자는 정치사회에서 정치적 평등을 보장받지 못한다. (즉 정치사회는 유산자들의 계급국가로 해석된다.)

3 | 소유적 개인주의: 맥퍼슨 해석에 대한 비판적 검토

①에서 ②로 진행하는 것이 가능할까? 맥퍼슨에 따르면 로크 이론에는 "소유적 개인주의" 가정이 깔려 있는데[34] 이 가정의 핵심은 바로 한 인격이 자신의 노동을 소유할 수 있기에 그것을 판매용으로 양도할 수 있다는 점이다.[35] 맥퍼슨은 로크의 이론에서 최초의 사유화를 가능케 하는 국면에도 이런 가정이 깔려 있다고 본다. 로크에 따르면 나는 나의 인신과 인신의 노동을 소유한다.[36] 그리고 내 인신의 노동이 나의 것이기에 나의 노동이 자연물에 투입되면 그 자연물에 나의 소유권이 생성된다. 로크의 자기 소유권은 ⓐ 내 인신에서, ⓑ 나의 노동으로, 그리고 ⓒ 나의 노동의 산물까지 확장된다.

이때 맥퍼슨은 노동의 양도가 노동에 대한 자기 소유권 가정에서 비롯한다고 본다. 즉 ⓐ와 ⓑ가 참임을 가정하거나, 혹은 자명해

보이는 ⓐ로부터 ⓑ가 귀결됨을 가정하기 때문에 노동의 양도가 정당화된다는 것이다. 로크에 따르면 내가 어떤 것을 소유할 수 있다는 것은 그것을 처분할 권리를 가진다는 것이기에 나의 노동은 나의 처분 대상이 될 수 있다. 맥퍼슨은 ⓐ와 ⓑ의 요소만 집중해서 ②를 끌어내고 있다. 즉 ⓐ와 ⓑ가 성립시킨 노동의 양도 가능성 가정으로부터 현저한 경제 불평등과 계급 발생을 이끌어내고 있다. 하지만 노동의 양도 가능성은 현저한 경제 불평등과 계급 발생을 이끌어내는 충분한 조건도 아니고 필요한 조건도 아니다. 일단 충분한 조건이 아닌 이유는, 노동이 양도 가능하지만 그로 인한 경제 불평등이 현저하지 않은 사회를 충분히 상상할 수 있기 때문이다. 자본가가 잉여노동을 체계적으로 착취하는 상황이 아닐 경우 돈을 받고 타인의 필요에 투입된 어떤 이의 노동은 양도 가능하지만 그 자체로 경제적 불평등을 함의하지는 않는다. 물론 맥퍼슨은 로크의 당대 사회는 자본가에 의한 착취가 진행되어 있다고 보았고 로크는 이런 상황에서 노동의 양도 가능성 가정을 하였기에 ② 역시 함축할 수밖에 없다는 점을 밝힌 것이다. 즉 맥퍼슨의 작업의 성격은 로크가 논증을 펼칠 당시 그의 현실에 함축되고 가정된 바로부터 추론하여 그 당시 로크의 결론의 실제 내용을 얻어내는 것이다. 따라서 맥퍼슨에 대한 이런 반론은 논리적 가능성에 기반해 있기 때문에 맥퍼슨의 논점을 벗어난다고 보일 수도 있다.

하지만 이 글의 궁극적인 목적은 맥퍼슨의 해석이 맞는지를 검토하는 것에 그치는 것이 아니라, 로크의 자유주의가 과연 그 자체로 무산자 배제 논리를 가질 수밖에 없어 어떤 사회적 상황을 만나도 그 논리를 유지하는지를 탐구하는 것이다. 로크의 시대에 노동의 양도 가능성이 가정되었다면 그것은 그 상황과 결합해서 충분히 경제 불평등을 귀결할 가능성이 있다. 하지만 노동의 양도 가능성이란 가정 자체가 경제 불평등의 충분조건은 아니기에 양도 가능성 가정이 어떤 상황에서도 반드시 ②로 진행하는 것은 아니며, 따라서 로크의 자유주의 자체가 무산자 배제 논리를 갖는 것은 아니라고 할 수 있다.

노동 양도 가능성은 경제 불평등과 계급 발생을 위한 필요조건도 아니다. 경제가 불평등하고 계급이 나뉘어 있지만 노동이 양도 불가능한 사회가 상상될 수 있다. 노동이 양도 가능하다는 것은 한 사람이 자신의 노동을 소유할 수 있어야 함을 함축한다. 자신의 노동을 소유하도록 허락하지 않은 사회가 있다면 그 사회에서 노동은 양도 가능하지 않다. 그 사회에서 어떤 이의 노동을 쓰고 싶으면 그를 강제로 끌고 와서 신체 작용을 하도록 할 것이다. 노예제 사회가 대표적인 경우이다. 그 사회에서 노동에 대한 자기 소유권, 따라서 노동의 양도 가능성은 성립하지 않은 채 경제적 불평등과 계급 발생이 강제력을 가진 집단의 전횡에 의해 성립할 것이다. 따라서 노동의 자기 소유권, 그로 인한 노동의 양도 가능성이란 가정은 ②로 이어질 수 없는 것으로 보인다.

4 | 판결권의 불평등 문제: 맥퍼슨 해석에 대한 코헨의 반격 1

코헨은 자신의 논문 「구조, 선택, 그리고 정당성: 로크의 국가론」(Structure, Choice, and Legitimacy: Locke's Theory of the State)에서 맥퍼슨의 ② 가 ③으로 이어지지 않음을 보인다.[37] 즉 코헨은 로크의 이론 내에서 자연 상태 2의 경제적 불평등으로 인해 판결권에 있어 불평등이 따라 나온다는 맥퍼슨의 추론에 반대한다. 코헨은 우선 로크가 재산으로부터 권력이 나온다는 점을 텍스트에서 명시적으로 부정했다는 점을 지적한다.[38] 코헨은 로크의 이러한 부정은 필머에 대한 비판의 두 축 중 하나를 차지할 정도라고 본다. 재산과 권력의 연결은 봉건적 질서의 핵심이기 때문이다. 코헨이 근거로 삼은 로크의 구절은 이렇다.

> 아무도 땅이나 소유물에 있어 소유권에 의해 타인의 삶에 대한 정당한 권력을 가질 수 없었다. 왜냐하면 그의 형제들이 그의 풍족함으로부터 그에게 구호품을 제공받지 못하는 상태로 멸망하도록 놔두는 것은 어떤 자산가에게도 죄가 될 것이기 때문이다. 인간은 타인의 궁핍을 정당하게 이용하여 그로 하여금 자신의 부하가 되게 할 수 없다. 강자가 약자를 붙잡아 그로 하여금 복종하게 하고 칼로 위협해서 그를 죽음에 처하게 하거나 노예살이를 하도록 할 수 없듯이 말이다.[39]

여기서 코헨은 로크가 타인의 절박한 경제적 궁핍 상황을 이용한 권력 행사는 부당하다고 명시했다고 보았는데 이는 로크에 대한 적절한 해석이다. 이러한 로크의 지적은 경제적 궁핍 상황에서도 모든 이가 자신에 대한 판결권을 지니기에 그런 판결권을 침해하는 경제적 궁핍을 이용한 권력 사용은 부당하다는 주장으로 충분히 읽힐 수 있다.

맥퍼슨은 무산자 계급은 자신의 노동을 양도함으로써 "평등한 자연권의 토대인 자신의 신체를 온전히 소유할 수 있는 자연권을 상실한다."고 추론하지만[40] 나는 코헨이 지적한 것 외에도 두 가지 문제를 추가하고자 한다. 첫째, 맥퍼슨은 자신을 소유할 수 있다고 가정해야만 양도가 가능하다고 하면서 무산자들이 노동을 양도할 수 있게 되어 결국 자신을 소유할 수 없게 된다고 비판하였다. 이는 로크의 관점이 자가당착적이라는 점을 드러낸다. 맥퍼슨의 이러한 비판이 설득력이 있으려면 로크 이론 내에서 노동의 양도 가능성이 노동자를 노예로 만들게 되는 역설적 상황이 함축되어 있다는 점이 밝혀져야 한다. 간단히 말해 자신의 자유를 말소할 자유라는 역설이 드러나야 한다. 그러나 로크는 자신을 노예로 매매할 가능성을 명시적으로 부정한다. "인간은 자신의 생명에 대한 권력을 가지고 있지 않기 때문에 협정이나 자신의 동의에 의해 다른 사람의 노예가 될 수 없으며, 또한 다른 사람이 기분 내키는 대로 그의 생명을 박탈할 수 있는 절대적으로 자의적인 권력 하에 그 자신을 맡길 수 없다."[41] 따라서 맥퍼슨은 이러한 역설적 상황을 빌미로 로크를 비판할 수 없게 된다.

둘째, 맥퍼슨은 경제적 불평등이 자연 상태에서의 권력을 차등화한다는 점을 사실적 차원에서 이끌어낸 것으로 보인다. 물론 경제적 불평등으로 인해 "무산자들이 그들의 생계를 유산자에게 의존하게 되고 자신의 여건을 바꿀 수 없다는 것을 인정한다."[42] 맥퍼슨의 생각은 꽤 현실적이다. 맥퍼슨은 로크의 시대 상황을 고려하여 로크가 이를 자연스럽게 받아들였을 것이라고 해석한 것이다. 그러나 맥퍼슨은 로크가 당위적 차원에서 평등을 고려하고 있었고 그런 상태에서 발생한 권력의 우위는 정당하지 않다고 보았다는 점을 알 필요가 있다.

코헨은 두 번째 반론을 제시한다. 그렇게 맥퍼슨처럼 무산자에게 평등한 판결권을 부정하는 해석으로 나아갈 경우 그는 무산자들의 정치적 책무를 설명할 수 없게 된다는 것이다.[43] 로크에게 있어 정치적 책무는 그 책무를 부여한 정치사회에 동의를 표한 성원들에게만 정당하게 할당된다. 책무는 자연적인 것이 아니라 동의에서 정당성의 토대를 가진다는 것이 로크의 핵심 발상이다. 맥퍼슨도 자신의 주장에 따라 무산자를 계약 당사자의 평등성으로부터 배제할 경우 사회에서 그들의 책무를 설명하기 어려워진다는 점을 인정하고 이를 해결하려 한다. 즉 맥퍼슨에 따르면 계급국가는 주식회사처럼 사용자 측 외에 종업원들을 유기적 전체에 필요한 요소로 보고 사회 성원으로 포함시켜 책무를 부여한다는 것이다. 정치적으로 평등하지는 않지만 책무의 구속을 받는 성원이 되는 셈이다.

코헨은 맥퍼슨의 해결이 동의에 의해서만 책무를 발생시키는 로크의 핵심 발상에 어긋나기에 로크가 채택할 수 없는 설명 방식이라고 반론한다. 로크는 누구보다 조직의 유기적 관계에 의거한 책무 부여에 반대하는 사상을 피력하기 때문이라는 것이다.[44] 하지만 이런 코헨의 마지막 지적은 맥퍼슨의 "유기적 부분"이란 표현에만 초점을 맞춰 맥퍼슨의 논의 맥락을 놓친다. 맥퍼슨은 그 이전에 이미 "암묵적 동의"를 통해 소극적 시민으로서 법적 구속력 하에 놓이는 외국인에 유비하여 무산자 계급의 멤버십 문제를 해결하였다. 정치적으로 평등한 존재로 인정받지 못하면서도 준법의 책무를 지키는 성원, 관리 대상인 성원이 로크의 이론 내에서 가능하다는 것이다. 이런 점을 볼 때 코헨의 두 번째 비판은 맥퍼슨의 논리를 논파하지는 못하는 것으로 보인다.

하지만 코헨의 첫 번째 지적은 ②에서 ③으로의 진행을 충분히 막을 수 있고 나의 두 반론도 추가될 수 있기에 ②에서 ③으로의 진행은 로크의 이론 내에서 어려운 것으로 보인다.

5 | 합리성의 불평등 문제: 맥퍼슨 해석에 대한 코헨의 반격 2

코헨은 맥퍼슨에 대한 이런 직접적인 반론보다는 우회적인 새로운 반론을 제안한다. 코헨은 맥퍼슨이 무산자들에게 평등한 합리성을 로크가 인정하지 않았다고 추론한 까닭을 추정해본다. 맥퍼슨이 그런 추론을 한 까닭은 로크의 이론 내에서 무산자의 합리성이 평등한 것으로 간주되었다면 계급국가가 도출되지 않았을 것이라고 맥퍼슨이 생각했기 때문이라는 것이다.[45] 그래서 코헨은 모든 계급의 합리성이 평등하게 가정되어 모든 계급이 함께 동등하게 원초적인 선택 상황에 놓이게 될지라도 계급국가가 도출될 가능성이 있다는 점을 보인다. 그러면 맥퍼슨이 굳이 무산자들에게 합리성에 있어서의 불평등을 가정하게 할 필요가 없어진다고 보았기 때문이다. 무산자들이 평등하게 합리적이어도 계급국가가 나올 가능성이 있다면 무산자들이 꼭 불평등하게 가정될 필요가 없다는 것이다.[46]

코헨의 논의에서 양 계급은 자연 상태, 계급국가, 민주국가, 분열국가라는 네 가지 선택지 중에서 선호하는 선택을 하는 것으로 가정된다.[47] 무산자나 유산자 모두 자연 상태를 가장 불선호한다. 유산자와 무산자는 모두 자연 상태보다는 분열국가를 선호하고 분열국가보다는 계급국가와 민주국가를 각각 선호한다. 유산자는 민주국가보다는 계급국가를, 무산자는 계급국가보다는 민주국가를 선호한다. 모두 상대 계급이 가장 선호하는 국가를 자신의 계급이 가장 선호하는 국가보다는 불선호하지만 자연 상태나 분열 상태보다는 선호한다. 어느 계급도 자신이 가장 선호하는 국가를 양보하고 싶지 않을 것이다. 이때 코헨은 자연 상태와 분열국가에 진입하길 불사하는 계급이 결국 자기 계급이 선호하는 국가를 상대 계급도 역시 선택하도록 만들 것이라고 본다. 상대 계급이 보기에 자연 상태나 분열국가 상태에 들어가느니 자신들의 2차적 선호라도 관철시키는 것이 낫기 때문이다. 코헨에 따르면 이때 최악을 불사할 태도를 발휘할 수 있는 집단은 유산자 계급일 수 있다. 자신들의 재산으로 최악의 선택지에서도 자신을 보호할 수 있기 때문이다.[48]

이러한 요약은 코헨의 복잡한 논증을 지나칠 정도로 단순화하였지만[49] 코헨의 의도를 드러내어 강조한다. 코헨의 논증은, 무산자 계급이 유산자 계급의 최선의 선택지를 누르고 자신들의 최선의 선택지를 관철시킬 가능성이 있다는 주장에 의해 논박되지는 않는다. 코헨의 의도는 유산자 계급이 자신들이 가장 선호하는 선택지를 택하도록 '언제나' 무산자 계급을 끌어당겨서 계급국가를 도출하게 만든다는 것을 보이려는 것이 아니기 때문이다. 무산자 계급에게 평등한 합리적 선택의 기회를 줘도 '언제나' 민주국가가 도출되기 마련이라는 것은 아니라는 것을 보이는 것이 코헨의 의도이다. 코헨은 어떤 역사적 조건만 주어지면 무산자들이 계급국가를 합리적으로 선택할 가능성이 있다는 것을 보이려 한 것이다. 무산자들이 합리적으로 계약한다면 절대 계급국가가 도출되지 않았을 것이라는 주장에 대한 일종의 반례를 제공하려는 것이다.

유의해야 할 것은 이때 코헨이 말하고 있는 합리성은 자신의 처지를 안 상태에서의 합리성으로 가정되어 있다는 점이다. 즉 코헨은 로크 계약론에서 가정되는 합리성을 갖고 원초적 선택 상황을 재구성한 것이다. 그 재구성에 따르면 협상 당사자들은 각기 자신의 현실적 지위를 아는 원초적 선택 상황에 있기에 현실의 조건들을 반영한 선택지를 산출한다. 이렇게 코헨은 ②로부터 ④를 이끌어내고자 한 맥퍼슨에게 경제적 불평등 상황을 가정해도 무산자들의 합리성의 평등성이 부정될 필요가 없다는 것을 보였다고 할 수 있다.

이런 코헨의 반론을 논박하려면 무산자들은 어떤 상황에서도 (단,

재산 불평등은 가정된 상태) 평등한 합리성이 가정될 경우 결코 계급국가를 도출할 수 없다는 점을 입증해야 한다. 이를 입증하기 위한 한 가지 방식은 어떤 상황 하에서 유산자 계급이 갖는 실질적 협상 우위력(최악을 불사하겠다는 태도와 그 최악의 선택을 할 능력)은 사실상의 위력 행사에 해당하므로 무산자들에게 합리적 계약의 상황이 주어지지 않은 것이라고 주장하는 것이다. 하지만 코헨에 따르면 이는 합리적 계약 상황을 해치지 않는다. 유산자들에게 있어 "타인의 상황을 자연 상태보다 낫게 할 책무는 없기 때문"이라는 것이다.[50] 자연 상태가 기준적 상황이며 다른 선택지들은 모두 이 상황보다 나아지는 것이지만 자연 상태 자체가 기준적 상황으로부터 악화된 상태는 아니라는 뜻이다.

우리는 코헨이 합리적 선택 상황을 이용해서 계급국가 선택의 가능성을 정당화하려는 것이 아닌가 우려할 필요는 없다. 코헨의 의도는 경제적 불평등이 로크의 계약론에서는 계약의 안건이 되기보다 계약의 배경으로 들어온다는 점을 보여서 로크의 주요 개념들의 특징을 드러내 보여주려 한 것뿐이다. 코헨은 자신의 논문 결론부에서 이러한 로크의 계약론과 루소의 계약론을 비교하며 우리에게 선택하게 한다. 물론 코헨은 우리가 루소를 선택하길 기대할 것이다.

코헨이 자신의 논증을 통해 의도한 것 외에 코헨의 논증에서 우리가 알아야 할 것이 있다. 우리가 계약론을 구성해보려 할 경우 로크적 개념으로 이뤄진 계약론은 반드시 계급국가를 도출하지는 않겠지만 그렇다고 계급국가의 도출을 막을 수도 없다는 점이다. 무산자들의 합리성이 가정된다고 해도 말이다.

요컨대 코헨이 ③으로부터 ④를 이끌어내려는 혹은 ④를 입증하려는 맥퍼슨의 시도를 좌절시킬 수 있었지만, 로크의 논리는 계급국가를 도출할 가능성을 막을 논리 역시 갖지 못한다는 점을 우리는 알 필요가 있다.

5 | 나가는 글

이 글에서 우리는 로크의 정치사상이 저항적 자유주의 정신으로서 살아남을 수 있는지, 아니면 부르주아 계급 이데올로기에 그쳐서 평등한 민주사회의 이론적 대안이 될 가망성을 놓칠 것인지 타진해보고자 하였다. 특정 계급의 이데올로기에 그친다고 보았던 맥퍼슨의 해석이 설득력 있는 것으로 밝혀진다면 로크의 정치사상은 우리 사회의 대안적 이론의 목록에 들어가기 어려울 것이다. 하지만 맥퍼슨의 해석은 입증되기 어렵다는 점이 이 글을 통해 드러났다.

첫째, 맥퍼슨이 로크의 자유주의로부터 끌어낸 "소유적 개인주의"의 가정들은 경제적 불평등 심화와 계급 발생으로 곧바로 이어지지 않는다. 둘째, 맥퍼슨은 경제적 불평등 심화와 계급 발생이 자연 상태에서 무산자들의 판결권에 있어 불평등한 지위를 이끌어낸다고 주장하였지만 코헨의 지적대로 로크의 텍스트는 경제적 불평등이 경제적 강자에게 권력을 주지 않는다고 명시한다는 점을 볼 때 맥퍼슨의 주장이 논박된다. 셋째, 맥퍼슨에 따르면 경제적 불평등 심화와 계급 발생은 자연 상태에서 무산자들의 합리성이 불평등하게 가정됨을 말해준다. 하지만 코헨의 지적대로 무산자들이 그들의 경제적 위치를 안 상태에서의 합리적 선택에 있어 계급국가를 도출할 가능성이 조금이라도 있다면 맥퍼슨은 무산자들의 합리성을 부정할 필요가 없어진다. 무산자들이 합리적인 존재로 가정되어도 그들이 계급국가를 거부한다는 보장은 없기 때문이다.

요컨대 로크의 정치사상에는 소유적 개인주의라는 가정이 깔려 있다고 보고 그로부터 계급국가를 도출하려는 맥퍼슨의 시도는 실패한다. 즉 무산자를 정치적으로 배제하는 논리가 로크의 이론 내에 장착되어 있다는 주장은 실패한다. 하지만 그렇다고 해서 로크의 이론 내에서 무산자를 정치적으로 배제한 계급국가가 절대 가능할 리 없다는 것은 아님을 우리는 알아야 한다. 자신의 경제적 지위를 협상 배경으로 갖고 있는 존재들의 합리성 개념을 받아들인다면 말이다. 이는 로크식의 자유주의가 민주주의적 배경 하에서는 민주주의와 손잡고 갈 수도 있지만, 계급주의 정치 배경 하에서는 계급 정치에 저항하기보다 그런 정치와도 손잡고 갈 가능성을 가진다는 점을 말해준다.

III

ADAM SMITH

3 애덤 스미스

'자연적 자유'의 정의로운 실현[1]

문성훈

애덤 스미스(Adam Smith, 1723~1790)는 일반적으로 근대 경제학의 아버지이자, 타인에게 피해를 주지 않는 한계 내에서 경제활동의 완전한 자유를 보장하고 국가의 시장 개입을 배제하는 '경제적 자유주의'를 주창한 사상가로 알려져 있다.[2] 이러한 스미스의 경제적 자유주의는 1980년대 중반부터 각종 규제 철폐와 자유경쟁 강화를 주장하며 등장한 신자유주의 흐름 속에서 다시금 각광받고 있다.

스미스는 1723년 영국의 스코틀랜드 커콜디에서 출생하였으며, 글래스고 대학에서 수학, 물리학, 도덕철학을 수학하였다.[3] 당시 스코틀랜드는 '스코틀랜드 계몽주의'라는 말이 생길 정도로 지적 활동이 왕성했던 곳으로서 그 중심이 에든버러 대학과 글래스고 대학이었다고 한다. 스미스는 글래스고 대학에서 스코틀랜드 계몽주의의 대표적 인물이었으며, 인간의 도덕 감정을 중시했던 프랜시스

허치슨으로부터 도덕철학을 배웠다.

글래스고 대학을 졸업한 후 스미스는 옥스퍼드 대학 대학원에 입학했으나, 타성과 나태함에 젖은 이곳의 교육 환경에 실망하여 그의 학업 활동은 고대 그리스와 로마의 고전, 그리고 언어학 등을 독학하는 데 그쳤다고 한다. 그 후 스미스는 1751년 글래스고 대학 논리학 교수로 임용되었다가, 다음 해 도덕철학 교수로 자리를 옮기게 된다. 이 시기에 스미스는 스코틀랜드의 철학자이자 『인간본성론』(1739)을 저술한 데이비드 흄(1711~1776)과 교류하기 시작하여 많은 영향을 받았으며, 그의 2대 핵심 저작 중 첫 번째 저작인 『도덕감정론』(1759)을 집필한다.

그러나 스미스의 교수 생활은 오래 지속되지 않았다. 그는 1764년 12년간의 교수 생활을 청산하고, 버클루 공작의 두 아들을 가르치는 가정교사직을 담당하게 된다. 대귀족의 가정교사가 된다는 것은 당시로서는 대학교수보다 더 명예로운 일이었다고 한다. 이 시기 스미스는 버클루 공작의 아들들과 3년 가까이 프랑스에 체류하면서 볼테르, 달랑베르, 엘베시우스와 같은 프랑스 계몽주의자들과 친숙해졌고, 케네와 튀르고를 비롯한 중농주의 경제학자들과도 교류하였다.

스미스는 여행을 마친 후 버클루 공작의 가정교사직에서 물러나 10여 년간 집필에만 전념하였고, 그 결과가 그의 두 번째 핵심 저작인 『국부론』(1776)이다. 스미스는 1778년 에든버러 관세 위원에 임명되어 관세 및 세금 계획과 시행을 담당하였고, 1787년에는 글래스고 대학에서 교수와 학생들의 직접 투표로 선출되는 명예이사직을 역임하였다. 이렇게 일생을 보낸 스미스는 1790년 에든버러에서 향년 67세로 생을 마감한다.

애덤 스미스는 그의 생애가 말해주듯이 도덕철학 교수였고 일생에 걸쳐 『도덕감정론』과 『국부론』이라는 두 권의 저작을 출간했다. 그런데 스미스가 비록 도덕철학 교수였지만, 당시의 도덕철학이란 오늘날처럼 철학의 한 분야인 윤리학만을 말하는 것은 아니었다. 당시의 도덕철학은 신학, 윤리학, 법학과 경제학을 포함하는 광범위한 학문 영역을 의미했기 때문이다. 그래서 그의 도덕철학 강의 역시 네 부분으로 구성되었다고 한다. 첫 번째 부분은 당시 뉴턴 역학에 기초한 천체물리학의 눈부신 성과와 기독교 유신론의 화해를 모색하며 등장한 자연 신학에 대한 것이었고, 두 번째 부분은 인간의 자연적 본성에 기초한 도덕에 대한 것이었다. 그리고 세 번째 부분은 공법과 사법, 정부의 통치 방법을 포괄하는 사회 정의에 관한 것이었고, 마지막 부분이 국가의 부를 증진시키는 방법에 대한 것이었다. 이렇게 본다면 『도덕감정론』은 자연 신학과 윤리학 부분을, 『국부론』은 마지막 부분을 책으로 엮은 것으로 볼 수 있다. 그리고 비록 스미스가 집필한 것은 아니지만, 세 번째 부분 역시 스미스의 강의를 기록한 학생들의 강의 노트가 발견되어 1896년 『정의, 경찰, 세금, 무기에 대한 강의』라는 제목으로 출간되었다.

이렇게 스미스가 담당했던 도덕철학의 내용과 그의 핵심 저작인 『도덕감정론』을 보면 스미스를 흔히 경제학자로만 보는 것은 적절하지 않다. 물론 철학사를 서술한 책을 보면 대개 스미스라는 이름은 나오지 않는다. 이에 반해 대부분의 경제 사상사에서 스미스는 근대 경제학의 시조로 평가될 만큼 경제학자로서의 지위는 확고하다. 그러나 비록 그가 근대 경제학의 아버지라 칭해질 만큼 근대 경제학의 표준이 될 만한 저작을 남겼지만, 동시에 이에 버금갈 만큼 윤리학에 대해서도 괄목할 만한 업적을 남기고 있음이 간과되어서는 안 된다. 그렇다면 스미스 사상의 양대 축을 이루는 윤리학과 경제학은 서로 어떤 관계에 있을까? 이는 단순히 스미스의 각기 다른 관심을 보여주는 것일까? 아니면 서로 밀접하게 연관된 것일까? 스미스의 『도덕감정론』은 도덕의 기초를 다름 아닌 타인에 대한 동감이라는 도덕적 감정에서 찾고 있으며, 『국부론』은 철저히 자기 이해관계를 추구하는 인간의 이기심에 기초하여 경제 현상을 설명하고 있다. 이런 점에서 스미스의 두 저작은 완전히 다를 뿐만 아니라 서로 대립된 인간관을 전제한 것처럼 보이며, 이 때문에 이른바 '애덤 스미스 문제'라는 것이 발생한다.[4] 이는 18세기 독일 학자들에 의해 제시된 문제로서, 스미스의 전체 사상이 서로 모순된 인간관에 기초하고 있다는 지적에서 시작된 것이지만, 동시에 이기심과 도덕이 어떻게 공존할 수 있는가 하는 일반적인 문제를 내포하고 있다.

본 글에서는 스미스를 단지 경제학자로 축소시키지 않을 것이다. 그렇다고 윤리학자로 한정하지도 않을 것이다. 또한 경제학자로서의 스미스와 윤리학자로서의 스미스를 대립시키지도 않을 것이다. 왜냐하면 스미스는 '애덤 스미스 문제'를 야기하는 서로 모순된 인간관을 전제한다기보다, 인간의 도덕성에 대한 탐구와 이기적 인간의 풍요로운 삶을 가능하게 하는 경제적 원칙을 서로 결합시키고 있기 때문이다. 본 글에서는 이러한 스미스의 사상을 '자연적 자유의 정의로운 실현'으로 규정한다. 스미스는 '자연적 자유'라고 지칭된 경제활동의 자유가 다름 아닌 인간의 도덕성에 기초한 정의 실현을 통해서만 가능하다고 보기 때문이다.

이하의 글에서는 스미스의 사상을 왜 자연적 자유의 정의로운 실현으로 이해할 수 있는지를 세 단계에 걸쳐 설명할 것이다. 첫째, 스미스가 말하는 인간의 도덕성이 무엇인지를 설명한다(1절). 둘째, 스미스가 말하는 자연적 자유가 무엇인지를 설명한다(2절). 셋째, 자연적 자유의 정의로운 실현이 무엇인지를 설명한다(3절). 그리고 마지막으로 이러한 스미스의 사상의 문제점은 무엇이고, 오늘날 어떤 의미를 가질 수 있는지를 지적할 것이다.

1 | 인간의 도덕성의 토대: 동감과 인정 욕구

인간의 도덕성에 대한 스미스의 탐구는 그의 핵심 저작인 『도덕감정론』에 집약되어 있으며,[5] 이러한 탐구의 출발점이 된 기본 전제는 신의 섭리이다. 즉 우리가 사는 이 세계는 신의 뜻에 따라 창조되었고, 또한 신의 뜻에 따라 운행되고 있다는 것이다. 이러한 전제하에서 스미스는 신이 창조한 세계의 한 부분인 인간 역시 신의 섭리에 따라 살도록 그 본성이 부여되었다고 본다.[6] 따라서 인간의 행동이나 감정의 옳고 그름, 혹은 적절함과 부적절함 등을 판단하는 도덕적 능력 역시 인간의 본성에서 유래한 것이며, 이러한 판단을 가능하게 하는 원칙이 있다면, 그것 역시 인간의 내면에 설정된 "신의 명령"과 같은 것이다.[7] 더 나아가 이런 명령은 일종의 법칙처럼 작용한다는 것이 스미스의 생각이다. 왜냐하면 물체의 운동 속에서 관철되는 일반 원칙을 운동 법칙이라고 한다면, 인간의 도덕적 판단에 내재된 일반 원칙 역시 법칙이라고 명명될 수 있기 때문이다. 그리고 스미스는 이런 도덕 법칙이 사회적으로는 보상과 처벌을 통해, 심리적으로는 이를 어겼을 때의 수치심이나 이를 지켰을 때의 만족함을 통해 실제로 관철될 수 있다고 본다.[8]

공정한 관찰자의 동감 가능성

그렇다면 신이 인간에게 부여한 본성, 특히 도덕적 판단을 가능하게 하는 인간의 본성은 무엇일까? 스미스에 따르면, 인간이 아무리 이기적으로 보여도 인간의 본성 중에는 타인의 운명에 관심을 가지고 타인의 행복을 자신에게 필수불가결한 요소로 만드는 원리들이 존재하며, 이는 타인의 슬픔을 목격할 때 함께 슬퍼하고 타인의 기쁨을 보면서 함께 기뻐하는 '동감'(sympathy)을 통해 드러난다. 이러한 동감은 인간이 상상력을 통해 자신의 입장을 바꾸어 타인의 처지에 설 때 갖게 되는 감정으로서 덕망이 높은 사람이나 인간애가 풍부한 사람만이 아니라 극악무도한 악인에게서조차 발견되는 인간 본성이다. 스미스는 이러한 본성이 "입증할 필요가 없는 매우 자명한 사실"이라는 전제하에,[9] 우리가 흔히 볼 수 있는 명백한 사례들을 나열함으로써 타인에게 동감할 수 있는 인간의 본성을 도덕성의 원천으로 삼으려 한다. 즉 우리는 타인의 몸에 무기가 겨누어진 광경을 보면 우리 자신의 몸을 움츠리고, 밧줄 위에서 춤을 추는 무용수를 보면 우리 자신의 가슴을 졸인다. 그리고 우리는 비극이나 연애소설을 읽으며 주인공이 고난을 겪을 때 슬픔을 느끼고, 주인공이 위기 상황에서 벗어날 때 기쁨을 느낀다. 또한 병 때문에 고통스러워하는 갓난아이를 보면 가슴 아파하고, 심지어 죽은 사람을 보면 슬퍼한다는 것이다.

이렇게 볼 때 인간에게 타인의 상황에 자신을 이입함으로써 타인의 감정에 동감할 수 있는 능력이 있다는 것은 자명한 사실처럼 보인다. 그런데 어떻게 이러한 감정이 도덕성의 원천이 될 수 있을까? 이는 인간이 타인의 감정에 동감할 수 있지만, 그렇다고 항상 동감하는 것은 아니라는 사실 때문이다. 우리는 타인의 슬픔에 함께 슬퍼하고 타인의 기쁨에 함께 기뻐하기도 하지만, 타인의 분노에 대해 함께 분노하는 것이 아니라, 이에 대해 혐오감을 느끼거나 반대로 격분할 수도 있다. 다시 말해 우리는 타인의 감정에 동감할 수도 있지만, 반감을 가질 수도 있다는 것이다. 이런 점에서 동감은 타인에 대한 무조건적 감정이 아니라, 동감 가능성과 동감 불가능성이 구별되는 차별적 감정이며, 이에 근거하여 타인의 감정을 흡사 옳고 그른 것으로 판단할 수 있다는 점에서 동감은 도덕적 감정으로 이해될 수 있다. 물론 동감 가능성은 비단 타인의 감정에만 적용되는 것은 아니다. 왜냐하면 내가 타인의 입장에 선다면 그의 감정만이 아니라 그의 행동 역시 동감 가능한지를 판단할 수 있기 때문이다. 이런 점에서 동감 가능성은 타인의 감정만이 아니라 타인의 행위 역시 옳고 그름의 관점에서 판단할 수 있게 한다.

그런데 동감 가능성을 통해 타인의 감정이나 행위의 옳고 그름, 즉 도덕성을 판단하는 것이 정당성을 가질 수 있을까? 동감이 비록 타인에 대해 옳고 그름을 판단하게 하는 도덕적 감정이라 하더라도, 동감 가능성에는 편향성이 존재한다. 왜냐하면 타인에 대한 동감 가능성은 친숙한 사람일수록 더 커질 수 있고, 타인의 입장에 선다는 것이 개인의 주관적 상상력을 통해서라는 점에서 보편성을 갖기 어렵기 때문이다. 따라서 동감 가능성은 타인이 나의 친구냐, 아니면 적이냐에 따라, 그리고 개인의 주관적 상상력을 좌우하는 지식 수준이나 추리 능력에 따라 달라질 수밖에 없다. 이런 문제 때문에 스미스는 타인의 감정이나 행위에 대한 동감 가능성을 도덕성의 원천으로 보면서도 이것이 가질 수 있는 편향성을 극복하기 위해 이상화된 형태의 동감 가능성을 주장하게 된다. 즉 스미스가 말하는 동감 가능성은 나 자신이나 어떤 특정한 사람의 동감 가능성이 아니라, '공정한 관찰자'의 동감 가능성을 의미한다.

공정한 관찰자란 말뜻 그대로 불편부당한 입장에 따라 인간의 감정과 행동에 대한 동감 가능성을 판단하는 자로서, 우리가 이러한 입장에 선다면 인간의 감정이나 행동의 도덕성을 공정한 관찰자의 동감 가능성에 따라 판단할 수 있다. 이런 점에서 공정한 관찰자의 동감 가능성은 도덕성의 일반적 기준이 되며, 내가 타인의 감정이나 행동만이 아니라 나 자신의 감정이나 행동에 대해 도덕적 판단을 하려면 과연 공정한 관찰자의 입장에서 동감 가능한지를 성찰해보아야 한다. 따라서 인간이 도덕적이 되기 위해서는 타인의 감정이나 행동에 대해 공정한 관찰자의 입장에 서서 동감할 수 있어야 하며, 자신의 감정이나 행동 역시 공정한 관찰자의 동감 가능성을 기준으로 규제해야 한다.

인정 욕구

그런데 인간이 공정한 관찰자의 입장에 서서 자신의 감정이나 행동에 대해 성찰할 수 있는 능력을 갖고 있다 하더라도, 실제로 인간이 동감 가능성에 따라 자신의 감정과 행동을 규제한다고 볼 수 있을까? 도덕적 능력이 있다는 것과 실제로 이를 실행한다는 것은 서로 다른 문제이기 때문이다. 더구나 스미스는 인간의 도덕성을 설명하기 위하여 동감 능력이라는 인간의 본성을 말하고 있지만, 인간의 본성에는 동감 능력만 있는 것이 아니다. 스미스에 따르면, 인간에게는 본래적으로 타인보다 자기 자신을 우선시하는 '자기애'의 본성 역시 존재한다.[10] 물론 자기 자신을 우선시하는 성향은 이 세계를 창조한 신의 섭리이기도 한다. 왜냐하면 스미스는 자기보존과 종족번식을 신이 모든 생명체에게 부여한 위대한 목적으로 보고 있으며, 이 때문에 인간은 이를 실현하려는 욕구를 갖고 있을 뿐만 아니라 이를 방해하는 것에 대해서는 반감을 갖고 있다고 생각하기 때문이다.[11]

인간의 동감 능력만이 아니라 자기애의 본성을 전제한다면 인간의 동감 능력이 실제로 발휘될 수 있다고 보기는 어렵다. 스미스 역시 지적하고 있듯이 자기애라는 '이기적이고 본원적인 열정'은 타인의 이해보다 아무리 작은 것이라 하더라도 우리 자신의 이해와 관계된 것에 더 큰 환희나 비애, 혹은 욕구와 혐오를 갖게 하며, 아무리 타인에게 파괴적인 것처럼 보일지라도 우리 자신의 이해관계를 위해서는 이를 억제하기 어렵기 때문이다.[12] 이런 점에서 스미스는 비록 어느 나라에서 엄청난 지진이 일어나 수억이 넘는 사람들이 목숨을 잃었다 하더라도 이에 대한 슬픔은 잠시일 뿐 우리는 다시 일상생활의 편안함으로 돌아가지만, 만약 우리 자신의 새끼손가락 하나라도 잃게 된다면 밤잠을 자지 못할 것이라고 말한다. 그럼에도 불구하고 스미스가 동감 가능성을 도덕성의 원천으로 삼을 수 있는 이유는 무엇일까?

스미스가 인간이 자기애를 넘어 공정한 관찰자의 동감 가능성에 따라 자신의 감정과 행동을 규제할 수 있다고 보는 이유는 다름 아닌 양심 때문이다. 스미스에 따르면, 양심은 인간이 다른 사람의 행복을 해치려 할 때 나타나는 내면의 목소리로서 우리 자신은 그 누구보다도 나을 것도 없는 대중 가운데 한 사람일 뿐임을 환기시켜준다. 그리고 인간은 바로 이 양심 때문에 자신의 이익을 다른 사람의 이익보다 감히 우선시할 수 없으며, 사람들의 이해가 충돌할 경우 우리 자신의 입장이나 타인의 입장이 아닌 공정한 관찰자의 눈으로 이를 판단하려고 한다는 것이다. 이런 점에서 스미스는 인간이 자기애라는 가장 강력한 충동에 대항할 수 있는 것은 "인간애라는 온화한 힘"도, "박애심이라는 연약한 불꽃"도 아닌 내 마음속의 양심이라고 말한다.[13]

하지만 이러한 양심의 목소리가 자기애의 강력한 충동을 억제할 만큼 그렇게 강한 것일까? 스미스에게 양심이란 허약한 것이 아니다. 왜냐하면 인간의 양심이란 스미스가 "인간의 본성에서 가장 고귀하고 가장 선한 열정"으로 규정한 인정 욕구에 토대를 두고 있기 때문이다.[14] 즉 인간에게는 본성적으로 "명예롭고 숭고한 것을 수행하려는 욕구, 우리 스스로가 존중과 승인의 적절한 대상이 되고 싶다는 욕구"가 있다.[15] 그리고 이 때문에 인간은 타인이 존경할 만한 사람이 되려고 하고, 또한 실제로 존경받기를 원하며, 반대로 타인이 경멸할 만한 사람이 되기를 두려워하고, 또한 실제로 경멸받는 것을 두려워한다는 것이다.[16] 그렇기에 인간은 양심의 목소리에 따라 행동하지 않을 때 마음속으로 수치심을 느낄 뿐만 아니라, 타인과의 관계에서 혐오와 저주의 대상이 될 수 있다는 두려움에 빠지게 된다. 이런 점에서 우리가 양심의 가책이라고 느끼는 것은 아마도 이런 수치심과 두려움이 주는 심리적 고통으로 이해할 수 있으며, 인간은 이러한 양심의 가책에서 벗어나기 위해서라도 공정한 관찰자의 입장을 따를 수밖에 없다. 그러나 양심의 목소리에 귀 기울이고, 결국 공정한 관찰자의 입장을 따른다는 것이 단지 소극적 차원에서 양심의 가책에서 벗어나기 위함만은 아니다. 왜냐하면 공정한 관찰자의 입장에 따른다는 것은 우리 자신을 타인의 인정 대상으로 만들고, 또한 실제로 타인으로부터 인정을 받을 수 있는 길이기 때문이다. 이런 점에서 인간의 도덕성의 원천인 동감 가능성이란 결국 우리가 타인으로부터 인정받을 수 있는 가능성을 말하며, 인간이 동감 가능성에 따른 도덕적 행위를 수행할 수 있는 것은 타인으로부터 인정받고 싶어 하는 인정 욕구 때문이다.

스미스에 따르면 인간은 타인으로부터 인정을 경험하느냐, 아니면 혐오를 경험하느냐에 따라 환희나 비애의 감정을 갖게 되기 때문에 항상 자신의 감정이나 행동이 타인에게 어떻게 보일지를 성찰하지 않을 수 없다. 그렇다면 인간이 타인의 인정을 경험하면서 기쁨을 느끼게 되는 이유는 또한 무엇일까? 스미스에 따르면, 인간은 자기 자신에 대해 자신이 갖고 있는 입장이 다름 아닌 타인의 입장과 일치함을 경험할 때 자신에 대한 행복감과 안도감을 가질 수 있다는 것이다. 왜냐하면 우리는 타인의 인정을 통해 우리 자신에 대한 자기 인정을 확고히 할 수 있기 때문이다.[17] 이런 점에서 인간은 자신의 감정이나 행동, 그리고 성격에 대해서조차 이를 타인의 시각에서 보려고 하고, 또한 타인의 시각과 일치되기 위해 노력한다. 물론 여기서 말하는 타인이란 우리 주변에 있는 특정한 개인들이 아니라, 이들의 주관적 편향성에서 벗어난 공정한 관찰자를 말한다.

이렇게 보면 인간이 타인으로부터 인정받고 싶어 하는 이유가 이를 통해 갖게 되는 자기 자신에 대한 만족감이나 자기 확신 때문이라고 볼 수 있지만, 스미스에 따르면 인간이 인정 욕구를 갖게 된 것은 인간의 본성이 그렇기 때문이기도 하다. 즉 인간은 타인의 인정에 기뻐하며, 타인의 부정을 가장 굴욕적으로 느끼며 이에 대해 불쾌감을 갖도록 만들어졌다는 것이다. 이렇게 보면 인정 욕구란 인간을 창조한 신의 섭리에 해당한다고 볼 수 있으며, 신이 인간에게 이러한 본성을 부여한 이유는 인간을 다름 아닌 사회에 적합한 존재로 만들었기 때문이다.[18] 스미스에 따르면, 만약 인간이 어느 고립된 곳에서 홀로 성장했다면 인간은 자신의 감정, 행동, 성격, 외모가 어떻게 평가될 수 있을지 생각조차 할 수 없다. 왜냐하면 이런 인간에게는 자신을 바라볼 수 있도록 비춰줄 거울, 즉 타인이 존재하지 않기 때문이다. 그러나 인간은 타인이 자신의 감정, 행동, 성격, 외모에 대해 반응하는 것을 경험하면서 비로소 타인의 시각에서 자신을 바라보게 되었다는 것이 스미스의 생각이다.[19] 이런 점에서 타인의 시각에서 자신을 바라보면서 타인에게 인정받을 수 있는 사람이 되려는 것은 인간이 사회 속에서 살기 때문이고, 이런 점에서 비록 스미스의 용어는 아니지만, 인정 욕구를 인간의 자연적 본성이 아니라 사회적 본성이라고 규정할 수 있을 것이다.

신중, 정의, 자혜

이렇게 본다면 인정 욕구는 인간의 본성일 뿐만 아니라 인간만의 본성에 해당한다고 말할 수 있다. 왜냐하면 자기애의 욕구는 근본적으로 자기보존과 자기번식에 기원한 것으로서 이는 생명체라면 그 어느 것이나 갖고 있는 자연적 본성에 해당하지만, 인정 욕구는 사회 속에서 생활하는 인간의 사회성에 기원한다는 점에서 인간만의 본성이라 할 수 있기 때문이다. 따라서 스미스가 도덕성의 원천으로 간주한 동감 능력 역시 결국은 타인의 입장에서 자신을 보려는 인간의 사회성에 기원한다고 볼 수 있다. 타인이 없다면 타인과 동감한다는 것은 불가능하며, 타인의 인정을 원하지 않는다면 타인과 동감할 필요도 없기 때문이다. 이런 점에서 인간이 자기보존과 자기번식이라는 자연적 본성에 따라서만 행동한다면 도덕적 행동을 기대할 수도, 내지는 기대할 필요조차 없을 것이다. 따라서 결국 인간의 도덕성의 핵심은 인간이 타인과 함께 산다는 조건하에서 공정한 관찰자의 인정을 위해 공정한 관찰자의 입장에 따라 타인을 평가하고 자신을 규제하는 데 있으며, 이럴 때 인간은 서로에 대한 동감에 기초하여 "애정과 애착의 유쾌한 연대"를 이루며 살게 될 것이다.[20]

그렇다면 우리는 이러한 공정한 관찰자의 입장을 어떻게 알 수 있을까? 우리는 우리 자신의 입장에서 벗어나 타인의 입장에 설 때 그의 감정이나 행동이 동감 가능한지를 상상해볼 수 있다. 반대로 우리는 타인의 입장에 서서 우리 자신의 감정과 행동이 동감 가능한지를 상상해볼 수 있다. 그러나 이러한 상상은 여전히 나의 주관적 한계 속에서 이루어지며, 따라서 이런 상상을 통해 공정한 관찰자의 입장에 도달할 수는 없다. 더구나 스미스가 말하는 공정한 관찰자란 실제로 존재하는 사람이 아니다. 그렇기에 공정한 관찰자라는 것은 동감 가능성이 개개인의 주관적 한계에 빠지는 것을 막기 위해 가능한 불편부당한 입장에 서서 생각하라는 규범적 요청일 수 있다. 그러나 우리가 공정한 관찰자의 입장이 무엇인지 객관적으로 확인할 수 없다면, 공정한 관찰자의 입장이란 것 역시 주관적 상상에 맡겨질 수밖에 없다.

스미스는 이런 문제를 해결하기 위해 '도덕의 일반 원칙'을 따를 것을 주장한다.[21] 왜냐하면 도덕의 일반 원칙은 특정한 상황에서 어떤 행동이 적절하고 타당한지, 따라서 어떤 행동이 칭찬받을 만하고, 어떤 행동이 비난받을 만한지를 알려준다는 점에서 개인이 주관성이나 편파성에서 벗어날 수 있기 때문이다. 물론 스미스가 말하는 도덕의 일반 원칙은 세상 사람들의 일치된 동감 가능성에 기초하여 형성된 것을 말하며, 모두가 동감한다는 것은 그 누구에게도 편향된 것이 아니라는 점에서 공정한 관찰자의 입장으로 간주될 수 있다. 그렇다면 도덕의 일반 원칙은 모든 사람이 모여 각각의 상황마다 어떤 행동이 동감 가능한지 서로의 입장을 바꾸어가며 상상한 결과일까? 스미스가 생각하는 도덕의 일반 원칙은 이런 집단적 상상을 통해 형성된 것이 아니다. 그리고 사실 모든 사람이 모여 도덕의 일반 원칙에 대해 함께 상상한다는 것은 사회 전체 차원에서 볼 때 물리적으로도 불가능한 일이다. 스미스가 말하는 도덕의 일반 원칙은 경험적 사례들로부터 귀납적으로 도출된 것이다. 즉 다양한 상황에서 일어난 수많은 개별 사례들을 살펴보면 어떤 경우 사람들이 동감을 표하고 어떤 경우 반감을 표현하는지를 알 수 있고, 따라서 이러한 경험적 사례로부터 도덕의 일반 원칙을 도출할 수 있다는 것이다.[22] 이런 점에서 도덕의 일반 원칙은 오랜 역사적 과정을 통해 축적된 "경험으로부터 형성"된 것이라 할 수 있으며,[23] 우리는 이를 통해 주관적 상상력을 넘어 공정한 관찰자의 입장이 무엇인지를 알 수 있다.

그렇다면 이렇게 오랜 역사적 과정을 통해, 또한 반복적인 사례를 통해 공정한 관찰자의 입장으로 일반화되었을 뿐만 아니라, 또한 이를 통해 우리 자신이 타인의 인정의 대상이 될 수 있게 하는 행동은 어떤 것일까? 스미스는 이를 신중(prudence), 정의(justice), 자혜(beneficence)라는 세 가지 덕목을 통해 설명한다.

우선 신중이란 자신의 행복을 위해 다양한 욕구를 충족시키는 데 있어서 공정한 관찰자로부터 인정받기 위해 우리 자신이 갖추어야 할 성품이자 행동방식을 말한다. 이미 지적했듯이 인간은 자기애의 본성을 갖고 있으며, 그렇기에 자신의 생명을 보존하고 건강하려고 한다. 따라서 인간은 더위와 추위나 병으로 인한 고통으로부터 벗어나려고 하고, 배고픔과 갈증을 해소하려고 한다. 또한 인간은 이를 위한 필수품이나 편의품을 얻기 위해 외형적 재산을 확보하고 증식시키려 하며, 더 나아가 타인으로부터 존경받고 신뢰받는 사람이 되고자 한다. 신중함이란 구체적으로 이렇게 건강, 재산, 명성과 같이 자기애에서 비롯된 욕구들을 충족하되 근면하고 검소하며, 절도 있고 예절 있게 행동하는 등 더욱 오랜 기간 지속될 안락과 즐거움을 바라면서 현재의 일시적인 안락과 즐거움을 억제하는 것을 말한다.[24]

이에 비해 정의와 자혜는 자신의 행복보다는 타인의 행복과 관련하여 공정한 관찰자로부터 인정받을 수 있는 태도이자 행동방식을 말한다. 그중에서 정의란 자신의 이익을 위해 타인에게 해악을 끼친 사람들에 대한 자연적 분개심에 기초한 것으로서, 타인의 행복보다 자신의 행복을 우선시하는 자기애에 대해 공정한 관찰자가 동감할 수 있는 한계를 부여하는 것을 말한다. 물론 자기애에 한계를 부여한다는 것은 일정 정도 자기애를 억제하는 것이지만, 동시에 정당한 한계 내에서 자기애를 허용하는 것이기도 하다. 스미스가 말하는 정의란 일상적으로 볼 때 타인의 행복을 침해하거나 방해하지 않는 것에서부터 부, 명예, 사회적 지위를 둘러싼 경쟁 상황에서 공정한 경쟁을 수행하는 것, 더 나아가 우리가 타인의 생명과 인격, 재산과 소유물, 그리고 타인의 권리와 계약상의 몫을 훼손하지 않는 것을 말한다. 그리고 모든 국가는 강력한 권력을 통해 구성원들이 타인의 행복을 침해하거나 방해하는 것을 금지하도록 해야 하며, 이를 어길 시 강력히 처벌해야 한다.[25]

이에 반해 자혜란 행위 대상자에게 감사하는 마음을 불러일으킬 수 있을 뿐만 아니라, 공정한 관찰자도 이런 감사의 마음에 동감할 수 있게 하는 행동으로서,[26] 우리 자신보다 남을 위해 더 많이 생각하고 더 많이 베푸는 것이나, 타인의 행복을 보호하고 증진시키고 불행을 방지하려는 행동을 말한다.[27] 이러한 자혜는 자신의 부모 형제에서 출발하여 친척이나 친구로 이어지고, 집단적으로 볼 때 자신이 속한 계층이나 집단에서 국가로 이어지고, 더 나아가 신이 창조한 이 세계의 모든 거주민 전체로 확대될 수 있다. 그리고 자혜의 행동이란 타인으로부터 존경받을 만한 사람이 되기를 원하고 경멸할 만한 사람이 되기를 두려워하는 마음에서 실행될 뿐, 어떤 강제력을 통해 강요될 수도 없으며 자혜가 부족하다고 해서 처벌받는 것도 아니다. 자혜가 결여되어 있다고 해서 타인에게 해악을 끼치는 것은 아니기 때문이다.

스미스에 따르면 인간은 본래 사회에서만 생존할 수 있는 존재로 창조되었으며, 인간이 생존하기 위해서는 마찬가지로 사회가 존속할 수 있어야 한다. 정의와 자혜라는 두 가지 덕행은 사회가 존속할 뿐만 아니라, 더 나아가 사회가 번영하고 사회구성원들이 행복하기 위해 필요하다. 그러나 정의와 자혜가 똑같은 중요성을 갖는 것은 아니다. 자혜는 사회가 존속하는 데 정의보다 덜 필수불가결하기 때문이다. 스미스의 비유에 따른다면, 정의는 사회라는 건물을 지탱하는 기둥과 같고, 자혜는 건물을 꾸미는 아름다운 장식과 같다.[28] 왜냐하면 타인에게 해를 끼치는 불의가 만연하면 사회 자체가 존속할 수 없지만, 자혜가 결여되어 있다고 해서 사회 자체가 해체되는 것은 아니기 때문이다. 다만 자혜는 애정과 애착의 유쾌한 연대를 만들어낼 수 있기 때문에 자혜가 넘치는 사회는 더 행복하고 더 유쾌하다고 말할 수 있다.

그러나 자혜가 사회의 존속을 위해 정의처럼 필수불가결한 것은 아니라 할지라도 우리 자신의 삶을 위해서는 필수불가결하다. 신중, 정의, 자혜는 공정한 관찰자가 우리 자신의 행복과 타인의 행복을 위해 우리에게 요구하는 도덕의 일반 원칙일 뿐만 아니라, 이를 통해 우리 자신은 타인으로부터 인정받을 수 있고, 또한 실제로 인정받는 완성된 인격체가 될 수 있기 때문이다. 그렇기에 스미스는 우리의 삶과 행동이 이런 일반 원칙으로부터 벗어난다면, 즉 우리가 재산을 모으는데 지나치게 열심이거나 지나치게 나태하다면, 우리가 타인에게 해를 끼치거나 타인의 행복을 촉진시킬 수 있는 기회를 소홀히 한다면, 공정한 관찰자는 한밤중에 우리를 불러내 이에 대한 해명을 요구할 것이고 우리는 수치심에 사무치게 될 것이라 경고한다.[29]

2 | 자연적 자유와 국부의 증가

스미스의 『도덕감정론』이 그를 철학자의 반열에 오르게 했다면, 『국부론』은 그를 근대 경제학의 아버지이자 경제적 자유주의의 원조로 만들게 한 고전 중의 고전이다.[30] 스미스는 이 저작에서 노동, 임금, 가격, 화폐, 이윤, 자본, 재정, 공공서비스 등 근대 경제학의 근본적인 문제들을 다루고 있으며, 이를 통해 자유경쟁에 기초한 시장경제의 확립과 이를 가능하게 하는 최소한의 정부의 역할을 주장하고 있다. 스미스가 이러한 작업을 수행하게 된 목적은 『국부론』이란 제목 자체가 말해주듯이 "국민과 국가 모두를 부유하게" 하는 국부의 증진에 있다.[31]

그렇다면 국부의 증진은 어떻게 가능할까? 스미스는 한 나라의 국부의 증진을 무엇보다도 생활필수품과 편의품 등 노동생산량의 증대로 본다. 그렇기에 국부의 증진을 목적으로 삼고 있는 『국부론』은 어떻게 하면 노동생산량을 늘릴 수 있을지 그 방법을 제시하고 있다. 스미스에 따르면 노동생산량을 늘리기 위해서는 한 나라의 노동생산성이 증가해야 하고, 생산노동자의 고용 역시 증가해야 한다. 어떻게 보면 노동생산성 향상과 생산노동자 고용 증가가 노동생산량 증대를 낳는다는 것은 당연한 것처럼 보인다. 더 많은 노동자가 더 능률적으로 노동을 한다면 더 많은 생산량이 산출될 수밖에 없기 때문이다. 그러나 노동생산성을 늘리고 더 많은 생산노동자를 고용할 수 있는 방법이 무엇인가를 다시 질문한다면, 이에 대한 당연한 대답이 있는 것은 아니다.

분업

스미스가 노동생산량을 높일 수 있는 방법으로 제시한 것은 분업이다. 왜냐하면 분업은 분업이 이루어지지 않은 경우보다 노동생산성을 비약적으로 향상시킬 수 있기 때문이다. 이는 스미스가 예로 제시한 핀 공장의 사례들을 통해 확인할 수 있다. 핀을 생산하는 공장에서 노동자 한 사람이 혼자서 핀 생산 공정을 모두 담당한다면 하루에 20개는커녕 한 개도 만들어내지 못할 수도 있다.[32] 그런데 핀 생산을 여러 개의 공정으로 나누고 이를 노동자들이 나누어 담당한다면, 전체 공정을 혼자 담당하는 것보다 수백 배나 많은 핀을 생산할 수 있다는 것이다. 물론 분업은 한 공장 내에서만 일어나는 것은 아니다. 이는 사회 전체에서도 일어난다. 왜냐하면 오늘날 누구도 자신에게 필요한 생활필수품이나 편의품을 혼자서 모두 생산하는 사람은 없기 때문이다. 사회 전체에서 보면 농업과 제조업 등 생산 분야가 나누어져 있고, 제조업 내부로 들어가면 여러 업종과 이에 상응한 직업이 나누어져 있다. 스미스가 지적한 모직 코트의 사례만 보더라도, 이는 수많은 노동자의 다양한 분업적 노동이 결합하여 만들어낸 생산물이다.[33] 모직 코트는 양치기에서 시작하여 양모 선별공, 소모공, 염색공, 방적공, 직포공을 거쳐 마무리 손질공에 의해 완성된다. 그리고 모직 코트 생산에 필요로 원료를 공급하기까지는 상인과 해운업자의 역할이 필요하며, 해운업자가 역할을 다하기 위해서는 조선업자, 선원, 돛대 제조업자, 밧줄 제조업자가 필요하다. 또한 양털 깎을 때 사용하는 도구나 직포 다듬는 기계까지 염두에 둔다면 하나의 상품이 생산되기 위해서는 사회 전체가 수많은 노동을 나누어서 수행하는 분업체계를 형성해야 한다. 이러한 분업은 생산량을 늘리는 데 분명한 이점이 있다. 노동자가 한 분야에서 한 가지 일에만 종사하면 개별 노동자들의 숙련도가 높아지고, 노동자가 여러 일을 혼자 담당할 때보다 시간이 절약되고, 개별 공정에 기계 사용을 가능하게 함으로써 일을 더욱 수월하고 단순하게 만들 수 있기 때문이다.[34] 스미스에 따르면, 이런 분업의 이점 때문에 오늘날 문명사회는 야만사회와 달리 노동생산물을 비약적으로 증대시킬 수 있었고, 그 결과 문명사회에서는 아무리 검소한 농민이라 할지라도 야만사회의 왕들보다 생활용품 면에서 더 풍족하게 살고 있다.[35]

그런데 이러한 사회적 분업이 언제 어디서나 이루어질 수 있는 것은 아니다. 사회적 분업이 가능하기 위해서는 일정한 조건이 충족되어야 하기 때문이다. 우선 사회적 분업체계에서 내가 어떤 물건을 생산한다면, 이는 내가 이 물건을 사용하기 위해서가 아니라, 이를 다른 사람들의 생산물과 교환함으로써 나에게 필요한 물건을 확보할 수 있기 때문이다. 즉 나는 내가 원하는 것을 얻기 위해 타인이 원하는 것을 준다는 것이다.[36] 예를 들어 어떤 사람이 사냥에는 능력이 없지만 우수한 활과 화살을 남들보다 더 잘 만들 수 있다면, 이 사람은 활과 화살만을 만들고 이를 다른 사람이 사냥한 짐승 고기와 교환할 수 있다. 이렇게 되면 이 사람은 사냥에 무능한 자기 자신이 직접 사냥하면서 짐승을 잡을 때보다 더 많은 고기를 얻을 수 있다. 물론 사냥에 특출한 능력이 있는 사냥꾼 역시 자신의 형편없는 솜씨로 활과 화살을 만들 때보다 더욱 우수한 활과 화살을 얻게 된다. 이렇게 본다면 사실 나는 타인이 필요한 것을 생산하지만, 이는 나 자신을 위해 생산하는 것이다. 물론 이러한 분업은 자신의 천부적 능력에 따라 이루어지기도 하지만, 한 가지 일을 오랫동안 담당하게 되면 당연히 그렇지 않은 사람보다 해당 일을 잘할 수 있다. 사회적 분업이 개인적 차원에서 어떻게 이루어지든 사회적 분업이 이루어지기 위해서는 이처럼 혼자 자신에게 필요한 모든 것을 만들 때보다 교환을 통해 필요한 물건을 얻는 것이 훨씬 더 이익이 된다는 점을 깨달아야 한다. 이런 맥락에서 스미스에 따르면, "우리가 매일 식사를 마련할 수 있는 것은 푸줏간 주인과 양조장 주인, 그리고 빵집 주인의 자비심 때문이 아니라, 그들 자신의 이익을 위한 그들의 고려 때문"이다.[37]

그런데 이렇게 교환의 이점을 사회구성원들이 깨닫는다 해서 곧바로 사회적 분업이 가능한 것은 아니다. 이를 위해서는 실제로 교환이 이루어지는 장소, 즉 시장이 존재해야 한다. 내가 특정 물건만을 생산한다는 것은 교환을 위해서이기 때문에 나의 생산물 모두를 실제로 교환할 수 있다는 확신이 없으면 사회적 분업은 이루어지지 않는다. 따라서 항상 다양한 물건 간의 교환이 활발히 이뤄지는 시장이 사회적 분업에 앞서 존재해야 한다. 더구나 이 시장은 규모 면에서 모든 물건이 거래되기에 충분해야 한다.[38] 시장이 너무 작다면 내가 어느 한 물건만을 특화해서 생산하기는 어렵다. 내가 생산한 물건을 통해 교환할 수 있는 물건이 그만큼 다양하지 않기 때문이다. 이렇게 되면 사실 나는 한 물건만을 생산해서 나에게 필요한 물건을 모두 얻기 어렵다. 이런 점에서 시장의 규모는 교환의 규모를 결정하고, 교환의 규모는 사회적 분업의 규모를 결정한다고 볼 수 있다. 그리고 시장은 규모만 큰 것이 아니라, 또한 공정해야 한다. 즉 서로 교환하는 물건들은 동일한 가치를 지닌 것이어야 한다. 가치가 큰 물건을 가치가 적은 물건과 교환한다면 한쪽은 이익이지만 다른 쪽은 손해이다. 그러나 과연 손해를 감수하면서까지 교환을 감행하려는 사람이 있을까? 이런 점에서 상이한 종류의 생산물을 교환할 때에는 이 물건들이 서로 같은 가치, 즉 "등가성"을 갖고 있어야 이를 공정한 교환이라 할 수 있으며,[39] 만약 교환이 공정하게 이루어진다는 보장이 없다면, 교환이 불가능해질 뿐만 아니라 사회적 분업까지 불가능해진다.

자본 축적

앞서 설명한 것을 종합해본다면, 노동생산성이 높아지기 위해서는 분업이 필요하고, 또한 분업이 이뤄지기 위해서는 교환의 이점에 대한 자각만이 아니라 큰 규모의 공정한 시장이 존재해야 한다. 이런 점에서 분업이란 결국 교환 당사자에게 이익을 줄 수 있는 공정한 시장에 의존한다고 볼 수 있다. 그러나 이렇게 시장적 조건만 충족된다고 해서 분업이 이뤄지는 것은 아니다. 이런 조건은 아마도 분업을 가능하게 하는 필요조건일 수 있어도 분업을 가능하게 하는 충분조건은 아니다. 분업이란 생산 활동을 효율적으로 조직하는 방식이며, 분업적으로 생산하든 아니면 다른 어떤 방식으로 생산하든 생산 활동 자체를 위해서는 생산자가 필요하고, 또한 생산자가 생산 활동을 수행하기 위해서는 생산 도구나 원료 등이 필요하다.

그리고 생산자가 사회적 분업체계 하에서 생산 활동을 수행한다면 이는 교환을 목적으로 한 것으로서, 이 교환이 이루어져야만 비로소 노동자 자신의 생계를 유지할 뿐만 아니라 생산 활동에 필요한 도구나 원료 등을 마련할 수 있다. 그런데 아무리 교환이 이루어지는 시장적 조건이 갖추어져 있다 해도 정작 생산물을 완성하기 전까지는 생산자 자신의 노동생산물을 타인의 노동생산물과 교환할 수 없다는 데 문제가 있다. 그렇다면 교환이 이루어지기 전까지, 그리고 자신의 노동생산물을 완성하기 전까지 생산자는 어떻게 생계 유지를 할 수 있으며 생산에 필요한 원료와 도구까지 조달할 수 있을까? 사실 이런 조건이 충족되지 않는다면 생산 활동 자체가 불가능하다는 점에서 이는 분업적 생산 활동의 직접적이고 가장 본질적인 조건이라 할 수 있다.

스미스에 따르면 바로 이런 조건을 충족시킬 수 있는 것이 자본 축적이다. 왜냐하면 분업적 생산에 앞서서 축적된 자본이 있다면 이를 통해 생산자는 노동생산물을 시장에서 교환하기 이전이라 하더라도 자신의 생계를 유지할 수 있음은 물론 생산 활동에 필요한 원료와 도구를 조달할 수 있기 때문이다.[40] 이런 점에서 사회적 분업이 가능하려면 이에 앞서 자본 축적이 필수적이라 할 수 있으며, 자본 축적이 얼마나 이루어졌느냐에 따라 사회적 분업의 규모 역시 결정된다. 축적된 자본이 크면 클수록 분업을 세분화해서 더 많은 노동자를 고용할 수 있으며, 또한 더 많은 양의 원료나 도구, 기계 등을 조달할 수 있기 때문이다.

이렇게 본다면 스미스가 『국부론』의 목적으로 삼은 국부의 증진,

즉 생활필수품과 편의품의 증가는 얼마나 많은 자본이 축적되어 있느냐에 달려 있다. 자본이 풍부해야 그만큼 분업이 확대되고, 더 많은 생산자들이 높은 노동생산성을 통해 더 많은 노동생산물을 산출할 수 있기 때문이다. 이런 점에서 스미스가 염두에 두고 있는 경제체제는 분업과 교환을 통해 생산이 이뤄지는 시장경제라 할 수 있을 뿐만 아니라, 자본을 통해 생산이 이루어지는 자본주의 경제를 말한다. 우리가 자본주의를 사적으로 소유한 자본을 이용하여 이윤을 목적으로 시장에서 거래될 상품을 생산하는 경제체제로 이해한다면, 지금까지 설명했듯이 자본을 통해 분업적 생산이 이뤄지고 노동생산물이 시장에서 교환(거래)되는 경제체제란 다름 아닌 자본주의 경제체제이다.

스미스 자신의 설명에 따르면, 그가 염두에 두고 있는 사회는 "분업이 확립"되어 "모든 사람이 교환에 의해 생활"하는 "상업 사회"이다.[41] 물론 표현은 다르지만 이 상업 사회가 시장을 중심으로 경제활동이 이루어지는 사회를 말한다는 것은 분명하다. 교환이란 다름 아닌 시장에서 일어나기 때문이다. 이런 점에서 스미스가 국부의 증진에 대해 설명할 때, 그것은 시장경제체제 하에서의 국부 증진을 말한다고 할 수 있다. 또한 스미스는 시장을 중심으로 경제활동에 참여하는 사회구성원을 자본가, 지주, 노동자로 구별하고 있다. 왜냐하면 사회구성원을 수입의 원천이 무엇인가에 따라 구분한다면, 비생산적 노동에 종사하는 사람이 아닌 한 자신의 자본이나 토지, 아니면 노동을 통해 수입을 얻고 있기 때문이다. 즉 자본가는 자본 투자를 통해 이윤을, 지주는 토지 임대를 통해 지대를, 그리고 노동자는 자신의 노동 제공을 통해 임금을 얻는다는 것이다. 물론 수입의 원천이 서로 다르다고 해서 이들이 각기 독립적으로 경제활동을 한다는 것은 아니다. 자본가, 지주, 노동자 각자의 수입을 말하는 이윤, 지대, 임금이 동일한 노동생산물을 판매해서 얻어진 수입을 서로 나누어 가진 것이라면, 자본가, 지주, 노동자는 하나의 생산 활동에 통합되기 때문이다. 즉 자본가가 자본 투자를 통해 토지를 임대하여 생산시설을 마련하고 노동자를 고용하여 상품을 생산한다면, 자본, 토지, 노동은 상품 생산에 필요한 3가지 구성요소가 되며, 자본가, 지주, 노동자는 상품 판매 수익 중에서 이에 상응한 이윤, 지대, 임금을 분배받는다. 그렇기에 스미스의 표현에 따르면, "모든 진보된 사회"에서는 "대부분의 상품들의 가격"이 이윤, 지대, 임금으로 구성된다는 것이다.[42] 이런 점에서 스미스가 말하는 상업 사회는 결국 시장을 중심으로 경제활동이 이뤄지는 사회를 의미할 뿐만 아니라, 자본가의 자본 투자를 통해 생산이 이뤄지는 자본주의 사회를 말한다. 따라서 스미스가 국부론의 목적으로 삼았던 국부의 증진은 사실상 자본주의 사회에서의 국부의 증진이다.

그렇다면 이제 이렇게 물어볼 수도 있다. 자본주의 사회에서 국부의 증진은 어떻게 이뤄질까? 이에 대한 답은 다음과 같은 스미스의 진술을 보면 쉽게 알 수 있을 것이다. "한 나라의 생산물을 증가시키기 위해서는 자본의 증가가 필요하다. 그러므로 만일 생산물이 증가했으면 자본도 증가했다고 확신해도 좋다. 평화 시에는 거의 모든 나라가 이러하다."[43] 스미스가 이렇게 말한 것은 어찌 보면 당연한 일이다. 스미스에게 국부의 증진이란 생활필수품과 편의품 등 노동생산량의 증가를 의미하고, 노동생산량의 증가는 노동생산성이 높아지고 노동자의 고용이 증가할 때 가능하다. 그리고 여기서 중요한 것은 노동생산성과 고용량을 높이기 위해서는 다름 아닌 자본 축적이 필요하다는 것이다. 앞서 설명했듯이 노동생산성 향상을 위해서는 축적된 자본이 필요하다. 그리고 사회적 분업을 확대시키고 더 많은 노동자를 고용하기 위해서도 자본이 필요하며, 여기에 더해 생산 기계나 도구를 개량하고 이를 생산 활동에 투입하기 위해서는 더 많은 자본이 추가적으로 필요하다. 이렇게 본다면 자본주의 사회에서 국부 증가의 방법은 한마디로 말해 생산 활동에 투입되는 자본의 양을 늘리는 데 있다.

자연적 자유

그렇다면 어떻게 자본의 양을 늘릴 수 있을까? 스미스의 『국부론』의 핵심이며, 그를 경제적 자유주의의 창시자이자 자유방임주의의 원조로 삼게 된 것은 바로 이러한 문제에 대한 그의 대답 때문이다.

일반적으로 볼 때 자본주의 체제에서 생산이 이루어지려면 자본 투자를 통해 생산에 필요한 제반 시설과 생산에 필요한 원료 등을 마련하고 임금을 주고 노동자를 고용해야 한다. 따라서 자본가가 노동생산물 판매를 통해 수익을 얻으면 이를 통해 지대를 비롯하여 생산 기계, 생산 도구, 원료, 임금 등 생산을 위해 사용된 제반 비용을 자본의 보충을 위해 공제한다. 그래야 생산이 지속적으로 이루어질 수 있기 때문이다.[44] 자본가의 이윤은 이러한 모든 비용을 생산비로 공제하고 남은 부분이다. 자본가에게 자본 투자 몫으로 이윤이 돌아가지 않는다면 자본가가 생산을 위해 자본을 투자할 이유가 없으며, 또한 자본 투자가 없다면 자본주의 체제 내에서 생산 자체가 이루어지지 않는다.

그렇다면 자본의 양을 늘리기 위해서는 자본의 이윤이 많아져야 할까? 그렇기도 하고, 그렇지 않기도 하다. 자본의 이윤이 증가하면 이를 다시 투자할 수 있다. 그러면 다시 이윤이 발생할 것이고, 이런 과정이 반복된다면 자본의 양은 점차 증가하게 될 것이다. 그러나 그렇지 않을 수도 있다. 자본가가 자본의 이윤을 투자하는 데 사용하지 않고, 이를 소비하는 데 사용한다면 새로운 이윤 창출이 불가능하기 때문이다. 그러나 노동생산성을 향상시키고 노동자 고용을 증대시키면서 한 사회 전체의 노동생산량을 늘리기 위해서는 자본의 투자 확대가 필요하다. 그리고 스미스가 강조하듯이 이것이 국부의 증진 방법이다. 이런 점에서 스미스가 강조하는 것이 절약이다. 즉 자본은 절약을 통해 증가하고, 반대로 낭비를 통해 감소한다는 것이다. 이는 물론 우선적으로 자본가에 해당되지만, 한 사회의 모든 구성원에게도 해당된다. 자본가는 자신의 이윤을 절약하여 이를 다시 자본에 편입시킬 수 있기 때문이고, 비단 자본가가 아니라 할지라도 사회구성원들이 각자 자신의 수입을 절약하고 이를 저축한다면, 이 돈은 결국 이윤을 목적으로 생산 활동에 투자될 수 있기 때문이다. 이런 점에서 스미스는 한 개인의 자본이 연간 수입 중에서 그가 절약하는 부분에 의해 증가하듯이 사회 전체의 자본도 이와 동일한 방식으로 증가함을 주장한다.[45]

그러나 절약을 통한 자본의 증가는 개인적 차원에서 이루어지는 것일 뿐, 제도적 차원에서의 자본 증가 방안은 아니다. 스미스가 경제적 자유주의자요 자유방임주의자로 규정되는 것은 이러한 자본 증식의 전제조건으로 "자연적 자유의 제도"가 확립되어야 함을 주장하기 때문이다.[46] 스미스는 신이 자신의 섭리에 따라 이 세계를 창조하고, 또한 운행하도록 만들었듯이 모든 사물에는 각각의 "자연적인 과정"이 존재한다고 보고 있으며,[47] 이에 따라 행동하는 것이 바로 자연적 자유이다. 다시 말해서 모든 사물이 신이 부여한 자신의 본성에 따라 움직이는 것이 자연적 자유라는 것이다. 그렇다면 인간의 생산 활동의 자연적인 과정은 무엇일까? 스미스에 따르면 이것은 누구나 자신의 이익을 위해, 자신의 이익이 명하는 바에 따라,[48] 그리고 오로지 자신의 근면과 자본을 바탕으로,[49] 자신이 적당하다고 생각하는 직업을 선택하거나 자신에게 유리한 사업을 추진하는 것을 말한다. 이렇게 본다면 자연적 자유의 제도가 확립된 사회는 앞서 설명했듯이 인간에게 부여된 자기애의 본성에 따라 누구나 자신의 능력을 통해 자신의 이익을 추구하는 것이라 볼 수 있으며, 동시에 모든 개인이 이렇게 자신의 본성에 따라 행동할 수 있도록 완전히 "방임되는 사회"를 말한다.[50] 그러나 이렇게 모든 개인이 자신만의 이익을 추구할 경우 타인과의 관계는 어떻게 될까? 당연히 이는 경쟁 관계로 이해될 수밖에 없다. 어떤 사람들이 서로 원하는 직업이 같고 서로 추진하는 사업이 같다면, 이들은 각자 자신의 이익을 위해 경쟁할 수밖에 없기 때문이다. 이런 점에서 자연적 자유의 제도가 확립된 사회는 자연적 자유만이 아니라 자유로운 경쟁 역시 보장된 사회이다. 즉 자연적 자유의 제도가 확립된 사회에서는 누구나 "자신의 근면과 자본을 바탕으로 다른 누구와도 [다른 어느 계급과도] 완전히 자유롭게 경쟁"할 수 있다는 것이다.[51]

그런데 이렇게 사회구성원들이 타인과 자유로운 경쟁을 수행한다면, 당연히 경쟁에서의 승자와 패자가 나누어지고, 이것이 한 사회 전체로 확대된다면 사회 전체는 경쟁을 통해 이익을 본 사람들과 피해를 본 사람들로 나누어질 수밖에 없다. 그렇다면 이런 상황에서도 모든 사람이 오로지 자신의 이익만을 위해 활동할 경우 모든 국민과 국가가 부유해진다고 말할 수 있을까? 이런 문제에 대해 스미스는 저 유명한 '보이지 않는 손'을 빌려 대답한다. 즉 모든 사람이 오직 자기 자신의 이익만을 위해 경제활동을 하지만, 그럼에도 불구하고 "보이지 않는 손에 이끌려서 그가 전혀 의도하지 않았던 목적을 달성하게 된다"는 것이다.[52] 그리고 이 의도하지 않은 목적이란 다름 아닌 사회 전체의 이익 증진이다. 물론 스미스가 자유경쟁이 사회 전체의 이익을 증진시킬 수 있음을 '보이지 않는 손'이라는 수사적인 표현을 통해 주장하고 있지만, 사실 이는 시장 내에서의 합리적인 자기 조절 기능을 의미한다. 즉 모든 사람은 자신의 이익만을 위해 활동하기 때문에 이익이 많은 곳에서 노동하거나 투자하려 하고, 따라서 특정 직업이나 사업 분야에서의 경쟁이 심해지지만, 그만큼 이익도 줄어들기 때문에 사람들은 다른 분야로 이동할 수밖에 없다. 그리고 그 결과 사회구성원 모두에게 이익이 되도록 노동과 자본의 적절한 배분이 이뤄진다는 것이다. 이렇게 본다면 완전한 자유가 있는 곳에서는 결국 이익과 불이익이 같아지는 경향이 있으며,[53] 바로 이런 점에서 모든 사람이 자신의 이익을 추구하기 때문에 문제가 생기는 것이 아니라, 오히려 모든 사람이 자신의 이익을 추구하고 불이익을 피하려 하기 때문에 역설적으로 모든 사람이 이익을 볼 수 있게 된다.

자유방임

이렇게 스미스는 국부의 증신을 위해 경제적 영역에서 자연적 자유의 완전한 보장을 주장한다는 점에서 경제적 자유주의를 주창했다고 볼 수 있으며, 더 나아가 그를 자유방임주의의 원조를 보게 만든 것은 정부가 이러한 자유가 실현되도록 개개인의 경제활동을 방임할 것을 주장하기 때문이다. 즉 모든 개인의 자연적 자유를 그대로 놔두면 저절로 국부의 증진에 기여하게 된다는 점에서 스미스는 경제활동에 대한 정부의 인위적인 개입에 철저하게 반대한다는 것이다. 예를 들어 스미스는 노동자 보호를 명분으로 정부가 임금을 규제하는 것에 반대한다. 임금은 근본적으로 노동자와 고용주 사이의 계약에 의해 결정되며, 여기서 중요한 것은 노동 수요와 노동 공급과의 관계이기 때문이다. 즉 노동 수요가 많으면 임금은 올라가고, 그렇지 않으면 임금은 낮아진다는 것이다.[54] 따라서 이를 어기고 인위적으로 임금을 올리게 되면 노동 수요가 줄어들어 고용이 감소한다. 또한 스미스는 상품의 가격 안정을 위해 이를 규제하는 것에도 반대한다. 왜냐하면 상품 가격을 규제하면 상인들의 자유로운 상품 거래를 억제하게 됨으로써 상품 품귀 현상을 낳을 수 있기 때문이다. 스미스에 따르면, 흔히 정부는 가뭄으로 인해 식량이 부족할 경우 가격 급등을 방지하기 위해 곡물 가격을 규제하지만, 대개의 경우 상인들의 활발한 곡물 거래를 억제함으로써 오히려 식량부족 현상이 나타나고 이로 인해 기근까지 발생한다는 것이다.[55] 이런 점은 자본 투자에 대해서도 마찬가지이다. 스미스에 따르면 자본 소유자가 자본을 어디에 투자할 것인가는 오로지 개인적 이익에 따라 결정되며, 어느 분야에 투자할 것인가는 어떠한 정치가나 입법가보다 자본가 자신이 가장 잘 판단할 수 있다.[56]

스미스의 정부 개입 반대는 비단 한 나라 내부의 경제활동에만 해당되는 것은 아니다. 스미스는 국제 무역에서 자국의 산업을 보호한다는 명목으로 추진되는 각종 정책에 대해서도 반대한다. 예를 들어 정부는 특정 수입품목에 대해 고율의 관세를 부과한다든지, 아예 수입을 금지함으로써 이와 관련된 국내 산업 분야를 보호하려고 한다. 그리고 이와는 반대로 정부는 자국에서 생산되는 상품에 수출장려금을 지급하여 수출가격을 낮추려 한다. 그러나 이런 식의 보호 정책은 경쟁력 없는 자국의 산업을 보호하려는 것으로서 다른 나라에 대해 비교 우위에 있는 산업 분야로의 자본의 이동을 방해함으로써 한 나라 전체의 자본을 잠식시킬 뿐만 아니라, 경쟁력 자체를 저하시킨다는 것이 스미스의 입장이다.[57] 더구나 경쟁력 없는 국내 산업을 보호하게 되면, 값싸게 살 수 있는 외국 상품을 놔두고 값비싼 국내 상품을 사게 하는 것이기 때문에 국민 전체에게도 손해라는 것이다. 이런 점에서 스미스는 "구입하는 것보다 만드는 것이 더욱 비싸다면 집안에서 만들려고 하지 않는다"는 격언을 상기시킨다.[58] 더 나아가 스미스는 국내 산업 보호 정책만이 아니라, 무역수지 불균형을 해소하려는 어떠한 정책에도 반대한다.

스미스에 따르면 특정 국가와의 무역수지 불균형이 경제적인 의미에서 자국에게 불리한 것은 아니다. 예를 들어 영국이 프랑스에 대해 무역수지 불균형 상태에 있더라도 프랑스산 포도주를 사는 것이 유리하다. 그렇지 않으면 더 비싼 포르투갈 포도주를 사야 하기 때문이다. 따라서 무역수지 불균형에 개입하지 않는다면, 비록 한 나라로부터의 수입액은 늘어나지만, 자국의 전체 수입액은 상대적으로 감소시키는 효과를 볼 수 있다는 것이다.[59]

이렇게 스미스는 다양한 명분으로 국내 산업에 개입하거나 국제무역에 개입하는 정부의 정책에 반대하면서, 특정 산업 분야를 장려하거나 억제하기 위해 자본의 흐름을 인위적으로 조절하려는 일체의 행위는 한 나라의 노동생산물의 가치를 증대시키는커녕 오히려 감소시킨다는 점에서 사회 진보를 저해한다고 결론짓는다.[60] 그렇기 때문에 스미스에게 국부를 증진시킬 수 있는 방법은 모든 정부의 개입을 철폐하고 오직 자연적 자유가 실현되도록 방임하는 데 있을 뿐이다.

3 | 자연적 자유의 정의로운 실현

1장과 2장에서 살펴보았듯이 스미스는 『도덕감정론』에서 공정한 관찰자의 동감 가능성을 도덕성의 기준으로 삼고 있으며, 『국부론』에서는 자연적 자유의 실현을 국부 증진의 원천으로 보고 있다. 그렇다면 이 두 가지 입장은 서로 어떤 관계에 있을까? 일견 이 두 가지 입장은 분명 상반된 인간관을 전제하고 있다. 왜냐하면 공정한 관찰자의 동감 가능성에 따라 행동하는 인간은 타인의 관점에서 자기 자신을 성찰하려 한다는 점에서 도덕성을 본성으로 하며, 자연적 자유의 주체로서의 인간은 오직 자기 자신의 이익만을 위해 행동한다는 점에서 자기애를 본성으로 하기 때문이다. 과연 인간은 도덕적 존재이면서도 동시에 자기애적 존재일 수 있을까? 더구나 인간은 수억 명의 목숨보다도 자신의 새끼손가락 하나 다치는 것을 더 염려하는 존재인데 과연 타인의 입장에서 자기의 행동을 규제할 수 있을까?

흔히 '스미스 문제'를 지적하는 사람들은 이를 스미스 사상이 안고 있는 내적 모순으로 보지만, 스미스의 논의를 살펴보면 이 두 가지 인간관이 서로 긴밀하게 연결되어 있다. 왜냐하면 인간의 도덕성은 자기애의 무분별한 확대를 규제하는 분명한 힘을 갖고 있기 때문이다. 앞서 설명했듯이 인간이 공정한 관찰자의 동감 가능성에 따라 자신과 타인의 행동을 성찰할 뿐만 아니라 이러한 기준에 따라 자신의 행동을 규제할 수 있게 하는 것은 인간 본성의 가장 고귀하고 가장 선한 열정으로 규정된 인정의 욕구이다. 즉 인간은 타인으로부터 인정받길 원하며, 타인으로부터 경멸받는 것을 두려워하기 때문에 공정한 관찰자의 동감 가능성에 따라 행동할 수 있다는 것이다. 따라서 인정에 대한 욕구는 자기애를 억제할 수 있는 인간 내부의 강력한 저항력이 된다. 물론 인정의 욕구가 자기애를 억제하는 힘으로 작용한다는 것이 자기애를 거부한다는 뜻은 아니다. 이렇게 되면 인간의 도덕성과 자기애는 대립 관계에 빠지게 되며,

결과적으로 이를 동시에 주장하는 스미스의 사상은 자기 모순적이 된다. 그러나 스미스가 염두에 두고 있는 것은 자기애의 거부가 아니라, 자기애의 실현을 전제하면서도 이에 대한 한계를 설정하는 것이며, 또한 이런 한계 내에서 자기애 추구의 정당성을 확립하는 것이다.

앞서 서술했듯이 공정한 관찰자의 동감 가능성이란 개개인의 주관적 상상을 통해 알 수 있는 것도 아니고, 도덕성을 판단하는 어떤 형식적 원칙을 의미하는 것도 아니다. 스미스가 말하는 공정한 관찰자의 입장이란 실제로 사람들 사이에서 동감을 일으켰던 수많은 경험적 사례들로부터 귀납적으로 도출된 일반 원칙으로 정식화될 수 있기 때문이다. 그리고 스미스가 이런 의미에서 제시한 동감 가능한 행위란 구체적으로 볼 때 신중, 정의, 자혜라는 덕목의 실행을 말한다. 따라서 우리가 타인으로부터 인정받고자 한다면, 신중하고, 정의롭고, 자혜롭게 행동해야 한다. 이렇게 인정의 기준이 되는 세 가지 덕목 중 신중과 정의는 자기애에 한계를 부여할 뿐만 아니라, 자기애의 정당한 실현을 보장하는 덕목들로 이해될 수 있다. 즉 인간은 자기애를 추구하면서도 순간적인 안락보다는 장기간의 안락을 위해 근검하고 검소하며, 절도 있고 예의 바르게 행동해야 한다. 또한 인간은 자기애를 추구하되 정의의 원칙을 어겨서는 안 된다. 스미스가 말하는 정의란 자신의 이익을 위해 타인에게 해악을 끼치는 행동에 대한 자연적 분개심에 기초한 것으로서 타인의 생명과 인격, 재산과 소유물, 타인의 권리와 계약상의 몫을 훼손하지 않고 보호해주는 것을 말한다. 따라서 자기애를 정당하게 추구하려면 정의를 지키는 한계 내에서만 자신의 이익을 추구해야 한다. 물론 자혜 역시 공정한 관찰자의 동감 가능한 행위이자, 타인의 인정을 받을 수 있는 행동이다. 그러나 우리 자신보다 남을 더 생각하고, 남에게 더 많은 것을 베풀려는 자혜란 자기애와는 반대되는 것이다. 다시 말해 자혜는 자기애의 추구를 전제하면서도 이에 대한 정당한 한계를 부여하는 덕목은 아니라는 것이다. 그렇다면 왜 자혜의 덕목이 인정의 기준이 되었을까? 아마도 그것은 자혜가 평범한 인간으로서는 쉽게 행할 수 없는, 그렇기에 많은 사람들로부터 존경을 받기에 충분한 인간성의 가장 높은 경지를 드러내기 때문은 아닐까? 이런 점에서 스미스는 이기심을 억제하고 자혜로운 성정을 발휘하는 것을 "인간 본성의 완성"으로까지 평가하기도 한다.[61]

이렇게 보면 세 가지 덕목 중 신중과 정의는 도덕적인 행동이면서도 동시에 자기애를 전제하고 있다는 점에서 도덕성과 자기애의 통합을 가능하게 한다. 그리고 이것이 바로 『도덕감정론』과 『국부론』을 결합할 수 있는 연결고리라 할 수 있을 것이다. 앞서 설명했듯이 스미스가 생각하는 국부의 증진이란 노동생산량의 증가이며, 이를 위해서는 자본 축적이 필요하다. 축적된 자본이 많아야 그만큼 생산성을 향상시키고, 더 많은 노동자를 고용하기 위한 투자가 가능하기 때문이다. 따라서 스미스에게 문제가 된 것은 어떻게 하면 자본을 늘릴 수 있겠는가 하는 점이었고, 스미스는 이 때문에 절약을 강조하게 된다. 자본가가 자본의 이윤을 낭비하지 않고 재투자하는 것이 반복된다면 그만큼 자본의 양이 늘어나고, 사회구성원 전체가 자신의 소득을 낭비하지 않고 절약한다면 그만큼 저축이 늘어 투자가 확대되기 때문이다. 따라서 자본의 양을 늘리고 이를 통해 국부를 증진시키기 위해서 자본주의 체제의 사회구성원들에게는 근검과 절약, 그리고 순간의 안락보다는 장기적인 안락을 중시하는 신중이라는 덕목이 필요하다. 이렇게 본다면 신중을 강조하는 스미스의 『도덕감정론』은 『국부론』의 도덕적 기반을 제시한다고 볼 수 있다. 또한 『국부론』의 최종 결론이라 할 수 있는 자연적 자유의 실현은 『도덕감정론』에서 말하는 자기애의 실현과 다를 바 없다. 자연적 자유란 오로지 자신의 이익이 명하는 바에 따라서 경제활동을 수행하는 것을 의미한다는 점에서 이는 자기애라는 자연적 본성의 실현과 동일한 것이기 때문이다. 따라서 『도덕감정론』이 정의를 도덕적 덕목으로 제시하면서 단지 자기애를 억제하는 것이 아니라, 자기애의 정의로운 실현을 주장하고 있다는 점을 전제한다면, 『국부론』에서 말하는 자연적 자유의 실현은 사실 자연적 자유의 정의로운 실현을 말한다. 그리고 이렇게 『국부론』을 이해한다면, 스미스가 『도덕감정론』에서 말하는 도덕성은 『국부론』에서 말하는 이기적 경제활동과 대립하는 것이 아니라, 이를 통해 실현된다고 볼 수 있다.

이렇게 신중과 정의가 자본주의 체제 내에서 사회구성원이 자신의 이익을 위해 경제활동을 수행함에 있어서 지켜야 할 도덕적 원칙이란 점은 동일하지만, 그렇다고 이 둘 사이의 차이가 간과되어서는 안 된다. 즉 개개인이 신중하지 못하게 행동한다면 순간의 안락 때문에 자기 자신의 장기적인 안락을 희생시킬 순 있어도 타인에게 피해를 주지는 않는다. 따라서 신중하거나 신중하지 않은 것은 타인의 인정이나 비난의 대상으로서 당사자에게 기쁨과 슬픔을 안겨줄 수는 있지만, 사회적 통제의 대상이 되는 것은 아니다. 그러나 개개인이 정의롭게 행동하지 않는다면 이는 타인의 생명과 재산 등을 훼손하게 된다는 점에서 타인에게 해악이 된다. 이런 점에서 정의를 어기게 되면 처벌을 받게 되며, 따라서 정의의 준수는 사회적으로 강제된다고 볼 수 있다.

그렇다면 누가 정의의 준수를 강제할까? 스미스에 따르면 그것은 다름 아닌 국가의 역할이다. 다시 말해 자연적 자유의 정의로운 실현은 국가에 의해 강제되고, 그렇지 못한 경우 정부의 공권력에 의해 처벌받는다는 것이다. 앞서 설명했듯이 스미스는 경제적 자유주의의 주창자이자 자유방임주의의 원조이다. 그는 자연적 자유의 실현을 주장할 뿐만 아니라 이를 위한 국가의 방임을 강조하기 때문이다. 그러나 스미스가 국가에 아무런 역할도 부여하지 않는 것은 아니다. 스미스는 정부의 의무를 세 가지로 본다. 즉 자국을 다른 나라의 침략으로부터 보호하는 것, 사법권을 확립하는 것, 그리고 공공사업을 시행하고 공공시설을 마련하는 것이 그것이다.[62] 이 중에서 사법권이란 재판을 통해 죄인을 처벌하고 피해를 보상하게 하는 국가의 권력을 말하며, 그 목적은 모든 사회구성원을 불의로부터 보호함으로써 다름 아닌 정의를 수호하는 데 있다. 따라서 국가는 공권력을 통해 개인의 사적 재산과 신체와 명예를 보호하기 위해 치안을 유지하고, 개인 간의 계약 준수와 채무 이행을 강제한다.

이렇게 본다면 스미스가 말하는 자연적 자유의 실현은 정의를 수호하는 국가에 의해 보장된다고 볼 수 있지만, 그것이 자연적 자유에 대한 국가의 개입을 의미하는 것은 아니다. 국가가 정의를 수호한다는 것은 자연적 자유에 개입하는 것이 아니라, 자연적 자유가 정의롭게 실현될 수 있도록 그 어떤 강제나 압력을 차단시킴으로써 이를 방임하는 것이기 때문이다.

4 | 나가는 말

스미스는 국민과 국가가 부유해질 수 있는 길을 오직 자신의 이익이 명하는 바에 따라서 경제활동을 수행하는 자연적 자유에서 찾음으로써 경제적 영역에서의 자유주의를 확립하게 된다. 그러나 이기심을 전제한 자연적 자유가 타인의 관점에서 자기 자신을 성찰하는 도덕적 입장과 대립하는 것은 아니다. 인간은 타인으로부터 인정받고 싶어 하기 때문에 공정한 관찰자로부터 동감을 얻을 수 있는 방식으로 행동하며, 그것이 바로 자연적 자유의 정의로운 실현을 가능하게 한다. 그렇다면 자연적 자유의 정의로운 실현을 통해 실제로 국민과 국가가 부유해졌을까?

오늘날 자본주의 국가는 '1% 대 99% 사회'라 할 만큼 극심한 경제적 불평등 상황에 빠져 있다. 세계 최대의 자본주의 국가인 미국의 상황을 보면 상위 1%가 국민 전체 소득의 18%를 차지하고 있고, 월마트 창업자 가족들의 재산은 미국 전체 인구 중 하위 40%, 즉 1억 2천만 명의 소득을 합친 것보다 많다. 우리나라 역시 이에 뒤지지 않는다. 상위 1%의 소득은 전체 소득의 17% 정도에 이르고 있고, 상위 10%의 소득은 전체 인구 중 하위 45%의 소득을 합친 것과 같다.

이러한 불평등의 원인은 무엇일까? 자연적 자유가 훼손되고 있기 때문일까? 다시 말해 사회구성원들이 타인의 생명과 재산을 훼손하는 불의를 자행하고 있기 때문일까? 그러나 오늘날 자본주의가 고도로 발전한 나라치고 치안이 불안정하고 타인의 생명과 재산을 훼손하는 일이 비일비재한 나라가 있을까? 오히려 불평등의 원인은 자연적 자유 자체에 있다고 볼 수 있다. 왜냐하면 자연적 자유의 실현이 타인에게 해악을 끼치지는 않는다 하더라도 타인과의 경쟁은 불가피하기 때문이다. 즉 자신의 이익에 따라 행동하는 개인들에게 원하는 직장이나 투자 분야가 같다면, 이들은 서로 경쟁할 수밖에 없다는 것이다. 그리고 경쟁에는 항상 승자와 패자가 있게 마련이고, 따라서 경제적 불평등이 발생하는 것은 필연적이다.

그러나 스미스는 앞서 설명했듯이 경쟁이 격화되면 그만큼 경쟁 참여자들의 이익도 감소하기 때문에 노동과 자본의 적절한 이동이 이루어져 결과적으로 모든 사회구성원에게 이익이 된다고 본다. 그러나 이런 주장이 맞다 하더라도 시장의 자기조절을 통한 이익의 평준화 과정은 결코 평화로운 과정이 아니다. 왜냐하면 이는 사회구성원들의 합리적 조정이 아니라, 개개인에게 실직이나 파산과 같이 희생이 따르는 고통스런 과정이기 때문이다. 즉 경쟁이 격화된 분야에서 경쟁력이 강한 사람들은 살아남고, 패배한 사람들이 다른 분야로 이동하게 된다는 것이다. 따라서 시장을 통한 자기조절 과정이 경쟁 실패자들에게는 피해를 동반한 것이며, 새로운 분야로의 이동이 신속히 이루어지지 못하면 실직이나 파산의 경험이 개개인에게는 한평생일 수 있다.

또한 스미스가 국부 증진을 위해서는 자본량의 증가가 필요하다고 주장하지만, 오늘날 자본 증식의 방법이 그의 주장처럼 절약에만 있는 것은 아니다. 자본가는 자본의 이윤을 절약함으로써 재투자되는 자본의 양을 늘리기도 하지만, 자본의 이윤 자체를 늘림으로써 자본을 증식시키기도 한다. 물론 그 방법은 생산비 요소 중에서 임금 부분을 줄이는 것이다. 즉 노동자에게 노동력 재생산에 필요한 최저 수준의 임금만 지급하면서 이들을 혹사시킨다면 그만큼 이윤이 증가한다는 것이다. 오늘날 경제활동인구의 절반에 해당하는 비정규직 노동자들이 정규직과 똑같은 일을 하면서도 이들 임금의 절반밖에 받지 못하는 현실은 자본가의 자본 증식이 어떻게 이루어지는가를 보여주는 단적인 예이다. 또한 생산 공정을 자동화하면 생산성을 비약적으로 향상시킬 수 있지만, 그렇다고 노동자의 고용을 늘리는 것이 아니라, 이와는 정반대로 고용 노동자를 대폭 줄일 수 있다는 것이다. 더구나 우리는 이미 '탈노동사회'로의 진입을 보여주는 스마트 공장이나 무인 매장 등을 목도하고 있지 않은가? 따라서 이런 경우 자본의 양이 늘어난다고 해서 고용 노동자가 늘어나는 것은 아니며, 오히려 실업이 만연하게 된다. 그리고 오늘날 자본주의 사회에서는 스미스가 주장하듯이 자본이 증가한다고 해서 이것이 반드시 생산을 확대시키는 것도 아니다. 오히려 증가된 자본은 생산에 투입되기보다는 더 많은 이윤을 위해 투기 자본화된다. 즉 자본이 생산에 투자되는 것이 아니라, 주식, 외환, 부동산 투기에 사용됨으로써 천문학적 이익을 남긴다는 것이다.

이러한 현대 자본주의의 모습들을 종합해 보면 자연적 자유의 정의로운 실현을 통해 특히 모든 국민이 잘살게 되는가에 대해서는 근본적인 회의가 든다. 스미스는 자신의 이익에 따라 행동하는 자연적 자유에 정의라는 한계를 부여했지만, 이러한 자연적 자유가 타인의 이익까지 고려한 것은 아니다. 그렇기에 자유경쟁은 승자와 패자를 낳았고, 자본량의 증가는 사회 전체는 고사하고 노동자의 이익으로도 이어지지 않았다. 그렇다면 인간의 도덕성, 그리고 자기애에서 비롯된 경제활동을 결합하려는 스미스의 시도는 실패할 수밖에 없는 것일까?

나는 스미스가 인간성의 완성으로까지 평가했지만, 경제적 활동과는 무관한 것으로 보았던 자혜라는 덕목이 인간의 도덕성과 경제활동을 연결시킬 수 있는 새로운 가능성을 내포하고 있다고 본다. 과연 타인의 이익을 우선시하는 자혜라는 덕목과 자기애에서 비롯된 경제활동이 서로 대립된 것일까? 자혜란 분명 자신의 이익보다 타인의 이익을 우선시하는 행동을 말하지만, 이것이 어느 한 개인의 일방적 행동이 아니라 사회구성원 모두의 상호적인 행동으로 이해된다면, 자혜란 서로가 서로의 이익을 위해 행동하는 것이 된다. 왜냐하면 서로가 서로를 지원하는 것은 결국 서로에게 이익이 되기 때문이다. 따라서 흔히 자혜가 실현되는 근친 관계나 이것이 확장된 보편적 인간애의 경우를 보면 자혜란 누가 누구를 위해 희생하는 것이 아니라, 서로 관계를 맺고 있는 사람들 모두에게 이익이 되는 행동을 말한다. 이렇게 본다면 자혜는 다름 아닌 인간 간의 상호협력을 통해 실현될 수 있다고 본다. 상호협력 관계에서는 서로가 서로를 지원하지만, 이는 동시에 자신을 위한 길이기도 하기 때문이다.

그렇다면 스미스가 말하는 자유경쟁이 아니라, 상호협력을 통해 경제활동이 이뤄지는 것은 불가능할까? 다시 말해 사회구성원들의 상호협력을 통해 노동생산량을 증대시킴으로써 모두가 잘살게 되는 것은 불가능한가 말이다. 이것이 가능하다면 우리는 이제 '자연적 자유의 정의로운 실현'만이 아니라, '자연적 자유의 자혜로운 실현'에 대해 말할 수 있다. 나는 2008년 세계금융위기 이후 유럽을 중심으로 확산되기 시작한 이른바 '사회적 경제'라는 새로운 경제모델이 그 가능성을 제시하고 있다고 본다. 사회적 경제란 재화와 서비스를 제공함으로써 수익을 창출한다는 점에서 일반적 경제활동과 동일하지만, 사적 영리추구가 아니라 사회적 연대를 목적으로 한다는 점에서 일반적 경제활동과는 구별된다. 이런 식의 사회적 경제는 흔히 사회적 기업과 협동조합, 그리고 공제회, 재단, 각종 결사체 등의 경제활동에서 발견할 수 있으며, 이들은 관련 종사자만이 아니라 사회구성원과도 협력적 관계를 형성하고 있다.

물론 자연적 자유의 정의로운 실현과 자연적 자유의 자혜로운 실현, 그리고 이에 상응해서 사적 이익을 추구하는 사적 경제와 사회적 연대를 추구하는 사회적 경제가 양자택일을 요구하는 대립적 관계에 있는 것은 아니다. 왜냐하면 사적 이익을 추구하는 자본주의 경제체제 하에서라도 사회적 경제 부분의 확대가 가능하기 때문이다. 이런 점에서 두 가지 경제모델은 얼마든지 서로 공존할 수 있으며, 아마도 사적 경제가 낳은 불평등을 사회적 경제를 통해 해소한다면 이 둘은 상호보완적 관계에 있다고 볼 수 있다. 스미스 역시 인간의 도덕성을 이야기하면서 정의와 자혜 모두를 주장하고 있으며, 앞서 설명했듯이 정의는 사회라는 건물을 형성하는 기둥에, 그리고 자혜는 건물을 아름답게 꾸미는 장식에 비유하고 있다. 두 가지 경제모델 역시 이처럼 이해한다면 사적 경제는 사회가 존속하는 데 필수적 요소이며, 사회적 경제는 사회를 애정과 애착에 기초한 유쾌한 연대로 탈바꿈시키는 데 필요한 것은 아닐까?

오늘날 자본주의 사회의 실제 모습을 보면 스미스가 자연적 자유의 정의로운 실현이라 규정한 경제체제와는 상당한 거리가 있다. 그렇지만 스미스는 자본주의라는 경제체제가 어떻게 하면 국부를 증진시킬 수 있는지 가장 이상적인 방식을 제시하고 있다고 볼 수 있으며, 또한 자본주의가 태동하던 시기에 어떤 점에서 이를 정당화하고 있는지도 알게 해준다. 더구나 인간의 도덕적 행동과 이기적 경제활동을 결합하려는 그의 시도는 오늘날 자본주의를 비판적으로 반성해볼 수 있는 이론적 틀을 제시할 뿐만 아니라, 기존의 경제체제를 넘어서 대안을 모색하는 데에도 수많은 상상의 보고가 될 수 있을 것이다.

IV

Jean-Jacques Rousseau

4 장-자크 루소

자연으로 돌아가자!

김광식

루소(Jean-Jacques Rousseau, 1712~1778)는 1712년 스위스 제네바에서 태어났다. 아버지는 시계 수리공이었고 어머니는 목사의 딸이었다. 어머니는 루소를 낳자마자 곧 세상을 떠났다. 16살 때 집을 나가 어머니이자 연인의 역할을 한 귀족 부인의 곁에서 문필가들과 어울리며 교양을 쌓았다. 38살 때 프랑스 디종 학술원은 "예술과 학문의 발달이 도덕을 개선하고 드높이는 데 이바지했는가?"라는 주제로 현상공모를 낸다. 루소는 "아니다!"라고 도발적으로 대답하는 『학문과 예술에 대하여』를 써내 당선되었다. 이것으로 그는 갑자기 스타덤에 오른다. 루소의 브랜드 마크인 "자연으로 돌아가자!"의 핵심 사상이 이때 이미 드러났다. 예술과 학문 같은 문화의 발달이 도덕의 타락을 가져왔다고 그는 주장했다. 그래서 그는 이렇게 기도한다. "전능하신 하나님, 우리를 선조들의 계몽에서 해방시켜 주시고,

행복을 증진할 유일한 자산인 소박함과 무구함과 가난으로 되돌려 주소서."

프랑스 디종 학술원은 "인간 불평등의 기원은 무엇인가, 그리고 이것은 자연법으로 정당화되는가?"라는 주제로 두 번째 현상공모를 낸다. 루소는 『인간 불평등 기원론』으로 응모한다. 그러나 아쉽게도 이번에는 당선되지 못한다. 학술원도 감당하기 어려울 정도로 급진적인 주장을 했기 때문이다. 도덕적으로 타락한 궁극적인 원인을 성찰한 그는 이렇게 말한다. "누군가 어느 땅에 울타리를 두르고 '이것은 내 땅'이라고 주장해볼 생각을 했으며 또 그 말을 믿을 만큼 단순한 사람들이 있다는 사실을 알게 되었다. 이런 생각을 한 최초의 인간이 바로 시민사회의 실질적 창시자다. 만약 이때 말뚝을 뽑아버리고 땅 둘레 도랑을 다시 메우고 이웃들에게 '저 사기꾼의 말을 믿지 마시오! 과일은 모두의 것이고 땅은 누구의 것도 아니라는 사실을 잊는다면 당신들은 파멸할 것이오!'라고 외치는 사람이 있었다면 인류는 수없이 많은 범죄와 전쟁, 살인, 비참함과 잔혹함을 겪지 않아도 되었을 것이다!" 평등한 세상인 "자연으로 돌아가자!"는 선언이었다.

50살 때 내놓은 『사회계약론』은 자유롭지 못한 사회 속에서 마치 자연으로 돌아간 듯한 자유로운 자연 상태를 실현하는 정치적 대안이었다. 오랫동안 문명의 맛을 본 인류가 까마득히 오래전에 떠나온 자연으로 돌아갈 수는 없으니까. 자연으로부터 받은 넘겨줄 수 없는 개인의 자유와 사회 속 부자유를 조화시키는 방법은 자발적 동의나 합의, 다시 말해 사회계약이다. 이러한 자발적 동의가 바로 일반의지다. 일반의지는 어떻게 알 수 있을까? 투표로 알 수 있다고 그는 말한다. "어떻게 한 인간이 자유로운 동시에 자기 의지가 아닌 의지에 복종하도록 강요받을 수 있는가? (…) 이런 문제제기는 잘못된 것이다. 시민은 모든 법에 동의한다. 즉 시민은 자신의 의지에 반하여 채택된 법이나 자신이 어기면 벌을 받게 될 법에도 동의한다. 모든 국가 구성원의 영속적 의지가 곧 일반의지다. 그들이 시민이고 자유로운 것은 바로 일반의지를 근거로 해서다. 따라서 의회에서 하나의 법이 제안될 경우, 사람들은 이 법안에 찬성할 것인가 반대할 것인가를 묻지 않고 이 법안이 그들의 의지이기도 한 일반의지에 합치하는지를 묻는다. 각자는 자신의 투표권을 행사함으로써 그에 관한 자신의 생각을 표현한다. 그리고 표의 수를 계산하여 일반의지를 확인한다. 그러므로 반대 의견이 내 의견을 넘어설 경우에 증명되는 것은 내가 잘못 생각했다는 사실, 내가 일반의지로 여겼던 것이 사실은 일반의지가 아니었다는 사실뿐이다."

같은 해에 내놓은 『에밀』은 자유롭지 못한 사회 속에서 마치 자연으로 돌아간 듯한 자유로운 자연 상태를 실현하는 교육적 대안이었다. 문명으로 오염된 사회 속에서 마치 자연에서 살고 있는 듯한 '자연인'을 길러내려면 문명의 오염을 막고 타고난 자연적 소질을 자연적 방식으로 키워주어야 한다. 교육의 역할은 문명을 가르치는 게 아니라 문명의 오염을 막는 데 있다. 그는 말한다. "만물의 창조주 손에서 생겨난 것은 모두 선하지만, 사람의 손에 의해 타락한다."

모든 문명을 비판하여 모든 전통과 제도 및 질서를 전면적으로

부정하는 『에밀』의 출판은 결국 프랑스와 스위스 정부의 박해를 불러왔다. 이 나라 저 나라로 도망을 다니던 루소는 비밀스러운 힘들이 자신을 따라다니며 음모를 꾀한다고 생각하는 망상에 시달렸다. 불안에 휩싸여 지내던 루소는 결국 66살의 나이로 세상을 떠나 그가 그토록 원했던 자연으로 돌아갔다.

루소의 책들은 이제 고전이 되었다. 고전은 문자 그대로 옛날 책이다. 다시 말해 시대에 뒤떨어진 책이다. 수천 년 전, 수백 년 전에 지은 '시대에 뒤떨어진' 책을 다시 읽어야 할 까닭이 있을까? 고전 읽기가 지금의 내 삶이나 우리 삶의 문제를 되짚어보거나 해결하는 데 도움이 되지 않는다면 그것은 단지 잘난 체할 자랑거리이거나 시간 낭비다. 고전은 목적이 아니라 수단일 뿐이다. 그러므로 우리는 "자연으로 돌아가라!"는 루소 사상의 핵심을 담고 있는 『인간 불평등 기원론』을 우리 시대의 난민 문제와 관련하여 살펴보자.

1 | 난민 문제와 루소 사상

2018년 한국의 제주도에 예멘으로부터 500여 명의 난민이 들어왔다.[1] "우리 땅에서 당장 쫓아내야 한다."는 주장이 널리 퍼졌다.[2] 한국에서 53.4%가 난민 수용에 반대한다.[3] 일본에서도 65%가 난민 수용에 반대한다.[4] 중국에서는 97.7%가 난민 수용에 반대한다.[5] 전 세계 난민은 약 2,250만 명이고, 당장 재정착해야 할 필요가 있는 난민이 약 120만 명이다. 인구가 약 8,200만 명인 독일은 약 90만

명의 난민을 받아들였다.[6] 인구가 약 5,200만 명인 한국은 약 800명을 받아들였고 난민 인정 비율은 2.4%다.[7] 인구가 약 1억 2,700만 명인 일본은 약 700명을 받아들였고 난민 인정 비율은 1.2%다.[8] 중국이나 러시아는 오히려 우리나라로 난민이 오는 상황이다.[9] 유엔에 가입한 나라의 평균 난민 인정 비율인 38%와 비교하면 동북아 국가들의 난민 인정 성적표는 보기에 민망할 정도로 초라하다.[10] 포용사회로 가기에는 갈 길이 아득히 멀다.

원인이 무엇일까? 치안 불안이나 일자리 불안 때문일까? 치안 불안은 난민의 도덕성 부족보다 난민에 대한 생계나 일자리 지원 부족에서 비롯되므로 근본적 원인은 아니다. 기본적인 생계나 일자리를 지원하면 될 일이다. 일자리 불안은 한국이나 일본의 경우 외국인 노동자의 필요성이 날로 증가되는 것을 보면 근거가 약하다. 외국인 혐오 때문일까? 한국이나 일본의 경우 잘 사는 나라 외국인을 부러워하고 좋아하고 친절하게 대하는 것을 보면 근거가 약하다. 인권의식 부족 때문일까? 한국이나 일본의 경우 못 사는 나라 외국인을 얕보거나 차별하고 싫어하고 불친절하게 대하는 것을 보면 근거 있어 보인다. 무엇보다 인종, 종교, 국적 또는 특정 사회집단의 구성원 신분 또는 정치적 견해 등을 이유로 박해를 받아 자기 나라 밖으로 도망친 난민에게 인종, 종교, 국적 또는 특정 사회집단의 구성원 신분 또는 정치적 견해 등을 이유로 박해를 받지 않을 기본적인 인권을 보장하는 데 인색한 것은 인권의식이 부족하기 때문일 법하다.

하지만 일본의 경우처럼 '다른 나라'에 있는 난민에게 그러한 인권을 보장하는 데는 아낌없이 지원을 하면서도 '자기 나라'에 들어오는 것은 결사적으로 막으려 하는 것을 보면 단순히 인권의식이 부족한 탓도 아닌 것 같다. 기본적인 인권도 보장받지 못해 불쌍하지만 "우리 땅에는 들어오지 마라!"는 생각이 짙게 깔려 있는 것 같다.[11] "우리 땅에는 들어오지 마라!"는 말은 "여기는 우리 땅이니까 들어오지 마라!"는 말로 바꿀 수 있다. 이 말은 정당할까? 이 말의 정당성은 그 전제조건인 "여기는 우리 땅이다"는 말의 정당성에 달려 있다. 그런데 그 땅이 처음부터 우리 땅이었을까? 어떻게 우리 땅이 되었을까? 우리 땅이란 말은 우리가 그 땅에 대해 소유의 권리를 주장한다는 말인데 과연 우리가 그 땅에 대해 소유의 권리를 주장하는 것은 정당할까? 우리는 루소의 『인간 불평등 기원론』을 바탕으로, 살던 땅에서 쫓겨 온 난민들에게 "여기는 우리 땅이니까 들어오지 마라!" 또는 "썩 꺼져라!"고 호통을 치는 일이 정당한지를 그 전제조건인 "여기는 우리 땅이다"는 주장의 정당성에 대한 성찰을 통해 따져보고자 한다.

루소는 원래 모든 땅은 모두의 것이고 누구의 것도 아니었으며, 맨 처음 땅을 차지한 이는 그 땅을 모두에게서 빼앗은 것이므로 정당하지 않다고 주장한다. 우리는 로크나 노직처럼 루소의 주장에 맞서 맨 처음에 그 땅을 차지한 것이 정당할 수 있다고 주장하는 반론들을 살펴보고 그 반론들을 재반론해보고자 한다. 이 재반론이 더 이상 반론을 할 수 없을 정도로 결정적이고 최종적이라고는 주장하지 않는다. 소유나 국경의 정당성에 대해 수많은 다른 생각들이 있을 것이다. 다만 이 글이 난민 문제를 소유나 국경의 정당성과 관련하여 다루는 담론을 불 지피는 불쏘시개 역할을 할 수 있다면 좋겠다. 또한 소유나 국경의 정당성을 문제 삼는다고 소유나 국경을 당장 없애고 누구나 원하는 땅에서 살 수 있게 하자고 주장하는 것은 아니다. 그것이 쉽사리 실현될 리 없다는 것을 잘 안다. 다만 살던 땅에서 쫓겨 온 난민들에게 "여기는 우리 땅이니 썩 꺼져라!"고 호통을 치기에 앞서, "여기는 우리 땅이다"고 당당하게 주장하기에 앞서, 소유나 국경이 얼마나 정당한지를 따져보고 좀 더 겸손해져서 동북아 지역이 조금 더 포용적인 사회에 다가갈 수 있기를 바란다.

2 | 국경 문제로서의 난민 문제

난민 문제를 인권의 문제라는 맥락을 넘어 국경의 문제라는 맥락에서 다룰 필요가 있을까? 난민 문제를 인권의 문제라는 맥락에서 다룬다는 것과 국경의 문제라는 맥락에서 다룬다는 것이 무슨 뜻인가? 먼저 난민이 누구인지 살펴보아야 한다. 난민이란 누구인가? 『난민의 지위에 관한 협약』에 따르면, 난민이란 인종, 종교, 국적 또는 특정 사회집단의 구성원 신분 또는 정치적 견해 등을 이유로 박해를 받을 우려가 있다는 충분한 근거 있는 공포로 인하여 자신의 국적국 밖에 있는 자로서, 국적국의 보호를 받을 수 없거나 또는 그러한 공포로 인하여 국적국의 보호를 받는 것을 원하지 아니하는 자를 뜻한다.[12] 매우 좁은 의미다. 넓은 의미로는 기본적인 인권을 누리지 못하여 삶터를 떠나는 이들은 모두 난민이다. 『세계인권선언』에 따르면 기본적인 인권에는 자신과 가족의 건강과 안녕에 적합한 생활수준을 누릴 권리가 포함된다. 다시 말해 인간다운 삶을 살 수 있도록 음식, 입을 옷, 주거, 의료, 그리고 생활에 필요한 사회서비스 등을 누릴 권리가 포함된다.[13] 이러한 사람들을 경제적 난민이라고 하여 정치적 난민과 구별하여 난민으로 인정하지 않는 것은 모든 사람이 기본적인 인권을 누릴 수 있도록 하자는 인권선언의 정신에 어울리지 않는다. 앞으로 '난민'이라는 말은 경제적 난민을 포함하는 넓은 의미로 사용한다.

국경이란 무엇인가? 나라 땅의 테두리다. 그럼 나라 땅이란 무엇인가? 나라가 소유한 땅이다. 더 정확히 말하면 나라가 소유할 권리가 있는 땅이다. 그럼 땅을 소유할 권리란 무엇인가? 땅을 가지고 있을 권리(점유의 권리), 땅을 사용할 권리(사용권), 땅을 사용하여 이익을 얻을 권리(수익권), 땅을 주거나 팔거나 버릴 권리(처분권), 땅을 개조하거나 망가뜨리거나 소비할 권리 등 땅의 소유와 관련된 권리 가운데 일부나 전부의 권리가 땅을 소유할 권리다. 일반적으로 나라가 나라 땅을 소유할 권리는 그 전부의 권리이며 더 나아가 다른 나라를 배제하는 배타적 권리로 이해한다.

이제 다시 물어보자. 난민이란 무엇인가? 난민이란 기본적인 인권을 누리지 못해 자기 삶터를 떠나 다른 나라가 소유할 권리를 가지고 있는 땅의 테두리 안으로 들어왔거나 들어오려고 하는 사람이다. 난민의 권리란 무엇인가? 기본적인 인권을 누리지 못해 자기 삶터를 떠나 다른 나라가 소유할 권리를 가지고 있는 땅의 테두리 안으로 들어올 권리다. 난민 문제란 무엇인가? 난민 문제란 난민의 권리와 나라 땅을 소유할 나라의 권리를 놓고 다투는 문제다.

흔히 난민 문제는 난민의 권리라는 맥락에서 다룬다. 다시 말해 난민도 사람이므로 마땅히 누려야 할 인권의 문제로 다룬다. 그러한 접근은 매우 현실적이고 설득력 있는 길이다. 하지만 이러한 접근은 "우리나라 땅이니까 우리 마음대로 못 들어오게 할 수 있는데, 불쌍하니 봐주자"는 식의 온정주의에 호소하는 방향으로 흐를 위험이 있다. 그래서 "불쌍하지만 우리 국민이 먼저다"는 구호가 나온다. 따라서 난민 문제를 나라 땅을 소유할 나라의 권리라는 맥락에서도 다룰 필요가 있다. 이러한 시도는 "불쌍하지만 여기는 우리나라 땅이니까 들어오지 마라!"고 주장하는 사람이나 나라로 하여금, 그 전제조건인 "여기는 우리나라 땅이다"는 주장의 정당성에 대해 돌아보게 하여 난민을 포용하는 사회로 나아가도록 하는 데 이바지할 것이다.

3 | 땅은 어떻게 사유 재산이 되었는가

난민은 언제 처음으로 생겼을까? 생존이라는 기본적인 인권을 누리지 못해 아프리카에서 유럽으로 건너온 사람들이 첫 난민일까? 아니다. 기본적인 인권을 누리지 못해 자기 삶터를 떠나 다른 곳으로 옮겨간다고 곧 난민인 것은 아니다. 사람이 세상에 생겨난 이후 생존을 위해 삶터를 옮겨 다니는 일은 늘 있던 일이다. 그들이 다른 개인이나 무리가 소유할 권리를 가지고 있는 땅의 테두리 안으로 들어갈 때 비로소 난민이 된다. 그럼 처음부터 개인이나 특정한 무리가 땅을 배타적으로 소유할 권리가 있었을까? 루소에 따르면 그렇지 않다. 자연 상태[14]에서 **처음에 땅은 모두의 것이었고, 어느 누구의 것도 아니었다.** 홉스가 주장하듯이 땅을 서로 독차지하려고 모두가 모두에 맞서 싸울 필요가 없었다. 착해서가 아니라 사람에 비해 땅이 넓어서 싸울 필요가 없었다. 물론 타고난 힘이나 능력의 차이라는 자연적 불평등 때문에 누가 나를 어떤 사과나무나 토끼나 동굴이 있는 땅에서 쫓아낼 수는 있었다. 하지만 그러면 다른 사과나무나 토끼나 동굴이 있는 땅으로 옮겨가면 그만이었다. 다시 말해 **어떤 땅에서 누가 나를 괴롭히면 다른 땅으로 옮겨가면 되었다.**[15]

루소에 따르면 이 모든 것은 땅을 독차지하는 사유 재산이라는 사회적 불평등이 생기기 전까지의 일이다. 어떤 둘도 없는 천재가 땅에 울타리를 두르고 "이 땅은 내 것이다"라고 말하면 그 말을 다른 사람들이 믿을 것이라는 사실을 발견하기 전까지의 일이다. 그 천재야말로 사회적 불평등과 난민을 발명해낸 문명 난민 사회의 창시자다. 다시 말해 난민은 누군가 땅을 독차지하여 소유할 권리를 주장함으로써 생겨났다. 만약 누군가 "저놈은 사기꾼이요. 저 사기꾼의 말을 믿지 마시오. 우리의 삶터인 이 땅은 모두의 것이고 누구의 것도 아닙니다. 이 사실을 잊고 저놈의 말을 믿는다면 여러분은 파멸하게 될 것입니다."라고 외쳤다면 수많은 난민을 구제할 수 있었을지도 모른다.[16]

하지만 로크나 노직은 땅은 처음으로 울타리를 치고 땅을 차지한 사람의 것이라고 주장한다. 그들에 따르면 말뚝을 박아 울타리를 친 노동을 했기 때문에 그 땅은 그의 것이다. 들판의 사과나무에 달린 사과는 처음에 그의 것이 아니었지만 그가 사과를 따는 노동을 하여 차지한 사과는 그의 것이 되는 것과 마찬가지로, 땅도 처음에는 그의 것이 아니었지만 그가 말뚝을 박아 울타리를 친 노동을 하여 차지한 땅은 그의 것이 된다. 다시 말해 그들은 자기 소유의 권리로부터 땅을 비롯한 재산 소유의 권리가 나온다고 주장한다. 자기 소유의 권리란 자기 몸과 능력에 대한 권리를 뜻한다. 그들은 누구나 자기 몸과 능력에 대한 권리가 있으므로 그 자기 몸과 능력을 사용하여 노동하여 얻은 것에 대해서도 권리를 가진다고 주장한다.[17]

그러나 자기 소유의 권리라는 게 있을까? 로크나 노직의 논리를 여기에 그대로 적용하면 자기 소유의 권리는 없다. 내 몸은 내가 만든 게 아니기 때문이다. 내 몸과 능력은 내 몸과 능력을 사용하여 노동하여 얻은 것이 아니라 자연에 의해 타고난 우연히 주어진 것이다. 롤스나 드워킨이 지적했듯이 이렇게 우연히 주어진 것에 대한 권리는 없거나 있다고 하더라도 매우 제한적이다. 그 소유권리의 노동 원칙을 더 밀고 나가면 수전 오킨이 주장하듯이 내 몸과 능력에 대한 권리는 부모에게 있다고도 할 수 있다. 내 몸과 능력은 내 부모가 자신들의 몸과 능력을 사용하여 노동하여 낳고 길러 얻은 것이기 때문이다. 어찌 보면 내 능력은 부모뿐만 아니라 사회라는 환경의 산물이다. 무엇보다 정신적 능력은 사회가 만들어놓은 환경 안에서 사회적으로 학습한 경험적 지식을 포함하기 때문

이다.[18]

자기 소유의 권리를 인정한다고 하더라도 자기 소유의 몸과 능력을 사용하는 노동이 땅을 소유할 권리를 낳는 필요충분조건이라면 노동을 하기에 몸과 능력이 모자란 장애인들은 땅을 소유할 권리를 전혀 가질 수 없다는 받아들이기 어려운 결과에 이른다. 장애인들도 사회구성원으로서 '권리'라는 것을 만드는 데 이바지한다는 점을 고려하면 그것은 더욱 불합리하다. 여기서 문제가 되는 것은 땅 그 자체가 아니라 땅에 대한 권리이고, 권리란 자연의 산물이 아니라 사회의 산물이기 때문이다. 권리란 드러내놓고 한 것은 아니지만 드러나지 않고 밑에 깔려 있는 이성적인 동의나 동의 가능성에 바탕을 둔 사회적 계약의 산물이다. 노동을 하기에 몸과 능력이 모자란 장애인들도, 심지어 아직 태어나지 않은 미래의 자손들도 그러한 사회적 계약의 당사자들이다. 따라서 그들도 땅을 소유할 '권리'에 중요한 이바지를 하였다.[19]

또한 자기 소유의 권리를 인정한다고 하더라도 자기 소유의 권리에서 땅이나 땅에서 기른 것에 대한 재산 소유의 권리가 곧바로 나오는 것은 아니다. 자기 몸과 능력을 사용하여 얻은 것이라 하더라도 그것을 만드는 데 사용된 땅은 자기 몸과 능력을 사용하여 얻은 것이 아니기 때문이다. 땅을 만들 수 있는 사람은 아무도 없다. 땅은 그곳에 사람이 존재하기 전부터 있었다. 땅은 사람이 아니라 자연이 자신의 '몸'과 능력을 사용하여 만들었다. 자기 몸과 능력을 사용하여 얻은 것에 대한 권리가 그 몸과 능력을 가진 이에게 있다면 땅에 대한 권리는 자연에게 있다.[20]

무엇보다 중요한 것은 그 땅을 독차지하도록 아무도 동의한 적이 없다는 점이다. 아무도 선을 그어주고 이곳에 말뚝을 박아도 좋다고 허락해준 적이 없다. 시키지도 않은 노동을 자기 마음대로 하고 그 대가를 달라고 요구하는 것은 말이 안 된다. 모두가 똑같이 나누어 가지고 있는 땅을 자기 몫 이상으로 가지려면 모든 사람에게 동의를 받아야 한다. 주인이 있는 땅에 제멋대로 말뚝을 박아 울타리를 치고 내가 노동을 했으니 이제 내 땅이라고 억지를 부리는 것은 인디언 땅에 백인들이 뒤늦게 나타나 말뚝을 박아 내 땅이라고 우기면서 원주민이었던 인디언들을 도리어 쫓아냈던 횡포를 정당하다고 주장하는 것과 같은 논리다.[21]

노직은 원래 땅은 누구의 것도 아니었다고 주장한다. 그에 따르면 맨 처음에 땅은 아직 누구도 주인이지 않았다. 이미 주인이 있는 땅을 그렇게 했다면 약탈이지만, 아무도 주인이 없는 사과나무의 사과는 그것을 따는 노동을 한 사람의 것이 되는 게 맞는 것처럼 아무도 주인이 없는 땅에 말뚝을 박아 울타리를 쳤다면 그 땅은 그 노동을 한 사람의 것이 되는 게 맞다고 그는 주장한다. 이른바 '무주공산론'(無主空山, res nullius)이다.[22]

하지만 누구의 것도 아니라는 말은 곧 모두의 것이란 말이다. 주인이 없는 게 아니라 모두가 주인이다. 아무도 주인이 없이 비어 있는 '무주공산'이 아니라 모두가 나누어 함께 가지고 있는 '만유공산'(萬有共産, res omnius)이다. 비어 있는 땅을 주인이 없다고 소극적으로 볼 것이냐 모두가 주인이라고 적극적으로 볼 것이냐는 땅을 독차지하여 소유할 권리의 정당성을 밝히는 데 중요한 문제다. 노직이 그랬듯이 빈 땅을 주인이 없다고 보면 땅을 독차지하여 소유할 권리의 정당성을 옹호하기 쉽기 때문이다. 그러나 땅을 독차지하여 소유할 평등한 기회조차 가질 수 없는 미래세대를 생각하면 '무주공산론'보다 미래세대를 포함하여 모두가 나누어 함께 가지는 '만유공산론'이 더 설득력 있다.

노직과 달리 로크는 원래 땅이 모두의 것이었다는 것을 인정한다.[23] 그는 '다른 사람들에게도 충분한 좋은 땅을 남겨놓으면'이라는 조건을 달아 땅을 독차지하여 소유할 권리를 정당화한다. 이른바 '충분함 조건' 이론이다. 빈 땅이 많으므로 그 땅을 고집할 필요가 없다는 것이다. 다른 데 가서 자기도 말뚝을 박고 울타리를 쳐서 차지하면 된다. 그때는 땅이 넘쳐났고 온통 빈 땅이었으니까. 주인 없는 사과나무가 넘쳐나는데 하필 남이 딴 그 사과나무에 와서 왜 나도 딸 건데 혼자서 땄냐고 생떼를 부릴 사람이 없는 것처럼 좋은 땅이 충분히 넘쳐나는데 이미 남이 차지한 땅을 내놓으라고 억지를 부릴 사람은 없다는 것이다.[24]

그러나 권리라는 것은 다툼이 있을 때 비로소 주장하는 것이다. 공기를 서로 마시겠다고 다투지 않는 이상 아무도 공기를 소유할 권리를 주장하지 않는다. 땅도 마찬가지다. 좋은 땅이 충분히 넘쳐났다면 서로 앞다퉈 울타리를 쳐서 땅을 독차지하여 소유할 권리를 주장했을 리가 없다. 그냥 사방에 널려 있는 땅에서 사과를 따먹고 토끼를 잡아먹으면 된다. 사람이 많아져서 더 이상 사과를 따먹고 토끼를 잡아먹을 땅이 넉넉하지 못하게 되자 앞다퉈 땅을 독차지하려고 한 것이다. 그래서 힘 있는 이가 힘을 내세워 먼저 독차지해버리고 '내가 먼저 차지했으니 내 것이다'고 우긴 것이다. 만에 하나 그때 땅이 충분했다고 해도 땅을 독차지한 것은 정당하지 못하다. 그러한 충분함의 조건은 독차지할 쓸 만한 빈 좋은 땅이 더 이상 충분히 남아 있지 않은 오늘날에 더 이상 충족시킬 수 없으며, 그 때문에 그 충분하지 못함이라는 결격사유가 거슬러 올라가 맨 처음 땅을 독차지한 것의 결격사유도 되어 맨 처음 땅을 독차지한 것도 정당하지 않게 되기 때문이다.[25]

4 | 공유지의 비극을 넘어서

로크나 노직은 '땅을 차지하지 못한 다른 이들의 처지를 더 나쁘게 만들지 않는다면'이라는 두 번째 조건을 제시한다. 그들에 따르면 충분함의 조건이 충족되지 못한다 하더라도 누군가가 땅을 차지한 뒤에 땅을 차지하지 못한 사람들의 처지가 예전과 마찬가지이거나 더 나아진다면 땅을 독차지한 일은 정당하다. 누군가가 땅을 독차지하지 않았다면 공유지의 비극이 일어났을 것이기 때문이다. 누군가 땅을 차지했기 때문에 땅을 가꾸지 않고 그저 이익만 얻으려는 무임승차 없이 땅 주인이나 그 땅에서 고용되어 노동하는 이나 모두 열심히 일해 예전에 따 먹던 사과보다 더 많은 사과를 먹을 수 있었다는 것이다.[26]

하지만 누군가가 땅을 독차지하지 않더라도 공유지의 비극을 막을 방법이 있다. 모두의 것은 모두의 것이다. 공유지의 비극에 빠질 위험이 있다는 생각을 함께 나누고 그것을 막기 위한 방법을 함께 찾고 약속하면 된다. 이를테면 사과를 독차지하지 않고 골고루 따먹게 하고, 사과나무를 베어서 땔감으로 쓰지 못하게 하고, 사과나무를 함께 심고, 함께 거름을 주고, 함께 해충을 잡고, 함께 가지치기를 해주자고 약속을 한다. 약속을 어겼을 때는 약속된 처벌을 한다. 경우에 따라서는 더 많은 노동을 한 이에게 더 많은 사과를 따먹게 보상하는 방법도 있다.[27]

또한 '더 많은 사과를 먹을 수 있다'는 판단은 무엇을 기준으로 삼는가에 따라 상대적이다. 로크나 노직은 모든 땅이 모두의 것이거나 누구의 것도 아니었을 때를 비교 기준으로 판단한다. 하지만 다른 비교 기준들도 가능하다. 예를 들어 세상에 갑돌이와 을순이만 있다고 가정해보자. 모든 땅은 둘의 것이다. 그 땅에서 갑돌이는 사과 한 자루를 따고, 을순이는 반 자루를 딴다. 어느 날 갑돌이가 그 땅에 깃발을 꽂고 그 땅을 독차지했다. 그는 을순이에게 자기 땅에서 열심히 일을 하면 사과 한 자루를 주겠다고 제안한다. 갑돌이는 자기 땅이므로 더 열심히 일하고, 을순이도 사과 한 자루를 받기 위해 더 열심히 일을 해 총 세 자루를 땄다. 그런데 을순이가 그 땅을 독차지하고 갑돌이에게 일을 시키고 사과 한 자루 반을 주면, 을순이가 신이 나서 매우 열심히 일을 해서 총 네 자루를 딸 수 있다. 그러므로 을순이가 그 땅을 독차지하는 경우를 비교 기준으로 판단하면 을순이는 갑돌이가 그 땅을 독차지하는 바람에 더 적은 사과를 먹게 되었다. 만약 을순이가 갑돌이보다 먼저 그 땅을 독차지하려는 생각을 했다가 정의롭지 못하다는 판단을 하고 그만두었다

면 상황은 더 나빠진다.[28]

한편 '더 많은 사과를 먹을 수 있다'는 판단은 누구를 기준으로 삼는가에 따라서도 상대적이다. 땅을 차지하지 못한 '모든' 다른 사람들을 기준으로 판단할 것인지, '대부분'의 다른 사람들을 기준으로 판단할 것인지, 다른 사람들 가운데 '능력이 뛰어난' 사람들을 기준으로 판단할 것인지, '능력이 모자란' 사람들을 기준으로 판단할 것인지, '부지런한' 사람들을 기준으로 판단할 것인지, '게으른' 사람들을 기준으로 판단할 것인지, '잘 사는 나라' 사람들을 기준으로 판단할 것인지, '못 사는 나라' 사람들을 기준으로 판단할 것인지, 아니면 보통 사람들을 기준으로 판단할 것인지에 따라 상대적이다. 예를 들어 '능력이 모자란' 사람들을 기준으로 판단하면 누구든 땅을 독차지하게 하고 능력에 따라 사과를 나누어 먹는 방식보다 땅을 모두의 것으로 두고 필요에 따라 나누어 먹는 방식으로 할 때 더 많은 사과를 먹을 수 있다. '능력이 뛰어난' 사람들을 기준으로 판단하면 앞의 방식보다 뒤의 방식으로 할 때 더 적은 사과를 먹을 수 있다.[29]

만에 하나 누군가가 땅을 독차지하는 것이 공유지의 비극을 막아 땅을 차지하지 못한 다른 이들의 처지를 더 좋게나 더 나쁘지 않게 만드는 단 하나의 방법이라고 하더라도 그는 다른 이들에게 동의를 받은 적이 없다. 만약 거꾸로 누군가가 그에게 지금과 같거나 더 많은 사과를 먹을 수 있다는 것을 보장해줄 테니 자신이 땅을 독차지하는 것에 동의해달라고 한다면 그는 이렇게 되물을 것이다. '당신이 아니라 내가 그것을 보장해줄 테니 내가 땅을 독차지하는 것에 당신이 동의해주겠는가?'라고. 나에게 지금과 같거나 더 많은 사과를 먹을 수 있게 해주는 대신에 자신은 나보다 훨씬 더 많은 사과를 먹을 수 있으리라고 확신하기 때문에 그런 제안을 하는 것이니까. 다른 사람들에게 동의도 받지 않고 제멋대로 땅을 독차지한 것은 다른 사람들이 땅에 대한 결정에 참여할 권리를 빼앗은 것이다.[30]

이에 맞서 땅을 독차지할 권리를 주장하는 이들은 가정적 동의를 주장한다. 만약 모든 사람이 땅에 대한 결정을 스스로 결정할 권리를 행사한다고 가정한다면, 다시 말해 자신이 아닐 수도 있지만 누군가 땅을 차지하게 하고 그가 땅을 차지하지 못한 이들에게 사과나무를 심고 가꾸고 따는 일을 시키고 그 대가로 사과를 주는 방식과 땅은 모두의 것으로 두고 함께 사과나무를 심고 가꾸어 따 먹는 방식 가운데 하나를 선택할 수 있다고 가정한다면, 누구든 앞의 방식에 동의할 것이라는 것이다. 더 많은 사과를 먹을 수 있는 땅을 독차지하는 방식을 선택하는 게 합리적이기 때문이다.

하지만 어느 방식을 선택해야 더 많은 사과를 먹을 수 있는지는 그렇게 간단히 딱 잘라 말할 수 없다. 적어도 사과나무를 심고 가꾸고 따는 일을 할 능력이 없거나 모자란 이는 당연히 모두의 것으로 두고 함께 사과나무를 심고 가꾸어 따 먹는 방식을 선택할 것이다. 그리고 만에 하나 혼자서 독차지하는 방식이 누구에게나 더 많은 사과를 먹을 수 있는 결과를 낳더라도 처음에 땅을 독차지한 일이 정당화될 수는 없다. 무엇보다도 처음에 땅을 독차지한 이가 다른 이들에게 그런 방식을 선택하거나 결정할 기회를 빼앗았기 때문이다. 그가 얻는 사과는 더 늘어났을지 몰라도 그는 자신도 함께 나누어 가지고 있던 땅을 이용하거나 처분하는 방식을 선택하거나 결정할 권리를 잃었다. 심지어 그는 자신이 어떻게 살지 자기 삶의 방식을 자기 스스로 선택하거나 결정할 권리마저 잃었다. 그는 땅이 없으므로 남의 땅에서 노동을 하며 살 수밖에 없게 되었기 때문이다. 사람이 사람다운 것은 무엇보다 자기 삶의 방식을 스스로 선택하고 결정할 권리를 가진 자율적 존재이기 때문이다. 땅 소유의 정당성 문제는 효용의 문제라기보다 권리의 문제다. 만에 하나 효용의 측면에서 보더라도 땅이 없어 남의 땅에서 노동을 하며 살 수밖에 없는 처지가 된 것을 생각하면 그의 처지가 더 나빠지지 않았다고 딱 잘라 말할 수 없다.[31]

그럼 그들은 마침내 다음과 같이 되받을 것이다. 적어도 나는, 그리고 우리는 남의 땅을 힘으로 빼앗지 않았다. 이 땅은 내가, 그리고 우리가 정당하게 사거나 받은 것이다. 어떤 것을 그것을 소유할 권리가 있는 이로부터 정당하게 얻은 이는 그것을 소유할 권리가 있다. 노직은 이것을 '정당한 옮김의 원칙'(the principle of justice in transfer)이라고 부른다. 그는 이 원칙을 바탕으로 누가 땅을 비롯한 재산을 독차지하지 않고 똑같이 가지고 출발해도 능력이 뛰어난 자가 더 많이 차지하게 되고 능력이 모자란 이는 덜 차지하거나 아무것도 차지하지 못하게 되는 게 당연하고, 따라서 정당한 옮김에 의해 차지한 모든 재산은 그것을 소유할 정당한 권리가 있으며, 그러므로 그에게 재분배를 요구하는 것은 부당하다고 주장한다. 노직은 다음과 같은 예를 통해 설명한다.

일단 [나의] 소유의 권리 이론에 바탕을 두지 않는 생각들 가운데 어떤 한 생각이 원하는 대로 분배가 이루어졌다고 가정하자. 이 분배를 D1이라고 하자. 아마도 모든 사람은 평등한 몫을 가지게 될 것이다. 이제 윌트 체임벌린이라는 능력이 매우 뛰어난 농구선수가 있다고 하자. 그는 입장 수입을 크게 올려줄 수 있어 여러 농구팀에서 데려가려 한다. 그는 어떤 농구팀과 '홈경기에서 입장권 한 장마다 25센트를 그의 몫으로 받는다.'는 조건으로 계약을 맺는다. 사람들은 즐거운 마음으로 체임벌린의 경기를 보러 와서 입장료에서 25센트를 체임벌린의 이름이 적힌 통에 기꺼이 넣는다. 한 시즌에 백만 명이 그의 경기를 보러온다면 그는 25만 달러를 얻는다. 이것은 평균 소득보다 훨씬 많다. 그는 자신의 소득에 대한 권리가 있는가? 이 새로운 분배 D2는 정의로운가? 사람들은 D1에 의해 자신의 몫을 마음대로 처분할 권리를 얻었고 그들은 체임벌린에게 25센트를 주기로 스스로 선택했다. 따라서 D2는 정의롭다. 경기를 보러오지 않은 제3자는 여전히 자신의 몫을 가지고 있다. 이러한 주고받음이 발생하기 전에는 아무런 분배 정의를 주장할 수 없었던 이 제3자가 이제 이 건네받은 것에 대해 재분배를 해야 한다고 분배 정의를 요구할 수 있을까?[32]

하지만 소유할 권리 속에 다른 이에게 옮길 권리가 반드시 포함되어 있을까? '소유'할 권리는 다양하게 해석할 수 있다. 가지고 있을 '점유'의 권리(점유권)일 수도 있고, '사용'할 권리(사용권)일 수도 있으며, '이익'을 얻을 권리(수익권)일 수도 있으며, 주거나 팔거나 버리거나 '처분'할 권리(처분권)일 수도 있다. 소비할 권리일 수도, 바꾸거나 부술 권리일 수도 있다. 그러므로 노직의 '정당한 옮김의 원칙'은 옮기는 이의 소유할 권리가 옮길 권리, 곧 처분할 권리를 포함한 경우에만 타당하다. 예를 들어 교수 자리를 아들이 물려받으면 교수 자리를 소유할 아버지의 권리가 아들에게 정당하게 옮겨지지 않는다. 교수 자리를 소유할 권리는 그것을 처분할 권리를 포함하지 않기 때문이다.

이것은 땅의 경우에도 마찬가지다. 사용할 권리만 있는 아버지에게 땅을 물려받으면 땅을 소유할 아버지의 권리가 아들에게 정당하게 옮겨지지 않는다. 맨 처음에 모든 땅에 대해 누구든 '사용'할 권리만 있었다면 '정당한 옮김의 원칙'은 누군가가 아무개로부터 '정당하게' 옮겨 받은 지금의 땅을 정당하게 소유할 권리를 보장하지 않는다.[33] 맨 처음에 땅을 차지한 이가 함께 사용할 권리만 있었을 뿐 혼자서 처분할 권리는 없었는데도 제 마음대로 다른 이에게 주거나 팔았다면, 그는 땅을 훔쳐서 주거나 판 것과 같다. 훔친 장물을 사거나 받으면 장물죄를 저지르는 것이다. 맨 처음에 땅을 주거나 판 사람들이 땅을 훔쳐서 주거나 판 것이라면 지금 우리가 가지고 있는 모든 땅은 원칙적으로 장물이다. 장물은 내가 아무리 돈을 주고 샀거나 받았다고 해도, 더 나아가 내 뛰어난 능력으로 온갖 노력을 기울여 그 장물의 가치를 아무리 높였다고 해도 장물은 여전히 장물이다. 내 것이 될 수 없다. 그 물건의 원래 주인은 따로 있다. 그 주인에게 돌려주는 게 맞다.

만에 하나 맨 처음에 땅을 주거나 판 사람들이 땅을 처분할 권리가 있고 지금까지 능력이 뛰어난 사람에게 땅을 소유할 권리가 정당하게 옮겨졌다고 하더라도, 우리가 노직이 주장하는 제3자라 하더라도 그 능력이 뛰어난 사람에게 재분배를 정당하게 요구할 수 있다. 어떤 사람이 가지고 있는 몫의 가치란 그것을 가지고 무엇을 할 수 있는지에 달려 있고 그것은 그 몫의 양뿐만 아니라 다른 사람들이 가지고 있는 몫의 분포 상태에도 달려 있기 때문이다. 다른 사람들의 몫이 자기 몫과 비슷하게 고르게 분포되어 있는 상태보다, 능력이 뛰어난 소수가 아주 큰 몫을 독차지하고 있는 상태에서 그의 몫은 훨씬 더 적은 가치를 가지고 있을 것이다. 게다가 그 능력이 뛰어난 사람이 자기의 큰 몫을 자손에게 물려주었다면 그 제3자의 자손은 이 불평등한 상태를 고스란히 물려받게 될 것이다. 따라서 제3자나 그의 자손은 그 능력이 뛰어난 사람이나 그의 자손에게 재분배를 정당하게 요구할 수 있다.[34]

그러므로 모든 사람은 어느 나라 사람이든 지구의 모든 땅에 대해 원래 공동 주인으로서 반환을 요구하거나 제3자로서 재분배를 요구할 수 있는 정당한 권리가 있다. 게다가 땅을 소유할 권리가 옮겨지는 과정에서 훔치거나 빼앗거나 속이는 등 정당하지 못한 일이 일어났을 수도 있다. 그런 경우 지금의 소유는 정의롭지 못하며, 정의롭지 못한 소유는 바로잡아야 한다.

> 만약 지금의 소유 상태가—어떤 것은 확인할 수 있고, 어떤 것은 확인할 수 없는—과거의 여러 정의롭지 못한 행위들을 통해 이루어졌다면 이제 우리는 이 정의롭지 못한 상태를 바로잡기 위해 무

엇을 해야 하는가? (…) 이익을 본 자와 피해를 본 자가 정의롭지 못한 행위의 직접적인 당사자가 아니라면, 예를 들어 그 당사자들의 자손들이라면 어떻게 되는가? 그 자손이 가지고 있는 소유물이 조상의 정의롭지 못한 행위에 의해 얻어졌다고 해서 그 자손에게 그가 정의롭지 못하다고 말할 수 있는가? 우리는 정의롭지 못한 행위들이 거듭된 과거의 역사를 청산하기 위해 어느 정도까지 거슬러 올라가야 하는가? 정의롭지 못한 일로 피해를 입은 이가 그 (…) 정의롭지 못한 행위를 바로잡기 위해 할 수 있는 행위는 무엇인가? 나는 이러한 문제에 대한 철저한 논리나 이론적으로 정교한 논리를 모른다. 매우 이상적으로 생각해서 이론적인 탐구를 통해 바로잡는 원칙을 찾아낼 수 있다고 가정해보자. (…) 이 원칙은 만약 정의롭지 못한 일이 일어나지 않았다면 어떻게 되었을까 하는 가정에 바탕을 둔 최대한으로 정확한 지식을 이용할 것이다. 만약 지금의 소유 상황이 그 바로잡는 원칙에 따라 마땅히 이루어졌어야 할 소유 상황과 다르다면 그 마땅히 이루어져야 할 소유 상황이 실현되어야 한다.[35]

노직의 말이다. 그럼에도 그는 땅을 맨 처음 독차지한 것이 정당하며, 제3자가 재분배를 요구할 수 있는 정당한 권리가 없다고 여전히 주장한다. 하지만 만에 하나 땅을 맨 처음 독차지한 것이 정당하지 않고, 제3자가 재분배를 요구할 수 있는 정당한 권리가 있으며, 땅을 소유할 권리가 옮겨지는 과정에서 훔치거나 빼앗거나 속이는 등 정당하지 못한 일이 일어났을 수도 있다면, 그리고 지금의 소유 상황이 그 바로잡는 원칙에 따라 마땅히 이루어졌어야 할 소유 상황과 다르다면, 노직의 말대로 "그 마땅히 이루어져야 할 소유 상황이 실현되어야 한다."

5 | 모두를 위한 땅

지금까지 우리는 루소의 "자연으로 돌아가라!"는 사상의 핵심을 담고 있는 『인간 불평등 기원론』을 바탕으로 난민과 국경의 기원을 살펴보고, 다시 말해 난민 문제를 낳은, 땅을 소유할 권리를 둘러싼 사회적 불평등의 기원을 살펴보고 살던 땅에서 쫓겨 온 난민들에게 "여기는 우리나라 땅이니까 썩 꺼져라!"고 호통을 치는 일이 정당한지를 인간 본성에서 이끌어낼 수 있는 범위에서 오로지 이성의 빛에 따라 따져보고자 했다. 난민 문제는 무엇보다 땅을 소유할 권리를 둘러싼 사회적 불평등에서 비롯되며 자연 상태에서는 거의 찾아볼 수 없다. 그러므로 난민 문제는 땅에 울타리를 두르고 "이 땅은 내 것이다"라고 말하면 그 말을 다른 이들이 믿을 것이라는 사실을 발견하고 소유의 권리를 발명한 뛰어난 천재적 능력의 발달과 정신의 '진보'에 따라 생겨나고 성장하고 강화되며 소유의 권리를 보장하는 법률의 제정에 따라 안정되고 합법화된다고 결론내릴 수 있다.[36]

우리 모두가 살아갈 삶터인 땅은 원래 모두를 위한 것이며, 누구를 위한 것도 아닌 것이다. '누구를 위한 것도 아니다'는 '주인이 없다'는 뜻이 아니다. '다른 이들을 배제하는 독점적인 주인이 없다'는 뜻이다. 세상은 모두의 것이며, 더 적은 몫을 차지하도록 태어난 이도 없으며 더 많은 몫을 차지할 권리를 가지도록 태어난 이도 없다.[37] 그러므로 누구나 자기 삶터를 떠나 다른 나라 땅의 테두리 안으로 들어올 권리를 가지고 있다. 어떤 나라든 땅을 배타적으로 소유할 정당한 권리는 없기 때문이다. 하물며 기본적인 인권을 누리지 못해 자기 삶터를 떠나야 하는 이들이 그러한 권리를 가지고 있다는 것은 말할 필요도 없다. 살던 땅에서 쫓겨 온 난민들에게 '여기는 우리나라 땅이니까 썩 꺼져라!'고 호통을 치는 일은 정당하지 못하다. 주인에게 나가라니!

어떤 이는 "무슨 정신 나간 소리냐? 그럼 모든 소유나 국경을 없애자는 거냐?"고 되물을 것이다. 철학자라는 것들은 그런 쓸데없는 망상과 헛소리만 지껄인다고 비웃을 것이다. 철학자들이 아무리 세상 물정을 모르는 순진함의 달인이라 하더라도 소유나 국경을 없애자고 해서 쉽게 없어질 것이라고 믿는 순진한 철학자는 없다. 다만 소유나 국경이 얼마나 정당한지를 따져보자는 것이다. 그것을 바탕으로, 살던 땅에서 쫓겨 온 난민들에게 "여기는 우리 땅이니까 썩 꺼져라!"고 호통을 치는 일이 얼마나 정당한지를 따져보자는 것이다. 소유나 국경에 대한 권리를 당당하게 주장하기에 앞서 그 당당함을 되살펴보고 소유나 국경에 대한 권리의 문제가 그렇게 간단하지 않다는 것을 깨닫고 조금 더 겸손해져서 "여기는 우리나라 땅이니까 썩 꺼져라!"고 당당하게 소리치기가 조금이라도 망설여진다면, 그래서 동북아 지역이 조금 더 포용적인 사회에 다가갈 수 있다면 이 글은 뜻하는 바를 이루었다.

난민 문제를 낳는 사회적 불평등은 그것이 자연적 불평등과 균형을 이루지 못하면 자연의 법칙에 어긋난다. 이것은 모든 문명사회에 널리 퍼져 있는 불평등의 모습을 어떻게 생각해야 하는가에 대해 충분한 답을 준다. 자연의 법칙을 어떻게 규정하든 수많은 난민들이 굶주리고 살아가는 데 꼭 필요한 최소한의 삶터와 최소한의 것마저 가지지 못하는 형편인데 한 줌의 사람들에게는 삶터와 사치품이 넘쳐난다는 것은 명백히 자연의 법칙에 어긋난다. 삶터를 잃은 난민들에게 최소한의 삶터를 주자. 원래 그들의 것이기도 하니까.[38]

6 | 맺음말

『인간 불평등 기원론』을 읽은 볼테르는 루소에게 다음과 같은 편지를 보냈다. "반인류적 성격을 갖는 당신의 새 저작을 잘 받았습니다. (…) 당신만큼 기지를 발휘해 인간을 동물로 만들려 한 사람은 일찍이 없었습니다. 당신의 책을 읽다 보면 네 발로 기어 다니고 싶은 욕구가 불끈 일곤 합니다. 하지만 나는 그 습관을 이미 60년 전에 버렸기 때문에 그 습관을 되찾기란 불가능할 듯합니다."[39] 볼테르와 루소는 대표적인 계몽주의 사상가이지만 문화에 대한 태도는 매우 달랐다. 볼테르는 세련된 문화에 긍지를 느끼는 지식인이었지만 루소는 세련된 문화에 역겨움을 느꼈다. 당시에 리스본 대지진이 일어나자 볼테르는 이 참상을 세련된 시로 지어 발표했다. 이 세련된 시를 본 루소는 다음과 같이 말했다. "이 모든 것은 우리의 책임입니다. 우리가 도시 대신 초원에서 생활한다면 많은 사람이 한꺼번에 죽는 일은 없을 것입니다."

이러한 차이에도 불구하고 루소와 볼테르는 프랑스 혁명을 불붙일 사상적 장작더미를 제공했다. 루이 16세가 "바로 이 두 사람이 프랑스를 망쳐놓았다"고 말했을 정도니까. 무엇보다 '자유, 평등, 박애'라는 혁명 구호는 이들의 사상에 크게 빚졌다. 프랑스 공화국 헌법의 초안은 루소의 『사회계약론』을 바탕으로 작성되었다. 하지만 '빵이 아니면 자유를 달라!'고 외치며 시작된 혁명이 자유를 짓누르는 비극적 독재로 이어졌던 것에는 "일반의지에 대한 무조건적 복종"을 요구한 루소의 책임도 있다. 혁명이 일어나기 10년 전에 로베스피에르가 자신이 숭배하는, 시골에 은둔해 있던 루소를 찾아온 것은 우연이 아니다.

한편 루소는 많은 사상가들에게 큰 영향을 미쳤다. 질풍노도와 낭만주의를 대표하는 괴테와 실러뿐만 아니라 독일 관념론을 대표하는 칸트도 루소의 초상화를 걸어둘 정도로 루소의 숭배자였다. 칸트는 이렇게 말한다. "나는 천성이 학자이고 지식에 목마른 사람이다. 한때 나는 이것만이 인류에게 영광스런 일이 될 수 있으리라 믿었다. 그런데 루소가 내 생각을 바로잡아 주었다. 내 멋대로 지식에 부여했던 우위는 사라졌다. 이제 나는 인간을 존중하는 것을 배우고 있다."[40] 인간이 지식을 위해 존재하는 것이 아니라 지식이 인간을 위해 존재한다는 당연한 깨달음은 우리에게도 여전히 타당하다. 루소 사상을 화석으로 박제해서 기념할 것이 아니라, 난민 문제와 같은 우리 삶의 문제를 해결하는 데 되살려 활용하는 방식으로 루소를 끊임없이 소환하고 기념해야 한다. 니체가 문화와 도덕을 뒤집고, 마르크스가 사유재산을 뒤집는 불쏘시개로 루소를 소환하여 기념했듯이.

V

Benedictus de Spinoza

5 베네딕투스 데 스피노자

목적론 비판에서 미신에 대한 분석으로

진태원

스피노자(Benedictus de Spinoza, 1632~1677)는 포르투갈에서 종교적 박해를 피해 암스테르담으로 이주한 유대인 가정에서 1632년 태어났다. 스피노자가 태어날 당시 암스테르담의 유대인 사회는 "돼지새끼"라는 경멸적인 의미를 지닌 마라노(marrano)들의 후예가 주축을 이루고 있었으며, 이들은 세속적인 삶을 영위하면서도 유대교 신앙과 관습을 계속 유지하고 있었다. 이 유대인 거주지 안에서 전통적인 유대식 교육을 받으면서 자란 스피노자는 점차 성장하면서 유대교의 교의와 율법에 깊은 회의를 품게 되었다. 청년기에 스피노자는 한편으로는 이단적인 유대인들과 교류하면서, 다른 한편으로는 자유사상가였던 프란시스쿠스 반 덴 엔덴(Franciscus van den Enden, 1602~1674)으로부터 라틴어와 근대 자연과학 및 데카르트 철학을 사사받았다. 이는 그를 점점 더 유대교의 교의와 관습에서 멀어지게 만들었고, 결국 스피노자는 공공연한 이단적 주장들 때문에 1656년 교단에서 파문을 당하고 유대인 사회에서 추방당했다(또는 스스로 유대인 공동체와 인연을 끊었다).

그 후 스피노자는 1661년 라이덴 근교의 레인스뷔르흐(Rijnsburg)로 이주하여 칩거 생활을 하게 되었다. 그는 렌즈를 갈아 생계를 유지하며 일부 학생들을 지도하기도 했고 친구들과 서신을 교류하면서 자신의 초기 저작들을 쓰기 시작했다. 최근의 문헌학 연구에 따르면 스피노자의 최초의 저작은 『지성교정론』(*Tractatus de Intellectus Emendatione*)이다. 이 책은 철학을 시작하려는 젊은이의 정신적 여정을 보여주는 서두로 시작해서 인식과 방법에 관한 체계적인 논의를 전개하고 있으나 미완성으로 남아 있다. 원본은 소실된 채 네덜란드어 번역본이 뒤늦게 1861년에 발견된 『신, 인간 및 인간의 행복에 관한 소론』(*Korte Verhandeling van God, de Mensch, en deszelvs Welstand*)은 『지성교정론』과 비슷한 시기에 쓰여진 저작으로, 이후 『윤리학』에서 체계화되고 정교화될 새로운 사상의 맹아를 담고 있다. 스피노자는 1660년경 그의 주저인 『윤리학』(*Ethica Ordine Geometrico demonstrata*)의 집필을 시작했으며, 친구들 및 당대의 학자들과 서신 교류를 통해 의견을 교환하면서 자신의 체계를 다듬어갔다. 1663년에는 한편으로는 교육적인 목적으로, 다른 한편으로는 기하학적 체계화에 대한 방법론적 관심 때문에 저술한 『데카르트 철학원리』(*Renati Des Cartes Principiorum philosophiae pars I. & II.*) 및 부록 『형이상학적 사유』(*Cogitata Metaphysica*)를 출판했는데, 이는 생전에 스피노자 자신의 이름으로 출판된 유일한 저작이다.

그 해 스피노자는 레인스뷔르흐를 떠나 헤이그 근처의 포르스뷔르흐(Voorsburg)로 이주하였다. 포르스뷔르흐에 거주하는 동안 그는 당시 공화파의 여러 정치가들과 교우하면서 점차 종교비판과 정치철학으로 관심을 확장하게 되었다. 1665년경 스피노자는 『윤리학』 집필을 잠시 중단하고, 당시 외국과의 전쟁 및 칼뱅파의 비겁으로 위기에 빠져 있던 드 비트(de Witt) 형제의 공화파를 지원하기 위해 『신학정치론』(*Tractatus theologico-politicus*)을 저술하여 1670년에 출판했다. 『성서』에 대한 최초의 과학적 해석 방법을 바탕으로 『성서』 안에 나타난 여러 가지 기적과 예언의 허구성을 비판하면서, 정치와 종교의 분리 및 사상과 표현의 자유를 역설하고 있는 『신학정치론』은 당시로서는 혁명적인 내용 때문에 독일의 유령 출판사 이름 아래 익명으로 출판되었다. 하지만 곧 스피노자가 이 책의 저자임이 밝혀져 스피노자는 칼뱅파를 비롯한 당시의 종교계 전체로부터 격렬한 비난을 받았으며, 그의 가까운 지지자들까지도 이 책을 못마땅하게 생각했다. 1674년에 『신학정치론』은 결국 금서처분을 받았고, 스피노자는 이 사건 때문에 완성된 『윤리학』의 출판을 단념하고 말았다. 그 후 『히브리어 문법』 「무지개에 관한 논문」 「확률의 계산」(뒤의 두 논문은 대개 위작僞作으로 간주된다) 등의 소논문들과 『정치론』(*Tractatus Politicus*)의 집필을 시작했다. 생애의 마지막 노력을 바친 『정치론』은 1년 반의 진력에도 불구하고 미완에 그치고 말았다. 1677년 스피노자는 폐결핵으로 숨을 거두었고, 같은 해 친구들에 의해 『윤리학』, 『지성교정론』, 『정치론』 및 서간문 선집이 『유고집』(*Opera posthuma*)으로 출판되었다.

1 | 스피노자 정치철학 개관

스피노자 사상의 본질적 요소로서의 정치학

스피노자는 신으로부터, 절대자로부터 출발한다고 한다. 데카르트가 코기토의 확실성에서 모든 학문적 진리의 궁극적 토대를 발견한 반면, 스피노자의 철학은 "영원의 측면에서"(sub specie aeternitatis) 절대자에 대한 지적 직관으로부터 출발하는 독단적인 절대자의 형이상학이라는 것이다. 그리고 바로 이 때문에 그의 철학에는 개인의 자유나 주체성의 여지가 존재하지 않는다는 것이다. 하지만 스피노자는 결코 절대자로부터 출발하지 않는다. 철학의 동기에서도 그렇고 철학의 체계에서도 그렇다. 오히려 인간의 수동적 조건과 가상적 인식에서 비롯된 자유의지의 환상과 목적론적 편견(『윤리학』 1부 「부록」), 그리고 이와 긴밀하게 결부되어 있는 유대-기독교의 창조론 신학을 근원적으로 비판하고 여기에서 벗어나기 위해 인식과 존재 역량의 원천으로서 신에 도달하고, 해방과 지복으로서 신의 지적 사랑에 도달하는 것이 인식과 실천 모두에서 스피노자 철학의 근본적인 목표이다.

이런 측면에서 보면 스피노자 사상 체계에서 정치철학은 본질적인 중요성을 지니고 있다. 사실 스피노자에 대한 뿌리 깊은 편견, 아마도 범신론자라는 편견만큼이나 뿌리 깊은 편견 중 하나는 **스피노자는 형이상학자**라는 것이다. 그런데 이것이 하나의 편견이라면, 이는 스피노자가 형이상학자가 아니기 때문이 아니라,[1] 스피노자가 형이상학자라는 사실이 스피노자가 정치학자라는 사실을 (원칙적으로) 배제하고 있기 때문이다. 곧 스피노자는 형이상학자라는 언표는 암묵적으로 스피노자에게는 (좋은 의미든 나쁜 의미든 간에) 정치학이 없다는 언표를 함축하고 있기 때문이다.

이는 좀 더 미묘한 형태로 변형될 수도 있다. 다시 말해 스피노자가 정치적 저술을 남기긴 했지만, 역시 스피노자 철학의 **본질** 내지는 **요체**는 그의 형이상학에 있다는 식으로 표현될 수도 있고, 좀 더 구체적으로 스피노자 철학의 본질 내지는 요체는 『신학정치론』이나 『정치론』이 아니라 『윤리학』에 있다고 표현될 수도 있다.

그런데 이 경우 범위는 다시 더 좁혀지기 마련이다. 왜냐하면 『윤리학』은 5부로 이루어져 있고, 1부에서 5부에 이르기까지 각각의 부는, 상이한 제목이 달려 있는 데서 알 수 있듯이 상이한 논의 주제를 다루고 있기 때문이다. 그래서 이번에는 다시 이런 식의 주장이 제기되곤 한다. 곧 『윤리학』의 **핵심**은 1부에 있는데, 왜냐하면 「신에 대하여」(De Deo)라는 제목이 붙은 데서 알 수 있듯이 1부는 유일한 실체로서 신을 주제로 하고 있고, 바로 여기서 형이상학이 논의되기 때문이다.[2] 또는 마르샬 게루(Martial Gueroult)가 『윤리학』 1, 2부에 대한 기념비적인 주석서를 남긴 데서 알 수 있듯이 존재론을 다루는 1부와 인식론을 다루는 2부가 『윤리학』의 핵심이라는 주장을 듣는 것도 어렵지 않은 일이다.

이 경우 배제되는 것은 다음과 같은 질문이다. 그렇다면 왜 스피노자가 자신의 철학의 요체를 담고 있는 이 책에 『제1철학』이나 『형이상학』 또는 그냥 간단히 『철학』이라는 이름을 붙이지 않고 하필 『윤리학』이라는 제목을 붙였을까? 왜 그는 1부와 2부로 끝내지 않고, 그보다 훨씬 더 길게 5부까지 책을 썼을까? 물론 다음과 같은 질문은 더욱더 제기되지 않는다. 왜 그는 1660년부터 시작된 『윤리학』의 집필을 중단하고 1665년에서 1670년에 이르기까지 『신학정치론』 같은 사소한 책을 쓰는 데 몰두했을까? 왜 그는 생애의 말년에 『정치론』 집필에 몰두했으며, 왜 그럼에도 그 책을 완성하지 못했을까?

따라서 스피노자가 범신론자라고 주장하는 것, 또는 스피노자 철학의 요체는 형이상학에 있다고 하면서 스피노자의 형이상학과 정치학을 대립시키면서 후자를 스피노자 사상 체계에서 배제하려고 하는 것은 스피노자 사상에 대한 온전한 이해에 결코 도움이 되지 않는 사고방식이다. 사실 스피노자의 성숙기 사상은 『윤리학』과 『신학정치론』, 『정치론』이라는 세 권의 주저에 대한 종합적 분석과 성찰을 통해서만 온전히 이해될 수 있다.

『신학정치론』

『신학정치론』은 스피노자가 1665년경 집필을 시작하여 1670년 독일의 유령 출판사에서 저자 이름을 생략한 채 출간한 책이다. 이 책은 「서문」 이외에 총 20장으로 이루어져 있다. 이 가운데 1장에서 15장까지는 성서 해석 및 신학의 문제를 다루고 있으며, 16장에서 20장까지는 정치학에 관한 문제를 다루고 있다. 이러한 저작의 구성에서 '신학정치론'이라는 책의 제목이 유래했다.

정치철학이라는 관점에서 보면 『신학정치론』의 주요 주제는 다음과 같이 제시될 수 있다.

① 신학 권력의 이데올로기적 기초에 대한 해체

스피노자가 1장에서 15장에 이르기까지 성서, 특히 구약에 대해 분석하는 것은, 성경을 신의 말씀이 담긴 진리의 보고로 간주하고 성서에 대한 해석의 권위를 독점함으로써 세속적인 영역에서 권력을 행사하는 신학 권력의 토대를 무너뜨리려는 목적을 담고 있다. 이는 특히 당대 네덜란드에서 막강한 영향력을 행사하던 신학자들이 드 비트 형제를 중심으로 한 공화주의 세력에 맞서 오라녜 공을 옹호하고 종교의 자유를 억압하고 있었기 때문에, 더욱 절실한 과제였다.

이를 위해 스피노자는 정통한 히브리어 능력을 발휘하여 구약에 나타난 예언과 기적, 초능력에 관한 이야기들의 허구성을 폭로하고 구약의 장들이 예언자들이 직접 작성한 것이 아니라 후대의 히브리 역사가들에 의해 작성되었음을 밝히고 있다. 또한 성서는 난해한 사변적 진리로서의 신의 말씀을 담고 있는 책이 아니라, 신에 대한 복종과 이웃사랑이라는 도덕적 교훈을 담고 있는 책임을 주장하고 있다.

② 홉스 사회계약론의 수용과 변용

스피노자는 16장 이하의 정치학에 관한 장에서 홉스의 사회계약론을 수용하여 정치체의 토대 및 히브리 신정 국가를 분석하면서 동시에 홉스 사회계약론에 중요한 변경을 가하고 있다.[3] 이러한 변경은 특히 세 가지 측면에서 이루어진다.

첫째, 『신학정치론』에 나타난 계약론에서는 자연 상태와 사회 상태 사이에 아무런 단절도 존재하지 않는다. 이러한 단절의 부재가 의미하는 것은 스피노자에게는 자연 상태에서만이 아니라 사회 상태에서도 계속해서 **자연권의 논리가 지배한다**는 점이다. 옐레스(Jarig Jelles)에게 보내는 유명한 50번째 편지에서 스피노자 자신이 지적하고 있는 것이 바로 이 점이다.

> 선생이 질문하신, 정치학과 관련한 홉스와 저의 차이점은 다음과 같은 점에 있습니다. 곧 저는 항상 [자연 상태에서든 국가 안에서든] 자연권을 온전하게 보존하고, 어떤 국가이든 간에 주권자는 그가 신민을 능가하는 역량을 발휘하는 만큼 신민에 대한 권리를 가질 뿐이라고 주장합니다. 자연 상태에서 늘 그렇듯이 말입니다.(G IV, 238-239)[4]

이처럼 사회 상태 안에서도 계속해서 자연권의 논리가 지배한다는 것은 또한 사회 상태 안에서도 여전히, 자연 상태를 지배하고 있는 갈등과 폭력, 증오의 메커니즘이 작용한다는 것을 의미한다. 따라서 홉스와 비교해볼 때 『신학정치론』을 특징짓는 점은 스피노자의 **비관적 현실주의**라고 할 수 있으며, 이러한 비관적 현실주의는 (『신학정치론』에 특징적인) **욕구와 이성의 대립**에 근거를 두고 있다.

둘째, 이처럼 자연 상태와 사회 상태 사이에 단절이 존재하지 않기 때문에 『신학정치론』 16장에는 **원초적 계약**에 관한 논의가 나타나지 않는다. 스피노자에게 권리 또는 역량의 양도가 이루어지는 것, 따라서 계약이 성립하는 것은 항상 **유용성**(utilitas) 때문이다. 곧 사람들은 어떤 이익을 얻을 수 있다고 생각할 때, 그리고 역량이나 권리를 양도해서 얻을 수 있는 이익이 이를 양도해서 얻을 수 있는 손해보다 크다고 생각할 때, 계약을 체결하고 실행하게 된다. "이로부터 우리는 계약이란 그것이 가져올 유용성의 힘에 의해서만 힘을 지닐 수 있다고 결론 내린다. 유용성이 사라지면 그와 동시에 계약도 철폐되며 무효가 된다."(TTP 16장 7절; 모로판, p. 512)

셋째, 주권자의 권리에 대한 스피노자의 규정이다. 앞에서 본 것처럼 홉스에서 주권자가 갖는 절대적 권위는 각각의 개인들이 주권자에게 양도하는 권리에서 성립한다. 하지만 스피노자는 홉스와 달리 원초적 계약의 절차들이 실현 가능하다고 생각하지 않기 때문에, 주권자의 권력 역시 이러한 절차들을 통해 인공적으로, 그리고 규범적으로 획득될 수 없다고 본다. 그 대신 스피노자는 주권자의 권리는 주권자의 역량의 정도에 비례하고, 주권자는 충분한 역량을 지니는 한에서만 자신의 권리를 영위할 수 있다고 주장하고 있다. "그러나 자신이 원하는 대로 실행할 수 있는 이 역량을 보존하는 동안에만 그는 이 권리를 유지할 수 있다. 그렇지 못한 경우 그의 명령은 취약해질 것이며, 그보다 강한 힘을 지닌 어떤 사람도 그 자신이 자발적으로 원하는 것이 아닌 바에야 그에게 복종하지는 않을 것이다."(TTP 16장 7절; 모로판, p. 514)

③ 히브리 신정에 대한 분석

『신학정치론』 16장의 논의는 홉스의 사회계약론과 주목할 만한 차이점들을 보여주지만, 16장만으로는 홉스에 대한 비판에도 불구하고 왜 스피노자가 계속 계약론의 문제설정을 견지하고 있는지에 관한 의문이 제대로 해명되지 않는다. 그 이유를 파악하기 위해서는 특히 『신학정치론』 17장과 18장(및 3장과 5장)에 나타나는 히브리 국가의 역사에 관한 스피노자의 논의를 참조해야 한다.

스피노자가 16장에서 제시하는 계약론의 요소들은 매우 추상적인, 또는 스피노자의 표현을 빌리자면 "순전히 이론적인 것"(mere theoretica)에 불과하다. 왜냐하면 16장의 논의는 홉스의 계약론처럼 형식주의적이지는 않지만, 실제 역사 속에 존재하는 계약에 관한 논의가 아니기 때문이다. 반면 17장에서 제시되는 계약론은 구체적인데, 이는 17장(및 18장)의 주요 분석 대상이 히브리 국가의 역사, 정확히 말하면 이중적인 계약을 통해 창설된 히브리 국가의 역사적 전개과정이기 때문이다.

이러한 분석의 목표는 무엇인가? 그것은 바로 주어진 국가가 자신의 형태를 안전하게 보존하고 번영을 누릴 수 있는 조건들은 어떤 것인가를 보여주는 것이다. 그리고 스피노자에게 이러한 조건들은 일차적으로 신민들의 복종을 확보하는 것, 신민들이 이유야 어떻든 간에 "주권자의 명령에 일치하게 행위"할 수 있게 만드는 데서 성립한다. "우리는 히브리인들의 역사의 전개과정을 검토해볼 생각인데, 이는 국가의 안전 및 번영을 증대시키기 위해 주권자가 신민들에게 일차적으로 허용해야 하는 것이 무엇인지 볼 수 있게 해줄 것이다. 국가의 보존은 본질적으로 신민들의 충성심과 유덕함, 그리고 명령들을 수행하는 굳건한 태도에 달려 있다는 것은 경험과 이성이 가장 확실하게 가르쳐주는 것이다."(TTP 16장 7절; 모로판, p. 540)

그렇다면 왜 하필 히브리 국가에 대한 분석이 필요한가? 이는 무엇보다도 히브리 국가가 실제로 계약을 통해, 더욱이 정치적 계약과 종교적 계약이 결부된 이중적 계약을 통해 창설된 매우 드문 역사적 사례이기 때문이다. 사실 스피노자가 히브리 국가의 역사를 분석하는 절차는 정확히 자연 상태에 대한 묘사, 이러한 자연 상태에서 벗어나기 위해 계약을 체결하는 과정, 그리고 이 계약을 성립하게 된 주권적 권력에 대한 서술로 이루어져 있으며, 이런 의미에서 히브리 국가에 대한 분석은 스피노자가 구체적으로 염두에 두고 있는 계약론의 모습을 잘 보여준다.

『정치론』

『정치론』은 스피노자가 『윤리학』을 완성한 뒤 쓰기 시작해서 병으로 인해 마무리를 짓지 못하고 미완의 상태로 남긴 최후의 저작이다. 『신학정치론』에 비해 분량도 훨씬 적고, 민주정에 관한 논의를 시작하다가 중단했기 때문에, 최근에 이르기까지 『정치론』은 스피노자 연구자들은 물론이거니와 정치학자들에게 거의 주목을 받지 못한 저작이다. 하지만 알렉상드르 마트롱의 대작 『스피노자 철학에서 개인과 공동체』(1969)에서 처음으로 이 저작이 스피노자 철학 체계에서 차지하는 중요성이 밝혀지고,[5] 안토니오 네그리의 『야생의 별종』(1981)과 에티엔 발리바르의 「대중들의 공포」(1982) 및 『스피노자와 정치』(1985)에서 스피노자의 물티투도(multitudo) 개념의 독창성이 해명된 이후, 『정치론』은 스피노자 연구만이 아니라 현대 정치철학 연구의 주요 원천 중 하나로 떠오르게 되었다.

스피노자가 『정치론』에서 다루는 주요 주제는 다음과 같다.

① 사회계약론에서 정서론으로

스피노자는 『신학정치론』 「서문」에서 20장에 이르기까지 여러 번 자신의 저술의 목표를 공표하고 있다. 그것은 개인들의 사고와 판단(그리고 더 나아가 발언)의 자유를 허용하는 것이 국가의 안전과 번영을 유지하는 데 장애가 되는 게 아니라 오히려 가장 훌륭한 방책이라는 것이다. 이 때문에 스피노자의 태도는 근본적으로 민주주의적이라고 할 수 있다. 하지만 다른 한편으로 스피노자는 이러한 자유가 사고와 판단에 국한되어야지 행위에까지 확장될 수는 없다고 주장한다. 이는 스피노자가 우중(愚衆, vulgus) 및 우중을 이루는 개인들의 이성적·정치적 역량을 근본적으로 불신하고 있기 때문이다. 그러나 그렇다면 어떻게 해서 **인민의 지배** 또는 **다수의 지배**라는 의미에서 민주주의("인민 전체 또는 그중 가장 큰 부분에 의해 조화롭게 유지되는 민주주의"(TTP 20장 2절; 모로판, p. 634))가 가능할 수 있는지 의문이 제기될 수밖에 없으며, 더 나아가 말과 행동, 사고와 행위 사이의 구분이 어떻게 가능할 수 있는지 역시 의문시될 수밖에 없다.

『신학정치론』에 도입된 사회계약론의 문제설정은 이러한 난점을 해결하기 위한 시도라고 할 수 있다. 곧 법적 제도로서 민주주의가 기능하기 위해서는 우중을 구성하는 각각의 개인들을 규율할 수 있는 보충적인 장치가 필요하며, 스피노자는 히브리 국가의 설립과 운영의 기초가 되었던 이중적 계약에서 이것의 전형적인 모델을 발견한다. 하지만 이러한 계약론적 문제설정은 우중 내지 대중들을 통치의 대상이자 복종의 주체/신민(subjectus)으로서만 사고한다는 점에서 스피노자 자신이 수장하는 민주주의의 긴장과 갈등을 빚을 수밖에 없으며, 더 나아가 모세 사후에 곧바로 히브리 국가가 분열과 갈등 속에 빠져든 것에서 알 수 있듯이, 제도적인 안정성을 유지하지 못한다는 점에서 내재적인 한계를 지니고 있다.

스피노자는 『정치론』에서는 사회계약론 대신 인간의 자연적 사회성에 기초하여 국가의 토대를 설명한다.

> 국가의 자연적 원인 및 기초는 이성의 가르침에서 이끌어내서는 안 되며 **인간의 공통 본성 내지는 조건**에서 연역해야 한다.(『정치론』 1장 7절)

② 자연권에 대한 새로운 관점

또한 스피노자에 따르면 자연권이란 원초적으로 독립해 있는 개인들의 권리가 아니라 항상 이미 **다른 사람들, 타자들과의 매개 관계를 통해서만 비로소 성립**할 수 있는 권리일 수밖에 없으며, 이러한 매개를 통해서만 각자는 독립적인 개체로서 존립할 수 있고, 각자의 권리를 유지할 수 있다.

이 때문에 우리는, 인간에게 고유한 **자연권**은 인간들이 공동의 법률을 갖고 있고 그들이 거주하고 경작할 수 있는 공동의 토지를 갖고 있는 곳, 그들이 스스로를 방어하고 모든 공격을 물리치고 모두의 공통적인 판단에 따라 살아갈 수 있는 **곳이 아니라면 거의 생각될 수 없다는 결론을 내린다.** 왜냐하면 (2장 13절에 따라) 서로 연합하기 위해 더 많은 사람들이 모일수록 그들은 모두 함께 더 많은 권리를 갖게 되기 때문이다. 따라서 만약 스콜라 철학자들이, 자연 상태에서는 사람들이 거의 자신들의 권리 아래 살아갈 수 없기 때문에 인간은 사회적 동물이라고 말하려 하는 것이라면, 나는 그들에 대해 어떤 반론도 제시하지 않을 것이다. (『정치론』 2장 15절—강조는 필자)

그렇다면 이 매개, 곧 각자가 자신들의 **자연권**을 얻기 위해 필수불가결한 이 매개는 어떤 것인가? 우리는 이 질문에 대한 답변을 6장 1절에서 찾을 수 있다.

우리가 말한 것처럼 사람들은 이성보다는 정서에 따라 인도되기 때문에, **대중들은** 이성의 인도가 아니라 **어떤 공통의 정서에 의해** 자연적으로 합치하게 되며, 마치 하나의 정신에 의해서 인도되듯이, 곧 (우리가 3장 9절에서 말한 것처럼) 공통의 희망이나 공통의 두려움에 의해, 또는 어떤 피해에 보복하려는 공통의 욕망에 의해 인도되기를 원한다는 점이 따라 나온다. 더욱이 사람들 모두는 고립을 두려워하고 누구도 고립 속에서는 자신을 방어하고 생활에 필요한 것들을 스스로 조달할 수 없기 때문에, 사람들은 **자연적/본성적으로** 사회 상태를 욕망하며, 그들이 **사회 상태를 완전히 해체한다는 것은 불가능하다**는 점이 따라 나온다. (『정치론』 6장 1절—강조는 필자)

여기에서 주목할 만한 점은 두 가지이다. 첫째, 스피노자는 『신학정치론』과 마찬가지로 "사람들은 이성보다 정서에 따라 인도된다"고 말하지만, 『신학정치론』과 달리 "합치하기" 위해서는 이성이 필요하다고 말하지 않고, **사람들** 또는 좀 더 정확히 말하면 **대중들**은 "어떤 공통의 정서에 의해 자연적으로 합치한다"고 말하고 있다. 이는 스피노자가 『정치론』에서는 『신학정치론』과 달리 정서들을 오직 부정적인 것으로, 곧 반목과 분열, 갈등의 동력으로서만 사고하지 않는다는 점을 명시적으로 보여준다. 이제 정서는 개인들 각자가 혼자서 느끼는 개별적인 정서가 아니라 **공통의 정서**이며, 이 공통의 정서는 대중들이 **자연적으로, 본성적으로** 합치하게 해주는 힘을 보유하고 있다. 물론 이때의 "합치"(convenientia)는 "화합"(concordia)이라는 단어와는 달리 이성적 조화나 통합의 의미를 갖는다기보다는 "con-venire", 곧 "함께-오다", "함께-모이다"는 의미, 따라서 어떤 일이나 행동을 공동으로 하기 위해 "함께 모이다"는 의미를 갖지만, 이성이 아니라 정서가 공동의 행동과 생활의 동력으로 제시된다는 점에서 매우 주목할 만한 구절이다.

둘째, 스피노자는 2장 15절의 논의와 일관되게 사람들은 "자연적으로 사회 상태를 욕망한다"는 점을 확인하면서, 더 나아가 "그들이 사회 상태를 완전히 해체한다는 것은 불가능하다"고 주장한다. 『신학정치론』 이래 스피노자의 일관된 테제는 자연권은 사회 상태에서 소멸하는 것이 아니라 사회 상태 속에서도 지속된다는 점이었다. 그런데 사회 상태 속에서 자연권이 지속된다는 것은, 정서들이 반목과 불화, 갈등과 같은 부정적인 힘으로 정의되는 이상, 사회 상태 속에서 갈등과 분열, 반목이 그치지 않고 지속된다는 것, 다시 말해 사회 속에는 근본적인 반사회화 경향이 존재한다는 것을 의미한다. 따라서 스피노자는 마케도니아와 로마, 영국 등의 사례를 인용하면서, "국가를 위협하는 위험들의 원인은 항상 외부의 적보다는 시민들이다. 왜냐하면 좋은 시민들이란 드물기 때문이다"라고 말하며, 또한 주권자의 권리는 법적으로 보증되는 것이 아니라 법적·제도적 질서 내로 사람들을 이끌어 들일 수 있는 그의 역량에 따라 규정된다고 말한다.

하지만 이러한 테제는 그 자체로는 사회 상태, 국가의 형성에 관해 어떤 실정적인 내용을 제시해주지 않으며, 이러한 한계는 『신학정치론』의 인간학의 핵심을 이루는 정서론의 한계에서 기인한다.

반대로 6장 1절은 사람들이 "자연적으로" 사회 상태를 욕망할 뿐만 아니라, 사회 상태의 완전한 해체란 있을 수 없다고 주장함으로써, 『신학정치론』에 빠져 있는 국가 형성의 기초에 관한 실마리를 제공해주고 있다. 만약 사회 상태의 완전한 해체란 있을 수 없다면, 이는 인간의 본성 안에 **항상 이미** 사회성의 경향이 내재해 있음을 의미한다. 하지만 이러한 사회성의 경향이란 어떤 신비적인 속성을 가리키는 것이 아니라, 인간 본성을 구성하는 요소들로서의, 또는 인간 본성의 다양한 표현방식들로서의 정서들이 **항상 이미 사회적 관계, 상호 개인적 관계를 통해 매개**되어 있다는 것, 따라서 인간들이 실존하고 행위하는 이상 인간들은 항상 이미 이러한 관계망 속에 들어 있다는 것을 의미한다. 이런 의미에서 "사회 상태를 완전히 해체하는 것은 불가능하다"는 테제는 『신학정치론』 이래 지속되어온 "자연권은 사회 상태 속에서도 지속된다"는 테제를 **보완**하면서 스피노자 정치학의 인간학적 기초를 **완결**하는 테제라고 할 수 있다. 그리고 이처럼 두 가지 테제가 상호 보완식으로 결합할 때 왜 스피노자에게 자연 상태와 사회 상태의 단절이라는 관점이 더 이상 의미를 지니지 못하는지 이해할 수 있다. 이 두 가지 테제는 『정치론』에서는 『신학정치론』과 달리 계약이라는 관념이 사회체의 형성에 관한 설명적 기능을 상실했음을 잘 보여준다.

③ 국가의 토대로서 다중

『신학정치론』에서는 우중(vulgus), 평민(plebs)처럼 부정적인 함의를 갖는 용어들이 다수 사용되고 있는(불구스는 총 42번 사용되고 있고, 플레브스는 총 21번 사용되고 있다) 반면, 시민들의 집합으로 이해된 인민(populus)이라는 개념은 좀 더 드물게 사용되고 있으며(총 13번), 대중들 내지 다중(multitudo)이라는 용어는 훨씬 더 드물게 사용되고 있다. 『신학정치론』에서 대중들이라는 단어는 단 세 차례(「서문」, 17장, 18장) 등장할 뿐이다. 하지만 이와 달리 『정치론』의 경우에는 제일 경멸적인 함의를 지니는 불구스는 단 두 차례만 사용되고 있고(두 번 모두 7장 27절에 나온다) 플레브스는 21번 사용되고 있는 반면,[6] 물티투도라는 단어는 총 69번 등장하고, 대중들의 역량, 곧 포텐샤 물티투디니스(potentia multitudinis)라는 개념은 총 4번, 2장 17절에서 한 차례, 그리고 3장 2절, 7절, 9절에서 세 차례 사용되고 있다.

『정치론』에서 다중 또는 대중들은 국가의 토대로서의 위상을 지니게 된다.

> 대중들의 역량에 의해 정의되는 법/권리를 보통 통치권/주권(imperium)이라 부른다. 공동의 동의에 따라 국정의 책임을 맡은 이가 이 통치권을 절대적으로 보유한다.(TP 2장 17절)

그다음 3장 2절에서는 대중들의 역량이 다음과 같은 식으로 사용되고 있다.

> 국가의 권리 또는 주권자의 권리는 자연의 권리와 다르지 않으며, 각 개인의 역량이 아니라 마치 하나의 정신에 의해 인도되는 듯한(veluti) 대중들의 역량에 의해 규정된다.(TP 3장 2절)

이 두 구절에서 알 수 있듯이 대중들의 역량이라는 개념은 통치권 내지 주권을 정의하는 매우 근본적인 기능을 수행하고 있다. 『신학정치론』의 경우 주권을 주권자의 역량에 의해 규정하고 있는 것과 비교해볼 때, 『정치론』의 이 두 구절은 몇 가지 의미를 지니고 있다. 우선 이 구절들은 각 개인의 역량이 아니라 대중들의 역량이라는 개념을 통치권의 기초로 명시함으로써 스피노자가 『윤리학』에서 전개한 "역량의 존재론"과 좀 더 부합하는 정치학의 원리를 제공해준다. 실제로 『정치론』 2장 3-4절의 논의는 두 저작 사이의 연관성을 분명히 보여주고 있다.

> 자연 실재들이 실존하고 활동하는 역량은 충만하게 현존하는 신의 역량이기 때문에, 우리는 자연권이 무엇인지 쉽게 알 수 있다. 신이 모든 실재에 대한 권리를 소유하고 있고, 신의 권리는 절대적으로 자유로운 것으로 간주된 신의 역량 자체와 다른 어떤 것이 아니기 때문에, 각각의 자연적 실재는 실존하고 활동하는 역량을 가지고 있는 만큼의 권리를 자연적으로 지닌다는 결론이 나온다. 왜냐하면 각각의 자연적 실재가 실존하고 활동하는 역량은 절대적으로 자유로운 신의 역량 자체와 다른 어떤 것이 아니기 때문이다. 그래서 나는 자연권을 자연의 법칙들 자체로, 또는 모든 실재가 생산되는 규칙들, 곧 자연의 역량 자체로 이해한다. 바로 이 때문에 자연 전체의 자연권 및 따라서 각 개체의 자연권은 그것의 역량이 미치는 곳까지 연장된다. 결과적으로 인간이 자신의 고유한 본성[자연]의 법칙들에 따라 하는 모든 것은 자연의 최고의[주권적] 권리에 따라 하는 것이며, 그는 자연에 대해 자신의 역량만큼의 권리를 갖는다.(TP 2장 3-4절)

이 구절의 핵심 논점은 신의 역량이라는 개념을 자연권의 존재론적 기초로 제시한다는 데 있다. 스피노자는 『신학정치론』에서 주권자의 권리가 주권자의 역량에 따라 규정된다고 말함으로써, 홉스 주권 개념의 형식주의에 대한 비판적 관점을 분명히 한 바 있다. 하지만 『신학정치론』에서는 역량에 대한 존재론적 규정과 자연권에 대한 규정 사이의 체계적 연관성이 분명히 해명되지 않고 있는 데 반해, 위의 구절에서는 이를 연역적으로 체계화하고 있다. 따라서 이처럼 자연 전체의 역량이 신의 역량과 다르지 않고 인간을 포함하는 각각의 자연적 권리가 그가 보유하고 있는 자연적 역량에 따라 규정된다면, 대중들이 한 사회, 한 국가의 통치의 권리를 규정하는 것은 매우 자연스러운 논리적 귀결이다.

2 | 스피노자 철학에서 상상의 문제

스피노자 정치철학의 기본 요소들에 대한 설명은 이 정도로 하고, 이제 이 글의 논제로 나아가보자. 스피노자 정치철학이 근대 정치사상의 이런저런 사조로 쉽게 분류되지 않는다는 점은 다수의 연구자들이 공통적으로 지적하고 있는 점이다.[7] 스피노자의 정치철학은 고전적인 사회계약론과 거리가 멀고, 그렇다고 해서 고전 공화주의와 쉽게 동화될 수 있는 것도 아니며, 루소 이후의 인민 민주주의의 계보와도 잘 섞이지 못한다. 따라서 안토니오 네그리가 스피노자의 철학을 "야생의 별종"(anomalia selvaggia, savage anomaly)이라고 불렀던 것은,[8] 얼마간의 유보를 덜어낸다면, 탁월한 통찰이라고 평가할 수 있다.

스피노자 정치철학의 이러한 독특성은, 최근에 이르기까지 스피노자가, 가령 홉스나 로크, 루소 또는 마키아벨리나 몽테스키외 같은 이들과 달리 정치사상사 연구에서 거의 주목받지 못한 이유의 일부를 설명해준다. 역으로 이는, 흔히 '탈근대성'이라고 불리는, 역사적·정치적·지적 전환으로 특징지어지는 우리 시대에 스피노자 정치철학이 다양한 방식으로 각광받고 있는 배경을 짐작할 수 있게 해준다. 요컨대 스피노자 철학, 특히 그의 정치철학이 근대 주류 사상에서 널리 주목받거나 제대로 평가받지 못했다면, 그것은 오히려 스피노자 정치철학이 근대성의 정치철학적 틀로는 제대로 이해되거나 평가될 수 없는 급진적 잠재력 내지 역량을 지니고 있기 때문이라고 생각해볼 수 있는 것이다.

스피노자 정치철학을 현대적으로 재해석 또는 재창조하려는 대표적인 시도들은 잘 알려져 있다. 마르크스주의를 재해석하기 위해 스피노자 철학을 암묵적이지만 매우 면밀하게 활용했던 루이 알튀세르의 작업이나 스피노자와 빌헬름 라이히의 질문(대중은 왜 자기 자신의 예속을 욕망하는가?)에서 출발하여 일종의 욕망의 역사유물론을 구성하려고 했던 질 들뢰즈와 펠릭스 가타리의 시도는 현대 스피노자주의의 기원을 이루고 있다. 이들의 뒤를 이어 안토니오 네그리와 에티엔 발리바르는 각각 독자적인 방식으로 "다중"(multitude) 또는 "대중들"(masses)이라는 개념(이 두 개념은 스피노자의 물티투도multitudo 개념을 현대적으로 재발명하려는 시도다)에 입각하여 스피노자주의적인 정치철학을 전개한 바 있다.[9] 아울러 지성사가 조너선 이스라엘(Jonathan Israel)은 서양 근대 사상의 주류 전통을 "온건한 계몽주의"(moderate enlightenment)로 규정하면서, 이러한 전통에 대한 급진적 대안을 이루는 "급진 계몽주의"(radical enlightenment)의 사상적 모체를 스피노자 철학에서 발견한 바 있다.[10] 이외에도 스피노자주의 페미니즘을 구성하려는 작업, 정서(affectus, affect)의 정치경제학 비판의 시도 등과 같이 독창적인 작업들이 전개되고 있다.

이런 측면에서 이 글에서는 스피노자의 정치적 상상계 이론의 의미를 살펴보고자 한다. 스피노자는 보통 서양 대륙 합리론의 대표적인 철학자 중 한 사람으로 간주되며, 또한 독일 관념론에서 스피노자 수용 이래 범신론자 중 한 명으로 알려져 왔다. 이러한 전통적인 스피노자 해석에서 정당하게 평가받지 못했던 스피노자 철학의 본질적인 구성소 중 하나가 상상이론이다. 합리주의적 해석의 프리즘으로 보면 상상은, 부적합한 인식으로서 1종의 인식을 지칭하는 개념이며, 따라서 극복되고 폐기되어야 하는 초보적인 인식의 활동으로만 나타난다. 또한 범신론적 해석의 시각에서 보면, 상상은 스피노자 철학에는 주체의 능동성 내지 자유의 가능성이 부재하다는 헤겔의 비판의 타당성을 보여주는 개념일 것이다.

반면 스피노자 철학의 복잡성 내지 이론적 매력 중 하나는, 스피노자가 한편으로 동시대의 다른 어떤 철학자들보다 더 철저하게 합리성의 영역을 확장하려고 시도하면서 동시에 다른 한편으로는 사변적 이성의 무력함을 누구보다 더 날카롭게 드러냈다는 데서 찾을 수 있다. 이성의 무력함은, 욕망 따라서 상상이 비단 인식의 가능성의 조건을 이룰 뿐만 아니라 인간의 삶 자체의, 자연과 구별되는 **인간적 삶 자체**의 가능 조건을 이룬다는 데서 비롯한다. 이성 내지 지성은 상상 및 욕망의 한계를 넘어서려고 하지만, 자신이 극복하거나 심지어 폐기하려고 하는 상상 및 욕망이 다름 아닌 자신의 존재 조건을 이룬다는 사실에 대한 맹목이 곧 이성의 무력함의 진실인 셈이다. 따라서 스피노자 철학에서 상상 내지 상상계의 지위는 겉으로 드러나는 것보다 훨씬 더 근본적이라고 할 수 있다. 정치라고 하는 것은 공동체의 형성 가능성을 전제하는데, 상상 없이는 공동체라는 것이 불가능하다는 바로 그 이유 때문에, 스피노자 정치철학에서 상상의 문제는 근본적인 중요성을 지니고 있는 것이다.

스피노자에서 상상계의 위상 및 역할을 해명하기 위한 가장 좋은 출발점은 『윤리학』 1부의 「부록」이다. 이 텍스트는 스피노자의 "존재론"이 전개된 1부의 내용을 요약하면서 유대-기독교 신학의 중추를 이루는 인격신 관념과 목적론을 비판하고, 이러한 "편견들"이 바로 인간의 자유라는 가상에 기초를 두고 있음을 지적하고 있으며, 이는 『윤리학』 2부~5부에서 제시되는 스피노자의 인간학을 위한 이론적 실마리가 된다. 따라서 일부의 연구자들을 제외하고는 이 텍스트를 별로 중요하게 간주하지 않았지만,[11] 우리가 스피노자의 인간학, 특히 그의 상상이론을 정확히 살펴보기 위해서는 반드시 탐구해봐야 할 중요한 내용이다.

이 텍스트의 중요성에 대해 처음으로 주목한 사람이 바로 루이 알튀세르였다. 그는 1974년에 출간된 『자기비판의 요소들』에서 60년대 수행된 자신의 이론적 작업이 스피노자 철학에 준거하고 있었음을 고백하면서 자신이 스피노자의 철학을 어떻게 활용했는지 구체적으로 보여주기 위해 몇 가지 사례를 들고 있는데, 그중 하나가 바로 『윤리학』 1부 「부록」 및 『신학정치론』이다.[12] 특히 그가 「이데올로기와 이데올로기 국가장치들」(1970) 논문에서 전개한 이데올로기론은 『윤리학』 1부 「부록」에 서술된 상상이론에 근거를 두고 있다. 그는 1부 「부록」의 상상이론의 요점을 세 가지로 제시한다. "그것은 이데올로기의 세 가지 특징을 담고 있다. (1) 이데올로기의 상상적 "실재성" (2) 이데올로기의 내적 **전도** (3) 이데올로기의 "중심", 곧 주체의 가상."[13] 이 세 가지 논점은 『윤리학』 1부 「부록」과 『신학정치론』을 분석하기 위한 좋은 지침을 제시해주며, 「이데올로기와 이데올로기 국가장치들」이 스피노자의 상상이론과 어떻게 이론적으로 연관되어 있는지 좀 더 정확히 이해할 수 있게 해준다. 알튀세르가 지적한 세 가지 논점을 실마리로 삼아 우리는 스피노자가 상상계의 가상성을 어떻게 설명하고 있는지 살펴보고자 한다. (1) 목적론의 발생 원인 (2) 목적론의 상상적 모체 (3) 목적론에서 미신으로 (4) 상상의 가상성의 뿌리가 그것이다.

3 | 목적론의 발생 원인: 욕구의 원인에 대한 무지와 욕구에 대한 의식

『윤리학』 1부 「부록」의 중심적인 주제는 목적론에 대한 비판이다. 사실 근대 과학혁명의 핵심 목표 중 하나는 자연 현상의 설명에서 목적인(을 비롯한 형상인, 질료인)을 몰아내고 작용인을 유일한 인과성 모델로 채택하는 데 있었다는 점을 고려하면, 목적론에 대한 비판은 그다지 특이한 주제라고 할 수는 없다. 하지만 17세기 철학에서 목적론에 대한 비판을 자연 현상의 영역에 국한시키지 않고, 인간학과 종교, 정치학의 영역에까지 체계적으로 전개시킨 사람은 홉스와 스피노자가 거의 유일하다고 할 수 있다. 더욱이 목적론에 대한 비판을 **상상이론의 관점**에서 수행한 사람은 스피노자 혼자뿐이다. 따라서 『윤리학』 1부 「부록」에서 나타나는 목적론에 대한 비판은 스피노자의 상상이론을 파악하기 위한 첩경 중 하나라고 할 수 있다.

스피노자는 먼저 목적론이 모든 편견의 뿌리를 이루고 있음을 지적한다.

> 그리고 내가 여기서 밝혀보려고 하는 모든 편견은 오직 다음과 같은 점에서 생겨난다. 곧 사람들은 모든 자연 실재들이, 그들과 마찬가지로, 어떤 목적으로 인해 행위한다고 공통적으로 가정하며, 신 자신이 어떤 일정한 목적을 위해 모든 것을 인도한다고 굳게 믿는다. **왜냐하면 사람들은 신이 인간을 위해 모든 것을 만들었으며, 자신을 숭배하게 하기 위해 인간을 만들었다고 믿기 때문이다**(deum omnia propter hominem fecisse, hominem autem, ut ipsum coleret).(E I App.; G II 78—강조는 인용자)

여기서 목적론은 정신분석학의 용어를 사용하자면 상상적 투사(投射, projection)의 형태를 띠고 있다. 스피노자는 사람들이 어떤 목적을 위해 행위한다는 것을 본성적인 사실로, 그 자체로는 해로울 것이 없는 자연적 사실로 간주한다. 문제는 사람들이 인간에 고유한(또는 특정한 생물들에게 고유한) 목적 지향적 행위 방식을 다른 모든 자연 실재들에게도 그대로 적용한다는 점이다. 하지만 자연 실재들은 어떤 목적에 따라 운동하지 않으며 관성 원리에 따라 작용하고 반작용할 뿐이다. 따라서 스피노자의 인과이론에 따를 경우 자연에는 작용인(물론 동역학적 관점에서 파악된)만이 작용하고 있을 뿐 목적인이란 존재할 수 없으며, 자연 실재들에 대해 이를 가정하는 것은 인간의 행위 방식을 자연에 투사하는 것에 불과하다. 그리고 이러한 투사가 신에게 적용될 때, 목적론은 완결된 형태를 띠게 된다. 왜냐하면 모든 자연 실재들이 어떤 목적에 따라 행위한다면, 자연 전체를 목적론적 관점에 따라 계획하고 질서지은 어떤 존재자, 초월적이고 인격적인 존재자가 있어야 하기 때문이다. 따라서 자연에 대한 목적론은 필연적으로 목적론적 질서의 주재자인 어떤 신을 가정할 수밖에 없다.

하지만 스피노자는 여기서 그치지 않는다. 이처럼 신이 목적론적으로 행위한다는 가정의 밑바탕에는 좀 더 근본적인 상상적 투사가 존재한다. 그것은 바로 **신과 인간의 특별한 상호 의존 관계**에 관한 투사다. 위 인용문에서 강조한 부분에서 드러나듯이 이러한 상호 의존 관계는 이중적인 형태를 띠고 있다. 첫째는 "신이 인간을 위해 모든 것을 만들었다"는 점이다. 신은 모든 피조물 가운데 인간을 특별히 총애하며, 인간을 위해 모든 것, 모든 자연 실재들을 창조했다. 이는 곧 신이 인간에게 자연 만물을 자신의 수단으로, 자신을 보존하기 위한 수단으로 사용할 수 있는 권리를 부여했음을 의미한다.

> 나아가 그들은 (…) 모든 자연물을 자신들의 이익을 위한 수단으로

> 간주하게 된다. 그리고 그들은 이러한 수단들을 자기 스스로 마련한 것이 아니라 발견했다는 것을 알고 있기 때문에, 그들이 이것들을 사용하도록 마련해준 다른 누군가가 존재했다고 믿을 만한 이유를 갖게 되었다. 왜냐하면 사물들을 수단으로 간주하게 된 이후 그들은 더 이상 사물들이 스스로 만들어진다는 것을 믿을 수 없게 되었기 때문이다.(E I App.; G II 78)

그러나 그렇다면 왜 신은 이처럼 인간을 총애하는가? 무엇 때문에 인간에게 이러한 특권, 인간이 모든 것을 자신의 수단으로 사용할 수 있는 특권을 부여했는가? 그 이유는 바로 두 번째 의존 관계를 통해 해명된다. 그것은 인간이 "자신을 숭배하게 하기 위해서"다. 다시 말해 신은 인간으로부터 숭배를 받기 위해 인간을 위해 자연 만물을 창조했으며, 또 인간에게 그것들을 수단으로 사용할 수 있는 권리를 부여했다. 여기서 당연히 다음과 같은 의문이 들게 된다. 그러나 왜 신이 인간의 숭배, 인간의 공경을 필요로 하는 것일까? 왜 무한한 신이, 지고하게 완전한 신이 유한하고 불완전한 인간의 숭배, 인간의 도움을 필요로 하는 것일까? 스피노자는 『윤리학』 1부 「부록」에서 이 질문에 답변하지 않을 뿐만 아니라, 아예 질문 자체를 제기하지 않는다. 왜냐하면 스피노자는 그 이전에 목적론 자체를 가상으로 간주하고 있으며, 따라서 이 목적론을 타당한 것으로 전제했을 때에만 의미 있게 주고받을 수 있는 이러한 질문과 답변을 불필요한 것으로, 신학자들의 가상, 심지어 "착란"(delirare)에 불과한 것으로 가정하고 있기 때문이다.[14]

그 대신 그는 **관점을 바꿔서** 목적론적 가상을 낳게 만든 원인이 무엇인지 질문하고 있으며, 이런 관점에서 신과 인간의 특별한 상호 의존 관계를 설명한다. 이를 위해 먼저 스피노자는 목적론을 낳는 본질적인 인간학적 특성을 지적한다.

> 여기에서는 모든 사람이 인정해야 하는 것, 곧 모든 인간은 실재의 원인에 대해 모르고서 태어난다는 것, 그리고 모든 인간은 자신의 이익을 추구하려는 욕구(appetitio)를 지니고 있으며 이러한 욕구를 의식한다는 것을 기초로 삼는 것으로 충분하다.(E I App.; G II 78)

스피노자의 논점은 두 가지다. 하나는 인간은 실재의 원인에 대해 모르고 태어난다는 것, 따라서 인간에게는 본유 관념과 같은 것은 존재하지 않는다는 점이며, 다른 하나는 인간은 본성적으로 자신의 이익을 추구하려는 욕구를 지니고 있고, 또 이러한 욕구를 의식하고 있다는 점이다. 사실 첫 번째 논점은 상상 개념 자체에서 따라 나오는 것이다. 왜냐하면 스피노자에게 모든 인식은 항상 신체의 변용의 질서와 연관을 통해서 이루어지며, 단지 외부 실재만이 아니라 인간 자신의 신체 및 정신까지도 이러한 변용의 질서와 연관에 의해 가능하기 때문이다(2부 정리 19와 정리 23 참조). 그런데 이러한 신체의 변용의 질서와 연관은 고정된 것이 아니라 신체의 적성(aptus)의 정도에 따라 달라질 수밖에 없으며(2부 정리 14), 신체의 변용들을 인식하는 정신의 적성도 그에 따라 변화한다. 하지만 스피노자에게 아이 또는 유년 시절은 신체적으로나 정신적으로 매우 취약한 상태를 가리키기 때문에,[15] 인간이 탄생의 시점에 가까이 있으면 있을수록 인간의 신체적, 정신적 능력은 취약할 수밖에 없다. 따라서 본유관념 같은 것은 생각할 수 없으며, 인간은 "실재의 원인에 대해 모르고서 태어난다"고 할 수 있다.[16] 반대로 스피노자에게 인간의 본질은 욕구 또는 욕망이기 때문에(E III P9s), 인간은 무지한 채로 태어나지만 본성적으로 어떤 욕구를 지니고 있으며, 또 이 욕구를 의식하고 있다. 그러므로 인간의 인간학적 조건에서 비롯한 이 양자의 괴리가 좁혀지지 않는 상태에서는(이는 인간이 신체적, 정신적 능력을 향상시킴으로써만 가능하다) 인간은 목적론적 가상에 사로잡힐 수밖에 없고, 이를 자연 현상들에 대해 투사할 수밖에 없다. 이런 의미에서 목적론적 가상을 비롯한 인간의 모든 가상은 한편으로 **원인에 대한 무지**와 다른 한편으로 **결과(욕구)에 대한 의식**의 괴리에서 유래한다고 할 수 있다.

4 | 목적론의 상상적 모체

스피노자가 이러한 목적론의 근본 원인에서 이끌어내고 있는 두 가지 결과는 그의 논점을 좀 더 정확히 파악할 수 있게 해준다.

> 왜냐하면 이로부터 다음과 같은 점들이 따라 나오기 때문이다. 첫째, 인간은 자신이 자유롭다고 여긴다. 사람들은 자신들의 의지작용(volitio)과 욕구는 의식하지만, 그들로 하여금 욕구나 의지작용에

사로잡히게 만든 원인은 모르기 때문에 그것에 관해서는 꿈에서도 생각하지 않기 때문이다. 둘째, 인간은 목적을 위하여, 곧 그들이 욕구하는 이익을 위하여 행동한다. 그러므로 인간은 성취된 것에 관하여 항상 목적인만을 알려고 하며, 그것을 듣게 되면 그것으로 만족한다. 왜냐하면 그것을 의심해야 할 그 이상의 이유가 없기 때문이다.(E I App.; G II 78)

이 두 가지 결과는 상호 긴밀하게 연결되어 있다. 스피노자는 우선 인간이 자신을 자유롭게 여기는 것을 원인에 대한 무지와 욕구에 대한 의식 사이의 괴리에서 생겨난 첫 번째 결과로 제시하고 있다. 왜 첫 번째로 이런 가상이 생겨날까? 그것은 바로 인간의 무지는 무엇보다도 **인간 자신의 본성에 대한 무지**와 결부되어 있기 때문이다. 곧 인간은 자신이 끊임없이 무언가를 욕구하고 있다는 것을 의식하고 있지만, 이러한 욕구, 그리고 이 욕구를 충족시키려는 자신의 행동이 원인들에 따라 규정되어 있다는 것을 알지 못하는 것이다. 따라서 이러한 욕구는 원인 없는 자연적인 것, 자명한 것으로 간주되며, 이러한 욕구 충족을 위한 노력, 곧 사고와 행위 등은 모두 주체 자신의 자유로운 의지에 따라 이루어지는 것으로 간주된다(또는 의식된다).

여기서 프로이트의 이론을 잠깐 상기해본다면, 스피노자의 논점이 훨씬 분명히 이해될 수 있을 것이다.[17] 프로이트에 따르면 인간의 사고를 지배하는 것은 우리의 의식이나 합리적인 동기 등이 아니라 겉보기에는 매우 사소하고 비합리적으로 보이는 것(꿈, 말실수,

백일몽, 농담 등), 게다가 인간이 수치스러워하고 감추려고 하는 것(성욕)을 통해서만 우리에게 드러나는 무의식적인 욕망이다. 이러한 욕망은 우리의 사고를 지배하기는 하지만 대부분 우리에게 의식되지 않으며, 또 의식된다고 하더라도 무의식 과정에서 이루어지는 검열을 피하기 위해 교묘하게 변형된 형태(프로이트가 "응축"Verdichtung과 "전위"Vershiebung라고 부르는 메커니즘을 통해)도, 일그러진 상징적인 형태로 드러나게 된다. 『꿈의 해석』에서 "꿈의 작업"(Traumarbeit)이라고 부르는 것이 바로 이것이다.[18]

따라서 사람들은 일상생활에서 자신의 사고와 행동이 무의식에 따라, 어떤 무의식적 욕망에 따라 규정되고 있다는 것을 **알지 못하며**, 다만 그러한 원인의 규정에 따라 나타난 **결과만을 의식하게 된다**. 이런 경우 그 사람은 자신이 자신의 의지에 따라 어떤 목적을 이루기 위해 자유롭게 행동하고 있다고 생각하지만, 사실 그 사람의 행위를 규정하고 있는 것은 좀 더 심층적인 무의식적인 욕망이다.

그러므로 (프로이트의 경우와 마찬가지로) 스피노자에게도 자신이 자유롭다고 "여기는"(opinentur) 것은 자신이 인과 관계로부터 독립해 있다고 생각한다는 것, 곧 "국가 속의 국가"(E III prf.)를 이룬다고 생각한다는 것을 의미한다. 그들은 자신이 어떤 것을 욕구하고 의지할 때, 이를 자신의 자발적인 의지에 따른 행위로 간주할 뿐 자신의 욕구와 의지를 규정하고 있는 원인에 대해서는 전혀 생각하지 않는 것이다. 이처럼 자신이 자유로운 존재이고 자신의 행위의 중심, 주도자라고 생각하게 되면, 자신이 욕구하고 의지하는 것, 자신이 설정하는 목적이 바로 모든 행동의 원리이자 원인이라고 간주하게 된다. 그리고 원인에 무지한 상태에서 인간의 유일한 관심사는 자신이 직접 의식하고 있는 욕구를 충족시키는 것이 된다. 그리하여 인간은 자신의 욕구를 충족시키기 위해 행동하며, 이를 충족시킬 수 있는 것은 모두 유익한 수단으로 간주한다. "나아가 그들은 자신들의 이익을 추구하는 데 많은 도움을 주는 많은 수단들, 예컨대 보기 위한 눈, 씹기 위한 이, 영양 섭취를 위한 식물과 동물, 빛을 비춰주는 태양, 물고기를 길러내는 바다 등과 같은 것을 자신들의 안팎에서 발견하기 때문에, 모든 자연물을 자신들의 이익을 위한 수단으로 간주하게 된다."(G II 78)[19]

그런데 사람들은 이러한 자연물들은 **인간 자신이 만들어낸 것이 아니라는 점**을 잘 알고 있다. 그러므로 이것들은 그들이 아닌 다른 존재자가 만들어냈음이 틀림없는데, 그럼에도 이 자연물들은 인간의 목적, 곧 인간의 욕구를 그처럼 잘 충족시켜준다! 따라서 그들은 이것들을 만들어낸 존재자가 그들에게 특별한 호의와 애정을 가지고 있다고 믿게 된다.

> 오히려 그들은 그들이 스스로 마련하곤 하는 수단들을 통해, 인간의 자유를 지니고 있는(humana prarditos libertate) 하나 또는 여럿의 자연의 지배자가 존재하여 그 또는 그들이 인간들을 위해 모든 것을 배려하며 인간들이 사용할 수 있도록 모든 것을 만들었다고 결론 내리지 않으면 안 되었다. 또한 그들은 이러한 지배자의 기질에 관하여 전혀 듣지 못했기 때문에 자신들의 기질에 따라 그것을 판단하지 않으면 안 되었다. 따라서 그들은 신들이 인간들을 자신들에

게 가까이 두고 그들로부터 최고의 숭배를 받기 위해 이 모든 것을 인간이 사용하도록 해놓았다고 여기게 되었다.(G II 79)

이렇게 해서 인간의 자유에 대한 가상에서 출발하여 자유롭게 자연만물을 주재하는 신(또는 신들)이라는 가상, 인간을 위해 자연만물을 배려하고 만들어놓은 신이라는 가상에 도달했으며, 따라서 신과 인간의 특별한 상호 의존 관계에 대한 설명의 원이 완성된 셈이다.

이러한 설명의 핵은 인간의 상상적 투사에서 찾을 수 있다. 투사는 3중적으로 이루어진다. 먼저 **자유의 가상의 투사**가 있다. 여기에서는 신 역시 인간처럼 "자유를 지니고 있는" 존재자로 간주된다. 왜냐하면 신은 그렇게 할 필요가 없었는데도 자신의 의지에 따라 자유롭게 인간을 위해 자연물들을 마련해놓았기 때문이다.[20] 그다음 **목적론적 가상의 투사**가 있다. 신은 인간과 마찬가지로 어떤 목적을 위해 행동하는 것으로 이해된다. 곧 신이 이처럼 인간을 위해 자연만물을 마련해놓은 것은 그가 인간과 마찬가지로 어떤 목적을 추구하고 있기 때문이다. 그렇다면 그 이유, 그 목적은 어떤 것인가? 이는 **기질의 투사**를 통해 답변된다. 스피노자에 따르면 신들이 인간을 위해 모든 것을 배려하고 만들어놓은 것은 인간들을 자신들에게 가까이 두고 그들로부터 최고의 숭배를 받기 위해서다. 신은 인간들에게 존경과 사랑, 그리고 숭배를 받기 위해 자연만물을 오직 인간을 위해 배치하고 마련해놓은 것이다. 또 반대로 만약 인간이 신의 이러한 의도 내지 목적에 거역하여 신을 제대로 숭배하고 공경하지 않을 경우에는 신은 분노하고 여러 가지 해로운 것들을 만

듦으로써 인간에게 벌을 내린다. "자연이 제공하는 수많은 이로운 것들 중에서 그들은 태풍, 지진, 질병 등과 같은 여러 불리한 것들을 발견할 수밖에 없었으며, 그들은 이런 일이 일어나게 된 이유는 인간들이 범하는 불경한 짓으로 인해, 곧 신에 대한 숭배에 관하여 범해지는 죄악으로 인해 신들이 분노하게 되었기 때문이라고 주장한다."(G II 79) 왜 이것이 기질의 투사일까? 그것은 신의 이러한 행동방식이 인간이 다른 인간의 존경과 사랑, 숭배를 받기 위해 하는 것과 똑같은 방식이며, 또 다른 사람들, 특히 자기가 사랑하고 관심을 기울이는 사람들이 자신을 똑같이 사랑하거나 자신에게 관심을 기울이지 않을 때, 또는 자기 이외의 다른 사람들을 사랑할 때, 사람들이 다른 사람들에게 분노하고 질투하며 징벌의 시도를 내리는 것과 똑같은 방식이기 때문이다. 신은 마치 인간과 사랑에 빠진 것처럼, 또는 정서 모방(affectuum imitatio)의 논리에 빠진 것처럼 행동한다.[21]

5 | 목적론에서 미신으로

이처럼 투사의 논리에 따라 인간의 자유의 가상과 인격신의 지배의 가상 사이에 이중적인 거울 구조[22]가 성립하는 것으로 목적론에 대한, 상상의 가상성에 대한 설명이 모두 끝난 것일까? 스피노자는 여기서 더 나아가 이러한 목적론적 가상이 산출하는 윤리적, 정치적 결과, 곧 **인간학적 소외와 이것의 정치적 지배로의 전환**을 지적하고 있다. 이것은 두 가지로 집약될 수 있다.

① 미신

우선 미신이 존재한다. 사실 인간과 신 사이의 상상적인 상호 의존 관계가 성립하게 되면, 이제 더 이상 문제는 인간의 인간학적 본성에서 유래하는 목적론적 "편견"(praejudicia)이 아니라 **하나의 제도로서 미신**이다.

> 따라서 사람들 각자는 신이 다른 누구보다 자신을 더 사랑하게 하기 위해, 그리고 그들의 맹목적인 욕망과 채워질 줄 모르는 탐욕을 위해 자연 전체를 인도하게 만들기 위해 자신의 기질에 따라 신을 숭배하는 상이한 방식을 만들어냈다(diversos Deum colendi modos ex suo ingenio excogitaverit). 이로써 **이러한 편견은 미신으로 변화되었고**, 사람들의 마음에 깊이 뿌리내리게 되었다. 각각의 인간들이 만물의 목적인을 이해하고, 또 설명하려고 그처럼 열심히 노력한 이유는 바로 이것이다.(G II 79—강조는 인용자)

단순한 목적론적 편견과 미신을 구분 짓는 특징은 미신이 "신을 숭배하는 방식"이라는 점에서 찾을 수 있다. 곧 목적론적 편견은 각각의 개인들이 자연을 목적론적으로 상상하고 자신의 사고방식과 행동방식을 자연에 투사하는 것이라면, 미신은 이러한 개인적인 편견을 "의례들"(caeremoniae)로 제도화한다. "의례"라는 용어는 『윤리학』 1부 「부록」에는 나오지 않지만, 『신학정치론』에는 자주 등장하고 있다. 특히 『신학정치론』 5장은 이러한 의미의 의례에 관해 체계적으로 고찰한다. 이에 따르면 의례는 "신체의 일시적인 복락과 국가의 평온[23]에만 관련되며(solam corporis temporaneam foelicitatem et imperii tranquilitatem respicere) (…) 계시나 계시된 원리에 의거하여 제도화"(TTP V 1; 모로판 p. 208)된다. 이런 의미에서 의례는 "마음의 평정 및 각자의 진정한 지복과 관련되는 도덕적 가르침"(TTP V 3; 모로판 p. 212), 곧 "신의 법"(lex Dei)과 대비된다. 그러므로 스피노자가 "각자의 기질에 따라 신을 경배하는 상이한 방식을 고안해내게 되었다"라고 말할 때, "각자의 기질"은 반드시 각 개인의 기질로 이해될 필요는 없다. 왜냐하면 스피노자에게 "기질"(ingenium)은 각각의 개인에게만 존재하는 게 아니라, 우중이나 개별 민족 등에게도 존재하기 때문이다.[24] 따라서 이처럼 의례들로 제도화된 미신은 각각의 개인들만이 아니라 한 민족 전체(예컨대 히브리인) 또는 대중들 일반의 목적론적 가상을 정착시키고 강화하는 기능을 맡게 된다.

미신의 또 다른 특징은 사람들의 **자발적 예속**에 기초를 두고 있고, 또 이러한 자발적 예속을 강화하는 경향이 있다는 점이다. 사람들은 신에게 사랑받기 위해, 자연 현상에서 신의 흔적과 권능을 발견하기 위해 "그토록 열심히 노력"을 기울인다. 왜 이러한 열성이 존재하는 것일까? 이는 그 자신이 추구하는 궁극적 목적, 곧 "맹목적인 욕망과 채워질 줄 모르는 탐욕을" 채우기 위해서다. 왜냐하면 인간의 욕구 충족을 위해서는 자연만물이 필요한데, 신이 이 자연 전체를 어떤 목적을 위해서 주재하고 있고 그 목적은 인간들로부터 숭배와 사랑을 받는 데 있다면, 인간이 자신의 욕구를 좀 더 잘 충족시키기 위해서는 무엇보다도 신의 총애를 받는 것이 필요하기 때문이다. 이는 또한 공포의 형태를 띨 수도 있다. 왜냐하면 초월적인 존재자인 신은 만물을 주재하고 인간이 자신을 경배하고 사랑하는지 감시하면서, 신의 뜻을 거역하고 경배를 제대로 수행하지 않을 경우 인간을 징벌하기 때문이다. 이는 바로 인간이 자신의 욕구를 충족시키지 못한다는 것, 특히 욕구 중에서도 가장 원초적인 욕구인 자기보존의 욕구를 충족시키지 못한다는 것을 의미한다.[25] 따라서 사람들은 단순한 가상이나 기만 때문이 아니라 더욱더 자신의 욕구를 잘 충족시키기 위해 미신에 빠져들고, 이러한 미신은 사람들의 마음속에 가상을 더욱 굳건히 뿌리내리게 만든다. 이처럼 미신이 사람들의 자발적 예속에 뿌리를 두고 있기 때문에, 미신은 지배의 좋은 도구가 되며 전제정치의 온상이 된다. 따라서 『윤리학』 1부 「부록」의 미신에 대한 분석은 『신학정치론』 「서문」과 논리적으로 연결되어 있다.

② 전제정치

스피노자는 이 「서문」에서 자신이 『신학정치론』을 서술하게 된 이론적·실천적 동기를 밝히면서 매우 주목할 만한 인간 경험의 일반이론을 제시하고 있으며,[26] 이와 관련하여 미신의 원인과 그것이 낳는 종교적·정치적 폐해에 관해 지적하고 있다. 스피노자에 따르면 사람들은 대부분의 삶의 시간 동안 "운이 가져다주는 불확실한 이익(incerta fortunae bona) 때문에 무절제하게 욕망하고, 희망과 공포 사이에서 비참하게 동요한다."(TTP prf., 1; 모로판 p. 56) 사람들이 이 사실을 모르는 것은 아니다. 다만 그들은 자신들에 대해 모를 뿐이다. "나는 누구도 이를 모르리라고는 생각지 않는다. 내가 믿기로는 비록 사람들 대부분은 자기 자신에 대해 무지하지만 말이다(Atque haec neminem ignorare existimo, quamvis plerosque se ipsos ignorare credam)."(TTP prf., 2; 모로판 p. 56)

> 그리하여 우리는 특히, 온갖 종류의 미신에 가장 심하게 사로잡혀 있는 사람들은 불확실한 이익을 무절제하게 욕망하는 사람들(qui incerta sine modo cupiunt)이라는 것을 보게 된다.(TTP prf., 3, 모로판 p. 58)

따라서 비록 여기서는 『윤리학』에 등장하지 않는 중요한 개념, 곧 운이라는 개념이 인간의 경험을 해명하는 기초로 활용되고 있지만, 『윤리학』과 마찬가지로 미신의 인간학적 뿌리는 사람들의 자기 자신에 대한 무지와 "무절제한 욕망"에 있는 것으로 간주되고 있다.

하지만 『신학정치론』은 여기서 더 나아가 사람들의 무절제한 욕망에 기초를 두고 제도화된 미신이 어떻게 전제정치의 도구가 되는지, 어떻게 사람들의 본성을 도착적으로 전도시키는지 해명하려고 시도한다. 그런데 전제정치의 지배는 미신만으로는 충분히 해명되지 않는다는 점이 드러난다. 이는 사람들 일반, 특히 우중(愚衆, vulgus)에 특유한 불안정성 때문이다. 스피노자는 "우중에게 가장 강력한 지배자는 미신이다"라는 퀸투스 쿠르티우스의 말을 인용하면서, 우중 특유의 불안정성이 무엇인지 지적한다. 사람들은 각자 다양한 기질을 가지고 있고, 이에 따라 모두 다양한 견해를 지니고 있기 때문에, 이성이 아니고서는 "하나의 동일한 종류의 의견"을 따르기가 어렵다. 따라서 우중은 "계속해서 똑같은 비참함의 수준에 머물러 있어서, 결코 오래 만족하는 법이 없고 새롭고 아직 망상이라고 입증되지 않은 것에 가장 기꺼워할 뿐이다."(TTP prf., 5; 모로판 p. 60) 그리하여 우중은 그들이 신처럼 떠받들던 통치자들에게도 어느 날 갑자기 저주를 퍼붓고 인류의 공통의 적이라고 비난하곤 하며, 이는 결국 격심한 소요와 전쟁의 원인이 되기 마련이다.[27]

따라서 미신만으로는 아직 완전한 예속이 확립되지 않는다. 왜냐하면 미신은 정서들의 모방에 기초를 둔 상상적 투사 위에서 우중들 내지 대중들의 **자발적인** 예속, 곧 **상상적인** 경배와 헌신에 의해 성립하지만, **정념의 동요**는 바로 이러한 상상적 지주 자체를 동요시킬 수 있기 때문이다. 그러므로 안정적인 예속과 지배를 확립하기 위해서는 상상적 지주를 보완해줄 수 있는 규율의 체계가 필요하다. 스피노자가 『신학정치론』 「서문」에서 지적하고 있는 것이 바로 이 점이다. 스피노자는 특히 투르크인들이 이런 노력에서 놀랄 만한 성공을 거두었다고 평가한다.

> 이런 일에서 투르크인들은 가장 탁월한 성공을 거두었다. 그들은 심지어 종교적인 논의조차 불경한 것으로 간주하고, 각자의 판단을 수많은 편견들[곧 종교 교리들—인용자]로 채워서 정신 안에 건전한 이성은 물론이고 조금의 의심을 품을 여지도 남겨두지 않았다.(TTP prf., 6; 모로판 p. 60)[28]

비록 이슬람교의 역사에 대한 스피노자의 무지 때문에 평가 자체의 타당성이 약화되기는 하지만, 이 사례는 스피노자가 가상의 완전한 지배라는 것은 가능하지 않으며, 적어도 (억압적인) 규율의 체계가 동반되지 않는다면 충분히 실현될 수 없다고 생각했음을 잘 보여준다. 따라서 『신학정치론』 「서문」의 유명한 구절, 곧 "군주정의 가장 큰 비밀(monarchici summum arcanum), 그 근본적인 이해관계는, 사람들을 기만의 상태 속에 묶어두고, 종교라는 허울 좋은 명목으로 (…) 공포를 은폐하여, 사람들이 마치 구원인 양 자기 자신들의 예속을 위해 싸우게 만들고, 한 사람의 영예를 위해 피를 흘리고 목숨을 바치는 것을 수치가 아니라 최고의 명예인 것처럼 간주하게 만드는 데 있다"(TTP prf. 7; 모로판 pp. 60-62)는 구절을 일방적으로 해석하지 않도록 주의해야 한다.[29] 왜냐하면 상상적 투사, 더 나아가 군주와의 상상적 동일시가 "전제정치의 가장 큰 비밀"로 제시되고 있지만, 이러한 상상적 동일시는 자동적으로, 또는 상상의 논리 자체만으로는 유지되고 재생산될 수 없기 때문이다.[30] 이는 다시 말하면 목적론적 편견과 미신을 중핵으로 하는 가상의 논리, 또는 가상의 메커니즘은 개인들 및 대중들의 욕망의 투여를 조건으로 하며, 이러한 욕망의 투여가 지속될 경우에만 유지되고 재생산될 수 있음을 의미한다. 곧 개인들과 대중들이 자발적으로 목적론적 편견을 받아들이고 미신에 따라 초월적인 신에게 경배를 드린다면, 이는 그들이 거기에서 자신들의 이익, 자신들의 욕구의 충족(또는 그것에 대한 희망)을 발견하기 때문이다. 스피노자에게 욕망은 항상 이미 가상의 논리, 가상의 메커니즘에 사로잡혀 있지만, 인간의 본질은 상상이 아니라 욕망인 것이다.

6 | 결론을 대신하여: 상상의 가상성의 뿌리—욕망의 애매성

이렇게 해서 우리는 다시 『윤리학』 1부 「부록」의 출발점으로 되돌아오게 된다. 앞서 본 것처럼 스피노자에게 모든 편견의 뿌리는 목적론에 있으며, 이러한 목적론은 인간이 자신의 욕망의 원인에 무지하지만 자신이 욕망하고 있다는 사실은 의식하고 있다는 점에, 따라서 원인에 대한 무지와 결과에 대한 의식 사이의 괴리에 근거를 두고 있다. 그런데 이는 우연히 발생하는 괴리이거나 인간들 중에서 특수한 부류들, 특히 우중에게만 나타나는 현상은 아니다. 스피노자는 『윤리학』 1부 「부록」과 『신학정치론』 「서문」에서 이러한 괴리, 따라서 여기서 생겨난 편견 및 미신적 성향이 "본성적"이라는 점을 계속해서 강조하고 있다.

> 왜 **모든 사람**은 (…) 본성적으로(omnes natura) 그것[편견]을 기꺼이 받아들이려는 성향을 가지고 있는지 (…)(E I app.; G II 78)

> 이로부터 **모든 사람**(omnes homines)은 본성상 미신에 사로잡혀 있다는 점이 명료하게 따라 나온다.(TTP prf., 5; 모로판, p. 60)

단지 우중만이 아니라 "모든" 사람들이 본성상 편견과 미신에 빠지기 쉬운 성향을 지니고 있다고 강조하는 것은 무엇을 의미하는가?

이는 첫째, 편견과 미신을 완전히 제거하는 것은 불가능하다는 것을 의미한다. 그것은 본성적인 것이기 때문이다. 사람은 본성적으로 자신의 행동을 목적론적으로 표상하고 판단하며, 이러한 인식에 따라 여러 가지 가상과 편견, 그리고 미신에 사로잡혀 살아간다. 『윤리학』 2부 정리 35의 주석이 언급하듯이 사람이 사람으로 존재하는 한 사람은 태양을 200걸음 떨어져 있는 것으로 표상/재현할 수밖에 없으며, 자연을 주재하고 사람들의 행동에 따라 기뻐하고 분노하며 상과 벌을 내리는 인격적인 신(또는 적어도 모종의 초인간적인 힘)이 존재한다고 상상할 수밖에 없다. 따라서 편견과 미신을 완전히 제거하는 것이 아니라(이는 상상을 완전히 제거할 경우에만 가능하다), 편견과 미신을 변형하고 개조하는 것이 윤리적 실천(스피노자에게 이는 종교적 실천, 곧 참된 종교의 확립과 분리될 수 없다)과 정치적 실천의 목표가 된다.

둘째, 이처럼 가상이 본성적이라는 것은 좀 더 근원적으로 말하면 스피노자에게 인간의 본질은 근본적으로 가상을 수반하고 있다는 것을 의미한다. 스피노자에게 인간의 본질은 욕구 또는 욕망이기 때문에, 이는 곧 인간에게 욕구는 **항상 가상적으로, 또는 적어도 상상적으로 의식되고 체험된다는 것**을 의미한다. 스피노자가 『윤리학』 3부에서 욕구와 욕망의 차이를 다음과 같이 제시하고 있는 것은 바로 이런 관점에서 이해할 수 있다.

이러한 노력(코나투스, conatus)이 정신에게만 관련될 때에는 의지라

> 불린다. 하지만 이것이 정신과 신체에 동시에 관련될 때에는 욕구(appetitus)라고 한다. 따라서 이것은 인간의 본질 자체와 다르지 않으며, 그 본성으로부터 필연적으로 인간의 보존을 증진할 수 있는 것들이 따라 나온다. 이에 따라 인간은 이것들을 하도록 규정된다. 그다음 욕구와 욕망(cupiditas) 사이에는, 일반적으로 욕망이 자신들의 욕구를 의식하는 한에서의 인간들과 관련된다는 점을 제외한다면 아무런 차이도 존재하지 않는다. 그리고 이 때문에 **욕망은 욕구에 대한 의식과 결합된 욕구**(cupiditas est appetitus cum ejusdem conscientia)라고 정의될 수 있다.(E III P9s)

하지만 그렇다면 이는 스피노자에게 의식은 항상 가상적이라는 의미인가? 한편으로는 그렇고, 다른 한편으로는 그렇지 않다. 그런 이유는, 자연적인 조건에서, 또는 수동적인 상태에서 사람들의 의식은 자기 자신에 대한 가상과 다르지 않기 때문이다. 다른 한편으로는 그렇지 않은데, 왜냐하면 『윤리학』 5부가 입증해주듯이 의식은 항상 가상으로 환원되는 것은 아니며, 3종의 인식에도 항상 수반되기 때문이다. 따라서 인간이 본성적으로 가상적 인식[31]에 사로잡혀 있고 편견과 미신에 빠지기 쉬운 경향을 지니고 있다면, 이는 인간의 욕망이 본성적으로 지니고 있는 가상성, 애매성 때문이라고 할 수 있다. 하지만 그렇다면, 이러한 가상을 바로잡는 것, 또는 이러한 가상을 "교정하는"(emendari) 것은 우리가 실재를 참되게 인식하는 것과 같은 것인가? 우리가 앞서 인용한 『윤리학』 2부 정리 35의 주석은 그렇지 않다는 것을 잘 보여준다. 더욱이 스피노자는 『윤리학』 4부 정리 7에서는 "하나의 정서는, 제어되어야 할 [이—인용자] 정서와 상반되며 더 강한 어떤 정서에 의해서만 제어되고 제거될 수 있다"고 말하고 있다.

따라서 욕망의 애매성은 인식의 합리성, 인식의 적합성과 결부되어 있기는 하지만 그와는 다른 고유한 차원을 지니고 있다. 이는 스피노자에게 특유한 윤리적, 정치적 과제를 제기한다. 상상이 인간 인식의 자연적 조건을 이루고, 더 나아가 인간의 생활세계를 형성한다면, 하지만 또한 상상은 바로 그 사실로 인해 인간에게 본성적으로 가상을 불러일으킨다면, 어떻게 인간은 이러한 가상에서 벗어날 수 있는가? 또는 좀 더 정확히 말한다면, 어떻게 이러한 상상의 자연성과 가상성을 분리시키고, 또한 욕망의 원인에 대한 무지에서 벗어날 수 있는가?[32] 이는 스피노자가 『윤리학』 전체에 걸쳐, 또는 어떤 의미에서는 『신학정치론』과 『정치론』을 포함한 그의 성숙기 저작 전체에 걸쳐 집요하게 제기하고 있는 질문이라고 할 수 있다.

VI

Immanuel Kant

6 이마누엘 칸트

주권자 권리에 따른 법적 자유와 공동가의 정치

정대훈

칸트(Immanuel Kant, 1724~1804)는 1724년 쾨니히스베르크에서 태어났다.[1] 쾨니히스베르크는 당시 프로이센 왕국 가운데서 베를린 다음으로 잘 알려진 도시였다. 쾨니히스베르크는 프로이센 왕국이 성립되어 수도가 베를린이 되기 전까지 프로이센 공국의 수도였으며, 수도 이전 뒤에도 역대 프로이센 왕들은 이곳에서 대관식을 치렀다. 우리는 칸트가 자신의 '고향마을'을 죽을 때까지 떠나지 않은 '시골토박이'라는 인상을 갖고 있지만, 쾨니히스베르크는 '떠날' 이유가 없을 정도로 이미 커다란 도시였다.

칸트의 아버지는 말안장 장인이었는데, 그는 '말안장 장인의 거리'를 뜻하는 자틀러가세(Sattlergasse)에 거주했다. 칸트는 가난했지만 정직하고 경건한 종교적 분위기의 가정에서 자라났다. 칸트의 아버지는 일과 정직을 첫 번째 덕목으로 삼은 인물이었다. 칸트의 어머니는 칸트 자신의 말에 따르면 "선천적으로 위대한 지성의 소유자이고, 아주 따뜻한 가슴을 갖고 있"는 사람이었다. 그녀는 자주 어린 칸트를 데리고 들로 나가 자연에 대해 주의 깊게 설명하고 그녀가 알고 있는 범위 내에서 하늘의 체계와 구조에 대해서도 가르쳐 주었다고 한다. 그러나 그의 어머니는 칸트가 13살 때 세상을 떠났다. 그의 아버지 역시 칸트가 21살 때 세상을 떠났다.

(한국의 인문계 중고등학교에 해당하는) 김나지움에 다닐 때 칸트는 탁월한 기억력을 발휘하는 매우 부지런한 학생이었다. 하지만 그 스스로 "내가 소년이었을 때, 나는 너무 많이 놀았기 때문에, 피곤하고 힘들어 편히 쉴 수밖에 없었다"라고 할 정도로 친구들과 노는 것에 열중하는 학생이기도 하였다.

1740년 칸트는 열여섯 살에 쾨니히스베르크 대학에 진학했다(당시엔 15살 내지 16살이면 대학에 갈 수 있었다). 고위직에 있는 사람들이 '하위'직인 철학부를 경멸하던 분위기에서 칸트는 철학, 논리학, 수학, 천문학 등에 특히 열정적인 학생이었다. 당시에 칸트에게 가장 큰 영향을 미친 사람은 논리학과 수학을 담당한 젊은 교수 마르틴 크누첸(Martin Knutzen)이었다. 칸트는 크누첸의 수업에 한 번도 빠지지 않고 출석하였고, 크누첸은 많은 책이 소장되어 있던 자신의 도서관을 칸트에게 공개하고 어떤 책이라도 원할 때 빌려주었다. 여기서 칸트는 뉴턴 전집을 접했다.

대학을 졸업하고 1746년에 『살아 있는 힘의 참된 평가에 대한 생각들』(*Gedanken von der wahren Schätzung*)이라는 저서의 출판을 마무리한 칸트는 물질적 독립을 보장할 직업이 필요했으므로 당시 '집사'

(Hofmeister)라고 불리던 가정교사의 직업을 택한다. 가정교사 시절은 1747년부터 사강사(Privatdozent) 시절이 시작되는 1755년까지 계속된다. 칸트는 1754년 이후 몇 년 사이에 놀랄 만큼 많은 양의 글을 때로는 한 편씩, 때로는 한 번에 여러 편을 발표한다. 1755년에는 박사학위 논문인 「불에 대하여」(De igne)와 교수자격 취득논문에 해당하는 「형이상학적 인식의 제1원리에 대한 새로운 조명」(Prinzipium primorum cognitionis methaphysicae nova dilucidatio)이 제출되었다. 그는 곧 사강사로서 강의를 시작하였는데 이미 상당히 알려져 있던 칸트가 강의를 시작하자 수많은 학생들이 몰려와 강의실의 출입문과 계단까지도 꽉 들어찼다고 한다. 그의 강의는 대체로 재치와 유머로 가득 찬 자유로운 토론으로 이루어졌고, 가끔 상황에 적절한 일화들을 소개하기도 하였다. 잘 알려진 대로, 그는 철학을 가르친다고 생각하지 않고 철학함(Philosophieren)을 가르친다고 생각했다. 칸트는 논리학, 형이상학, 수학, 물리학, 지리학, 기계학, 자연법, 윤리학 등의 다양한 과목들을 강의했는데, 가끔 아주 많은 강의(주 24시간)를 하였고 강사생활 내내 주당 평균 16시간 강의를 하였다. 그러나 자신이 바라던 논리학과 형이상학 교수직을 얻은 것은 그의 나이 46세 되던 1770년이었다.

사강사는 고정월급을 받지 못했기 때문에 그는 끊임없는 가난에 시달렸지만 빚을 지고 사느니 차라리 다 낡고 헤어진 저고리를 걸치고 다니기를 좋아하였다고 한다. 그는 보수의 많은 부분을 할애하여 가난한 제자에게 나누어주기도 하였다. 그러나 가난에도 불구하고 그는 일상생활을 즐겼다. 시계처럼 움직인 노년과는 달리, 그의 생활은 그리 엄격하지 않았다. 오전 강의가 끝나면 카페에서 커피를 즐기며 낮에 일어난 일에 대하여 이야기를 나누거나 당구 한 판을 즐기곤 하였다. 그리고 식당으로 옮겨 그날의 메뉴를 즐긴 다음 사람들을 만났다. 그는 점점 경제적으로 윤택해지는 쾨니히스베르크의 식당들에서 자주 저녁 늦게까지 시간을 보내며 아주 유쾌한 대화나 카드놀이로 개인적인 친교의 시간을 가졌다. 스타벤하겐(Stavenhagen)의 보고에 따르면, 그는 '개인 저택과 고관들의 모임 장소에서 벌어지는 고급 관리들의 방탕한 소동에 참여했다.' 그 외에도 그는 극장에 즐겨 다녔고 자정 무렵에 집에 돌아오곤 하였다. 이렇게 사교계에 드나들 때는 평상시와 달리 '사랑의 사도가 입는 가장자리가 접힌 옷'을 입었다. 당시 칸트는 여성들 사이에서 매우 사교적인 인물로 통했으며 거의 모든 사교모임에 참석했다.

교수취임 논문인 「감성계와 지성계의 형식과 원리들에 관해」(De mundi sensibilis atque intelligibilis forma et principiis, 1770)에서 칸트는 현상에 대한 감성적 인식과 그 자체로 존재하는 바대로의 사물들에 대한 지성적 인식 간의 엄격한 구별을 요구하며, 인식 영역에서 감성과 지성 간에는 등급의 차이만이 있을 뿐이라고 생각한 당시 라이프니츠-볼프 학파에 전적으로 반기를 들었다. 이는 『순수이성비판』으로 가는 주춧돌이 된다. 처음엔 이 논문을 두 장 정도 보충하여 출간하려 했던 『순수이성비판』은 10년 이상의 숙고를 거쳐 마지막엔 '약 4~5개월 동안 마치 날아가듯이' 써내려가 완성되었다. 이때는 1781년으로 그의 나이 57세가 된 해였다. 이 오랜 예비작업 기간 동안 칸트의 모습은 사교적인 교사의 모습에서 세심하게 절제된 삶을 사는 철학자로 변화되었다. 『순수이성비판』에 대해 멘델스존은 '신경을 쇠약하게 만드는 작품'이라고 혹평했고, 다른 직업적인 철학자들조차 이 작품의 불명료함과 불가해함에 대해 '마치 순전한 상형문자로 이뤄져 있는 것과 마찬가지'라고 불만을 토로하는 등 최초의 반응은 좋지 않았지만 몇 년 후엔 분위기가 바뀌어 칸트는 모든 곳에서 토론 주제가 되었고 독일 밖에서까지 빠른 속도로 유명해졌다.

곧이어 그는 1783년에 『학문으로 등장할 수 있는 미래의 모든 형이상학에 대한 예비적 진술들』[프롤레고메나]을, 1784년에 역사철학의 기본 저작인 『세계 시민적 관점에서 본 보편사의 이념』과 『'계몽이란 무엇인가'라는 물음에 대한 답변』을, 1785년에 최초의 도덕철학 저작인 『도덕형이상학 정초』를 출간하였다. 뉴턴이 쓴 유명한 저작의 제목을 암시하는 『자연과학의 형이상학적 기초원리』를 1786년에, 그리고 『순수이성비판』의 재판을 1787년에 출간한 다음, 『실천이성비판』을 1788년에, 그리고 『판단력비판』을 1790년에, 『순전한 이성의 한계 내에서의 종교』를 1793년에 출간한다.

이 마지막 저작으로 인해 칸트는 프로이센 검열 당국과 마찰을 빚게 된다. '군대왕' 프리드리히 빌헬름 1세와 '프리드리히 대왕'이라 불리는 프리드리히 2세는 계몽된 절대군주의 전형이었다. 그러나 개인적으로 칸트에게 반감을 품고 있었던 프리드리히 빌헬름 2세 치하에서 문교부 장관인 뵐너(J. Chr. Wöllner)는 1788년의 종교칙령에 따라 선왕의 계몽적 관용에 종말을 고했다. 1794년에 칸트는 두 번째 종교철학 논문인 『만물의 종말』을 출간하여 프로이센의 종교정책을 공공연히 풍자하였다. 그는 '언제나 양심적이고 합법적으로 행동해왔다는 것을 확신한다'고 말하며 모든 것을 이미 각오한 상태였다. 검열 당국과의 마찰이 있고 나서 그는 법철학 및 역사철학 논문인 『영원한 평화를 위하여』(1795)와, 법철학과 도덕철학을 체계적으로 아우른 『도덕형이상학』을 출간했다(1797). 1798년 철학과 다른 분과학문들, 특히 신학과의 차이를 규정하고 조정하려는 노력의 산물인 『학부들의 투쟁』을 출간하고, 같은 해 자신의 오랫동안의 강의를 모은 『실용적 관점에서 본 인간학』을 출간하였다.

그는 1804년에 죽었고, "전 도시의 모든 종이 울리는 가운데" 몇천 명의 군중 행렬이 따르는 추모를 받으며 장례가 거행되었다.

칸트의 철학은 초월론적(transzendental) 철학이라고 불린다. '초월론적'이라 함은 선험적(a priori)이면서 경험적인 것의 가능조건이 됨을 말한다. 이는 한편으로 그의 사상이 선험적인 것과 경험적인 것을 엄격히 구별한다는 것을 의미하고, 다른 한편으로 칸트의 철학은 오로지 경험적인 것의 가능조건으로서만 선험적인 것을 다룬다는 것을 의미한다. 이로써 칸트 철학은 두 가지 의미에서 전통 철학에 대한 비판이 된다. 즉 전통 철학은 한편으로 선험적인 것과 경험적인 것이 뒤섞여 있는 곳에서 원리를 찾았고, 다른 한편으로 경험을 넘어서 있는 것—칸트는 이를 '초험적'(transzendent)이라 부른다—에서 인식 및 실천의 최종 근거를 구했다. 전자의 의미에서는 주로 경험론 철학이 비판되고, 후자의 의미에서는 이성론적 형이상학이 비판의 대상이 된다. 칸트는 이러한 초월론적-비판적 전회를 통해 새로운 사상의 길을 개척했다. 이러한 전회는 또한 '주관적 전회'(subjective turn)라고도 불릴 수 있을 터인데, 인식, 실천, 취미, 법/권리, 정치의 선험적 원리들을 더 이상 '객관적' 사물 자체에서 구하지 않고 그것을 정초하는 **주관**에서 구하기 때문이다.

칸트는 통상 다른 고전 사상가들에 비해 명시적으로 '정치·사회철학자'라고 불릴 만큼의 대표 저작을 가지고 있지 않은 것으로 여겨진다. 물론 그는 근대 사회정치철학의 장을 연 홉스의 『리바이어던』이나 프랑스 혁명에 커다란 사상적 영향을 미친 루소의 『인간불평등기원론』 및 『사회계약론』과 같은 저작을 가지고 있지 않다. 그러나 우리는 아래에서 법철학과 미학의 두 영역에서 칸트가 위에서 설명한 것과 같은 초월론적-비판적-주관적 전회에 따른 자신의 사회·정치철학을 전개하는 것을 살펴보고 이것이 어떤 점에서 독창적인 면모를 지니는지를 살펴볼 것이다. 물론 칸트의 법철학은 보다 고전적인 주제를 다루는 데 반해, 그의 미학에서 읽어낼 수 있는 정치철학적 차원은 전통과 비교할 때 새로운 것으로 보일 수 있다. 즉 칸트의 법철학은 '공동체의 일원으로서 개인에게 자유란 무엇이며 어떻게 각 개인에게 자유가 보장될 수 있는가'라는 근대의 고전적인 정치·사회철학적 문제를 다루고 있는 데 반해 (무엇보다도 한나 아렌트에 의해 주목의 대상이 된) 그의 미학은 '공통감'이라는 고전적인 개념을 사용하면서도 개인의 자유보다는 공동체 성원들 간의 평등한 소통의 문제에 초점을 맞춘 새로운 정치의 개념을 제시하고 있는 것처럼 보인다. 그러나 칸트는 법철학의 영역에서 개인적 자유의 법적 보장의 근거를 탐구하든, 미학의 영역에서 취미와 공통감을 통해 공통체적 소통을 정초하려고 하든, 전통적인 문제와 개념을 자신의 초월론적-비판적 방법에 따라 새롭게 배치한다. 이러한 새로운 배치 속에서 자유의 법적 보장은 법 혹은 권리의 경험론적인 정초를 벗어나 '자유'라는 순전한 이성의 이념을 중심으로 체계화되고, 취미라는 전통적 개념은 경험적이고 상대적인 보편성이 가지는 불완전한 지평을 벗어나 하나의 공동체적 이념으로서의 공통감이라는 토대 위에서 소통을 핵심으로 하는 공동체의 구성적 기반이 된다. 우리는 아래에서 법철학과 미학의 두 영역에서 칸트의 이러한 정치철학적 시도가 어떻게 구체적으로 펼쳐지는지를 살펴볼 것이다.[2]

1 | 『법론의 형이상학적 기초』: 법철학적 정치철학

텍스트의 상황

칸트의 윤리사상은 윤리학의 역사에서도 가장 중요한 이론 중 하나로 꼽힌다. 그러나 그의 정치·사회사상은 윤리학에 비해 통상 현저히 적은 비중으로 다루어진다. 그러나 이로써 우리는 두 가지를 간과하게 된다. 첫째, 칸트의 정치사상은 그의 윤리학적 대표 저서인 『실천이성비판』에서 보이는 그의 독창적인 통찰들로부터 따라 나오는 것으로, 그 자체로 독자적인 정치사상의 체계를 이룬다.

즉 칸트의 정치사상은 독단적 형이상학에 기댄 것이 아니라 법/권리(Recht)에 대한 '이성 개념'들, 즉 한편으로는 비판적 검토를 거치고 다른 한편으로는 선험적으로 타당한 개념들에서 출발한다. 둘째, 칸트의 정치사상은 우리의, 적어도 서구의 정치현실에 이미 큰 영향을 미쳐왔다 "인간의 존엄은 침해될 수 없다. 그것을 존중하고 보호하는 것은 모든 국가권력의 의무이다"(Die Würde des Menschen ist unantastbar. Sie zu achten und zu schützen ist Verpflichtung aller staatlichen Gewalt)를 내용으로 하는 독일 헌법(Grundgesetz) 1조 1항[3]에서 우리는 지배권력을 제한하고 근대적 인권 이념을 정초하려는 칸트 사상의 강한 그림자를 보게 된다. 또한 칸트는 국제연맹이 결성되기 100년도 전에 민족 간 연합의 원리를 구상한 장본인이기도 하다.

칸트의 정치사상이 상대적으로 진지한 숙고의 대상이 되지 못한 큰 이유 중 하나는 법/권리에 대한 체계적 사상을 담은 그의 말년 저작—『도덕형이상학』(*Die Metaphysik der Sitten*) 1부인 『법론의 형이상학적 기초』(*Metaphysische Anfangsgründe der Rechtslehre*, 이하 『법론』)—이 사람들에게 상당 기간 동안 철학적인 엄밀함과 명확성이 떨어지는 것으로 인식되어왔다는 것이다. (다른 모든 점에서 칸트를 숭배했던) 쇼펜하우어는 『법론』을 두고 73살의 노쇠한 칸트가 내놓은 실패한 작품이라고 악평했다.[4] 칸트 연구자들 스스로도 같은 인식을 가지고 철저히 외면해온 결과, 칸트의 『법론』은 150년 동안 평가절하를 당해왔다. 실제로 『법론』은 논의 전개상의 혼란 및 단절, 그리고 같은 논의의 단순 반복 등의 문제를 포함하고 있었지만, 이것은 부분적으로, 초고가 제3자에 의해 정서되는 과정에서 오류가 발생하거나 원고가 인쇄되는 도중 엉뚱한 메모 등이 잘못 삽입됨으로써 심각한 왜곡을 겪은 데 기인한다.[5] 1920년대 이후로 비판적 시각에서 텍스트가 편집되어야 한다는 자각이 이루어지면서 1988년에는 루트비히(Bernd Ludwig)에 의해 『법론』의 새로운 편집본이 출간되었고,[6] 유사한 시기에 케르스팅(Wolfgang Kersting)은 자신의 교수자격 논문을 "칸트 법철학의 철학적 복권"을 위한 시도라고 규정지었다.[7]

외적 자유의 공동체

칸트의 법철학은 그의 사상 전반을 특징짓는 초월론적-비판적 전회의 틀 내에서 전개된다. 즉 칸트는 법/권리 및 국가의 원칙들 그리고 그로부터 도출되는 실정법을 선험적 개념들의 바탕 위에 정초한다는 입장을 견지한다. 그는 계몽주의 전통에 서 있는 선배 사상가들, 즉 그로티우스, 홉스, 로크, 토마지우스, 그리고 루소 등의 사상에 포함된 선험적이고 이성적인 요소들을 추출해내어 이성법의 체계를 구축한다. 그의 사상 전반이 그렇듯, 칸트는 이성적 논변과 경험적 논변, 경험적 논변과 역사적 논변, 성서적 논변과 이성적 논변을 혼합하는 등 종류가 다른 논변들을 혼동하는 것을 경계하면서 자신의 정치·사회사상을 이룩하였다.[8] 이것이 그의 정치철학의 가장 기본적인 방법론적 특징이라 할 만하다. 이러한 형식적·방법론적 기본 틀 안에서 칸트는 중기 이후에 자신의 정치사상의 이념을 담은 저작들을 출간하고 1797년에 그중 가장 포괄적이고 체계적인 『법론』을 『도덕형이상학』의 1부로서 펴낸다. 그러나 그 기본 이념은 1781년 초판이 발간된 『순수이성비판』에서부터 이미 드러난다. "**각자의 자유가 타인들의 자유와 공존할 수 있게** 만드는 법률들에 따르는 **인간의 최대 자유**에 관한 헌법은 (…) 적어도 한 국가의 헌법을 처음 입안할 때뿐만 아니라 모든 법률의 바탕이 되어야 하는 필연적인 이념이다."(A 316/B 373)[9] 칸트의 정치 · 사회철학은 개인의 자유를 다른 개인들의 자유와 맺는 관계 속에서 다룬다는 점에서 각 개인의 행위를 심정 및 동기의 차원에서 다루는 그 자신의 윤리학과 엄격하게 구별된다.

그리하여 법/권리(Recht)는 "그들의 행위가 [외적인] 사실(Fakta)로서 서로 (직접적으로 혹은 간접적으로) 영향을 미치는 한에서, 다른 인격에 대한 한 인격의 외적인, 그것도 실천적인 관계"(『법론』, VI 230)를 다룬다. 타인이 자신의 자의(Willkür)에 따라 행위할 자유를 침해하지 않는 한 각자는 자신의 자의에 따라 행위할 자유, 이런 의미에서 '외적 자유'(äußere Freiheit)를 가진다.

내적 심정에서의 자율이 도덕적 자유의 핵심인 반면, 타인의 강제적 자의에서의 독립이 외적 자유의 전제조건이다. 이런 의미에서 외적 자유는 지배 · 종속관계를 배제한다. 왜냐하면 지배당하는 사람은 외적으로 자유롭지 못하기 때문이다. 타인의 지배까지를 허용하는 '무제한적 자유'는 외적 자유와 모순을 일으키므로 용인되지 않는다. 이러한 맥락에서 "자유의 보편적인 법칙에 따라서 한 사람의 자의가 타인들의 자의와 함께 결합할 수 있는 조건들의 총체"(『법론』, VI 231)로서의 법/권리 개념의 정립이 필수적이다. 여기서 우리는 칸트의 법·정치철학의 주요한 두 축이 **자유**와 **공존**임을 알 수 있다. 그리하여 칸트의 법철학적 정치사상의 기본 물음은 '주체들이 자신의 외적 자유를 보존하면서도 어떻게 공동생활을 영위할 수 있는가'이다.

이로부터 칸트가 정초하고자 하는 자유로운 공동체의 한 가지 기본 특징이 부각될 수 있다. 그것은 (그의 윤리학에서처럼) 행복의 문제가 배제된다는 점이다. 국가의 존립 목표는 행복의 보장에 있는 것이 아니라 외적인 자유를 가진 자들의 공동생활의 보장에 있다. 이런 점에서 칸트가 정초하고자 한 국가는 복지국가라기보다는 법치국가라 할 수 있다.[10] 이렇기 때문에 칸트는 자연 상태 및 사회계약의 문제에서 홉스의 통찰을 충실히 계승하면서도 이를 새로운 차원에 위치 짓는다고 말할 수 있다. 홉스에게서 자연 상태의 인간들이 사회계약을 맺고 국가를 수립하는 이유는 죽음에 대한 공포와 행복에 대한 욕구 때문이다(『리바이어던』, 13장). 그에게 사회계약을 맺는 인간은 기본적으로 경험적-감성적 존재이다. 그러나 칸트에게 감성적 존재의 이러한 공포와 욕구는 사회계약의 근거가 되지 못한다. 칸트에게서 사회계약으로 나아가는 필연성을 부여하는 것은 인간의 경험적인 기본 성향이 아니라 철저하게 이러한 경험적 · 인간학적 요인이 배제된 순수한 실천이성의 사유 결과이다. 여기서 중요한 것은 인간들이 서로 간의 관계 속에서 갖는 외적 자유의 공존 가능성 여부이며 여기서 성립하는 것이 법/권리의 개념이다. 아래에서는 이를 소유권을 중심으로 한 사법의 영역과 사회계약 및 국가를 중심으로 한 공법의 영역으로 나누어 간략히 살펴보겠다.

사법: 소유권

공존 가능한 외적 자유의 개념은 강제할 권리를 함축한다. 왜냐하면 강제권 없이는 자유로운 공동생활은 생각할 수 없기 때문이다. 그래서 불법적인 권리침해를 막는 강제는 필연적으로 적법하다. 이는 칸트가 토마지우스(Christian Thomasius)의 『자연법과 보편법의 기초』(*Fundamenta iuris naturae et gentium*, 1705)로부터 수용한 것인데,[11] 칸트는 이러한 강제권을 순수-이성적 차원에서 세련화하여 소유권의 정립 문제에서 핵심을 이루는 '허용법칙' 개념으로 개진한다.

소유권은 외적 자유의 본성으로부터 이성적-필연적으로 도출된다. 왜냐하면 나의 소유물을 타인이 탈취할 때 나의 (행위의) 자유가 침해받는다는 것은 자명하기 때문이다. 소유권은 경험적·물리적 점유와는 다른 차원의 법적 점유, 선험적 차원의 순수한 취득을 의미한다. 즉 소유의 **권리**는 내가 현재 특정 장소에서 지니고 있거나 사용하고 있지 않은 '나의 것'에 대해서도 성립한다. 소유권은 어떤 원초적 욕구의 직접적 만족과는 별개의 것이다. 그것은 공간-시간적인 현재 및 경험적 지각을 넘어 성립하는 것이며, 따라서 "예지적 점유"(ein intelligibler Besitz)(『법론』, VI 245-246)이다. 이런 성격을 가진 소유권은 따라서 "외적 대상의 순수-법적 점유의 개념에 대한 연역"(『법론』, VI 249-252)의 대상이다. 즉 어떻게 경험적인 점유에서 순수하게 법적인 소유가 발생하는가의 문제이다. 칸트는 이 문제에 대해 '허용법칙'(Erlaubnisgesetz)의 개념으로 대답한다.[12]

출발점은 원초적 공유이다. 칸트는 '토지와 토지에서 나는 산물들은 근원적으로 만인의 소유'라는 그로티우스(Hugo Grotius)의 견해를 수용한다. 왜냐하면 물질적 기초는 미리 주어져 있는 것으로서 인간에게 선사된 것이기 때문이다. 땅은 모두의 것(res omnium)이다. 따라서 이러한 공유 속에서 일정한 토지에 대한 한 개인의 권리는 다른 모든 사람의 원초적 권리와 충돌하므로 모순이 생긴다. 이때 허용법칙이 "단순한 법 개념으로부터는 결코 도출될 수 없는 그와 같은 권한을 우리에게 부여한다. 그것은 우리가 최초로 대상들을 점유했다는 사실에 의거하여 다른 모든 사람들에게 구속성을 부여한다."(『법론』, VI 250) 즉 허용법칙이 우리가 시간상 먼저 점유한 대상들을 타인이 침해하지 못하도록 강제하고 구속할 수 있는 권한을 부여한다. 하지만 이것은 원초적 공유의 권리와 충돌하지 않는가? 칸트에 따르면 그렇지 않다. 처음으로 어떤 외적 대상을 점유한 나의 '일방적' 의지가 모든 사람을 강제 · 구속할 수 있다는 생각 안에는 '나 또한 다른 사람의 점유에 대해 동일하게 강제 · 구속당할 수 있다'는 생각이 들어 있기 때문이다. 즉 허용법칙이 함축하는 타인에 대한 강제는 일방적인 것이 아니라 "상호성"(Reziprozität)(『법론』, VI 255)에 입각한 것으로서 권리뿐 아니라 의무 또한 포함한다.[13] 이러한 상호성은 윤리적 영역의 도덕법칙에서는 성립하지 않는 것으로, 법/권리는 인격들 간의 상호성을 함축한다는 의미에서 윤리의 영역과는 구별된다. 도덕법칙은 오직 '나'를 강제하지만 법/권리는 상호적으로 강제한다.

공법: 사회계약과 국가

소유권이 자유와 불가분 결합되어 있듯이, 소유권의 **보장**을 위해서는 제3자적 장치로서의 국가의 존립이 이성적으로 필연적이다. 왜냐하면 소유의 권리를 가지고 있다고 해서 곧장 그 권리가 보장되는 것은 아니기 때문이다. 따라서 국가를 정초해야 할 필연성은 이성적으로 연역되는 것이다. 그것은, 가령 흄이 잘못 상정하고 비판했듯이, 하나의 역사적 사건에 관한 것이 아니다. 칸트는 홉스로부터 국가의 필연성에 대한 이성적 근거로서 자연 상태 개념을 계승한다. 또한 자연 상태에서는 불확실한 소유권의 보장을 위해 필연적으로 요구되는 사회계약에 따라 성립하는 "집합적-일반적 의지"(kollektiv-allgemeiner Wille) 혹은 "공동 의지"(gemeinsamer Wille)(『법론』, VI 256) 개념은 루소의 일반의지(volonté générale)를 이어받은 것이다.

그러나 자연 상태 및 사회계약이 경험독립적인 순수한 이성의 선험적 이념임을 분명히 한 칸트의 방법론이 갖는 고유성을 간과해서는 안 될 것이다. 그러나 이 고유성은 단지 방법론적인 차원에 머물지 않는다. 왜냐하면 가령 감각적 원자론의 입장에서 출발하는 홉스에게서는 사회계약이 기본적으로 물질적 존재자인 인간의 자기보존을 위한 합리적 계산에 따른 것인 반면, 칸트에게서는 사회계약의 필연성이 강한 이성적-규범적 성격을 띠고 있기 때문이다. 방법론상의 고유성은, 위에서 언급한 대로, 칸트에게서 국가는 국민의 경험적인 행복을 보장하는 것이 아니라 상호 간에 외적인 자유를 누리는 이성적 공동체의 보장에 있다는 내용상의 차별성과 긴밀히 결합되어 있다. 또한, 비록 루소가 사회계약을 통한 원초적 자유의 보존을 강조하기는 하지만, 그에게서는 왜 자연 상태로부터 이탈하는 사회계약이 필연적인지에 대한 분명한 설명을 찾기 어렵다. 이에 반해 칸트는 자유를 핵심 쟁점으로 유지하면서도 사회계약의 필연성을 체계적으로 연역해내고 있다.

2 | 『판단력비판』: 심미적 정치철학

정치 공동체를 이루며 사는 것이 인간의 본성에 속한다는 것은 아리스토텔레스 이래 서양 정치철학의 전통에 속하는 상식이다(물론 이 전통에 단절을 일으킨 것이 자연 상태 및 사회계약의 근대적 사상이며, 우리는 이를 앞서 살펴보았다). 타인과 사회적 관계를 맺고 살아간다는 것은 인간의 삶에 부수적인 측면이 아니다. 혼자 사는 인간은 더 이상 인간이라고 할 수 없다. 사회성 혹은 사교성(Geselligkeit, sociability)은 단지 인간의 '처세능력'에 속하는 어떤 것이 아니라 인간의 본성에 속하는 것이다. 인간은 타인들과의 교류 속에서 자신의 생각과 감정을 전달하고 타인의 생각과 감정을 공유하며 살아간다. 이는 단지 생존의 필요 때문만은 아니다. 생존의 필요가 충족된 곳에서도, 나아가 바로 그곳에서 비로소 생각과 감정의 전달과 공유, 나아가 인정은 인간 삶의 필수요소로 보인다.

칸트 정치철학의 기본 특징 중 하나는 바로 이것이다. 즉 그것은 경험적·감각적 생존 및 필요의 문제가 추상되고 도외시되는 곳에서 시작된다. 물론 인간 역시 동물인 한에서 동물적 생존은 반드시 해결되어야 할 문제이다. 그러나 칸트의 법철학의 과제가 (경험적) 행복의 문제가 아니라 외적 자유의 공존 체계의 이성적 정초였듯이, 칸트가 심미적 판단 이론에서 주목하는 문제 역시 감각적 관심을 배제한 인간들 간의 상호관계의 문제였다.

그러나 여기서 칸트가 주목한 이 상호관계에서는 이성의 실천적 관심 또한 배제된다. 바로 이 점이 칸트의 미감적 판단력 이론을 전무후무한 정치이론으로 만들어준다. 인간들 간의 관계에서 경험적-물질적 관심, 나아가 실천적-도덕적 관심을 배제한다면 무엇이 남는가? 그것은—이 점에서 심미적 정치이론은 보다 근본적이다—바로 자신의 생각과 감정을 타인들에게 전달·공유하려는 순수한 관심 **자체**이다. 우리는 여기서 더 이상 '전달 및 공유의 **목적**이 무엇인가?'라고 물을 수 없다. 왜냐하면 생각과 감정의 전달과 공유 자체가 관심사이기 때문이다. 여기서는 인식의 참/거짓, 실천의 선/악을 판정하는 보편적 기준들, 지성의 개념들과 이성의 이념들이 개입하지 않는다. 여기서 보편성을 말할 수 있다면 단지 보편적 전달 및 공유의 가능성, 어떠한 선행적인 판정 기준도 개입하지 않는 보편성이 관심사이다.

칸트는 이렇게 **순수한** 보편적 전달 및 공유의 가능성이 아름다움에 대한 우리의 판단능력에서 이미 실현되고 있음을 본다. 그리고 그가 보기에 이러한 심미적 판단의 기저에 놓여 있(어야 하)는 감각이 바로 공통감이다. 그리하여 공통감은 곧 "공동체적 감각"(『판단력비판』, V 293, 295)과 다른 것이 아니다. 이러한 감각이야말로 순전히 그리고 직접적으로 타인지향적이고 관계지향적이라고, 본성상 공동체적이라고 할 수 있다. 인식의 문제와 도덕적 실천의 문제는 항상 지성의 개념들과 이성의 이념들의 매개를 거쳐서만 공통의 답을 구할 수 있는 데 반하여, 이 감각에서는 이러한 매개를 거치지 않는 직접적인 공통성이 문제가 된다. 칸트가 보기에 우리가 느끼는 아름다움의 감정은 "일종의"(『판단력비판』, V 293) 공통감이다. 보편적 인식의 달성은 타인(들)의 존재 유무와 상관없이 지성과 상상력 간의 위계관계에 의해 규정되지만, 아름다움의 감정은 오로지 타인들에게 나의 감정이 전달될 수 있음, 따라서 공유될 수 있음에 정향되어 있다. 따라서 아름다움의 감정은 진정한 의미에서 타인지향적·타인관계적 감정이라고 할 수 있다. 아래에서는 아름다움에 대한 취미판단의 일반적 특성들을 살펴보고 그 근거로서 칸트가 제시하는 공통감 및 공통감의 정치적 차원을 살펴보도록 하겠다.

심미적 판단의 특성들

심미적 판단은 크게 보면 두 가지 종별적 특성을 지닌다. 칸트는 심미적 판단의 특징을 질·관계·양·양상의 네 범주에 따라 무관심성, 목적 없는 합목적성, 보편성, 필연성의 네 가지로 말하지만 크게 앞의 둘과 뒤의 둘을 묶어 정리할 수 있을 것이다. 첫째, 심미적 판단은 무관심한 판단이다. '이 꽃은 아름답다'는 판단은 '이 소파는 (나에게) 편하다'와 같은 감각적 판단, '장미에는 가시가 있다'는 인식판단, '거짓말하는 것은 선하지 못하다'는 실천판단과는 종류가 다르다. 어떤 점에서 그러한가? 심미적 판단은 감각적 쾌적함, 인식적 참, 실천적 선, 나아가 사물의 완전성에 대한 관심에 따른 판단이 아니다. 그것은 이러한 관심사들로부터 자유롭다. 달리 표현한다면, 심미적 판단은 감각적·인식적·실천적 목적들과 무관한, 그로부터 자유로운 판단이다. 하지만 심미적 판단은 주어진 특정 목적으로부터 자유로움에도 불구하고 합목적적인 판단이다. 이는 아래 공통감에 대한 논의에서 다시 다룰 것이다.

둘째, 이러한 관심사들 및 목적들로부터 자유로움에도 불구하고 심미적 판단은 어떤 보편성을 함축한다. 즉 심미적 판단은 단지 '나에게'만 해당하는 것이 아니라 **모든** 사람에게 타당한 판단이라는 것이 칸트의 중요하고도 독창적인 통찰이다. 우리가 '이 꽃은 아름답다'고 판단할 때 우리는 다른 모든 사람들도 '이 꽃은 아름답다'고 판단해야만 할 것이라고 실제로 요구**한다**는 것이다. 이를 양상 범주로 다시 서술한다면, 우리는 심미적 판단을 내릴 때 단지 꽃의 아름다움의 현실적 양상에 대한 사실적 기술을 하는 것이 아니라 그 누구이든 그렇게 판단할 수밖에 없다는 필연성에 대해 발언하는 것이다. 심미적 판단은 사실적 근거가 아니라, 아래에서 보게 될 것처럼, 어떤 이념적 근거에 바탕한 판단이다. 그러나 심미적 판단이 함축하는 보편성 및 필연성은 인식과 실천을 주도하기 위해 주어진 개념들 및 이념들에 의해 보증되는 '객관적'인 것이 아니라, 어떠한 개념 혹은 이념도 주어짐 없이 단지 주체들 사이에서 이 '아름답다'는 감정의 순전한 보편적 전달/공유가능성[14]에 의해서 보증되는 상호주관적 차원에서의 '주관적' 보편성 및 필연성이다.

공통감과 공동체

그러나 어떻게 나는 심미적 판단을 내리면서 다른 모든 사람들이 나의 판단에 동의해야 한다고 요구할 수 있을까? 심지어 심미적 판단은 '객관성'의 토대가 될 주어진 지성의 개념들이나 이성의 이념들에 기반하지도 않는데 말이다. 칸트는 심미적 판단에서 아름다움의 감정이 갖는 보편성 및 보편적 전달력을 공통감(Gemeinsinn)에 근거시킨다.

여기서 칸트는 오랫동안 서구 사상의 중요 개념 중 하나였던 공통감에 대한 논의의 두 본류를 자신의 공통감 개념 안에 결합시킨다. 그 하나는 아리스토텔레스적 공통감(koinê aisthêsis) 개념이고, 다른 하나는 키케로적 공통감(sensus communis) 개념이다. 아리스토텔레스는 우리의 오감이 제각각 수용한 감각내용들을 하나로 통합하여 인식을 성립시키는 기능을 공통감에 돌린다. 여기서 공통감은 한 개인의 영혼 속에서 인식을 떠맡는 독립적 감각이다. 반면, 키케로는 한 사회 공동체의 구성원들이 공유하는 옳고 그름에 대한 체화된 감각을 공통감이라 부른다. 그들이 공유하는 이 공통감을 토대로 즉각적인 감정에 따라 올바른 판단을 내릴 수 있다. 청중 앞에서 연설하는 자는 이 공통감에 호소해야 성공할 수 있다. 칸트는 어떻게 공통감의 이 두 흐름을 통합하는가?

아름다움은 대상의 객관적 성질이 아니라 주관적인 심정상태의 표현이라는 것이 칸트의 과감하고 독창적인 테제이다. 이것이 심미적 판단의 영역에서 이룬 칸트의 주관적 전회이다. 즉 어떤 대상을 우리에게 주어지게 하는 표상을 계기로 하여 마음의 두 인식력인 지성과 상상력이 (대상 인식이 이루어지기 이전에) 합치하는 심정상태가 곧 아름다움의 감정의 실체를 이룬다. 이때 지성과 상상력은 인식의 영역에서와는 완전히 다른 관계를 맺는다. 상상력을 통해 종합된 감각의 잡다들이 지성의 개념들 아래 포섭될 때 '객관적' 대상 인식이 이루어지는 데 반하여, 심미적 판단의 독특성은 지성과 상상력의 합치가 이러한 포섭관계 속에서가 아니라 두 능력 간의 "자유로운 유희"(『판단력비판』, V 217) 속에서 달성된다는 데 있다. 이 합치가 지성과 상상력의 자유로운 유희의 결과라는 것은 어떤 미리 주어진 목적과 의도(가령 객관적 인식, 도덕적 행위 또는 감각적 안락)에 맞춘 것이 아니라 목적과 의도 없이 진행된 과정의 결과라는 것을 의미한다. 여기에는 미리 주어진 지성의 개념들이 규정적 기능을 행사하지 않으므로 지성과 상상력의 합치가 어떤 방식으로 이루어지는지는 미리 알 수 없다. 다만 이는 두 인식력들의 **합치**라는 합목적적 성격의 결과를 이루어낸다. 칸트는 아리스토텔레스적 전통에 따라 '영혼'의 두 능력인 지성과 상상력 간의 자유로운 합치를 공통감이라고 부른다(『판단력비판』, V 238).

하지만 위에서 밝혔듯, 심미적 판단은 단지 한 개인의 영혼 내에서만 일어나는 사건이 아니다. 그것은 보편성을, 정확히 말해 보편적 전달·공유가능성에 대한 요구를 반드시 포함한다. 아름다움의 감정, 즉 지성과 상상력 간의 자유로운 유희 속에서의 합치에서 일어나는 쾌의 감정(=공통감)은 동시에 모든 이들에게 전달가능하고 모든 이들에 의해 공유가능한 감정(=공통감)이다. 이러한 맥락에서 칸트는 아름다움의 감정을 "공동체적 감정"(gemeinschaftliches Gefühl)(『판단력비판』, V 239)으로, 심미적 판단을 "공적인"(publike)(V 214) 성격을 갖는 판단으로, 나아가 공통감을 "**공동체적** 감각"(*gemeinschaftlicher* Sinn)(『판단력비판』, V 294; 또한 V 295)으로 이해한다. 이는 칸트가 자신의 심미적 논의 안에 키케로적 전통의 공통감 개념을 흡수한 결과이다. 이처럼 칸트는 자신의 공통감 이론에서 공통감의 전통적인 두 의미를 통합하고 있다. 공통감은 한편으로 지성과 상상력의 자유로운 합치에서 불러일으켜진 쾌이면서 동시에 다른 한편으로 이러한 합치에서의 쾌는 보편적으로 전달/공유가능한 쾌(이어야 한)다.[15] 우리는 이러한 공통감 개념 속에서 칸트의 심미적 판단에 대한 논의는 곧 정치적 논의가 된다는 것을 알 수 있다.

한 가지 더 주목해야 할 것은, 칸트의 공통감론은 단지 두 공통감 이론의 종합에 그치는 것만은 아니라는 점이다. 공통감은 칸트에게 현실적으로 일어나는 어떠한 사건에 그치는 것이 아니다. 특히나 아름다움의 감정의 전달·공유가능성의 보편성과 필연성은 **이념**이 갖는 보편성 및 필연성이다. 어떤 대상의 표상에서 판정되는 아름다움이 제 아무리 광범한 사실적 동의를 얻는다고 하더라도 심미적 판단이 요구하고 전제하는 공통감의 보편성 및 필연성에는 미치지 못한다. 심미적 판단은 한 공동체의 모든 구성원이 필연적으로 공유하는 것으로서의 공통감의 이념을 함유한다.

이것이 칸트의 심미적 판단 이론의 특히나 정치철학적인 차원을 이룬다. 취미는 하나의 공동체적 이념에 준거한다. 취미는 탁월한 의미에서 공동체적이다. 아름다움이라는 쾌의 감정은 한편으로는 주관적-사적인 조건에 매인 판단들로부터 벗어나게 해주고, 다른 한편으로 이 감정은 공동체 전체에의 즉각적인 전달 및 공유에의 관심 이외의 다른 관심을, 그것이 제아무리 객관적이고 도덕적이라 하더라도, 가지고 있지 않다. 아름다움의 감각은 보편적이고 필연적인 전달/공유의 가능성의 감각과 다른 것이 아니다. 이것이 칸트가 쾌(그리고 불쾌)의 감정을 우리 마음의 상위능력 가운데 하나로 자리매김하는 이유이다. 아름다움의 감정은 인식적 개념이나 도덕적 이념이 개입하지 않아도 보편적인 소통이 단적으로 가능해야만 한다는/가능할 수밖에 없다는 필연성에 토대하는 감정이다. 내가 **실제로** 인식대상을 경험하는 일이 일어난다는 것이 지성의 범주들을 통한 객관적 통일의 활동이 반드시 전제되어야 함을 말해주고, 내가 **실제로** 양심을 통해 도덕적인 선택을 하는 일이 벌어진다는 것이 내가 선의지를 갖고 정언명령에 따를 수 있는 존재임을 보여주듯이, 내가 **실제로** 느끼는 아름다움의 감정은 나와 같은 다른 모든 인간 존재들에게 나의 생각과 감정이 단적이고 무조건적으로 전달되고 공유될 수 있는 하나의 공동체가 가능할 수밖에 없음을 말해준다. 미리 규정된 참과 선의 기준에 비추어봄 없이 인간과 인간이 직접 만나는 관계를 통한 보편적 소통의 가능성이 공동체를, 나아가 (공동체의 존재를 전제하는) 정치를 참되게 정초한다는 사상이 여기서 꽃핀다.

칸트 미학에 대한 아렌트의 정치철학적 해석에 대한 몇 가지 비판

『법론』에서 드러난 것보다 더 독자적인 정치철학이 칸트에게, 그것도 그의 제3비판서에 존재한다는 것을 인상적으로 보여준 공로는 칸트의 미학을 정치철학으로, 『판단력비판』을 정치철학적 저서로 읽어낸 한나 아렌트에게 돌아가야 할 것이다. 예술과 정치는 공적(public)이라는 점에서 공통적이다.[16] 아렌트는 고전기의 고대 그리스·로마가 보여준 정치적 공공성이 플라톤 이래의 철학사상에서 실종되는 것을, 그러나 칸트의 사상에서 비로소 부활하는 것을 본다. 그녀는 칸트의 제3비판에서 이데아와 같은 플라톤식의 초개인적 심급이 정치를 미리 규정하는 것이 아니라 복수의 인간들 사이의 관계 속에서 이루어지는 말과 행위를 통해 정치가 구성되는 것을 본다. 왜냐하면 그녀에게 정치의 본령은 지상에서 삶을 살아가는 복수의 인간들 사이의 관계에 있기 때문이다. 우리가 살펴보았듯, 심미적 판단에서는 지성이 (대상 인식의 경우에서처럼) 상상력에 대해 미리 규정하는 역할을 중지하고 둘 간의 자유로운 유희의 결과로 판단이 내려진다는 점, 여기서 중요한 것은 객관적으로 규정되어 있는 개념적 참이나 이념적 선이 아니라 인간들 사이에서의 감정의 보편적 전달/공유 가능성 자체라는 점은 정치의 새로운 가능성을 탐색하는 아렌트의 주의를 붙들어 매기에 충분했을 것이다. 이로부터 그녀는 '공통감의 정치'라는 화두를 현대에 던져주었다.

여기서 나는 아렌트가 칸트의 공통감 논의를 어떻게 자신의 정치철학 안에 들여오는지 간략히 요약하고 그에 대해 몇 가지 비판을 제기해보고자 한다. 칸트는 『판단력비판』의 40절에서 "평범한 인간 지성의 준칙들"을 제시하고 그중 두 번째 준칙인 "모든 타인의 위치에서 사고하기(denken)"(『판단력비판』, V 294)에 준하여, 공통감을 앞서와는 다소 달리 규정한다. 아렌트는 칸트의 바로 이 공통감 규정을 자신의 정치사상의 핵심 중 하나로 삼는다. 즉 사적 조건 및 사적 관심을 벗어나 모든 타인의 관점을 아우르는 판단을 내린다는 공통감의 이념을 아렌트는 정치적 공동체의 핵심적 조건으로 본다. 그녀에게 상상력은 지금은 부재하는 타인의 입장에 서 보는 능력이 된다.[17] 정치적 공동체는 가능한 한 많은 타인의 입장에 서서 판단하려고 할 때 가능해진다. 그녀의 시각에서는 유대인 학살의 실무 책임자였던 루돌프 아이히만이 그토록 끔찍한 일을 묵묵히, 심지어 자부심을 가지고 해나갈 수 있었던 것은 근본적으로 "그에게 그 어느 것도 타인의 관점에서 바라볼 수 있는 능력이 없다는 점"[18]에서 기인한다. 그러나 아렌트의 이러한 논의에 몇 가지 문제를 제기할 수 있을 것이다.

첫째, 아렌트가 중요하게 원용하고 있지만, '평범한 인간 지성의 두 번째 준칙'에 대해 말하는 『판단력비판』 40절의 해당 부분의 맥락이 극히 불투명할 뿐만 아니라, 이와 더불어 이 부분이 아렌트의 이러한 원용을 허용하는지가 의심스러워 보인다. 여기서 자세히 논의할 수는 없지만 간단히 요약하자면, 칸트는 여기서 자신이 앞서 제시한 공통감 개념, 즉 '지성과 상상력의 자유로운 합치에서 결과하는 쾌의 보편적-필연적 전달가능성의 이념'과는 다른 공통감 개념, '평범한 인간 지성의 두 번째 준칙'인 "모든 타인의 위치에서 사고하기(denken)"(『판단력비판』, V 294)에 상응하는 공통감 개념을 제시한다. 즉 그는 공통감의 이념을 "자기의 판단을 흡사 전체 인간 이성에 준거하고 그를 통해 자칫 객관적이라고 여겨질 수 있는 주관적인 사적 조건들로 인해 그 판단에 해로운 영향을 줄지도 모르는 환상에서 벗어나기 위해, 자기의 반성에서 다른 모든 사람들의 표상방식을 사유(Gedanken) 속에서 (선험적으로) 고려하는 판정능력의 이념"(『판단력비판』, V 293)이라고 규정한다. 그러나 이러한 공통감 개념에는 자신이 앞서 제시한 공통감 개념의 핵심적 두 요소인 지성과 상상력의 자유로운 합치 및 쾌의 보편적-필연적 전달가능성의 이념이 포함되어 있지 않다. 칸트 자신에 따르면, 미감적 판단력만이 "훨씬 더 정당하게 공통감이라고 불릴 수 있"(『판단력비판』, V 295)는 데 반해, 건전한 인간 지성은 그렇지 못하다. 왜냐하면 지성이나 이성의 개입 없이 오로지 "쾌의 감정"인 "감각"(Sinn)에 의한 판정이 공통감이라는 이름에 걸맞기 때문이다(같은 곳). '건전한 인간 지성의 두 번째 준칙'에 준한 공통감의 새로운 규정은 공통감의 이러한 핵심을 담고 있지 못하다. 오히려 자신의 사적 조건 및 사적 관심을 최대한 배제하고 다른 '모든' 사람들의 관점, 즉 보편적 관점을 취하려는 판단력의 준칙은 정언명령에 따르는 도덕적 이성의 절차로 환원되지 않는가?[19] 그렇다면 이는 더 이상 칸트 자신이 이제까지 논의해온 공통감의 규정을 위배하고 있는 것 아닌가? 아렌트는 공통감에 대한 이처럼 문제성 있는 규정을 칸트의 공통감 규정의 핵심으로 간주하고서 자신의 정치철학적 논의에 끌어오고 있다.

둘째, 칸트는 '평범한 인간 지성의 두 번째 준칙'에 준한 공통감의 (새로운) 규정에서도 역시 선험적인 차원에서 공통감을 논의한다. 즉 공통감은 "다른 모든 사람들의 표상방식을 (…) (선험적으로) 고려하는 판정능력의 이념"으로서, "이런 일은 사람들이 자신의 판단을 타인의 실제적이라기보다는 오히려 한낱 가능적인 판단들에 준거해 (…) 봄으로써 일어난다."(『판단력비판』, V 293) 이와 달리 아렌트가 '타인의 입장에서 사고하는 능력'으로서의 판단력에 대해 논의하는 것은 경험적인 차원에서이다.[20]

셋째, 이는 칸트 철학의 해석과 무관한 것이지만, 아렌트가 아이히만의 경우에서 강조하는 '타인의 입장에 서서 사고할 수 있는 능력의 부재'는 분명 그녀의 독창적인 테제인 '악의 평범성'을 만들어 내는 중요한 한 가지 요소일 것이다. 그러나 전체주의 시스템과 같은 다른 요소가 고려되지 않는다면 단지 이러한 능력의 부재만으로 악의 평범성을 설명하지는 못할 것이다. 달리 말해, '사고 능력의 부재'는 하나의 필요요건일망정 아이히만의 경우를 충분히 설명하기에는 너무 일반적인 요인이라 할 수 있다.

3 | 나가는 말

칸트의 법철학은, 위에서 본 것처럼 텍스트 편집상의 문제 등으로 인해 오랫동안 정치철학의 진지한 연구대상으로 취급되지 못해왔고, 20세기 후반에 이르러서야 그에 대한 연구가 활발해졌다. 또한 칸트의 미학은 탐구대상의 명시적인 한정('아름다움')으로 인해 그 정치철학적 함의가 그늘에 가려져 있었고, 이 역시 20세기 후반 한나 아렌트라는 걸출한 정치철학자의 발굴에 힘입어 빛을 보게 되었다. 칸트의 정치철학의 이 두 영역은 여전히 우리가 연구해야 할 커다란 자원의 보고라 할 수 있다.

법철학과 미학이라는 두 상이한 영역에 걸쳐 칸트의 정치사상은, 위에서 본 것처럼, 공히 그의 '주관적 전회'를 그 출발점으로 삼는다. 이로써 경험적인 차원에 머물렀더라면 불충분한 채로 남을 수밖에 없는 정초의 작업이 선험적인 체계 지평 속에서 그 이념적 보편성과 필연성을 확보할 수 있는 가능성을 얻게 되었다. 그러나 이렇게 선험적 차원에서 확보되는 정치·사회철학적 원리들은 그 자체 경험을 떠난, 경험과 무관한 초험적이고 독단적인 어떤 것으로 남는 것이 아니다. 오히려 그것들은 오직 경험적인 것을 가능케 하는 조건들로서만 의미를 지닌다.

마지막으로, 위에서 살펴본 칸트 정치·사회사상에서 보이는 문제점을 크게 두 가지만 언급하고 이 글을 마치고자 한다. 첫째, 방법론상의 절차에 따른 것이지만 우선은 경험적인 차원을 추상하는 칸트의 논의가 이원론적인 분할에 사로잡혀 있다는 혐의로부터 완전히 자유롭기는 쉽지 않다. 자연 상태, 허용법칙, 사회계약, 국가 등 기본 개념들에 대한 법철학적 논의는 물론이고 경험적-질료적-대상적 차원을 혁신적으로 사상(捨象)한 미학이론 역시 선험적 차원의 공허함 속에서만 메아리치는 것은 아닌가 하는 의문이 완전히 사그라지지 않는다. 또한 가령 권리·법의 영역과 윤리·도덕의 영역에 대한 칸트의 날카로운 구별 위에서 인간의 내적 심정 및 태도는 단지 개인의 소관사항으로 남게 되어 정치철학 바깥의 문제가 된다. 그의 이러한 '자유주의적'인 입장은 후에 헤겔과 같은 이에 의해 비판당하게 된다.

둘째, 우리가 위에서 고찰한 칸트 정치철학의 두 영역인 법철학과 미학은, 초월론적 전회의 틀 내에서 개진된다는 방법론상의 공통점을 제외한다면, 서로 거의 연관이 없어 보인다. 칸트 스스로도 이 두 영역이 서로 어떠한 정치철학적 체계 연관을 갖는지 밝힌 바가 없다. 이는 단지 법철학과 미학이 통상 서로 멀리 떨어져 있는 두 영역으로 간주된다는 사정만으로 돌릴 수는 없을 것이다. 우리는 이 두 영역 간에 어떤 사상적 긴장 관계가 존재하는 것은 아닌지 물을 수 있을 것이다. 이는 앞으로의 연구 과제로 남을 것이다.

VII

Georg Wilhelm Friedrich Hegel

7 게오르크 빌헬름 프리드리히 헤겔

원자적 개인주의를 넘어 인륜적 공동체의 상호인정의 관계로

이행남

헤겔(Georg Wilhelm Friedrich Hegel, 1770~1831)은 1770년 8월 27일 독일의 슈투트가르트에서 태어났다. 아버지 게오르크 루트비히는 궁정의 회계일을 하는 고위 관리였으며, 어머니 마리아 막달레나 루이자는 풍부한 교양을 갖추고 있는 지성적인 여성이었다. 교육과 문화를 중시하는 부모님의 영향으로 헤겔은 매우 일찍부터 글을 읽고 쓰기 시작했다. 일곱 살에 김나지움에 들어가 우수한 성적으로 모범적인 생활을 해나갔으며, 교육에 각별히 신경을 썼던 아버지 덕분에 김나지움의 정규교육 외에도 기하학을 비롯한 여러 근본 학문들에 관한 개인 교습을 받으며 성장했다. 이렇게 지적으로 충만한 유소년기를 보낸 후 1788년에 슈투트가르트 인근 튀빙겐에 소재한 신학교에 입학하게 된다. 당시 헤겔은 아버지의 희망에 따라 목사가 되고자 했기 때문에 무엇보다도 기독교의 역사 연구에 몰두했으며, 비단 신학 외에도 철학과 수학을 본격적으로 접하기 시작한다. 여기서 헤겔은 자신의 동년배이자 훗날 독일의 위대한 낭만주의 시인으로 기록될 횔덜린과 우정을 나누게 된다. 또한 자신보다 2년 후에 입학한 5년 연하의 셸링과도 친구가 된다.

튀빙겐 신학교를 졸업한 후 헤겔은 약 7년여의 시간 동안 베른과 프랑크푸르트에서 가정교사로 일하게 된다. 이 시기에 그는 종교와 사회 그리고 헌법과 역사 등의 주제에 관한 자신의 생각들을 정리하고 아이디어를 개발하는 데 전념한다. 이때 쓰여진 「기독교의 정신과 그 운명」이라는 글에서 헤겔은 유대인들의 차갑고 건조한 '율법' 중심의 태도가 얼마나 기형적이며 인간의 삶을 병들게 하는지를 비판하고, 이를 극복할 수 있는 대안으로 예수의 사랑의 정신을 제시한다. 이 시기에 헤겔이 인상적으로 보여준 유대교의 율법주의에 대한 비판은 이후에도 계속해서 헤겔의 사회병리학을 특징짓는 원형적 모티브가 된다. 가령 공동체 성원들의 삶 속으로 스며들지 못하는 화석화된 '실정성'의 형식으로 전락해버린 관습이나 인간의 감정 및 동기와 분리된 추상적 보편성의 형식인 칸트의 도덕법칙에 대한 헤겔의 비판, 그리고 주체의 내면적인 의도는 묻지 않고 외적인 물질적 소유 관계에서의 충돌만을 규제하는 추상법의 형식에 대한 비판 등이 이 유대주의 비판과 궤를 같이하는 것들이다.

이어지는 예나 시기에 헤겔은 보다 전통적인 철학의 문제들 쪽으로 차츰 시선을 옮기게 된다. 헤겔은 이제 서양 철학의 주요 문제들에 대한 자신의 고유한 입장을 구축하고 개념화하기 위해 당대의 대표적인 철학적 모델들을 비판적 논쟁과 토론의 대상으로 삼기에 이른다. 당시 예나는 칸트의 비판철학의 정신이 지배하는 도시였고, 칸트의 주관적 전회의 기획과 비판 철학의 정신을 "절대적 자아" 개념을 중심으로 더욱 철저히 고양시키고자 했던 피히테의 철학적 프로젝트에 매료된 수많은 젊은 지성들이 군집해 있던 곳이었다. 슐레겔 형제나 노발리스로 대표되는 초기낭만주의자들은 물론이고 셸링 역시 이곳을 본거지로 활동하고 있었다. 헤겔도 이런 분위기 속에서 자신의 친구인 셸링에게 합류하기 위해, 1801년 마침내 예나로 이주하기에 이른다. 같은 해에 쓰여진 「피히테와 셸링 철학 체계의 차이」라는 글에서, 피히테가 칸트의 초월적 관념론을 완성하는 데 실패한 바로 그 지점에서 성공을 거둔 이가 셸링이었다고 주장했을 만큼 헤겔은 자신을 셸링과 철저히 동일시하고 있던 상태였다. 그리고 이후 몇 년간, 셸링과 함께 『철학 비판 잡지』를 함께 간행하고 편집할 정도로 두 사람의 관계는 긴밀히 유지되었다. 헤겔은 자신이 공동편집인으로 있던 이 잡지에 「믿음과 지식」, 「자연법의 학적 취급방식에 관하여」와 같은 스스로의 논문을 게재하기도 한다. 이런 과정 속에서 헤겔은 차츰 개인과 사회, 개별과 보편, 내면과 외면, 주관과 객관의 유기적이고도 역동적인 변증법적 종합의 사상가로서의 자신만의 길을 걷게 되면서, 역설적이게도 헤겔과 셸링의 돈독했던 학문적 관계는 위태로워졌다. 그리고 마침내 1806년 헤겔의 첫 번째 주요 저작인 『정신현상학』이 출간되면서 두 사람의 관계는 중단되기에 이른다. 이 책은 대상과 세계에 대한 앎을 얻고자 하는 자연적이고도 일상적인 의식이 내적 한계와 필연적 모순을 겪으며 자기의식, 이성, 정신의 단계를 거쳐 마침내 절대지에 이르는 길고도 먼 앎의 운동의 여정을 그린다. 그리고 이 여정은 스피노자, 칸트, 피히테, 당대의 초기낭만주의자들의 입장을 철저하게 비판적으로 의식하는 가운데 그려진다. 이런 정황을 고려할 때, 셸링이 이 책에 표했던 불만도 아주 근거가 없는 것은 아니었다. 셸링은 일체의 현상의 근저에 변함없이 견고하게 존재하는 것을 절대적인 것으로 보는 동일성 철학을 지향했다면, 반면에 헤겔은 '절대적인 것'을 오직 대립과 모순의 역사적 전개와 현상의 끝없는 변화 속에서만 역동적으로 실현될 수 있는 것으로 파악했기 때문이다.

헤겔이 한 명의 걸출한 사상가로서 자신의 이름을 이제 막 세상에 알린, 이 예나에서의 생활은 애석하게도 길게 지속되지 못한다. 나폴레옹 군대의 점령으로 예나 대학에서의 학문 활동이 심각하게 제한되면서 헤겔은 1807년 예나를 떠나 밤베르크로 거처를 옮기게 된다. 이곳에서 그는 『밤베르크 신문』의 편집자로 1년 반쯤 활동하다가, 1808년 말경 다시 뉘른베르크로 자리를 옮겨 김나지움의 교장으로 재직한다. 이 시기에 헤겔은 자신의 두 번째 주저인 『논리학』을 출판한다. 1812년부터 1816년까지, 총 2권 3책의 규모로 세상에 나온 이 책은 『정신현상학』에서 도달한 절대적 앎에서 출발해서 현실의 모든 존재와 변화 및 운동의 과정을 논리적 개념의 체계로서 파악하려는 목표에 따라 쓰여진 사변적인 저작이다. 이 굵직한 저작의 출간 덕분에 헤겔은 여러 곳에서 교수 초빙의 제안을 받게 되며, 1816년 하이델베르크 대학에서 마침내 자신이 그토록 오랫동안 열망해왔던 철학 교수로서의 활동을 시작하게 된다.

하이델베르크 시기에 헤겔은 또 하나의 대표작인 『엔치클로페디』를 출간한다. 이 책에서 헤겔은 자신이 앞서 출간한 『논리학』을 간단한 버전으로 소략하고, 이를 자연과 정신의 현실성의 지평에 적용하면서 구체화한다. 이로써 헤겔은 '사유와 존재의 통일'이라는 이미 오래전에 잊혀졌거나 거부되어버린 듯 보인, 전통적인 철학적 형이상학의 이상을 다시 한 번 자신의 방식으로 복권해낸다. 「(소)논리학」-「자연철학」-「정신철학」의 세 부분으로 구성된 헤겔의 이 저작은, 개념을 통해 전개되는 철학적이고도 관념적인 사유가 이 세계의 모든 자연적 대상 및 현상들의 운동은 물론이고 정신적 존재들의 구체적인 현실을 구성하는 원리이자 지평이라고 말한다는 점에서 '절대적 관념론'의 면모를 띤다.

헤겔의 하이델베르크 생활은 시기상으로 그리 길게 지속되지 않았다. 이 도시에 정착한 지 만 3년이 채 되지 않은 1818년, 헤겔은 당시 독일의 모든 철학자들에게 가장 큰 선망의 대상이었던 베를린 대학의 부름을 받게 되면서 이 도시를 금방 떠나게 되기 때문이다. 베를린으로 자리를 옮긴 이후에도 헤겔은 자신이 이전부터 해오고 있던 법철학 강의를 지속해 나갔고, 이를 바탕으로 1821년에 『법철학』을 출간하게 된다. 이 책의 머리말에서 헤겔은 철학이란 자신이 속한 시대를 사상으로 파악하는 작업이라고 말한다.[1] 이 과감한 선언이 보여주는 바와 같이, 헤겔은 자신이 속한 시대인 근대를 특징짓는 핵심적 이념인 자유에 관한 논의로 이 책의 「서론」을 열며, 이어지는 본문에서는 근대적 주체의 자유가 실현되기 위해서는 어떤 객관적인 규범과 사회적 제도들이 갖추어져야 하는지를 상술한다. 추상법, 도덕성, 인륜성이라는 총 3부로 이루어진 이 책의 방대한 구성은, 악셀 호네트가 인상적인 재해석을 통해 잘 보여주기도 했듯이, 당대의 편협한 개인주의적 표상이 초래하는 병리적 왜곡에 대한 비판과 이를 극복하기 위한 해법을 제시하려는 의도를 담고 있다.[2] 즉 헤겔은, 타자들과의 결속에서 벗어나 외적 물질을 소유하는 한 명의 배타적 개인일 수 있는 권리(즉 "추상법")와 나홀로의 이성적 판단과 내면적 양심에 따라 행위할 수 있는 권리("도덕성"의 권리)가 근대적 주체의 자유 실현을 위해 꼭 필요한 조건이라는 점에 동의하지만, 사회적 관계와 공동체적 결속에서 벗어나 한 명의 독자적인 개인으로서의 권한만을 절대시한다면 인간의 삶은 병적으로 일그러질 수밖에 없다고 진단한다. 이렇게 헤겔은 『법철학』에 이르러, 참된 나의 자기실현과 좋은 삶의 영위는 타인들과의 관계를 통해 편협하고 배타적인 주관성을 지양하는 법을 배우고 익힐 수 있는 인륜적 공동체 안에서만 가능하다고 말하는, 자신의 사회정치철학적 사유를 완성하게 된다.

이상의 소개를 통해 잘 드러나듯이, 헤겔은 '개인'의 자유를 오직 '사회' 안에서만, 즉 나와 타인이 바람직하게 관계하는 공통의 삶의 지평 안에서만 실현 가능한 것으로 규정했던 사상가였다. 헤겔은 개인이 있기 전에 이미 '사회'가 실재하며 '사회'를 통해서만 개인의 고유성이 실현될 수 있다는 입장을 피력하기 때문에, 전근대적인 세계관을 옹호하는 시대착오적이고도 문제적인 전체주의 사상가라는 혐의를 받곤 한다. 그러나 헤겔은 '**사회 없는 개인**'만을 병적 불구의 상태로 규정하는 것이 아니라, '**개인 없는 사회**'도 비극적 종말의 숙명을 맞는다고 진단한다. 그런 의미에서 헤겔의 철학은 사회적인 것의 우선성과 위력을 일방적으로 옹호하는 기획이기보다는, 주체의 고유한 내면성이 사회적인 것의 지평 안에서 형성되고 실현되는 과정을 통해 주체와 사회가 함께 발전하는 유기적 통합의 운동을 지향하는 기획에 가깝다. 그리고 헤겔의 철학은 주체와 사회의 이 유기적인 상호 구성적 통합을, 한 주체와 다른 주체 사이의 정서적 친밀감의 관계, 경제적 노동의 관계, 정치적 연대성의 관계를 가능케 하는 실체적인 원리로 간주한다는 점에서, 상호주관성 이론의 면모를 띠는 공동체주의적 모델로 분류될 수 있다. 이런 정황을 염두에 두고 아래에서는, '타자'와 '사회'라는 두 성분을 중심으로 헤겔이 근대적 주체의 자기인식, 자기규정 및 자기실현에 관해 어떤 사회정치철학적 테제들을 개진하는지를 살펴볼 것이다.

1. 먼저 고대 그리스의 아름다운 인륜성의 한계에 대한 헤겔의 진단을 살펴본다. 헤겔은 그리스 세계에 대한 강한 동경과 열망을 갖고 있었지만, 이 전근대 세계의 인륜적 정신이 어떤 이유로 비극적 종말을 맞이했는지를 철저하게 인식한 사상가이기도 하다. 헤겔의 이 비판을 특징짓는 테제는, '인륜적인 사회공동체는 그것에 대해 거리를 두는 반성적 사유의 작용을 수행하는 개인이 없이는 결코 명맥을 유지할 수 없다'는 것이다.

2. 그러나 헤겔은 동시에, '사회 없이 자란 개인들의 손에 의해서는 결코 진정한 의미의 사회가 구성될 수 없다'는 테제를 낸다. 헤겔의 이 입장을 확인하기 위해 우리는, 사회공동체를 개인들의 계약을 통해 '만들어지는' 인공적 창조물로 그리는 근대 사회계약론

에 대한 헤겔의 비판을 살펴본다.

3. 이어서 『정신현상학』의 「자기의식」장에 등장하는 헤겔의 "인정" 개념을 살펴볼 것이다. 여기서 개진된 헤겔의 테제는 다음과 같다. '동물과 달리 인간은 자기 자신이 누구인지를 알고자 하는 열망을 지니고 있는 존재이며, 이 자기의식에 대한 열망은 오직 나의 존재 의미와 가치를 보여주는 타인이 실재할 때에만 충족될 수 있다.'

4. 헤겔이 『법철학』에서 근대의 자유로운 주체를 "타자 안에서 자기 자신"이기를 적극적으로 바라는 개인이라고 칭하는 것 또한 인정 개념과 같은 문맥에 속한다. 그리고 헤겔이 이 저작에서 꼽는 세 가지의 인륜적 공동체—가족, 시민사회, 국가—는 타자의 곁에서 자기 자신이 되는 법을 배우고 실현하는 객관적이고도 실체적인 삶의 지평으로 간주될 수 있다. 우리는 헤겔이 인륜적 공동체에 관해 어떻게 서술하는지 살펴보고, 그의 접근법의 한계 또한 간략히 비판해볼 것이다.

1 | 안티고네의 비극:

반성적 사유의 주체가 없는 전근대적 형상의 인륜적 공동체는 자신의 명맥을 유지할 수 없다

헤겔은 인간이 먼저 자신이 속한 사회공동체 안에 주어진 규범을 받아들이고 배움으로써만 성숙한 이성적 개인으로 성장할 수 있다는 입장을 방어한다. 그러나 헤겔은 또 역으로, 주어진 사회공동체의 규범을 단지 '일방적으로' 내면화하는 태도는 주체의 죽음이라는 "비극"을 초래할 수밖에 없다는 입장을 견지한다. 『정신현상학』의 「정신」장에 등장하는 안티고네[3]에 관한 서술은, 헤겔이 지니고 있는 이 후자의 입장을 흥미롭게 보여주는 대표적인 서술에 해당한다.

헤겔은 이 서술에서 안티고네를 혈족공동체를 지배하는 "신적 법칙"을 한 치의 의심도 없이 절대적으로 따르는 인물로 해석한 것으로 유명하다. "신들의 확고부동한 불문율", "그 불문율들은 어제 오늘에 생긴 것이 아니라 영원히 살아 있고, 어디서 왔는지 아무도 모르기 때문이지요."[4] 이는 헤겔이 여러 차례 반복적으로 인용할 만큼 중시했던 안티고네의 극 중 대사이다. 이 대사는 소포클레스의 비극작품의 주인공인 안티고네가 어떤 인물인지를 잘 보여준다. 그녀는 자신이 나고 자란 혈족공동체야말로 내 삶의 의미와 가치를 결정짓는 중차대한 토양이라고 믿는다. 또 이 혈족공동체의 일들을 관장하는 신들이 부과한 법칙, 특히 죽은 혈족의 장례를 치러 그의 명예를 지켜주어야 한다는 법칙은 결코 의심과 회의의 대상이 될 수 없는 절대적으로 올바른 것이라고 믿는다.

그런데 흥미로운 사실은, 헤겔이 안티고네의 적대자인 크레온도 정확히 같은 논리에 따라 움직이는 인물로 이해한다는 것이다. 크레온 또한 작중에서, 폴리네이케스의 장례를 금하는 명령이 결코 자신의 "자의"에 따른 것이 아니라 국가공동체의 필연성에서 비롯된 것이며, 국가의 일은 그것을 굽어보는 신, 즉 제우스의 명령에 따라 관장된다고 말하기 때문이다.[5] 크레온은 자신에게 이미 제우스의 이름으로 주어져 있는 국가경영의 법칙에 충실히 복종하는 것이 자신의 소임이라고 주장한다. '민족의 안녕'을 촉진하기 위해서는 '민족의 불화'를 예방해야 한다는 법칙. 폴리네이케스의 장례를 금지하는 그의 칙령은, 국가공동체가 존재한 이래 영속적으로 있어 왔던 절대적 법칙을 현재의 구체적 상황에 공정하게 적용하기 위해 포고되었다는 것이다. 크레온을 보는 헤겔의 시선도 여기에 맞춰져 있다.

이처럼 헤겔에게 안티고네와 크레온은 첫째, 태어날 때부터 주어져 있었던 혈족 혹은 국가라는 전체와의 관계 속에서 살아갈 수밖에 없도록 결정돼 있다는 사실을 인간적 삶의 근본 조건으로 받아들이는 인물들로 해석된다. 그리고 둘째, 헤겔은 이들을 자신에게 주어진 한 공동체에서의 역할 마스크를 자신의 얼굴과 동일시하고 이 공동체의 목적을 자기 삶의 목적 자체로 삼는 데 어떠한 주저함도 망설임도 없는 인물들, 즉 내적 분열 없는 자기동일성을 소지한 자들로 이해한다. 셋째, 그런데 이 두 인물이 자신에게 주어진 공동체의 인륜적 법칙을 향해 일체의 주관적 반성을 생략하는 캐릭터들이라는 것은, 그들의 자기동일성이 내적으로 어떤 성질을 띠는지에 관한 중요한 정보를 준다. 그들은 자기 안의 우발적인 욕구나 충동 같은 자연적 본성의 부분과 인륜적이고 본질적인 이성의 부분 사이에서 갈등하는 인물들이 아니다. 왜냐하면 그들은 이미 공동체의 목적과 자기를 동일시하는 완성된 성격을 가지고 있어서 이 두 부분 사이에서 일어날 수 있을 모종의 대립과 갈등을 해결하기 위한 자기 반성을 수행할 필요를 느끼는 인물들이 아니기 때문이다. 그런데 넷째, 안티고네와 크레온의 내면이 이렇게 견고하게 통일되어 있다는 것은, 그들의 타자관계가 어떠할지에 대해서도 중요한 시사점을 준다. 그들은 자기 내적으로 완전하게 통합돼 있기 때문에, 타자를 포함한 모든 외면적 요소들로부터 어떤 영향도 받지 않고 오직 자신 스스로의 확신에 따라서 자기 공동체 전체의 목적만을 위해 행위한다. 즉 안티고네와 크레온은 자신들이 따르는 공동체의 법칙에 의해 명령되는 삶의 형식이 아닌 다른 인륜적 삶의 형식 쪽으로 건너가지도 않으며 그것을 자기의 것 속으로 포괄하지도 않는다.

바로 이런 이유 때문에 헤겔은 고대 그리스의 인륜성의 정신을 체현한 안티고네(와 크레온)에게 그토록 강한 경탄을 표한다. 그러나 또한(!) 역설적이게도 바로 이 사실 때문에, 헤겔은 그들이 사실상 참으로 인륜적인 공동체적 성원으로서의 면모를 상실하는 비극적 운명에 빠진다고 진단한다. 이것이 이른바 '인륜적인 것 속의 비극'에 대한 헤겔의 비판이다. 헤겔의 이 비판에 따르면, 동굴에 유폐된 채 죽음을 맞게 되는 안티고네의 비극적 숙명도, 자신의 아들과 아내의 연이은 죽음을 목격하고 그 스스로도 와해되기에 이르는 크레온의 비극적 숙명도, 외부의 요인이나 사건으로 인해 우연하게 일어나는 것이 아니라, 그들 자신이 지니고 있던 내적 본질로 인해 필연적으로 결정돼 있는 사태이다.

헤겔은 자신의 이 비판적 진단을 안티고네와 크레온의 "행위"[6]에 초점을 맞춰 기술하는데, 그 요지는 다음과 같다. 소포클레스의 『안티고네』에서 두 주인공의 행위는 상대와 전면적으로 충돌하는 방식으로 수행될 수밖에 없다. 크레온은 국가의 수장으로서의 인륜적 의무를 반드시 이행해야 하기 때문이다. 따라서 그는 국가의 반역자인 폴리네이케스의 시신이 매장되지 못하도록 금해야 하며, 이 금지를 위반한 안티고네의 행위 또한 단호하게 처벌해야 한다. 안티고네 측에서도 사정은 마찬가지이다. 그녀도 혈족공동체의 대변자로서 자신의 인륜적 의무를 반드시 이행해야 하며, 따라서 크레온의 칙령을 위반하고 폴리네이케스의 시신을 매장함으로써 지하의 신들과 친족 전체에게 경의를 표해야만 한다. 이렇게 안티고네도 크레온도 완전한 확신을 가지고 또 자발적으로 상대와의 타협 없는 충돌 속으로 뛰어든다. 그러나 문제는 이렇게 각자의 의무를 충실히 실행하자마자 그들이 해소할 길 없는 '정당성' 싸움에 곧장 회부된다는 데 있다. 그들이 실행하는 인륜적 의무들은 내용적으로 이율배반의 관계에 있기 때문에, 그것을 실행에 옮기는 순간 안티고네와 크레온은 '너의 행위의 올바름과 그것을 명령한 네 인륜적 법칙의 타당성을 증명하라'는 상대의 요구에 필연적으로 봉착하게 되기 때문이다. 그러나 이들은 자신의 공동체와 조금의 반성적 거리도 없이 직접적으로 동일시된 존재들이기 때문에, 상대가 제기한 이 타당성 입증의 요구에 응할 수 있는 역량이 없다. 때문에 이들은 계속해서 자기에게서는 옳음을, 상대에게서는 불의를 보는 태도를 고집할 뿐이다. 즉 안티고네는 시종일관 크레온이 "인간의 가차없는 폭력행위"를 자행한다고 비난하며, 크레온은 반대로 안티고네의 "내면화된 독자존재의 아집과 불복종"만을 계속해서 비난한다.[7] 이렇게 각자의 성실한 인륜적 의무에서 출발한 이들은 극단적인 상호 비방만을 끝없이 일삼는 폐쇄적이고도 비윤리적인 면모를 보이는 쪽으로 몰락해간다.

이와 같은 사정은, 안티고네나 크레온처럼 반성적 사유 없이 공동체와 절대적으로 동일시된 개인은 참된 윤리적 주체로 남을 수 없으며, 변경 불가능하다는 일념 하에 절대적으로 지켜지는 공동체의 인륜적 규범 또한 참으로 보편적인 규범으로서의 명맥을 유지할 수 없음을 보여준다. 안티고네와 크레온은, 자신이 내면화한 인륜적 규범과 그에 따라 실행된 내 의무의 올바름과 그 보편적인 타당성을 입증해야 할 위기 상황에서 오히려 대화 상대자를 질적으로 폄하하거나 비난하면서 그의 '평가 자격'을 박탈하는 식으로 대응할 뿐이다. 즉 그들은 자신이 대변하는 공동체의 일반적 실체성을 증명해야 할 순간에 오히려 자신을 제외한 주변의 타인들을 이 공동체의 정신에 무지하고 무관심한 자들로 비난하면서, 자신의 공동체를 비(非)공통의 것으로 전락시킨다. 이렇게 반성적 사유와 상호 대화의 역량을 가진 '개인'의 부재는 인륜적 '공동체'의 비극적 몰락을 가져온다.[8]

2 | 근대 사회계약론의 맹점:

사회 없는 자연 상태의 개인들의 손에 의해서는 결코 참된 사회가 세워질 수 없다

안티고네의 비극에 관한 비판적 진단을 통해 헤겔은, 참된 의미의 사회적 공동체가 있기 위해서는 역설적이게도 사회공동체의 위력과 권한에 대해 거리를 둘 수 있으며 자신의 관점에서 반성적으로 사유하고 판단할 수 있는 개인이 있어야 한다는 점을 시사한다. 그렇다면 이는 사회가 '개인'들의 손에 의해 창조되고 구성되는 산물 혹은 작품으로 간주되어야 함을 의미하는 것일까? 헤겔 당대의 대표적인 정치철학적 모델이었던 사회계약론은 이 물음에 긍정으로 대답하고자 했던 기획이었다. 그러나 헤겔은 예나 시기에 작성한 「자연법의 학적 취급방식에 관하여」라는 논문에서 이런 사회계약론적 시도들을 강하게 비판한다. 이 비판을 통해 헤겔은, '사회 없는 순수한 자연의 상태'란 사실상 존재할 수도 없는 이론적 가상에 불과하며, 만에 하나 그런 상태를 우리가 상정할 수 있다손 치더라도 소위 '순수 자연상태의 원자적 개인'들의 손에 의해 이룩되는 '사회'란 진정한 의미의 참된 사회일 수도 없다는 입장을 개진한다. 헤겔은 이 논문에서, 특히 홉스와 로크로 대표되는 경험주의적 자연법 이론과 칸트와 피히테가 개진한 이성적/초월론적 자연법 이론을 차례대로 가격하는 양 날개 비판을 선보이는데, 여기서는 특히 전자에 대한 헤겔의 비판을 중심으로 그의 입장의 핵심을 살펴보도록 하자.

첫째, 헤겔은 자신의 비판에서 먼저, 홉스나 로크와 같은 경험주의적 자연법 이론가들이 구체적으로 경험되는 사회적 삶으로부터 2차적 규정들로 간주되는 모든 것을 삭제하고 그들이 가장 근본적이라고 여기는 성분만을 남겨서 자연 상태라는 그림을 만들어낸다는 사실에서 출발한다. 자연 상태 그림의 핵심을 이루는 이 성분은 아직은 내용적으로 비어 있고 규정돼 있지 않은 힘, 그러나 그 무-제약성이라는 본질적 특성에 힘입어 모든 방향으로 확장될 소질을 뜻하는 힘이다. 가령 홉스에게는 '권력의 증대를 통해 자기를 보존하려는 충동'이 자연 상태의 핵심적 성분인 힘이다. 반면 로크에게는 '외부세계를 개작함으로써 자신을 유지할 수 있는 능력'이 자연 상태의 인간에게 본질적인 힘이다. 그러나 각각의 사회계약론자들이 상정하는 자연 상태의 인간의 '본질'이 이처럼 내용적으로 상이하게 정의된다는 점에서도 잘 드러나듯이, 이들이 순수한 원형적 인간의 가장 필연적이면서도 절대적인 성질을 무엇에서 찾는지는 사실상 **자의적**이다. 헤겔이 보기에 이는 이들이 소위 자연 상태라는 이름으로 제시한 것이 실은 역사와 사회 이전에 정말로 존재했던 순수 자연의 원형적 상태가 아니라 오히려 현존하는 사회 상태로부터 비본질적이라고 간주된 성질들을 배제함으로써 사후적으로 얻어낸 인공물이기 때문이다. 즉 그들이 설정하는 '사회 이전의 자연'이란 실은 '자연 이후의 사회'에 대한 경험에 기반해 만들어낸 가상이다.[9]

둘째, 헤겔은 모든 사회계약론적 모델이 자연 상태로부터 사회 상태로 이행하기 위해서, "전쟁 상태"라는 중간 항을 경유한다는 사실에 관해서도 문제를 제기한다. 사회계약론은 자연 상태에 있는 인간의 본성을 '모든 방향으로 아무 제약 없이 뻗어나가는 무규정적 힘'에서 찾기 때문에, 전쟁 상태에 대한 이야기는 필연적으로 따라올 수밖에 없다. 가령 로크는 우선 나의 신체와 손을 이용해 외부세계를 개작함으로써 나 자신을 자족적/자립적으로 유지할 수 있는 역량을 자연 상태의 인간에게 본질적인 힘으로 추출해내며 논의를 시작했기 때문에, 자연 상태 안의 원자-인간이 점차 겸손한 자족성의 일차적 상태를 떠나 보다 많은 것을 점유하려는 욕망으로 이행하는 과정을 묘사한다. 이는 거의 필연적인 행보인데, 왜냐하면 이 욕망이야말로 외부세계를 개작함으로써 자기 것으로 삼을 수 있는 저 원초적 힘이 정합적으로 확장될 때 나타나는 주관성의 형상이기 때문이다. 이 욕망이 출현한 이상 충돌과 전쟁이 뒤따라 일어나면서 자연 상태가 일반적 불평등의 상태로 변하는 것은 이상한 일이 아니다. 홉스에게도 사정은 마찬가지이다. 홉스가 자연 상태의 인간의 실체적 본질을 자기보존의 충동에서 찾았고, 이 자기보존의 충동을 지닌 인간을 외부의 다른 타자의 힘을 빼앗고 흡수함으로써 자기 자신의 힘을 무한히 증대시키고자 하는 개별적이고 원자적인 존재로 상정한 이상, 자연 상태는 원리적으로 만인의 만인에 대한 투쟁의 가능성과 죽음에 대한 공포를 내포할 수밖에 없다. 이처럼 "서로를 파괴하는 전쟁"[10]은 모든 경험주의적 자연법 사상가들의 논의 안에서 필연적으로 나타난다.

셋째, 이와 같은 연유로 필연적인 전쟁의 위험이 묘사된 이상, 이로부터 연역되는 사회 상태는 부정적인 성격을 띠는 것으로 그려질 수밖에 없을 것이다. 즉 사회계약론은 자연 상태에서 출발하여, 거기서 필연적으로 불거지는 전쟁 상태를 경유함으로써, 이 전쟁의 상태를 예방하거나 제압하기 위한 '부정적인 힘'을 소지한 사회 상태 즉 국가의 정립을 필연적인 귀결로 연역해낸다. 그리고 여기서 이 국가 상태의 정립은 자연 상태의 원자적 개인들의 계약과 협약의 과정을 통해 이룩되는 것으로 그려진다. 그러나 헤겔은 이런 접근법을 여러 견지에서 비판한다. a) 이는 우선 논리적으로 이율배반의 오류를 범하기 때문에 문제가 있다. 즉 사회계약론자들은 자연 상태의 인간을 사회적인 것을 전혀 소지하고 있지 않은 순수 원자적 개인으로 상정하면서 논의를 시작했음에도 불구하고, 그와 '동시에' 또한 계약을 통해 사회적 질서를 정립할 줄 아는 공동저자로도 그린다. b) 뿐만 아니라 헤겔이 보기에, 이들 자연법 이론 안에서 계약과 협약의 산물로 그려지는 국가는 규범적인 차원에서도 진정한 정치적 국가로 간주되기에는 문제가 있다. 왜냐하면 사회계약론적 모델 안에서 계약과 협약의 산물로 그려지는 국가는, 무-제약적으로 자기를 확장하려는 원자-인간들의 순수한 힘의 전면적인 확장을 막아주는 강제의 체계로, 즉 각자에게 알맞게 주어져야 할 법적으로 허용된 공간을 구획해주는 외적인 힘으로 작용하기 위해서 설립되기 때문에, 지극히 부정적인 성격을 띠는 데 그치기 때문이다.

이처럼 17세기의 경험적 자연법 사유 안에서 인간의 본성은 '처음에는' 무규정적이고 제약될 수 없는 확장성의 소질을 간직한 순수 힘으로 추출되지만, 바로 그 때문에 역설적이게도 '마지막에는' 그들 위에 서 있는 권력에 의해서 똑같이 제한되어야 할 것이 된다. 경험주의적 자연법 이론 및 사회계약론에 대한 헤겔의 비판은 결국, 순수한 원자적 존재로 이해된 개인을 출발점으로 하여 사회를 구성하려는 접근법을 통해서는 진정한 의미의 사회적 통합이 이룩될 수 없다는 사실을 겨냥한다.

3 | 상호인정을 통한 주체의 자기의식:

인간은 나를 위해서 자신을 제한하는 타자를 통해서만 나를 안다

인간을 하나의 순수한 원자로 보는 관점에 대한 헤겔의 이런 비판은 다음과 같은 강한 사회존재론적 확신 위에서 쓰여진 것이다. 자아는 거기에 달라 붙어 있는 온갖 타자성을 제거하고 떼내는 부정을 통해서 추출해내야 할 하나의 순수한 원형질 같은 것이 아니라, 타자성과의 관계 속에서만 구성되고 형성될 수 있는 종합물이다. 그러므로 "나는 나이다"[11]라는, 어떠한 이질적 타자성의 성분도 포함하지 않는 하나의 순수한 '자기동일성'의 정식은 역설적이게도 '나'에 관해 아무것도 말해주지 못한다. 인간은 오직 타자와의 관계를 통해서만 비로소 내가 누구인지를 알 수 있는 존재이기 때문이다. 헤겔의 이런 입장을 가장 명시적으로 드러내주는 개념이 바로 "인정"이다. 이 개념은 주지하듯 『정신현상학』의 「자기의식」장에 등장한다. 여기서 헤겔이 인정 개념을 통해서 어떻게, '나 자신에 대한 앎'은 반드시 '타자'라는 대상을 통해서만 성립될 수 있다고 말하는지를 살펴보자.

헤겔은 먼저, 자기의식은 문자 그대로 자기 자신을 대상으로 하는 의식을 뜻한다고 말한다. 이는 자기의식이 두 가지 모순적 요건을 동시에 충족할 수 있어야 함을 의미한다. a) 우선 자기의식은 (비록 자기를 대상으로 한다 할지라도) 틀림없는 '의식'이다. 그런데 의식은, 인식하는 주체와 인식될 대상의 차이와 거리를 전제할 때에만 성립한다. 그러므로 자기-의식이 있으려면 우선, 인식주체 나와 충분히 구분되어 실재하는 대상, 즉 감각적으로 지각되는 대상이 있어야만 한다. 즉 의식으로서의 자기의식이 있으려면, 인식주체-나와 구분되는 대상, 즉 "존재의 형태"를 띠는 "직접적인 대상"이 필요하다.[12] b) 그러나 반대로, 자기의식은 내 바깥에 주어진 외적 대상들에 대한 의식과는 질적으로 다른 "새로운 형상의 앎"[13]이고, 그것의 본질은 자기를 대상으로 하는 앎, 즉 내가 나를 바라보는 앎이라는 데 있다. 즉 자기의식은 단지 자기 자신만을 자신과 구분하기 때문에, 자기의식에게는 직접적으로 다른 것으로 주어져 있는 외적 대상과의 차이는 지양된다. 즉 대상과의 구별은 존재하지 않아야 한다.[14] 왜냐하면 자기의식에게 대상이 있다면 그 대상은 오직 '자기 자신' 뿐이어야 하기 때문이다.

그렇다면 자기의식이 갖추어야 할 이 두 모순적 조건은 어떻게 동시에 충족될 수 있는가? 이에 대한 우선적인 대답은, 나와 구분된 채로 '있는' 외부 대상을 '없애면서' 나 자신을 보는 '부정적' 활동이 있어야 한다는 것이다. 이 부정적 활동을 직관적으로 보여주는 개념이 바로 "욕망"이다. 욕망의 본질은, 나(에게 채워지지 않은 무언가, 즉 나의 부족)만을 보기 때문에, 나와 구분되어 존재하는 외부의 어떤 대상을 보고, 그것을 (자립적인 존재 그대로 두지 않고) 지양하면서 나를 채우는 것이기 때문이다. 그러므로 현재까지의 내용을 아우르는 중간결론 격으로 헤겔은 우선 "자기의식은 여하간 욕망이다"[15]라고 말한다. 욕망하는 자아는 대상과 세계를 객관적/가치중립적으로 바라보는 태도를 거부하고 자기 자신의 관점만을 안다는 점에서 일견 강력한 자기의식의 소지자인 것처럼 보인다. 그러나 이 강력함은 사실상 그가 채워야 할 결여와 부족의 발로이다. 즉 그는 아직 온전하게 채워져 있지 않은 부족 상태의 나를 자각하며 알고, 그렇기 때문에 자신의 이 부족을 메워줄 외부의 다른 실재 대상을 부정적/파괴적 시선으로 바라보는 주체다. 바로 이 점에서 헤겔의 욕망 개념은 주체발생 초기단계의 유아적 상태에 상응된다고도 말할 수 있을 것이다.[16] 그런데 헤겔은 이 욕망의 운동 안에서 반드시 어떤 결정적 "경험"[17]이 나타나게 되고, 인간은 그 덕분에 성숙한 자기의식적 주체가 된다는 것을 보여주는 논의로 곧 이행한다.

그렇다면 욕망하는 자아가 필히 마주하게 된다는 이 경험이란 무엇인가? 헤겔이 대상파괴적인 욕망을 지속하다 보면 자아가 필연적으로 겪을 수밖에 없다고 보는 이 경험은 일종의 학습경험이라고도 부를 수 있는 것으로, 욕망의 주체로 하여금 종래 자기의 상태를 근본적으로 패러다임 전환하도록 만드는 계기를 준다. 이 경험은 한마디로 "대상의 자립성에 대한 경험"[18]이다. 즉 내 욕망이 정말로 만족되려면, 내가 그간 믿어 왔던 것과는 정반대로 '내가 결코 파괴할 수 없고 부정할 수 없을 정도로 자립적인 대상이 실재해야 한다'는 경험이다. 현재 욕망의 주체는 해당 대상을 파괴하고 **부정**함으로써 나 자신을 확증하고 증명하려는 자이다. 즉 그가 자기확실성을 참으로 확증하려면 자신과 무관하게 자립적인 다른 것을 파괴하고 없애야 한다. 그러므로 자신과 무관하게 자립적인 다른 것이 없으면, 그는 더 이상 자기확실성을 참으로 확증할 수가 없다. 이렇게 현재의 욕망의 주체는 비록 자신이 대상의 무가치함과 무실성을 증명하고 있다고 믿을지 몰라도, 사실은 자기 자신이 오히려 "대상에 의해 제약돼 있다".[19] 이렇게 욕망하는 자아는, 그의 대상파괴적인 욕망의 운동 안에서, 자신의 확실성은 전적으로 '대상의 자립성'에 달려 있다는 사실을 경험하지 않을 수 없다.

헤겔은 바로 이 지점에서, 욕망하는 자아는 이런 사정 때문에 사물과 물질을 파괴함으로써 나를 채우려는 대상파괴적인 욕망의 문법을 떠나, 내가 파괴할 수 없는 자립적인 대상과 마주할 때에만 만족될 수 있는 욕망의 지평으로 옮겨간다는 귀결을 이끌어낸다. 따라서 대상을 먹어 치우면서 나에게 동화시키고 소화해 없애려는 '동물적 욕망'으로부터 '정신적 통일'에의 욕망으로의 이동이 일어난다. 이는 자립적인 대상이 그것의 자립적 방식에 따라 보여주는 나를 보려고 하는 욕망이다. 욕망의 운동 안에서 일어나는 이 욕망의 패러다임 변동을 우리는 '대상파괴적인 동물적 욕망'으로부터 '파괴 불가능한 자립적 대상과 통일되려는 욕망'으로의 이행이라고 부를 수도 있을 것이다. 후자의 욕망이 헤겔적 인정 구상의 핵심 모티브이다.

그렇다면 이런 새로운 욕망의 만족을 가능하게 하는 그 자립적 대상이란 무엇인가? 이 대상은 한편으로는 주체인 나에 의해 파괴될 수 없는 자립성을 갖고 있어야 하면서도 동시에, 다른 한편으로는 나로 인해서 지양되는 대상이어야 할 것이다. 즉 이런 대상은 나를 위해서 자신 스스로를 부정하고 지양해'주는' 존재여야 한다. 물론 무언가를 위해서 자신을 스스로 부정해주고 제약할 줄 아는 존재는 오직 인간밖에 없다. 그러므로 현재의 맥락에서 요구되는 이 자립적 대상은 타자, 그것도 나를 위해서 그 자신을 몸소 지양하고 제약함으로써 그의 현존을 통해 내 존재의 의미와 가치를 보여주는 타자이다.

그러나 헤겔의 '자기의식'에 대한 논의는 여기에서 끝나지 않는다. 여기까지는 헤겔의 이야기의 절반에 불과하다. 나를 위해서 그 자신을 스스로 부정하고 제약하는 타인 덕분에, 나는 내 존재의 의미와 가치를 객관적으로 인지하고 자각할 수 있다는 것. 이것이 지금까지 전개된 이야기의 전부이다. 만일 헤겔이 여기서 그친다면, 그의 자기의식론은 한 사람이 일방적으로 다른 사람을 위해서 자기를 희생하고 제약하는 비대칭적이고도 불균형한 모델에 불과할 것이며, 이는 '나의 자기의식의 형성은 항상 타인의 자기의식의 부정 혹은 상실을 수반할 수밖에 없다'는 폭력적인 이야기 이상이 될 수 없을 것이다.

그러므로 헤겔은 한 발 더 나아가, 나를 위해서 그 자신을 스스로 부정하고 지양하며 제약하는 이 '타자'는 나와 마찬가지로 동일한 자기의식적 존재여야 한다는 단서를 덧붙인다. 즉 그 타자 역시도 나를 통해서 그 자신의 의미와 가치를 발견하고 자각하는 과정 속에 있어야 한다. 달리 표현하면, 나 자신도 내 곁의 이 타자를 위해서 몸소 나 자신을 제약하고 부정하는 작용을 행해야 한다. 이를 통해 이 타자 역시도 (그를 위해서 하는 나의 이 자기제약과 자기부정 덕분에) 자신의 존재 의미와 가치를 객관적으로 자각하고 경험할 수 있어야 한다. 바로 이렇게 서로를 향해 서 있는 주체들이 행하는 작용, 즉 내 곁에 있는 이 타자를 위해서 나 자신을 스스로 부정하고 제약하는 작용, 그것도 양측에서 동일하게 대칭적으로 나타나는 이 작용을 일컫는 헤겔의 개념이 바로 인정이다. “일방적인 행함은 아무 쓸모가 없다. [현재] 일어나야만 할 것은 오직 양측[의 동시적 행함]에 의해서만 이루어질 수 있기 때문이다.”[20]

이처럼 한쪽 주체만 상대를 위해서 자신을 부정하고 제약하도록 구조화되어 있는 관계는 헤겔에 따르면 결코 인정의 관계로 분류될 수 없다. 즉 전근대 시기에 실재했던 노예와 주인의 관계나, 현대 사회에 만연해 있는 ‘갑을 관계’처럼 한 측은 다른 한 측을 일방적으로 ‘인정하기만’ 하고 한 측은 다른 한 측에 의해 일방적으로 ‘인정받기만’ 하는 절대적으로 비대칭적이고 불평등한 권력 관계 안에서 인간은 ‘나 자신이 누구인지, 내 존재의 의미와 가치는 무엇인지’를 객관적으로 보게 해주는 인정의 경험을 조금도 얻을 수 없다. 그리고 이는 노예나 을의 처지에 있는 사람에게만 해당되는 말이 아니다. 헤겔에 따르자면, 자신의 상대를 조금도 ‘인정하지 않고’ 오직 그 상대로부터 ‘인정받기만 하는’ 자, 즉 주인과 갑의 자리에 자기를 놓는 이들이야말로, 자기를 제약하고 제한하는 기회를 얻지 못하는 까닭에, 더욱더 쉽게 부패하고 몰락하며 부자유의 늪으로 빠져든다.

4 | 가족, 시민사회, 국가:

주체들의 상호 관계를 위한 객관적 규범이 현존하는 인륜적 공동체가 있다

앞서 살펴본 바와 같이 헤겔의 인정 개념은 인간은 서로를 위해서/서로를 향해서 자기 자신을 스스로 제한하는 상호관계 안에서만 내 자신의 의미와 가치를 인지할 수 있는 존재라는 통찰을 담고 있다. 그런데 헤겔은 인간이 서로의 곁에서 스스로 감행하는 자기제한을 비단 나를 '인식'할 수 있게 해주는 조건으로 여길 뿐 아니라, 참으로 자유로운 나를 '실현'할 수 있게 해주는 필수적인 요건으로도 간주한다. 헤겔의 객관정신의 철학을 담고 있는 『법철학』의 「서론」에 등장하는 "자유의지"에 관한 인상적인 서술[21]은 바로 이 통찰을 담고 있다. 여기서 헤겔은 참으로 자유로운 나를 실현하려는 주체는 궁극적으로 "타자 안에서 자기 자신"(im Anderen bei sich selbst sein)[22]이기를 원하는 주체라고 말하는데, 이는 곧 『정신현상학』에 등장했던 인정의 개념과 궤를 같이하는 표현이라고 할 수 있다.

그런데 주의할 점은 헤겔의 객관정신의 철학을 담고 있는 『법철학』에서는, 타자 안에서 자기 자신이기를 바라고 희망하는 의지를 소지한 주체들이 단순히 친밀한 감정이나 주관적 정서만을 기반으로 서로에게 이끌리는 것처럼 그려지는 대목을 거의 찾아보기 힘들다는 점이다. 정서적이고도 친밀한 감정은 그 유래의 측면에서 볼 때 우발적이며, 그 지속의 측면에서 볼 때에도 단발적이기 때문이다. 주체들의 상호관계는 보다 안정적이고 객관적인 지평 위에서 견고하게 그리고 안정적으로 보장될 수 있어야 한다. 이런 통찰이 담겨 있는 헤겔의 객관주의적인 입론이 바로 "인륜성" 이론이다. 여기서 헤겔은 타인을 내 삶에 본질적이고도 중요한 존재로 인정하는 주체들, 즉 서로를 위해 자기제한을 감행하고 이를 통해 함께 자기실현을 이룩하는 주체들을 '일반적인 상호인정의 규범과 사회적 책무의 문법이 객관적으로 통용되는 공동체'의 성원들로 재정의한다. 바로 이것이, 기분이나 감정과 같은 주관적인 성분들에만 기초해 있는 상호관계가 지닌 한계—즉 우발적으로 깨지기 쉽다는 취약성, 그리고 두 사람만의 관계 속에 함몰되어버릴 수 있다는 폐쇄성, 그리고 비이성적인 측면으로 기울기 쉽다는 위험—에서 자유로운 참된 상호주관성 모델을 설계하려는 헤겔의 대안적 경로라고 할 수 있다.

그러므로 헤겔의 인륜성 이론은 이미 실재하는 가족, 시민사회, 국가라는 세 형상의 사회공동체 안에 "즉자 대자적"으로 존재하는 "객관적인 것"[23], 즉 인륜적 실체성을 지닌 객관적 규범에 대한 언급으로 시작된다. 현존하는 이 사회공동체 안에는 모든 성원에게 위력을 발휘하는 일반적인 인정의 문법이 실재하며, 이 객관적인 인정 규범의 "필연성"이 "개인들의 삶을 통치한다."[24] 물론 근대 세계에서는, 이런 사회공동체 안에 실재하는 일반적인 인정의 객관적 규범들이 개인들의 삶을 다스리는 유일한 가능 방식은 개인들 각자의 자발적인 의지와 승인을 통하는 것뿐이다. 즉 사회공동체 안에 실재하는 일반적인 객관적 규범은, 개인 스스로가 그것을 적합하게 인식하고 그것의 타당성을 자발적으로 승인할 때에만, 명맥을 유지할 수 있다. 요컨대 공동체 안에서 통용되는 규범적인 인정의 문법과 사회적 관계의 패턴은, 그것을 '나의 것'으로 실질적으로 전유하고 '서로의 사이에서' 적극적으로 표현하는 성원들이 있을 때, 비로소 그 본연의 의미와 가치를 유지하며 존재할 수 있다.

물론 헤겔은 사회공동체 안에 객관적으로 실재하는 일반적인 인정의 규범이 이처럼 개인들에게 받아들여지고 그들 사이에서 표현되는 과정은 필연적으로 성립될 수밖에 없다는 입장을 지니고 있다. 왜냐하면, 헤겔에 따르면, 개인은 오직 이 방식으로만 비로소 사회적 존재가 '될' 수 있으며 사회적 삶의 자유를 객관적으로 향유할 수 있기 때문이다. 즉 인간은 사회 안에서 '공적으로 인정된' 가치체계와 사회적 관계의 규범을 스스로의 동기 체계 안으로 내면화하는 "훈육"(Zucht)[25]과 이렇게 학습된 자신의 규범적 태도 방식을 타인들과의 상호관계 안에서 객관적으로 표현하는 행위를 통해서만 자유의 주체가 될 수 있다. "개인들의 자유의 확신은 [인륜적 현실이라는] 그러한 객관성 안에서 자신의 진리를 지니며, 개인들은 인륜성 안에서 자신만의 고유한 본질과 내면적 보편성을 참으로 지니기 때문이다."[26] 그러므로 헤겔은 공동체 안에 주어진 객관적인 사회적 인정 규범의 "권위와 위력"[27]을 인정하면서 그것을 나의 것으로 삼는 '전유'의 작용을 결코 맹목적이거나 수동적인 현실 순응의 태도가 아니라 '자유'의 주체가 됨으로써 타자 안에서 자기 자신으로서의 삶을 영위하려는 적극적이고도 자율적인 의지의 표현으로 이해한다.

이 사실에서 출발해 개인적 자유 실현을 위한 안정적인 지평을 축조하고자 하므로, 헤겔은 가족, 시민사회, 국가라는 세 가지 인륜적 공동체 영역을 논의의 중심에 둔다. 인간은 가족 공동체의 지평 안에서 나만의 한갓된 자연적 충동에서 벗어나 타인들과 원만하게 관계하는 데 필요한 정서적 규범을 배우고 원만한 내면적 동기체계를 정립함으로써 사회적 존재로 성장한다. 또한 인간은 시민사회 안에서 벌어지는 각종 경제적 실천들에 참여함으로써 시장에서 객관적으로 통용되는 일반적인 규범을 배운다. 그리고 이를 통해 타인의 욕구와 노동을 인정하면서 그들과 상호관계를 맺을 수 있게 된다.[28] 마찬가지로 우리는 자신이 속한 국가 안에서 통용되는 각종 정치적 규범들을 경험하고 익힘으로써, 우리 모두의 보편적 관심사를 자신 스스로의 목적으로 추구하려는 심정을 형성할 수 있게 되며, 이를 통해 우리 나라의 다른 동료 시민들을 나와 동일한 문화적 토양을 공유하는 이들로 인정할 수 있게 된다.[29] 이렇게 헤겔은, 우리 삶에 중요하고 핵심적인 세 가지 공동체의 영역 안에서 객관적인 사회적 규범을 체득하고 내면화한 주체만이, 타자 안에서 자기 자신으로서의 삶을 영위해갈 수 있는 소통적 자원과 윤리적 태도의 역량을 발휘할 수 있다는 입장을 피력한다.[30]

5 | 나가는 말

헤겔의 이론은 이상과 같이 인간의 자유로운 자기실현과 좋은 삶의 영위에 필요한 공동체적 조건과 상호주관적 조건에 대한 통찰을 준다는 점에서 오늘날까지도 우리들의 큰 주목을 받을 만한 고전적인 사상임에 틀림없지만, 어떤 지점에서는 애석한 한계를 보이는 것 또한 사실이다.

첫째, 먼저 헤겔의 인륜성 이론이 자신만의 고유한 특수성에 기반하여 또 상대의 고유한 특수성에 감응하면서 우리의 공동체를 달리 만들고 새롭게 구축하는 주체들 사이에서 일어나는 수평적 차원의 인정 관계에 대한 생생한 묘사와 서술에 주된 초점을 맞추지 않는다는 점은, 상당히 애석한 결함으로 지적될 필요가 있다. 미하엘 토이니센과 위르겐 하버마스 등의 사상가들은 이런 사정을 지적하면서, 헤겔의 『법철학』에서는 청년기 헤겔의 사유 안에 들어 있었던 생산적이고도 흥미로운 상호주관성 이론적 단초가 더 이상 등장하지 않고 소실된다고 평하기도 했다.[31] 헤겔의 후기 인륜성 이론에서 상호주관적 인정의 사유가 완전히 사라진다고 말하는 것은 물론 헤겔에게 너무 박한 평가일 것이다. 왜냐하면 헤겔은 공동체 성원들이 그들에게 객관적으로 통용되는 '공통의' 보편적인 규범을 '함께' 인정할 수 있어야 한다고 말하고 있으며, 헤겔은 바로 이것을 주체들 '사이의' 상호관계에서 바람직한 '인정'의 관계가 구현될 수 있게 해주는 안정적인 조건과 원리로 간주하고 있기 때문이다. 그러나 공동체의 성원들이 모두 다 함께 우리 사회의 규범들을 인정한다는 것과, 이 공동체 안에서 내 곁에 있는 타인과 특수하고도 고유한 상호인정의 관계를 맺는다는 것은 분명히 다른 차원의 문제이다. 전자의 차원에서 인정의 대상이 되는 것은, 모든 사람을 동등한 인간으로 대우해야 한다는 '이성적'인 규범과 우리 공동체의 역사와 문화 속에서 중요하게 전승되고 지켜져 왔던 '일반적인' 타자 관계의 규범들이라면, 후자의 차원에서 보다 강하게 인정의 대상이 되어야 할 것은, 내 곁의 타인이 지니고 있는 그 누구와도 '일반적으로' 혼동될 수 없는 그만의 고유한 '특수성'과 '고유성'이어야 할 것이기 때문이다. 우리가 내 삶의 중요한 타자들과 맺는 지극히 특수하고 고유한 수평적 차원의 상호인정 관계, 즉 '이' 구체적인 타자가 갖고 있는 그만의 고유한 삶의 사정과 특수한 성향이 중심에 오는 상호인정 관계의 채널이 살아 있는 한에서만, 우리의 공동체 안에 객관적으로 정착돼 있는 '일반적인' 타자 관계의 규범들 또한 정체되지 않고 활력 있게 변형되고 발전할 수 있을 것이다. 이런 의미에서 공동체 전체에서 일반적으로 효력을 발휘하는 객관적인 규범에 대해 개인이 자기 반성적 검토와 승인을 거쳐 인정을 표하는 수직적인 차원의 채널에만 큰 강조점을 두는 헤겔의 접근법은 충분치 못하다.

둘째, 또한 상호주관성 이론의 단초들을 공동체주의적 단초로 환원하는 헤겔의 이 흡수주의적 전략은 다른 한 가지 견지에서도 난점을 유발한다. 헤겔의 생각대로, 우리는 물론 우리 삶을 정의하고 구성하는 공동체의 세계 안에서 나 자신에 대한 실천적 감각을 갖기 시작하며, 바람직한 주관적 목적들을 정립하고, 그것의 정당한 추구에 관한 판단들을 내린다. 그리고 이런 인륜적 공동체의 지평 안에는 대개, 우리를 좋은 삶의 실천으로 나아가도록 만들어주며 정당화 가능성의 규준이 되는 '행위근거들'이 적재돼 있는 것이 사실이다. 가령 가족 안에서 우리는 친밀한 사랑의 이념을 '근거'로 행동하며, 시장 영역에서는 소유 및 교환 원칙을 '근거'로 삼아 실천에 임한다. 그리고 국가 안에서는 모든 시민들의 동등한 주권이나 애국심 같은 '근거'에 따라 합리적 행위를 수행한다. 그러나 문제는, 현실적으로 아주 나쁜 공동체도 있을 수 있다는 것이다. 만일 현행적으로 주어져 있는 사회공동체가 개인들의 좋은 삶과 주체들 사이의 바람직한 상호관계를 불가능하게 만들 정도로 왜곡되고 편협한 인륜적 관습을 가진 나쁜 공동체인 경우, 이 맹목적인 관습으로 전락해버린 사회적 규범을 개선하고 변혁할 수 있는 힘은 주체들의 '사이에서만' 나올 수 있을 것이다. 그리고 이를 위해서 특히 중요한 효력을 발휘할 수 있어야 할 것은 당연히, 이 나쁜 문제적 관습으로 인해서 자신의 삶에서 중요하고도 생략 불가능한 고유한 특수성을 실현할 기회를 빼앗긴 개인의 목소리와 그의 목소리에 귀를 기울이는 주변인들의 정서적, 심리적 공감과 인정의 표현일 것이다. 이 차원에서도 헤겔의 인륜적 공동체주의는, 현재 '보편적인 것'으로 인정되는 객관성으로 편입되지 않는/편입될 수 없는 개인의 지극히 '고유한 특수성'에 더 많은 몫을 줄 수 있어야 할 것으로 보이며, 바로 이 고유한 특수성을 중심으로 형성되는 주체들의 역동적인 상호인정의 관계에 공동체 변형과 발전을 위한 더 많은 힘을 부여할 수 있어야 할 것으로 보인다.

VIII

JOHN STUART MILL

8 존 스튜어트 밀

자유를 향한 지치지 않는 열정

이유선

존 스튜어트 밀(John Stuart Mill, 1806~1873)은 서구의 자유주의 사상을 이해하기 위해서는 반드시 거쳐 가야 하는 사상가이다. 오늘날 정치적 자유주의의 핵심적인 논제들은 모두 그의 사상에서 비롯되었다고 해도 과언이 아니다. 이사야 벌린의 소극적 자유에 대한 아이디어, 존 듀이의 자유민주주의 사회에 대한 개혁주의적인 희망, 존 롤스의 자유롭고 합리적인 개인에 대한 생각, 에리히 프롬의 적극적인 자유에 대한 제안, 리처드 로티가 말하는 자유주의자의 타자의 삶에 대한 책임감 등은 모두 밀의 자유론과 관련이 있다.[1] 밀은 사회가 급변하는 당시의 상황에서 새롭게 등장하는 도시 노동자들의 정치적 요구를 반영하려면 사회가 어떤 장치를 마련해야 하는가를 고민했다. 그의 고민은 사회적으로 소외된 개인들이 존재하는 모든 시대와 장소에서 유효하다. 그의 책이 지금 읽어도 시의 적절하게 여겨지는 이유는 우리 주변에 여전히 자유롭지 못한 수많은 개인들이 존재하기 때문이며 자유가 문제되는 한 그의 책은 지속적으로 읽힐 것이다.

밀은 1806년 런던에서 사회학자이자 경제학자이자 철학자였던 제임스 밀(James Mill)의 장남으로 태어났다. 벤담의 친구이자 유명한 학자였던 아버지의 관심 속에서 밀은 어려서부터 학자가 되기 위한 전문적인 훈련을 받았다. 3세인 1809년부터 그리스어 교육을 받았고, 8세인 1814년부터는 라틴어와 수학을 공부했으며, 1820년에는 제러미 벤담의 형제인 새뮤얼 벤담의 가족과 프랑스에서 지내면서 화학, 식물학, 수학 등을 연구했다. 제임스 밀은 단지 교육의 기회를 제공하는 데 그친 것이 아니라 자신이 직접 아들을 가르쳤다.[2] 어려서 그는 애덤 스미스와 데이비드 리카도의 경제학 저작을 연구하기도 했다.

밀은 1823년 17세가 되던 해 동인도회사의 보조심사관이 되어 이후 20년간 동인도회사의 영국 본사에서 근무한다. 그의 자서전을 번역한 박홍규 교수는 자유주의 사상의 고전인 『자유론』을 집필한 밀이 식민지를 관리하는 제국주의의 요직을 맡았다는 사실에 주목하고 그가 제국주의자였음을 고려하여 비판적 거리를 둘 필요가 있다고 역설한다.[3] 이것은 개인의 생명, 자유, 행복추구권을 보호하는 것이 국가의 목적이라고 생각했던 토머스 제퍼슨 같은 인물이 버지니아의 몬티첼로에 있는 자신의 저택에서 수많은 흑인노예를 부리고 있었던 상황을 떠올리게 한다. 사상과 사상가의 삶이 보여주는 불일치는 여기저기서 발견되는 흥미 있는 사실들이긴 하지만,

여기서는 밀이 처했던 당시의 역사적 상황을 인지하는 정도로 넘어가도록 하자.

밀의 생애에서 관심을 끄는 것은 그의 부인인 해리엇 밀(Harriet Mill)과의 관계이다. 아버지의 엄격한 태도 때문에 밀은 20세에 정신적인 위기를 맞게 되는데 해리엇 테일러라는 유부녀를 통해 정신적인 안정을 얻게 된 것이다. 밀은 그의 남편으로부터 아내를 얻어 그 부인과 20년 동안 교제를 하다가 1849년 테일러가 사망한 후 2년을 기다린 다음 해리엇과 결혼한다. 밀은 자신의 저술을 부인에게 읽히고 조언을 들었으며, 아내를 천재라고 찬양하기도 했다. 그러나 그의 부인은 결혼한 지 7년 반 만에 결핵으로 세상을 떠나는데, 밀은 아내의 묘지 부근에 집을 짓고 살았으며 아내가 임종한 호텔 방에서 죽음을 맞았을 정도로 아내에 대한 사랑이 각별했다고 한다. 아내에 대한 밀의 사랑은 아마도 그로 하여금 여성 참정권을 위한 정치적인 노력으로 나아가게 한 것 같다. 밀은 여성 참정권을 지지한다는 공약을 내세워 실제로 하원의원에 당선되기도 했으며, 노동자와 여성의 정치적 권리를 위해 노력했다.

밀은 『논리학 체계』(1843) 『경제학 원리』(1848) 『자유론』(1859) 『대의정치론』(1861) 『공리주의』(1863) 『오귀스트 콩트와 실증주의』(1865) 『잉글랜드와 아일랜드』(1868) 『여성의 예속』(1869) 등의 저서를 출간했으며, 그의 사후에 『자서전』(1873) 『종교3론』(1874) 『사회주의론』(1879) 등이 출간되었다.

밀은 『런던 앤드 웨스트민스터 리뷰』라는 잡지의 주필로 일하기도 했으며, 1867년에는 '전국여성참정권단체연합'을 결성하기도 하는 등 실천적으로도 많은 활동을 했다. 이 글에서는 그의 대표적인 주저 가운데 『자유론』과 『공리주의』에 나타난 그의 사상을 간략하게 소개하기로 한다.

1 | 자유론: 자유로운 개인을 위한 사회적 조건

밀의 사상 가운데 가장 많이 회자되는 내용은 '자유'에 관한 것이다. 밀은 대의제 민주주의가 점차 모양을 갖춰 나가기 시작하는 시대를 살았다. 부르주아 계급과 귀족의 이해를 대변하던 의회가 도시 노동자, 농민, 광산 노동자 등이 참정권을 점차 획득하게 됨에 따라 그들의 주장을 대변해야 하는 처지에 놓인다. 이런 정치적 변화의 시기에 다양한 이해관계를 가진 근대적 개인들이 각자의 처지에서 최대한 행복한 삶을 누리기 위해서 정치는 그들의 요구를 어떤 방식으로 수용해야 할 것인가 하는 점이 밀의 관심사였다고 할 수 있다. 그의 자유론은 개인들이 행복한 삶을 추구함에 있어서 필요한 사회적인 조건들에 관한 주제들을 다루고 있다. 무엇보다 밀은 공권력이 그들의 자유를 침해하게 되는 사태를 법, 제도, 관습의 영역에서 방지할 필요가 있음을 역설하고 있는 것이다.

밀이 정의하는 자유는 자유의지론에서 말하는 의지의 자유 같은 것이 아니라 사회적인 자유로서 밀은 다음과 같이 자유에 대해 언급하고 있다.

> "자유"라는 이름에 합당한 유일한 자유는, 우리가 타인의 행복을 탈취하려고 시도하거나, 행복을 성취하려는 노력을 방해받지 않는 한에서, 우리 자신의 방법으로 우리 자신의 선을 추구하는 자유이다.[4]

자유에 대한 밀의 이러한 언급 속에 밀이 자신의 주저인 『자유론』에서 말하고자 하는 자유의 의의가 모두 포함되어 있다. 밀은 인간이 본래 자유롭게 태어났다든가 그가 어떤 처지에 놓이든 상관없이 그의 내면은 자유롭다든가 하는 식의 낭만적인 자유에 대해 말하는 것이 아니라 자유를 철저하게 타자와의 관계 속에서 고찰하고 있으며, 자유를 실현하기 위해 어떤 사회적인 조건이 필요한지를 논구하고 있는 것이다. 이러한 사회적 조건을 논하기 위해 밀이 전제하는 것은 자신의 행복을 추구할 능력과 욕구를 가진 개성적인 개인의 존재이다. 일정한 사회적 조건이 주어지더라도 개인이 자신의 방법으로 자신의 선을 추구하지 않는다면 거기에 자유는 없을 것이다. 사회가 개인의 삶의 방식의 다양성을 보장해야 하는 만큼 개인은 자신의 선을 추구할 능력과 욕구를 가져야 한다. 이러한 밀의 전제로부터 그가 가장 중요하게 생각하는 두 가지 키워드가 도출된다. 그것은 바로 개성과 다양성이다. 다양성이 보장된 사회, 그리고 개성을 갖춘 개인이 그가 생각하는 자유주의 사회의 두 축이다.

다양성이 살아 있는 사회를 만들기 위해 우선적으로 고찰되어야 하는 것은 대중이 그들 구성원의 일부를 억압하고자 하는 욕망을 가질 때 사회가 그러한 위험에 어떻게 대응하는가이다. 사회는 여러 방식으로 구성원들을 억압할 수 있다. 정치적으로 탄압할 수도 있고, 여론이나 사회적 감정을 이용해서 은밀하게 사회적인 폭압을 가할 수도 있다. 이러한 폭압이 지속된다면 사회의 지배적인 의견에 반하는 생각을 가진 사람들은 점차 사라질 것이며 궁극적으로는 사회가 설정한 모형에 부합하는 인간형만이 남게 될 것이다. 밀이 가장 우려하는 것은 그와 같은 형태로 사회가 변화하는 것이다. 개성 있는 개인이 사라진 사회는 더 이상 자유로운 인간이 존재하지 않는 사회가 될 것이며, 그런 사회는 자유주의자라면 반드시 그 출현을 막아야 하는 전체주의 사회이다.

밀은 개인의 독립성을 절대적인 것으로 간주하고 있다. 그는 개인이 자기 자신, 즉 자신의 육체와 정신에 관한 주권자라고 말한다.[5] 이러한 절대적 주권에 사회가 개입할 수 있는 여지는 오로지 그 개인이 그 주권을 행사하기 위해 타자의 영역을 침범할 때만이다. 그렇지 않은 한 사회는 그의 고유한 영역을 침범해서는 안 된다. 밀은 개인의 자유의 고유 영역을 다음의 세 가지로 언급하고 있다.[6]

첫째, 개인의 내면적인 의식의 영역으로서, 사상과 감정의 자유, 그리고 학문적, 실천적, 도덕적, 신학적인 주제에 대한 의견과 감정의 자유, 그리고 그 의견을 발표하고 출판할 자유이다. 출판은 개인의 내면의 영역이라기보다 출판을 통해 타인에게 영향을 미칠 수 있으므로 제한될 수 있는 자유가 아닌가 하는 의문을 가질 수 있겠으나 밀은 사상의 자유와 출판의 자유를 분리할 수 없다는 점에서 출판 역시 내면적인 의식과 관련된 자유의 영역으로 간주하고 있다.

둘째, 기호를 즐기는 자유와 목적을 추구하는 자유이다. 이것은 한마디로 각자가 좋아하는 것을 할 수 있는 자유를 말한다. 타자의 눈에 아무리 바보스럽고 기이해 보이더라도 타자에게 해를 끼치는 것이 아니라면 각 개인은 자신이 하고 싶은 것을 할 자유가 있다는 것이다.

셋째, 결사의 자유이다. 이것은 자신과 생각이 같거나 취미가 같은 사람들이 모여서 자신이 원하는 것을 할 수 있는 자유이다. 그들이 타인을 해치려고 하지 않는 한, 그리고 그들이 강제로 혹은 속아서 모인 것이 아닌 한 그들은 모일 자유가 있다.

밀이 이와 같이 개인의 고유 영역을 보장하는 사회가 바람직한 사회라고 보는 이유는 그의 공리주의적인 생각과 관련이 있다. 밀은 각자가 살고 싶은 대로 살도록 내버려두는 것이, 가장 바람직하다고 생각되는 방식대로 살도록 강제하는 것보다 인류에게 큰 혜택을 줄 것이라고 주장한다.[7] 그가 여기서 말하는 혜택이란 사회적인 진보를 뜻한다. 그리고 그에게 있어서 진보란 더 많은 사회 공동체 구성원들이 행복해지는 것을 뜻하는 것이다. 이런 아이디어는 올바른 삶의 방식이 있으며, 모름지기 각자는 그 올바른 삶의 방식을 따라야 한다는 플라톤주의적인 생각과 정면으로 배치된다. 요컨대 삶의 진리가 존재하고 그 진리에 따라 사는 것이 바람직하다는 생각은 밀이 보기에는 개성을 말살시키는 위험한 발상인 것이다.

밀은 삶의 방식에 있어서 정답이 있다고 생각하지 않는다. 우리는 모두 잘못을 범할 수 있고, 각자가 살아가는 시대 역시 잘못된 정답을 올바른 것이라고 간주하는 실수를 범할 수 있다. 그런 점에서 개인의 자유를 지키기 위해서는 무오류성의 전제를 버려야 한다. 소수가 잘못된 생각을 가질 수도 있고 다수가 잘못된 생각을 가질 수도 있으므로, 한 사람 혹은 소수의 권력자가 다수를 침묵시키는 것이 옳지 않은 것과 마찬가지로 다수가 한 사람을 침묵시키는 것도 잘못이다. 이런 관점에서 밀은 어떤 의견이 진리임을 가정한 상태에서 그 의견을 전파하는 것에 대해 반대한다. 모두가 실수할 수 있다는 것을 전제하면 어떤 의견도 진리임을 내세워서는 안 된다. 그에게 진리란 단지 어떤 의견이든 그것에 대해 이견을 제시할 수 있는 바로 그 조건을 의미할 뿐이다. 어떤 의견을 반박할 수 있는 자유 이외의 어떤 조건도 자신의 의견이 정당하다는 것을 보장받는 길은 없다고 밀은 말한다.[8]

우리는 흔히 정의가 승리한다거나 진리가 박해를 이긴다고 말한다. 그러나 밀은 그와 같은 생각이 "모든 경험이 논박하고 마는, 들어서 즐거운 허위들"[9]에 불과할 뿐이라고 주장한다. 우리의 역사는 부정의 혹은 불의가 승리한 예들로 가득 차 있다. 진리가 단순히 진리이기 때문에 승리한다는 것은 근거 없는 감상주의적인 발상이라는 것이다. 밀에게 있어서 진리란 대상 속에서 발견되는 어떤 것이 아니라 대립되는 의견 사이에서 일어나는 균형이다.[10] 밀의 이러한 생각은 오로지 하나의 의견만이 진리로 수용된 사회는 진리가 사라진 사회, 진보의 동력을 상실한 죽은 사회에 해당한다는 생각이다. 비판적인 의견, 부정적인 논리는 사회가 계속 발전해 나가기 위해서 필수불가결한 것이다. 한 사회에서 의견이 대립하고 격렬한 논쟁이 존재하는 한 그 사회는 희망이 있다고 할 수 있다. 의견의 대립이 있을 때가 아니라 어떤 한쪽의 의견이 은밀하게 탄압되는 경우에 사회는 위험에 처하는 것이다. 자유로운 토론이 존재하지 않는 사회에서 개인은 개성을 만들어갈 수 없고 사회의 다양성은 소멸할 것이다.

밀이 사회적인 자유를 보장하고 침해할 수 없는 개인적 주권으로서 개인의 고유 영역을 보장해야 한다고 주장하는 이유는 그런 조건하에서만 개인은 행복할 수 있기 때문이다. 개인의 행복은 자신의 고유한 욕망과 충동에 따르는 삶을 살 때 도달될 수 있다. 밀은 개성 있는 개인을 다음과 같이 서술한다.

> 욕구와 충동이 자신의 것인—즉 그 자신의 교양에 의해 발달되고 수정되었듯이, 그것들이 자신의 본성의 표현인—사람은 개성을 가졌다고 말해진다.[11]

자신의 고유한 욕구와 충동에 따라 살아가는 사람이 밀이 생각하는 개성 있는 사람인데, 이것은 니체가 말하는 자율적인 인간과 별반 다르지 않다. 타자의 욕구와 충동을 자신의 것으로 삼지 않고 오로지 그 자신에 의해 만들어진 욕구와 충동에 따라 사는 삶이란 자신의 삶에서 자신이 주인이 되는 삶, 즉 자율적인 삶이다. 밀은 자신의 욕구와 충동을 억제하고 사는 삶을 바람직하다고 본 대표적인 사례로서 칼뱅주의를 언급하고 있다. 칼뱅주의는 자기 자신을 부정해야만 구원에 이른다고 가르친다. 반면 밀은 기독교의 자기부정만큼이나 이교도의 자기주장도 중요한 인간의 가치라고 주장한다.[12] 또한 밀은 자율적인 개인들이 개성적인 삶을 사는 것이 단순히 그 자신에게 가치 있는 일일 뿐만 아니라 타자에게도 가치 있는 존재가 되는 길이라고 주장한다.[13] 따라서 개인의 행복뿐 아니라 사회의 발전을 위해서도 개인이 각자의 개성에 따라 삶을 가꿀 수 있는 조건을 만들어내는 일이 중요하다. 그러한 개성을 보장하지 못할 때 사회의 진보는 중단된다.

밀이 말하는 사회적 자유는 우리가 통제할 권리가 있다고 생각되는 사안, 즉 어떤 사람의 행위가 타자에게 해를 입혔을 경우에만 제약될 수 있다. 밀은 우리를 불쾌하게 하는 타인의 행동에 대해서 혐오감을 표시하거나 냉담한 태도를 취하는 것은 정당할 수 있지만 그를 분노 혹은 원한의 대상으로 삼는 것은 잘못된 것이라고 주장한다.[14] 자칫하면 그의 자유를 침해할 수 있기 때문이다. 예컨대 타인이 돼지고기를 먹지 않는다고 해서, 혹은 음주를 한다고 해서 그의 자유를 침해하는 것이 정당화될 수는 없다. 밀은 금주법 같은 것은 명백한 자유의 침해라고 생각한다. 왜냐하면 그와 같은 법률은 음주가 사회적 혼란을 조장하고 나의 안전에 대한 기본권을 침해한다는 이유로 소위 나의 사회적 권리를 침해하는 것이라는 생각에 토대를 두고 있는데, 이런 식으로 사회적 권리를 내세우게 되면 모든 자유가 침해될 가능성이 있기 때문이다.[15] 예컨대 동성애에 반대하는 사람은 동성애 때문에 사회의 질서가 무너지고 그것이 나의 안전을 위협하는 결과를 낳을 것이라고 주장함으로써 동성애자의 자유를 침해할 수 있다. 자신이 옳다고 믿는 것과 같은 방식으로 다른 사람들이 행동해야 한다고 생각할 때 사회적 권리라는 개념이 생겨난다. 이런 식의 사회적 권리를 주장하게 되면 사회가 통제할 수 없는 영역은 존재하지 않게 된다.

어떤 영역이 사회가 통제할 권리가 있는 영역이고, 어떤 영역이 그렇지 않은 영역인지를 분별하기 위해서, 그리고 개인이 스스로의 자유를 포기하는 삶을 살지 않도록 하기 위해서 사회는 최소 수준의 일반적 지식을 보편적으로 습득하게 할 의무를 가진다고 밀은 주장한다.[16] 그와 같은 교육의 의무는 개인이 적어도 바람직한 삶을 살 수 있는 평균적인 기회를 보장하는 일이고 사회가 그와 같은 기회를 보장하지 않는다면 그것은 그 개인에 대한 범죄 행위라는 것이다. 요컨대 밀의 자유주의는 사회가 개인의 사적인 고유 영역을 보장하고, 개인이 자신의 고유한 욕구와 충동에 따라 삶을 영위함으로써 행복을 추구할 수 있는 조건을 만들어야 한다는 주장으로 요약할 수 있다.

2 | 공리주의: 행복한 삶을 위한 윤리적 원칙

밀이 개인의 자유를 위한 사회적 조건을 중요하게 생각하는 이유는 자유가 보장될 때, 즉 사회가 개인을 자유롭게 살 수 있도록 여건을 만들어주었을 때에만 개인은 행복한 삶을 살 기회를 얻는다고 생각하기 때문이다. 개인은 자유로운 사회에서 자기 자신의 삶의 목표를 스스로 정하고 그것을 달성하기 위해 애쓰면서 의미 있는 삶을 살 수 있다. 그 개인은 자신이 가치 있다고 생각하는 것을 얻게 될 때 자신의 삶에 대해 만족감을 느낄 것이다. 그는 어떤 것이 자신의 삶에 유리한지 불리한지, 혹은 이익이 되는지 그렇지 않은지를 고려하여 취하든지 버리든지 할 것이다. 그와 같은 행동의 규범은 자기 자신만을 고려하지 않고 타인의 삶에서도 마찬가지로 타당하다고 생각할 때 하나의 준칙처럼 제시될 수 있다. 공리주의란 최대한 많은 사람들이 그와 같은 행동 규범에 따라 행동함으로써 행복해질 수 있다고 주장하는 도덕적 관점이다. 밀의 자유주의는 공리주의의 규범에 따른 실천적 제안이며, 공리주의는 자유주의 공동체 구성원들이 따라야 할 도덕적 원리이다.

최대 다수의 최대 행복이라는 표제어로 잘 알려진 공리주의는 밀의 아버지인 제임스 밀과 그의 친구인 제러미 벤담이 정식화한 윤리설로서 도덕성을 편익의 문제로 폄하시키고, 덕을 쾌락에 대한 계산의 문제로 치환함으로써 인류의 숭고한 도덕성을 격하시켰다는 비난을 받았다. 공리주의는 행위의 결과를 중시한다는 점에서 도덕적 행위의 동기를 강조한 칸트의 의무론적 윤리설과 대척점에 놓여 있는 것으로 알려져 있다. 존 스튜어트 밀은 『공리주의』라는 저서에서 공리주의에 대해 제기된 다양한 비판에 대해 답함으로써 공리주의가 자유주의자라면 반드시 따라야 할 도덕적 원리임을 주장하고 있다.

밀의 관점에서 보면 "네 행위의 격률이 모든 이성적 존재에 의해 법칙으로 채택되도록 행동하라"는 칸트의 주장은 "실패한 것"이며 심지어 "해괴망측하다고 해야 할 정도의 모순"을 보여주는 것이다.[17] 행위의 결과를 고려하지 않는 칸트의 의무론적 관점은 "어느 누구도 무엇이 일어날지를 결코 선택할 수 없는 결과"를 채택하는 것이기 때문이다.[18] 밀의 관점에서 생각해보자면 칸트의 입장은 지성적이지 못하다고 할 수 있다. 우리가 어떤 행위를 함에 있어서 지성적인 태도를 취한다고 하는 것은 수단과 목적 혹은 원인과 결과 사이의 관계를 행위의 전 과정에서 고려함으로써 오류를 수정해 나가는 태도를 뜻한다고 할 때, 결과에 대한 고려가 없이 정해진 원칙에 따라서 행동한다는 것은 우리를 파국으로 몰고 갈 수도 있기 때문이다. 밀은 그에 반해 공리주의는 더 많은 사람들의 더 많은 행복을 추구하는 도덕적 관점이라는 점에서 받아들이지 않을 이유가 없다고 생각한다. 밀이 정의하고 있는 공리주의란 다음과 같은 입장이다.

> 공리 또는 최대 행복의 원리를 도덕의 정초로 받아들이는 신조에 따르면, 행위는 행복을 증대시키기 위해 기여하는 정도에 비례해서 옳은 것이 되고, 행복에 반대되는 것을 산출하는 데 기여하는 정도에 비례해서 그릇된 것이 된다. 행복이란 쾌락의 상태와 고통의 부재를 의미하고, 불행이란 고통의 상태와 쾌락의 상실을 의미한다.[19]

이 정의에서 알 수 있듯이 공리주의는 행위의 결과를 중시한다. 어떤 행위가 행복을 가져다주면 선한 행위가 되고 그렇지 않으면 악한 행위가 되는 것이다. 여기서 그 어떤 행위란 따라서 선험적으로 선하거나 악할 수가 없다. 밀은 행복을 쾌락의 상태와 고통의 부재라고 말하면서 행복의 개념을 매우 폭넓게 사용하고 있으며, 공리주의에 대해 제기된 비판을 비껴가기 위해 쾌락의 질적인 차이에 대해 언급하고 있다. 벤담이 쾌락의 양적인 크기를 행위의 기준으로 삼을 것을 제안함으로써 불필요한 비판을 불러일으켰다는 것을 잘 알고 있는 밀은 공리주의에서 말하는 쾌락이 단순히 물질적이거나 육체적인 쾌락을 의미하는 것이 아니라 고차적인 정신적 가치와 관련된 것이라고 주장한다.[20] 예컨대 품위감(a sense of dignity)과 같은 것은 행복의 본질적인 요소인데, 품위감을 느끼는 인간은 만족한 인간보다는 불만족한 인간일 가능성이 크다. 스스로가 불완전하다고 느끼는 사람은 자신의 불완전함을 느끼지 못하는 사람이 느끼지 못하는 어떤 것을 느낀다. 그런 불완전함에 대한 의식은 그를 만족한 상태에 있게 하지는 못하겠지만 그렇다고 해서 그런 의식 때문에 그가 행복하지 않다고 할 수는 없다. 그는 불완전함을 느끼지 못하는 사람의 만족감보다 질적으로 더 나은, 즉 불완전함을 의식함으로써 얻게 되는 품위감이라는 쾌락을 얻는 것이다. 밀은 그래서 공리주의에 대한 통상적인 비난의 의미를 담고 있는 문장을 공리주의 비판자들에게 그대로 되돌려주고 있다. "만족한 돼지보다는 불만족한 인간이 낫고, 만족한 바보보다는 불만족한 소크라테스가 되는 것이 더 낫다."[21]

공리주의가 양적으로나 질적으로나 고통을 피하고 쾌락을 향유하는 것, 즉 행복을 삶의 목표로 삼는 윤리설이라고 할 때, 과연 인간이 그와 같은 행복에 도달할 수 있을지 의문을 가질 수 있을 것이다. 죽을 수밖에 없는 운명을 가진 인간의 삶의 과정은 짧은 쾌락의 순간과 긴 고통의 과정으로 여겨지기 때문이다. 밀은 쾌락의 상태가 순간적일 수 있음을 인정하는 한편 그런 사실로 인해 행복을 목표로 삼아서는 안 된다는 결론이 도출되는 것은 아니라고 주장한다. 밀이 생각하는 행복은 고양된 쾌락의 상태만을 함축하는 것이 아니라 불행을 방지하거나 완화하는 것을 행복의 한 요소로 포함하기 때문이다.[22] 인간의 고통은 인간적인 노력에 의해 극복될 수 있으며, 자신의 환경 속에서 끊임없는 흥미의 원천을 발견하는 계발된 정신은 지식을 통해 불행을 완화하거나 방지할 수 있다. 행복을 얻고자 한다면 지성적인 태도는 필수적이다.

그런데 행복을 목표로 하는 것이 합리적이며 바람직한 삶의 태도라면, 남을 위해 스스로를 희생하는 사람들은 어떻게 보아야 하는 것일까? 그들은 행복보다는 불행을 택한 것으로 보인다. 공리주의는 자기희생을 도덕적인 행위로 간주하지 말아야 하는 것일까? 밀은 누군가 타인을 위해 자신을 희생하는 일이 벌어진다면, 그것은 세상이 그만큼 불완전한 상태라는 것을 보여주는 징표로 볼 수 있고, 그런 세상에서 자기희생은 분명 칭찬받아야 할 미덕이라고 언급한다.[23] 다만 공리주의는 그러한 자기희생 자체가 선이라고 생각하지 않는다. 자기희생은 그 희생을 통해 다른 사람의 희생을 면제시켜줄 때, 즉 행복의 총량을 증대시켜줄 때에만 선으로 인정될 수 있으며, 그렇지 않을 경우 자기희생은 헛된 것이 된다. 공리주의자는 단지 자신의 행복만이 아니라 관련된 모든 사람의 행복을 기준으로 판단하기 때문에 기꺼이 스스로를 희생하고자 하는 미덕을 발휘할 수 있는 것이다. 공리주의의 관점에서 보면, 한 개인의 행복과 사회 전체의 선 사이에는 필연적인 관계가 형성되어 있다. 그리

고 교육과 여론은 이러한 점을 가르쳐야 한다.[24]

공리주의자에게 있어서 덕이란 행복을 증진시키는 것의 다른 이름일 뿐이다 밀은 사람을 평가하는 것과 행위를 평가하는 것은 다른 문제라고 생각한다.[25] 덕이 있는 사람이 행한 것은 선이고 그렇지 않은 사람이 행한 것은 악이라고 하는 판단은 올바르지 않다. 또한 올바른 행위가 덕성을 나타내는 것은 아니며, 좋은 자질을 가진 사람에 의해서도 비난받을 만한 행위가 이루어질 수 있다. 행위의 올바름을 판단하는 기준은 그것으로 말미암아 행복이 증가했는가 하는 것밖에는 없다.

공리주의를 비판하는 사람들은 어떤 행위가 행복을 증가시킬 것인지를 계산하고 행위를 하는 것은 현실적으로 부적절하다고 생각할 수 있다. 때때로 우리는 즉각적인 판단을 내려야 하며, 행위의 결과를 심도 있게 고려하다가는 적절한 행위의 시점을 놓칠 수도 있기 때문이다. 이러한 비판에 대한 밀의 대답은 우리가 현재 옳다고 생각하는 대부분의 윤리적 판단이 이미 역사적으로 검증된 것이기 때문에 그런 개별적인 계산이 매번 필요한 것은 아니라는 것이다.[26] 이러한 밀의 판단에는 우리의 사려분별과 도덕이 역사적으로, 경험적으로 형성되는 것이며 개인의 이익과 공공선을 중재하려는 지속적이고 반복적인 노력의 결과물이라고 보는 관점이 전제되어 있다.

밀이 행복을 추구하는 것이 도덕적으로 올바른 것이라고 말할 때, 그런 주장 속에는 일종의 규범적인 요구가 포함되어 있다. 즉 우리가 도덕적이고자 한다면 우리는 마땅히 행복을 추구해야 한다는 의무감을 가져야 한다는 것이다. 어떤 것을 의무로 느낀다는 것은 그것을 위반할 때 제재를 감수한다는 말이기도 하다. 우리가 본질주의적인 형이상학이나 존재론을 동원한다면 어떤 규범을 따라야 하는 이유에 대해 손쉬운 설명방식을 취할 수 있고, 사람들로 하여금 강력한 의무감을 갖게 하는 데 더 용이할 것이다. 그러나 도덕적 규범 자체가 역사적이고 경험적인 과정을 거치며 형성되는 것이라고 보는 밀은 그와 같은 방식을 택하지 않는다. 밀은 우리를 실제로 행동에 나서게 하는 것은 존재론적인 믿음이 아니라 주관적인 감정이라고 주장한다.[27] 그리고 그러한 감정은 인간이 선험적으로 타고나는 본성에서 비롯되는 것이 아니라 교육을 통해 계발되어야 하는 것이다. 이타적인 감정은 공감 능력을 확산시키는 교육을 통해서 길러질 수 있다. 인간은 교육을 통해 자신의 행복이 사회 전체의 행복과 연결되어 있음을 알게 된다. 이러한 이타적인 인간을 길러내는 것은 정치개혁의 목표이기도 하다.

한편, 공리주의는 겉보기에 덕윤리와 충돌하는 것으로 보이기도 한다. 공리주의는 행복을 추구하는 것이 삶의 목적이며, 행복이 행위의 올바름에 대한 유일한 판단 기준이라고 여긴다는 점에서 행복 이외의 어떤 것, 즉 덕을 추구하는 행위는 삶의 목적이 될 수 없다고 주장하는 것으로 보이기 때문이다. 덕을 추구하는 것을 쾌락을 추구하는 것과 다른 것으로 보는 입장에서는 그와 같은 견해가 옳다고 할 수 있을 것이다. 그러나 밀은 쾌락을 촉진시키고 고통을 회피하는 것 외에 덕에 대한 욕망이나 동기가 있을 수 없다고 보기 때문에 공리주의자는 마땅히 덕을 욕구해야 한다고 주장한다.[28] 그에게 있어서 덕 자체를 추구한다고 하는 것은 일종의 넌센스로 여겨진다. 왜냐하면 덕을 추구하는 사람은 덕을 성취했다고 여길 때 쾌락을 얻을 것이고 그렇지 못할 때 고통을 느낄 것이기 때문이다. 이러한 사고를 통해서 밀은 "행복이야말로 인간 행위의 유일한 목적이며 행복의 증진은 모든 인간 행동을 판단하는 시금석"이라는 결론을 내린다.[29]

그렇다면 편의나 이익의 개념과 구별되는 것으로 보이는 정의의 개념에 대해서 밀의 공리주의는 어떠한 입장을 취할 수 있을까? 우리는 때때로 스스로를 희생하면서 정의를 실현하고자 하는 사람들을 목도하며 그들을 도덕적으로 올바른 사람으로 높이 평가한다. 밀이 말하는 대로 행복만이 도덕의 기준이며 삶의 목적이라면 그런 사람들에 대한 평가를 달리해야 하는 것일까? 이런 문제 제기에 대해 밀은 정의감에 대응하는 실재가 있는지 의문을 표하면서 정의의 개념은 결국 공리의 개념과 다른 것이 아니라고 주장한다.[30] 그에게 있어서 정의의 개념이란 규칙이 자기 자신의 이익을 위한 것인 만큼 타자의 이익을 위한 규칙이어야 한다고 느끼는 도덕적 감정에 다름 아니다. 우리는 마치 동물적인 본능처럼 자신이 공감하는 사람이 피해를 입었을 때 복수하고자 하는 감정을 가진다. 이것은 공감을 토대로 지성적인 자기 방어의 개념이 인류적인 차원으로 확대된 것이다. 그렇기 때문에 정의감은 이익의 개념과 상충하는 것이 아니라 오히려 이익의 개념에 토대를 둔 것이라고 할 수 있다. 정의감은 누구나 동등한 한 사람으로 대우받아야 하며, 한 사람의 행복은 다른 사람의 행복과 정확하게 동등하다고 여기는 심정이다. 정의감은 따라서 가장 상위에 위치한 사회적 공리라고 할 수 있다.

3 | 사회주의 및 여성에 관한 밀의 관점: 시대의 한계를 꿰뚫어보는 지성적 태도

밀의 자유주의에 대한 평가는 다소 엇갈린다. 그가 개인의 자유를 최우선의 가치로 삼고 정부나 국가의 개입을 최소화해야 한다고 보았다는 점, 그리고 시장 경쟁이 비효율과 착취에 대한 방지책이 될 수 있다고 보았다는 점에서, 신자유주의의 이론적 토대를 제공한 것으로 평가되기도 하고,[31] 밀이 비록 시장 원리에 대한 긍정적인 평가를 내리고는 있지만 노동자의 자주관리를 주장했다는 점에서 사회주의자로 평가되기도 한다.[32] 그가 다원주의와 민주주의를 강조하고, 노동자나 여성과 같은 소수자의 권리에 주목한 점에 비추어 볼 때 그의 자유주의는 이사야 벌린, 존 듀이, 존 롤스, 리처드 로티 등으로 이어지는 정치적 자유주의의 토대를 만들고 있다고 보는 편이 합당할 것 같다.

밀은 도시 노동자가 선거권을 획득하고 새로운 정치적 요구가 제기되자 새로운 법과 제도를 만들기 위해 근본적인 차원의 고찰이 필요하다고 생각하고 사회주의 이론가들의 주장을 면밀히 검토한다. 국내에 『존 스튜어트 밀의 사회주의론』으로 번역되어 나온 그의 유고인 사회주의에 관한 에세이는 그의 자유주의가 갖는 지

성주의적 태도를 잘 보여주는 저서이다.[33]

밀은 1867년의 선거법 개정을 통해 처음으로 도시 노동자들에게 선거권이 주어지자 이들의 정치적 요구를 사회가 어떻게 반영할 수 있을지 고민하면서 이 책을 썼다. 주목할 만한 대목은 밀이 새로운 국면에서 요구되는 사회제도를 만들어내기 위해서는, 이론의 여지가 없는 것으로 여겨졌던 기본 원리들이 시험대에 놓여 있는 상황에서 "현존하는 사회의 최우선 원칙을 검토"[34]해야 한다고 보고 있다는 점이다. 이 말은 곧 자본주의 질서를 전복하고자 하는 사회주의의 요구들을 "아무런 적대적 편견 없이"[35] 그 토대로부터 검토하겠다는 뜻이다.

자유주의자라고 해서 밀이 당시 자본주의의 문제점들을 도외시한 것은 아니다. 사회주의자들의 견해를 요약하고 있는 그 책의 2장에서 밀은 다음과 같이 말한다. "만일 몸에 꼭 필요한 것들이 충족되지 않거나 짐승만이 만족할 수 있는 방식으로 충족되어 물질적 궁핍이나 도덕적 타락으로 고통 받는 누군가가 있다면, 비록 이것이 반드시 사회의 죄악은 아니라 할지라도 그만큼은 사회제도의 실패다. 그러니, 이 해악을 덜어 볼 양으로 이렇게 고통 받는 사람들은 그 사회에서도 도덕적으로나 물리적으로나 더 약한 성원들이라고 주장하는 것은 불행에 모욕을 더하는 꼴이다."[36] 이런 사회제도의 실패를 극복하기 위해 사회주의자들은 생산과 분배의 원리, 즉 개인주의와 경쟁의 원리를 대체할 대안을 요구한다.

자유주의자인 밀의 대응은 사회주의자들의 주장대로 자본주의적인 사회제도의 실패를 인정하더라도 사회주의자들의 주장을 그

대로 받아들이는 것은 실패를 더 큰 실패로 덮는 결과를 초래할 수 있다는 것이다. 밀의 개혁주의적인 태도는 다음과 같은 구절에 잘 드러나 있다.

> 많은 사회주의자들이 믿고 있는 것처럼 현 체제가 우리를 사회주의만이 구할 수 있는 일반적 극빈과 노예 상태로 몰아넣고 있지는 않다. 현 체제하에서 겪는 해악과 불의는 크지만 그것들이 증가하고 있지는 않다. 그와는 반대로 일반적 경향은 그것들이 서서히 감소하는 쪽이다. 게다가 자본과 노동 사이의 분배의 불평등은 그것이 아무리 자연스러운 감정에 충격을 가한다 할지라도, 그 불평등을 단순히 평등하게 만드는 것에 의해서는, 사회주의자들과 그 밖의 많은 사람들이 추측하기 쉬운 대로 낮은 보수 수준을 높일 만큼 많은 자금을 전혀 제공하지 못할 것이다. 오늘날 사회를 지배하고 있는 어떤 남용이나 불의도 그 사회를 단순히 폐지함으로써 인간이 고통에서 빠져나와 행복해질 수 있는 것은 한 가지도 없다.[37]

밀이 특히 우려하는 것은 오언과 푸리에 같은 온건한 철학적 사회주의자들보다는 중앙정부가 생산 자원 전체를 관리하도록 하자는 루이 블랑과 같은 혁명적 사회주의자들이다. 이들은 "지금 물질적으로 편안하게 살고 있는 사람들로부터 그 생활을 유지하는 현재의 수단을 강제로 빼앗고자 하고, 만일 그 시도가 저항에 부딪히면 뒤따르게 될 끔찍한 유혈 사태와 참상을 무릅쓰고자 하는 사람들"[38]에 해당하는데 밀은 이런 무모한 실행이 불러올 사회적인 저항과 그 저항을 없애려는 사회적 노력을 고려하면 처음부터 그와 같은 길을 가지 않는 편이 낫다는 입장이다.

설사 그런 저항을 극복하더라도 공산주의자들에게는 노동을 평등하게 배분해야 하는 과제가 남는데, 세상에는 게으르고 이기적인 사람들이 있게 마련이어서 그들과 벌여야 하는 일상적인 다툼은 애초에 공산주의자들이 바라는 공동체적인 조화를 크게 저해할 것임이 분명하다는 것이다.[39] 생산 자원을 사용하는 방식과 관련해서도 화해할 수 없는 견해 차이가 발생할 수 있을 것이다. 밀은 그런 불화조차도 "대다수의 신조 앞에서 개인의 모든 의견과 바람이 굴복함으로써 만들어지는 기만적 만장일치보다는 인간성의 전망에 훨씬 덜 사악한 것이 될 것"[40]이라고 주장한다.

'인간성의 전망'이라는 밀의 어휘에 주목해보면 그가 말하고자 하는 바가 분명해진다. 밀은 완전히 새로운 기초에 입각한 사회의 경제제도를 세우고자 할 때 동시에 고려해야 할 것은 그런 사회를 만들고자 하는 사람들의 "도덕적이고도 지적인 자질"[41]이라고 말한다. 물론 이것은 밀의 입장이 전적으로 옳다고 단정하기는 어려운 논쟁적인 문제이다. 혁명적 사회주의자들은 우리의 이기심과 나태함이 노동을 소외시키고 있는 잘못된 경제 구조에서 비롯된 것이므로 물질적 토대가 바뀌면 새로운 인간형이 등장할 것이라고 희망한다. 밀은 이런 희망이 시험되지 않은 것이기 때문에 위험하다고 판단하고 있다. 밀은 교육을 통한 점진적인 변화를 통해서만 우리는 도덕적이고 지적인 측면에서 개선될 수 있으며, 사회주의자들이 꿈꾸는 우애, 평등, 조화의 미덕은 오랜 시간을 들여 달성할 수 있을 것이라고 보고 있는 것이다.

그럼에도 자유주의자인 밀과 사회주의자들의 공통점이 있다면, 이 세상을 더 낫게 바꾸기 위해서 재고되지 못할 것은 아무것도 없다는 것이다. 밀은 "재산 개념은 역사를 통틀어 동일하거나 변경할 수 없는 어떤 한 가지 실체가 아니라, 인간의 마음이 만들어내는 다른 모든 것과 마찬가지로 가변적인 것"[42]이며, 공익을 위해 없애버릴 수 있는 소유권을 국가가 보상해야 하는 것이 옳다면, 같은 논리로 "공익에 반한다고 판단하는 어떤 특정 재산권도 그 사회는 폐지하거나 변경할 권리가 충분히 있다"[43]고 언급하면서, 사회의 대다수 구성원에게 제도가 더 많은 이익을 가져다주도록 하는 모든 방법을 충분히 고려해야 한다는 주장으로 책을 맺고 있다. 이런 서술에 비추어 볼 때 사적인 소유권을 절대불가침의 권리로 간주하는 오늘날의 신자유주의자들의 관점과 밀의 자유주의는 매우 거리가 멀다고 볼 수밖에 없다.

여성 문제에 대한 그의 관점이 서술된 『여성의 예속』은 밀이 19세기에 이미 남녀불평등 제도에 대한 통찰력을 보여주고 있다는 점에서 주목할 만하다. 밀은 남녀 간의 사회적 관계를 규제하는 당대의 원칙이 본질적으로 잘못된 것이며, 인류 발전을 방해하는 장애물이기 때문에 완전한 평등의 원칙으로 대체되어야 한다고 주장한다.[44] 밀은 남성의 권력을 제거하는 일이 다른 사회적 불평등을 없애는 일에 비해 훨씬 더 시간이 걸리고 어려울 것이라고 예측하면서 그 이유를 남성 권력이 여성들의 반란을 억제하는 효과적인 장치를 가지고 있기 때문이라고 분석한다.[45] 여성들은 남성 권력에 대항하여 연합할 수단을 가지고 있지 못하며, 심지어 일상적인 뇌물과 위협 속에서 자신들을 지배하고 억압하는 주인인 남성의 총애를 받으려고 애쓰면서 살아가는 데 익숙해 있다는 것이다. 다음의 구절은 밀이 여성의 저항이 얼마나 어려운 상태에 있는지를 묘사한 대목이다.

> 사회적, 자연적 원인들이 합세하여 여성들이 남성의 권력에 집단적으로 저항하는 것을 불가능하게 만든다. 여성들은 다른 모든 예속계급과는 너무나 다른 처지에 있기 때문에, 그들의 주인은 그들에게 실제적 봉사 이상의 것을 원한다. 남성은 단지 여성의 복종만을 원하는 것이 아니라, 그들의 감성도 원한다. 극단적으로 야수적인 남성을 제외한 모든 남성은 그들과 가장 가까이 결합되어 있는 여성이 강요된 노예가 아니라, 자발적인 노예이기를, 단순한 노예가 아니라 총아이기를 바란다. 그러므로 그들은 여성의 마음을 노예화하기 위하여 무엇이든 한다.[46]

인용문에 언급되었듯이, 밀은 여성을 예속되고 복종을 강요당하는 계급으로서 간주하고 있다. 그의 자유주의는 여성이나 노동자와 같이 그릇된 사회 제도와 관습에 의해서 자유를 박탈당한 모든 개인들이 평등하게 행복을 추구할 만한 조건 속에서 살게 되는 것을 목표로 하고 있다고 볼 수 있다.

4 | 나가는 말

밀의 자유주의는 자유에 대한 개인의 권리와 최대한 많은 사람들의 행복을 고려해야 해야 한다는 공리주의의 원리를 내세운다. 이는 개성을 계발하고 실현함으로써 얻게 되는 개인의 행복이 최대한 평등한 방식으로 모두에게 가능성으로 열려 있어야 한다는 관점에서 비롯된 것이다. 밀은 개인의 자유를 위해 타인의 자유를 침해하는 일이 일어나서는 안 된다고 보았으며, 동시에 자신의 행복을 실현하기 위해 타인의 행복을 무시하거나 등한시하는 일도 윤리적으로 용납될 수 없다고 보았다. 그에게 있어서 자유의 문제는 곧 평등의 문제인 셈이다. 밀은 선험적이거나 본질적인 진리에 토대를 두고 개인의 자유와 평등의 문제를 고찰한 이론가가 아니라 사회적인 고통을 줄이고자 하는 관심에서 지성적인 태도로 다양한 실험을 시도했던 실천가였다.

IX

Thomas Hill Green

9 토머스 힐 그린

새로운 개인의 탄생과 자유의 재정립[1]

박성진

토머스 힐 그린(Thomas Hill Green, 1836~1882)은 영국 정치철학사에서 관념론(British Idealism)과 새로운 자유주의(New Liberalism)의 이론적 토대를 마련한 사상가로 알려져 있다. 요크셔 주에서 목사의 아들로 태어난 그는 옥스퍼드 대학에서 고전 철학과 독일 철학을 공부하였으며 특히 칸트와 헤겔 등 독일 관념론의 영향을 받아 자신만의 독특한 철학 체계를 구성한 인물이다. 1855년 옥스퍼드 베일리얼 칼리지에서 헤겔의 철학을 영국에 처음으로 소개한 인물 중 하나인 벤저민 조윗(Benjamin Jowett)의 영향을 받아 독일 관념론을 접하고 이를 바탕으로 영국의 전통적인 경험론 철학과 공리주의의 문제점을 인식했다. 1878년 옥스퍼드에서 도덕철학을 담당하는 교수로 임명된 이후 영국의 인식론과 존재론적 체계의 전환을 시도하고 새로운 정치철학을 구성하기 위해 노력했다. 그리고 그린은 형이상학적인 측면을 넘어 현실적인 문제에도 관심을 가졌던 인물이었다. 헤겔의 철학을 기반으로 자신의 평등주의적 관점에 확신을 얻고 정치적 급진주의에 관심을 가지기도 하였으며 실제로 옥스퍼드 자유당 협회에서 지역 정치에 관여하기도 하였다. 실제로 그린의 주장은 당시의 진보적 자유당원들의 정책보다 훨씬 더 급진적이었다고 평가되기도 한다. 특히 그린은 고전적 자유주의가 가진 한계를 정면으로 직시하고 개인주의와 자유방임주의(laissez-faire)에서 탈피한 새로운 정치철학을 고민하였고 공동체 정신에 입각하여 시장 및 계약의 자유 등에 대한 국가 개입을 정당화하는 이론을 윤리적인 차원에서 정당화하는 데 몰두하였다.

그린은 누구보다도 주류 자유주의자들에 대한 공격의 깃발을 높이 든 사람이었다. 아리스토텔레스, 칸트, 루소, 헤겔, 밀 등 다양한 학자로부터 영향을 받아 주류 자유주의의 약점에 대해 자아실현과 공동선의 개념을 내세워 신랄하게 비판하였다. 열악한 환경에 처해 있던 노동자와 같은 사회적 약자들이 그들이 지니고 있는 역량을 발휘해 시민의 일원으로서 공동선을 구현할 수 있는 사회적 조건을 마련하기 위해 노력했던 인물이다.[2]

그린이 살던 당대의 영국 사회는 산업혁명 이후 파생된 심각한 문제점을 가지고 있었다. 도시로 유입된 최하층 노동자들은 소작농 시절보다 못한 생활을 영위하고 있었고 아동노동을 비롯한 미숙련 노동자들의 저임금과 빈번한 실업의 문제는 많은 사람들을 만성적인 가난의 굴레에 빠져들게 만들었다. 영국 인구의 다수를 차지하는 고용불안 상태에 놓인 미숙련 노동자들과 그들의 가족이 겪는 비참한 삶은 영국 지식인들에게 외면할 수 없는 사회적 현실이었고 해결 방안을 찾는 것이 자신들의 책무라고 생각했다. 그러기 위해서는 국가이론과 정치철학, 특히 영국적 전통을 가진 자유주의 정치철학의 근본적이면서 급진적인 변화가 필요했다. 정치철학이 역사적 시기에 따라 변형되어왔듯이 자유주의는 또다시 근본적으로 변화를 맞이해야 했던 것이다.

따라서 그린은 홉스와 로크 등으로 이어지는 고전적 자유주의의 한계를 직시하는 동시에 공리주의를 대체하는 새로운 정치철학을 구성하기 위해 우선 정치이론의 가장 근저에 놓인 존재론과 형이상학을 교체하기 시작한다. 하나의 정밀한 철학적 체계를 갖춘 정치이론이 구성되기 위해서는 존재론과 인식론을 바탕으로 윤리학이 정립되어야 한다. 그리고 이를 바탕으로 다시 정치철학이 정립되어 제도와 법으로 나아간다. 하여 그린은 독일 관념론, 특히 칸트와 헤겔의 영향을 받아 새로운 존재론과 인식론을 구축하고 기존의 고전적 자유주의를 넘어서는 새로운 정치철학으로 나아가기 시작한다.

1 | 그린의 존재론과 개인

그린은 고전적 자유주의가 제시하는 '개인'에 대한 개념과 다른 '개인'에 대한 존재론을 제시해야 했다. 하여 그린은 먼저 인식과 존재의 구조를 파악함으로써 존재에 대한 물음을 던지고 있다. 그의 존재 물음은 과거의 개인주의적 자유주의와는 달리 '관계'를 중심으로 이루어져 있다.

그린은 먼저 '실재란 무엇인가?'(What is the Real?)라는 질문으로 자신의 논의를 시작하지만 곧 이러한 질문은 아무런 의미가 없는 것이라고 결론을 내린다. 왜냐하면 이러한 질문은 "실재적인 것으로 간주되는 어떤 존재가 변하지 않는 속성을 지녀야 한다는 것을 전제"[3]하며 이러한 전제는 곧 잘못된 추상화 작업을 이끌기 때문이다. 다시 말해 그린이 보기에 'A란 무엇인가?'라는 질문은 A의 속성이나 본성을 묻는 질문으로 변질된다는 것이다. 따라서 그린은 다른 방식으로 실재에 대한 질문을 하기 시작한다. 즉 실재하는 것을 실재하게 하는 것은 무엇인가라는 질문이다. 이 질문은 '있는 것'이 어떻게 '있을' 수 있는지를 묻는다.

그린에게 있어, '있는 것'이 '있기' 위해서는 우선 세 가지가 필요하다. 첫째, 우선 인식되는 '어떤 것', 즉 '있는 것'이 있어야 한다. 그리고 둘째, '있음'이라는 개념이 있어야 한다. 그리고 마지막으로 '있는 것'을 '있음'으로 인식하는 '내'가 있어야 하는 것이다. '경험적으로 인식되는 것'과 '있음이라는 개념' 그리고 '나'를 통해서 실재는 구성된다. 이 세 가지 구성요소의 '관계'를 통해서 실재가 인식되는 것이다. 그렇다면 여기서 실재는 곧 '관계'를 통해서 구성된다고 할 수 있다. 예를 들어, '나무가 있다'라는 명제는 '나무'와 '있다'라는 개념 그리고 그 나무를 인식하고 있는 '나'와의 관계를 통해 구성된다. 그리고 관계는 항상 복수로 나타난다.

> 한 사물에서 여러 관계를 배제해버리고 나면, 아무것도 남지를 못한다. 이 복수의 관계들은 존재의 확정적 통일성을 결정 또는 구성한다. 어떤 사물이 통일성을 띠며 먼저 존재하고 그다음에 그것이 여러 관계로 나타나는 것은 아니다. 관계가 없으면 아예 존재조차 하지 못한다. 같은 방식으로 하나의 관계는 여러 사물이 통일되어야 성립한다.[4]

관계를 기반으로 하는 그린의 존재론은 그동안 자연권에 바탕을 둔 고전적 자유주의에서 제시하는 존재론보다 존재 물음에 더 가깝다고 할 수 있다. 왜냐하면 그린은 관찰자의 인식, 즉 타자와의 '관계'를 존재의 중심에 두고 있다. 하여 그린에게는 '독립적인 개인'이라는 것이 공동체나 사회에 선행하여 존재할 수 없다. 이러한 사실은 개인의 속성이나 본성으로 존재를 구명하려 했던 홉스식의 존재론과 달리 '개인'이 '개별자'와 달리 개념적 성격이라는 것을 인식하고 있다는 것을 의미한다.

그린은 여기서 더 나아가 아리스토텔레스식의 실체 존재론에 대해서도 "실제 그대로의 자연, 또는 자연이 지금 있는 그대로가 되기 위해서는 자연적이지 않은 원리의 존재가 필요"하다고 말하며 실체는 관계의 현상으로 의식을 통해 발현하는 것이라 이야기한다.[5]

> 만일 질료가 어떤 특정한 관계 속에 존재한다고 해석하는 것에 대해 이의를 제기하면서 그것이 실체(substance)라는 성질을 지닌다고 주장하고 싶다면, 그 실체라는 것이 무엇을 의미하는지 묻지 않을

수 없다. 물질적인 실체가 존재한다는 것을 부인할 수는 없다. 그러나 그것이 실체로 존재하도록 자격을 부여하는 것은 관계에 달려 있다.[6]

그린에게 있어 '실체'라는 것은 관찰자가 인식하는 것과의 관계를 통해 구성된다. 그리고 여기서 중요한 것은 인식이 아니라 관계이며 바로 이 지점에서 그린의 존재론은 과거의 자유주의뿐만 아니라 과거의 관념론과도 구분된다. 다시 말해 '관계'로 구성되는 '개인으로서의 존재'는 개인이 천부적이며 자연적인 현상이라는 고전적 자유주의와 구분됨과 동시에 자신을 모든 실재성으로 확신하여 대상과 매개되지 못한 채 분리되어 있는 과거의 관념론과도 구분되는 것이다.[7] 따라서 그린에게 '개인'은 실체로서 존재할 수 없는 것이며 관계를 통해서 구성되며 발현되는 것이다. 그리고 '개인'은 관계로 구성되어 있기에 나의 좋음은 다른 사람의 좋음을 포함하게 되며 항상 상호성을 가질 수밖에 없다.

그리고 개인은 '관계'로부터 존재의 원리를 부여받지만 동시에 '관계'로부터 개별성의 원리도 부여받는다. 따라서 개인은 사회에 종속되지 않으며 개별적인 사회적 존재라는 미스터리한 존재가 되는 것이다. 다음 그린의 말을 들어보자.

지금까지 말했듯이, 단일 사물들은 그 단일성을 부인하는 관계에 의해서만 결정될 뿐이지만, 그렇다고 단일 사물로서의 특성을 잃는 것은 아니다. 집합적 존재이기는 하나 각자의 개별성이 사라지

> 지는 않는 것이다. 반대로, 각자의 개별성이 유지되지 않는다면 그들 사이에는 오직 공허하고 아무 특색 없는 것 외에는 의미 있는 그 어떤 관계도 성립하지 않을 것이다.[8]

위 그린의 말처럼, 개인은 사회적 존재이며 관계로부터 구성된 것이지만 개별성을 유지하고 있다. 그린의 정치철학에서는 '개별성'과 '사회성' 혹은 '개별성'과 '보편성'이 대립적 관계가 아니라 양립 가능하며 동시에 조화와 균형을 통해 최고선을 유지하는 것이다.[9] 따라서 개인은 사회적 존재이지만 사회에 종속되거나 포섭되지 않는다. 개인은 개별적이면서 동시에 사회적 존재이기 때문에, 권리와 의무를 가지게 되고 이 권리와 의무가 보편적 혹은 도덕적 목적을 위해 조화롭게 구성된 사회가 바로 국가가 되는 것이다.[10]

'개인'이라는 개념이 사회성을 함의하고 있는 것이기는 하지만 개별성을 동시에 가지고 있다는 바로 이 지점에서 그린의 철학은 사회주의와 명백히 구분된다. 사회의 집합적 행위와 이익을 위해서 개인을 종속시키는 사회주의와 달리 새로운 자유주의는 개별성의 확보를 중요하게 생각하고 있는 것이다. 그린의 개인에 대한 개념은 기존의 영국적 전통이 가지고 있는 국가의 과도한 간섭에 대한 부정적인 모습을 인식하고 있으면서 국가의 능동적 기능을 확대하고자 하는 시도이며 동시에 어떠한 권력도 예외 없이 반드시 법률적 테두리 안에서 그 권력이 사용되어져야 한다는 영국 헌정주의적 전통의 산물이라고 할 수 있다. 이와 동시에 '관계'를 기본 바탕으로 개인을 비롯한 존재 개념을 설정했다는 것은 영국적 전통에 독일 관념론을 결합시켰기 때문에 가능한 일이라 할 수 있다.

2 | 그린의 권리와 소유이론: 자연권의 모순과 공동선

일반적인 자유주의 이론에서 개인은 권리의 담지자로 설정되어 있다. 하지만 그린의 권리이론은 고전적 자유주의와 달리 권리를 자연 상태(the state of nature)에서 누구나 가지는 자연권(natural rights)으로부터 도출하는 것이 아니라 사회나 공동체의 인정(recognition) 및 사회적 관계로부터 도출한다.[11] 다시 말해서 그린에게 권리는 사회계약에 의해서 만들어지는 것이 아니라, 사회의 역사적 발전과 변화를 통해서 인정되고 구성되는 것이다.[12] 그린에게 '권리'라는 것 자체가 사회적 산물이다. 따라서 자연권(natural right)이라는 말 자체는 모순일 수밖에 없다. 왜냐하면 자연권, 즉 자연 상태에서의 권리라는 말은 사회가 성립되지 않은 상태에서의 권리라는 의미인데 사회라 할 수 없는 상태, 즉 권력 혹은 주권의 부재 상태에서는 권리라는 것 자체가 도출될 수 없기 때문이다.[13] 권리는 사회나 공동체의 인정에 의한 것이기 때문에 자연 상태에서는 권리 자체가 존재할 수 없는 것이다. 따라서 권리는 자연적일 수 없으며 절대적이지도 않다. 권리가 모든 인간에게 태어날 때부터 주어진 것이 아니고 사회적 인정에 의한 것이라면, 그 권리를 생산하는 '사회적 인정'(social recognition)이 무엇이고 어떻게 작동되는지를 알아야 한다. 그리고 이것이 도덕적 그리고 정치적 의무와 어떤 관계가 있는지 살펴야 한다.

먼저 사회적 인정은 자연권의 비판에서부터 발전한 변증법적 산물이라고 할 수 있다.[14] 그린의 권리이론은 규범적 강제(normative constraint)를 생사하지 못하고서는 권리로서 기능할 수 없다는 것을 인식한다.[15] 여기서 말하는 규범성이란 다른 사람도 나와 동등한 권리를 가지고 있기에 그것을 존중해야 하고 사회적 제도나 강제로서 그 권리를 지켜주어야 한다는 것을 의미한다. 예를 들어, 자기 보존의 권리는 나뿐만 아니라 다른 사람에게도 있고 사회가 인정하여 그것을 지켜주어야 권리로서 작동할 수 있다. 다른 사람도 동등한 권리를 가지고 있고 사회가 그것을 인정하여 지켜준다는 인식이 있을 때, 규범이 생성되는 것이다. 권리가 권리로서 의무와 함께 기능할 수 있도록 발전된 것이 바로 그린의 권리이론이다. 규범적 강제와 제도가 동시에 수반되는 발전된 실질적 권리이론인 것이다.

사회적 인정에 의한 권리는 규범성과 안정성을 획득한다. 그린이 이것을 이상적인 실체(ideal entities)라고 부르는 이유도 여기에 있다. 권리는 사회적인 인정을 요구함과 동시에 그로부터 파생되는 의무, 즉 다른 사람들도 동등한 권리를 가지고 있기에 그렇게 대우해야 한다는 의무를 동시에 요구한다.[16] 따라서 다른 사람을 동등한 권리의 소유자로 인정하기에 능력을 가지고 있어도 해서는 안 될 제한이 생기며 규범적이 되는 것이다.[17] 도덕적 그리고 정치적 의무도 이러한 권리와 함께 생겨난다. 의무가 수반되지 않은 권리가 공허한 것처럼, 권리를 수반하지 않은 의무도 맹목적이기 때문이다.

이처럼 그린의 권리이론은 기존의 고전적 자유주의가 가지고 있는 권리이론을 비판적으로 발전시킨 것이다. 공동선을 추구하면서 동시에 고전적 자유주의에서 중요하게 생각하는 자유권과 소유권 그리고 압제에 대한 저항권을 포함하는 이론이라 할 수 있다. 따라서 그린은 자유주의 이론 내에서 핵심적인 권리로 취급되는 소유권에 대해서도 다른 입장을 취하고 있다. 그렇다면 그린이 생각하는 소유의 권리가 무엇인지 살펴보자.

우선 그린은 소유적 개인주의에 입각한 고전적 자유주의를 전면적으로 개혁하고자 하지만 개인의 소유권 자체를 폐기할 수는 없다고 이야기한다. 왜냐하면 그는 소유권이라는 것이 인간의 삶에서 가장 중요한 권리 중 하나라는 것을 인식하고 있었기 때문이다.[18] 그린은 소유는 인간의 삶을 풍요롭게 하는 데 반드시 필요한 것이고 소유는 인간의 자기실현에 도움을 주며 사회의 발전에 유용하게 작동할 수 있다고 말한다.[19] 또한 그린에게 소유는 정의로운 공동체를 위한 전제조건이기도 하다. 왜냐하면 소유권은 사적 이익과 공적 이익의 조화라는 공동선의 추구를 위한 필수 조건이며 복지의 권리를 주장하기 위한 바탕[20]이 되기 때문이다.

하지만 그린은 소유권의 근거와 한계에 있어서는 고전적 자유주의와 분명한 차이를 보이고 있다. 권리가 사회적 산물인 것처럼 소유권 역시 사회적 산물이며 자연적 권리가 아니었던 것이다. 따라서 그린이 제시하는 소유권은 토지와 같은 공공재에 있어서 그 소유가 제한되고 소유권의 근거도 공공선과 규범성에 기초해 있다.[21] 그렇다면 소유권과 공동체의 관계는 어떻게 되는지 그린의 이론을 좀 더 살펴보자.

개인은 한 사회에 속하고 그 구성원이기에 권리를 갖는다. 그리고 권리는 사회가 인정함으로써 효용성을 획득한다.[22] 소유권도 권리의 한 부분으로서 이러한 원리에 기초해 있다. 따라서 다른 권리가 그러한 것처럼 소유권 역시 공동체를 위한 도덕성에 기초해 있으며 제한될 수도 있는 것이다. 그린은 공공선을 비롯한 자아실현 추구를 윤리적인 것으로 바라본다. 그렇다면 사회는 개인이 자아실현을 할 수 있는 제도적 장치 및 환경을 조성해주어야 한다. 하지만 개인은 자신의 신체만 가지고서는 자아실현을 이루기 힘든 것이 사실이다. 자아실현과 공공선을 위해서 개인은 신체 말고도 다른 것들을 소유해야 하는 것이다. 자신의 재화를 비롯해 책을 소유해야 하고, 의복이나 음식 등 다른 수많은 것들을 신체와 함께 소유해야 한다. 따라서 소유의 권리를 무조건 제한하는 것은 신체를 제한하는 것이며 동시에 자아실현을 방해하는 것이다. 공공선을 위한 의지의 실현을 위해 개인의 자유가 실현되어야 하고 그러기 위해서는 소유의 권리가 필요하다.[23]

> 한 사람이 신체를 소유하고 자신의 의지에 따라 신체를 사용하는 것은 다른 권리들이 실제로 작동하기 위한 조건이다. 따라서 한 사람의 소유를 제한하는 것은 그의 신체가 의지를 표현하는 것을 제한하는 것과 유사하며 그렇게 된다면 의지 그 자체는 현실화될 수 없다. 의지를 표현할 수 없다면, 진정한 사람이라고 할 수 없을 것이다.[24]

인간이 자아실현과 공공선을 추구하는 것이 도덕적인 것이고 그 것을 위해서 신체 외에 다른 것을 소유해야 한다는 것으로 소유권은 정당성을 획득하게 된다. 그러나 여기서 주의해야 할 것은 소유권의 정당성은 효율성으로 인해 획득되는 것이 아니라, 도덕성으로 인해 획득된다는 점이다. 자아실현을 위한 도덕적 원칙에 기초하여 정당성이 획득되는 것이지 다른 권리들이 효율적으로 작동되게 하기 위해서 정당성이 부여되는 것은 아니다. 그리고 이러한 맥락에서, 소유권은 복지의 권리를 위한 전제 조건으로 정당화되기도 한다. 자아실현을 위해 신체 이외의 것을 소유해야 한다면, 소유의 정도는 자아실현을 위한 인간 활동의 한계를 설정하는 것이 된다.[25] 따라서 소유의 제한으로 활동의 제약을 받는 사람에게는 그 소유가 일정 정도 될 수 있도록 최소한의 소유나 소득을 보장해주어야 한다. 다시 말해서 실업자나 노인과 같은 사회적 약자에게 일정 정도의 소유를 할 수 있도록 지원해주어야 하는 것이다. 이처럼 소유권은 자아실현을 위한 도덕성을 획득하면서 동시에 복지의 권리를 위한 전제 조건이 되기도 한다. 그리고 그린은 이러한 이론을 바탕으로 최소생계를 지원하는 국가의 개입에 대한 긍정으로 나아간다.

소유의 권리가 작동하기 위해서는 두 가지 전제 조건이 필요하다. '소유'라는 개념 자체와 '사회적 인정'이 그것이다.[26] 그린에게 '소유'라는 개념은 원칙적으로 의지의 표현이다. 어떤 것을 갖는다는 것은 어떤 재화의 전용권 혹은 유용권을 갖는다는 것이다. 따라서 '소유'는 어떤 재화를 전용하고 싶다는 의지의 표현이다. 소유의 권리는 이러한 전용에 대한 욕구로부터 발현한다. 어떤 것을 가지고 싶고 자신만 사용하고 싶다는 의지는 이렇게 인간의 욕구에 의해 발현된다. 하지만 이러한 욕구만 있다고 해서 소유권이 작동될 수 있는 것은 아니다. 왜냐하면 권리가 그러하듯 힘이나 욕망만 있다고 해서 그것이 실효성을 가질 수는 없기 때문이다. 소유권은 다른 권리가 그러하듯 사회적 인정이 있어야 실제적으로 작동할 수 있다. 사회가 제도로서 그 권리를 보호하고 다른 사람들이 그 전용권을 인정하며 그 전용권이 침해당했을 경우 그것에 대해서 보상을 해줄 수 있을 때, 소유권이 작동할 수 있는 것이다.

소유권은 도덕적 개념으로부터 정당성을 획득하고 의지로서 발현되며 사회적 인정으로 인해서 실제적으로 작동한다. 그리고 도덕성은 규범성을 생산하는 것으로 권리에 제한을 두듯이 소유권에도 제한을 둘 수 있다.[27] 소유는 사회 경제의 발전과 공동체를 위한 재화의 증식을 위해 필요한 것이기에 본래의 목적인 공동체와 다른 사회 구성원들을 위해서 제한과 의무를 부과할 수 있으며 세금이나 다른 도덕적 의무를 충분히 부여할 수 있다. 대표적인 경우가 토지이다. 토지는 한정적이며 공공재의 성격이 있기 때문에 이 소유에 대한 의무를 부과할 수 있다. 토지 소유자에게 토지 경영에 있어 도덕적 의무를 부과할 수 있다는 것이다.

그리고 소유는 다른 사람의 자아실현을 방해해서도 안 된다. 한 사람의 소유가 다른 사람이 공공선을 추구하며 자아실현을 하는데 위해가 된다면 그 소유는 제한되거나 철폐될 수 있다. 새로운 자유주의에서 노예 제도에서처럼 인간을 소유할 수 없는 이유도 바로 이 때문이다. 그린은 *Liberal Legislation and Freedom of Contract*

에서 다음과 같이 소유에 대해서 이야기하고 있다.

> 소유라는 제도는 오직 모든 사람들이 자신이 가진 사회적 잠재력을 자유롭게 표현할 수 있게 하는 데 있어서만 정당성을 획득할 수 있다.[28]

이처럼 소유는 개인의 권리에 기초한 것이 아니라 사회 구성원 모두를 위해서 조화를 추구해야 한다는 의무와 함께 정당화된다. 정리하자면, 소유는 개인의 자아실현과 사회 경제의 발전 그리고 복지의 권리를 위해서 매우 중요한 제도이다. 따라서 그 정당성도 도덕성에 기반하여 획득되어진다. 그리고 소유의 권리가 도덕성에 기초한 만큼 의무도 부과되며 공공선을 위해서 제한되기도 한다. 그린에게 소유권은 다른 권리가 그러한 것처럼 천부적으로 부여된 것이 아니라 공공선과 개인의 자아실현을 위해서 사회적 인정에 의해 작동된다.

3 | 새로운 시민: 공동선과 자아실현의 추구

개인은 개인의 삶을 살아가기도 하지만 공공의 삶을 살아가야 하는 복수적 존재이다. 다시 말해 개인은 공동체와 구분되는 개체로서 존재하기도 하지만 동시에 공동체 구성원으로서 시민의 삶을 살기도 한다. 따라서 현대사회에서 시민의 개념은 한 공동체나 사회가 존재하는 근거이자 그 존재를 지속하게 하는 동인이라 할 수 있다. 하여 그린 역시 시민의 개념에 주목하였으며 더 나은 공동체를 위해 이 개념을 새롭게 정립하고자 하였다. 그리고 그린의 철학을 연구하는 학자들은 그린이 제시하는 정치철학의 중심에 '시민성'(citizenship)이 놓여 있다고 말한다.[29] '시민성'을 이해한다면 우리는 그린이 제시하는 정치철학의 핵심에 한 발 더 가까이 다가갈 수 있을 것이다.

시민에 대한 그린의 사유는 그의 저서인 『윤리학 입문』(*Prolegomena to Ethics*)과 『정치적 의무의 원리에 관한 강의』(*Lecture on the Principles of Political Obligation*)에 잘 나타나 있다. 그린은 이 두 저서에서 경험주의와 공리주의의 한계를 공박하며 자신이 생각하는 시민관을 전개해 나간다. 그린은 먼저 '시민성'이라는 것은 인간 삶의 도덕적 목적에 관한 의식을 함의하고 있다고 말한다.[30] 그리고 그것이 국가의 제도와 준칙 등으로 현실화된다고 이야기한다. 다시 말해 개인적 자아가 외형화되어 제도와 법이라는 것으로 합일된 형태가 시민으로 외형화된다는 것이다.[31] 그렇다면 시민은 단순한 권리의 담지자가 아니라 능동적으로 자신의 자아를 실현하는 존재(an active self-realising being)라는 말이 된다. 다시 말해서 시민은 개인을 넘어서서 지속적으로 자아실현을 추구하는 생성(becoming)의 존재인 것이다.[32]

그린은 자신의 이기적 욕구를 이성과 의지로 억제하고 전체 사회적 삶의 구성요소로의 자신을 발견하는 것이 '자기실현'의 방식이라고 표현하며 이러한 자기실현을 이루어 나가는 것을 시민으로 생각한다.[33] 이러한 그린의 설명 역시 개인과 사회를 구분하지 않는 전제 위에서 성립한다. 기존의 자유주의가 제시하는 홉스식의 계약론적 자유주의나 로크식의 권리 지향적 자유주의와는 달리 개인을 이성과 의지의 담지자로 간주하고 공동체와 개인을 불가분의 관계로 설정한 것이다. 그렇다면 개인은 공동체나 사회에 종속되거나 포섭되는 것이 아닌가라는 의문이 생길 수밖에 없다. 여기서 그린은 개인의 의지와 이성도 중요하지만 외부의 요소(externality), 즉 사회적 조직이나 구조도 중요하다고 이야기한다. 그린은 국가나 사회는 개인이 자신의 기량을 발휘할 수 있도록 기회를 주어야 하는데 단순히 평등한 기회를 넘어 진정한 기회의 균등을 주어야 한다고 강조한다. 그리고 만약 강제를 당하지 않더라도 자기의 능력을 발휘할 여건이 못 된다면 그것은 부자유의 상태라고 주장한다.[34] 그린에게 진정한 자유는 모든 사람들이 자신의 목적을 달성할 수 있는 여건이 조성된 것이고 개인과 법이 조화를 이루었을 때 달성된다.[35] 그리고 바로 이 지점에서 개인은 시민으로 다시 탄생한다.

법과 제도가 자아실현의 형태이기는 하지만 자아실현은 동시에 자신이 가진 잠재력을 현실화시키는 것이기도 하다. 즉 '자기'(self)란 완성될 가능성을 지니고 있으나 아직 실현되지 못한 힘, 즉 잠재력을 가지고 있는 존재이다. 다시 말해 무엇인가 될 수 있는 가능성은 지니나 현실적으로 아직 존재하지 않는 자기인 것이다.[36] 자아실현은 자기의 잠재적 능력을 실현하는 것으로서 자신을 객관화시키는 능력이며 자신을 이성적으로 통제하는 것을 의미한다. 따라서 자기실현은 의지와 이성의 소유를 요구한다.[37] 이성은 자기를 객관적으로 인식하는 것이며 하고 싶은 대로 하는 것이 아니라 자신을 최상의 상태로 만드는 것이다. 이러한 가능성을 현실화(realisation of its capabilities)시키는 것이 자아실현이 가지고 있는 의미이며 시민의 의무인 것이다.[38]

자아실현이라는 것이 법과 제도로 외형화되어 표출되는 것이며 자신이 가지고 있는 가능성을 현재화시키는 것이며 이것이 시민의 의무라면, 우리는 그것이 어떤 원리로 이루어져야 하는가를 묻지 않을 수 없다. 어느 한 자아가 남의 물건을 아무도 모르게 훔치는 능력과 가능성을 가지고 있어 그것을 현실화시킨다고 했을 때, 우리는 그것을 자아실현이라고 말할 수 없다. 또한 여성이나 사회적 약자를 억압하는 제도가 법제화되었을 때, 우리는 그것을 자아실현의 형태라고 말할 수도 없다. 그렇다면 자아실현은 어떤 원리를 가지고 있는 것인가. 다시 말해서 시민이라는 것은 어떠한 원리를 가지고 자아를 실현하기 위해 노력하는 존재인가를 물어야 한다. 그린은 먼저 이 질문에 '영원한 정신'(eternal consciousness)과 '자기 객관화 원리'(self-objectifying principle)라는 것을 가지고 자아실현의 원리를 설명하기 시작한다.

> 인간의 이성과 의지는 그 인간에게 대상이 된다는 공통된 성격을 지니고 있다. 이 대상은 영원한 정신이 동물적 유기체를 통해서, 그리고 그런 것을 통합으로써 야기되는 한계 아래에서, 그 사람 속에 자신을 재생산하는 한, 그 사람에게 속한다. 이런 자기 객관화 원리 덕분에, 그저 단순히 자연의 법칙에 따른 자연적인 욕구가 아니라, 특정 조건 아래에서 존재하며, 획득될 수 있는 목적과 이런 조건

> 아래에서 실현될 수 있는 능력을 가진 자신에 대한 생각에 의해 그 사람이 결정되는 것이다. 그러므로 욕망의 대상을 획득하는 가운데 그 사람은 그저 욕망을 가지는 것이 아니라 자신을 만족시키려고 시도하는 것이다. 다시 말해 그 사람은 자신이 달성하려는 욕망을 충족시킴으로써 스스로가 도달할 수 있는 어떤 상태, 즉 의지를 제시하는 것이다. 그러므로 다시, 그 사람은 아직 이르지는 못했으나 앞으로 도달할 가능성이 있는 상태로 자신을 끌어올리려는 충동 때문에, 그저 식물이나 동물 같은 성장 과정만 거치는 것이 아니라 자신을 발전시키려고 애를 쓰고 또 실제로 그렇게 발전하고 있는 것이다.[39]

그린에 따르면 인간이라는 각 개체는 영원한 정신이라는 것을 가지고 있다. 이것은 욕망을 인식하는 것으로 인간과 동물을 구분 짓게 하는 것이다. 인간은 동물적 유기체이기 때문에 다양한 욕망에 사로잡히게 된다. 하지만 인간은 이성을 통해 자신에게 의욕되는 그것이 욕망이라는 것을 인식할 수 있는 능력을 가지고 있다. 그리고 그것을 객관적으로 바라보며 행위를 결정한다. 그린은 이것을 '행위의 동기'(a motive for action)라고 부른다. 정리하자면 그린에게 있어, 욕망을 의식할 수 있는 능력 그것이 영원한 정신이고 이것을 통해 욕망을 객관화하여 바라보는 것이 바로 자기 객관화의 원리이다. 욕망이 인식된다는 것은 그 생각하는 주체가 욕망과 구분되는 것이며 욕망을 선택하는 의지가 있다는 것이다.

그렇다면 그린이 말하는 영원한 정신은 단순히 욕망을 객관화시키는 능력만을 가지고 있는가? 그렇지는 않다. 영원한 정신은 욕망을 공공의 선과 견주어 생각하게 하며 다른 사람에 대한 고려를 포함한다. 다시 말해서 영원한 정신은 개인이 가진 가능성과 능력은 사회생활의 한가운데에서만 실현된다는 것을 인식하고 '사심(私心) 없는 선(善)의 보편화'(universality of disinterested goodness)를 위해 자기희생의 의지(self-sacrificing will)와 자기 부정의 의지(self-denying will)를 내동하게 하는 것이다.[40] 그린이 교육을 중요하게 여기는 이유도 바로 여기에 있다. 개인이 가진 영원한 정신을 발전시키기 위해서는 교육과 훈육이 필요하며 이것이 곧 시민을 만들어낸다고 보고 있는 것이다.[41] 교육을 통해서 개인은 영원한 정신을 발전시키고 '사심없는 선의 보편화'를 위해서 노력하며 자신의 가능성을 현실화시키기 위해 시민으로서 행위하게 된다.[42]

> 궁극적 선에 대해 생각하면서, 그 사람은 자연스럽게 자신의 완전한 삶에 대해 생각하게 된다. 이 삶 속에서 그는 자신 속의 정신이 만들어주는 대로 생성됨으로써 충분히 만족을 얻게 될 것이다. 그러나 그는 자기 부정(否定)의 의지를 행사하며 '구속(救贖)받은 다수', 즉 모든 사람이 참여할 수 있는 사회적 삶을 제외한 어떤 삶 속에서도 자신이 만족할 수 있으리라고 생각할 수 없다. 그는 분명히 특징적으로 도덕적인 덕 속에서 직접적으로 행사되는 것을 제외한 다른 능력—다른 사람을 대할 때가 아니고 예술과 과학 같은 것으로 표현되는 능력—을 가지고 있는데, 이런 것들의 발전도 그가 만족하게 되는 어떤 삶을 위해 필요한 구성요소임이 틀림없다. 그

러나 '조용한 시간에 가만히 앉아 곰곰이 생각해보면' 어떤 능력을 발전시키는 것이 자신에게 궁극적 선이 될 수 없다는 사실이 자명해진다. 합리적 영혼을 만족시키기에 충분한 내재적 바람직함은 오직 그런 능력이 전체 사회적 삶의 구성요소로서 실현되는 경우에만 얻어질 수 있는 것이다. 이런 사회적 삶을 특징짓는 가장 중요한 요소는 사심 없는 선함의 보편성이다.[43]

그린이 말하는 시민은 '자아실현'을 궁극의 가치로 여기고 살아가며 이는 선험적으로 구성된다. 영원한 정신을 가지고 자기 객관화의 원리와 사회의 구성원으로서의 의지, 즉 멤버십을 가지고 자아실현을 위해서 끊임없이 노력하는 선험적 능력을 의지의 자유를 통해 발현하는 것이 바로 시민인 것이다.[44] 따라서 시민은 도덕적 존재이며 도덕적 의무를 다하는 사람임과 동시에, 칸트의 언어로 표현하자면 정언명법에 충실히 살아가는 인간이다.[45] 이러한 내용은 당대의 지식인들로 구성된 레인보우 서클의 회의록에도 잘 나타나 있다. 이들은 "자아실현이라는 것은 다른 사람들의 행복을 함께 고려하지 않고서는 성립될 수 없다"[46]라고 말하며 자아실현이라는 것은 사회 구성원으로서 관계 속에서 다른 사람을 고려하여 자신의 욕망을 조정하고 자신이 희생해야 하는 순간을 인식할 줄 아는 것이라고 주장한다. 이처럼 그린의 '시민'은 '영원한 정신'을 통해 자신을 객관화시키고 사회 구성원으로서 책임감을 가지는 것을 의미한다.[47] 그리고 이 시민의 의무와 궁극적 목적은 법과 제도라는 국가나 주권적 형태로, 또한 개인적 차원에서는 가능성의 현실화라는 것으로 나타난다.

이러한 그린의 시민관은 물론 헤겔의 의지의 발전 형태와 매우 유사한 모습을 보이고 있다. 헤겔의 법철학에서 시민사회에서 국가로 이행하는 과정과 '영원한 정신'은 비슷한 구조를 가지고 있으며, 시민이 영원한 정신을 통해 자신의 욕망을 객관화시키는 것은 헤겔의 '자연적 의지'가 '자의'로 발전하고 이것이 다시 욕지의 테두리에서 벗어나 '즉자대자적 의지'로 나아가는 과정과 매우 유사한 것이다. 자아실현을 기반으로 하는 그린의 시민관 혹은 시민성은 헤겔의 정신을 이어받아 기존의 자유주의의 한계를 극복하며 새로운 시민과 개인을 만들어내고 사회개혁을 위한 기틀을 다지기 시작한다.

그린이 제시하는 시민으로서의 개인이 자아실현을 최고의 선으로 여기고 그것을 위해서 노력하는 존재이고 그것이 '영원한 정신'으로 작동되는 것이라면, 우리는 여기서 개인들 사이의 가치가 충돌할 경우 어떻게 해야 하는지 묻지 않을 수 없다. 다시 말해서, 그린의 개인은 개인의 이익과 타인의 이익을 어떻게 조화시킬 것인가에 대한 윤리학의 근본 명제를 어떤 방식으로 해결하는지 물어야 한다. 왜냐하면 개인들 사이의 경쟁과 이해의 충돌은 가장 현실적인 것이며 정치의 공간에 끊임없이 등장하는 것이기 때문이다.

그린은 이 어려운 질문에 대한 대답으로 공동선(共同善)의 개념을 제시한다. 공동선은 "어느 누구도 다른 사람의 손실을 통해 이득을 얻어서는 안 된다고 하는 소극적 의미와 더불어, 한 사람이 추구하는 선이 다른 사람의 선도 함께 증진시켜주어야 한다는 적극적 의미를"[48] 동시에 갖는 것으로서 배제를 배제하는 원리라 할 수 있다. 여기서 그린의 공동선에 대한 사유를 살펴보자.

> 오랜 단련을 거친 의지의 습관에 대한 성찰. 이런 영향 아래, 우리가 개요를 밝히기 위해 애썼던 과정을 통해, 한편으로는 공동선이 공통되는 사람들의 범위가 계속 넓어졌고, 다른 한편으로는 인류 전체를 포괄하는 보편적 사회의 대상이 되는 공동선 자체의 성질에 대한 개념이 생겨났다. 어느 한 사람 또는 한 집단의 사람들이 다른 사람들을 배제하면서 얻거나 즐길 수 있는 것이 아니라, 모든 사람이 동참할 수도 있는, 그리고 인간 영혼의 능력이 충분히 실현될 수 있기 위해서는 모두가 동참해야만 하는 정신적인 활동으로서, 좋음이 점점 더 분명하게 인식되었다. 그리고 각 개인의 생각의 발전은 모든 사람이 자유와 공동 목적을 향한 추구 과정에서 도움받을 권리를 현실적으로 인식하는 것을 가능하게 해준 사회적 통일의 진전과 함께 진행되었다.[49]

그린에게 사회란 인간의 정신을 발전시키는 조건이다. 인간이 동물과 구분되는 지점, 다시 말해서 단지 생존만을 위해서 행동하는 것이 아니라 그 이외의 것을 위해서 행동하게 하는 것은 '사회'라는 인식의 틀이 있기에 가능한 일이다. 따라서 모든 개인은 사회의 구성원인 다른 개인을 존중해야 하고 '상호 인정'(reciprocal recognition)해야 한다. 공동선은 이러한 상호 인정이라는 조건 아래 사회 구성원 누구도 배제하지 않고 모두의 발전을 조화시키는 것이다.

하지만 여기서 주의해야 할 것이 있다. 그린의 공동선은 조화를 중심에 둔 개인적이며 동시에 공동체적인 선(good)인 것이지 공동체의 가치가 개인보다 우위에 있다는 것을 의미하는 것은 아니다. 아리스토텔레스 이래로 중세를 거치면서 공동선은 공익을 위한 사익의 희생으로 간주되어왔다. 공익과 사익이 충돌할 경우 공익에 우선성이 있었던 것이다.[50] 하지만 그린의 공동선은 공익을 위한 사익의 희생과는 차이점이 있으며 공익과 사익의 단순한 조화와도 다르다. 여기서 공동선은 구성원의 어느 누구의 이익도 배제하지 않는 차원에서 공공의 이익을 추구하는 것이다. 다시 말해 공동선은 A라는 사람의 이익을 포기하게 함으로써 전체의 이익이 증대된다고 해서 A의 이익을 배제하지 않는다. 왜냐하면 A를 배제한다는 것은 사회를 궁극적으로 구성하는 관계 자체를 무시하는 것이며 다른 사람을 배제한다는 것은 이미 선(good)이라 할 수 없기 때문이다. 배제를 통한 선의 추구는 악을 통한 선의 추구와 같은 이율배반적인 것이다. 공동선은 다른 사람을 배제하는 것이 아니라 상호 협조하는 가운데서만 달성될 수 있다. 이러한 맥락에서 심호니(A. Simhony)와 같은 학자는 그린의 공동선에는 정의와 덕, 자유주의와 공동체주의, 칸트와 아리스토텔레스가 모두 섞여 있다고 보고 있기도 하다.[51]

따라서 그린이 말하는 시민은 공동선을 추구하는 존재로서 다른 사람을 배제하지 않는다. 그리고 공동선을 도덕적 이상(moral ideal)으로 여기며 이 이상을 현실 생활 속에서 형성해놓는 규범이나 법률 등의 근거나 기준으로 삼는다. 또한 현존 국가의 제도나 법률이 타당한가 여부 역시 공동선의 도덕적 기준을 바탕으로 평가한다.[52] 이처럼 그린의 개인은 '영원한 정신'을 통해서 공동선을 도덕적 이상향으로 삼는 새로운 시민으로 태어나는 것이다. 요컨대 그린의 개인은 관계를 인식하고 그 관계 속에서 조화를 추구하는 시민성을 가진 존재이다.

그린이 설명하는 공동선을 추구하는 시민성이 현대적 관점에서 '프로테스탄트 시민성'이나 '크리스천 시민'처럼 보이는 것이 사실이다.[53] 그리고 개인을 합리적이며 도덕적으로 사고하는 이상적인 도덕적 행위자(moral agent)로 그리고 있다.[54] 따라서 니콜슨(P. P. Nicholson)과 같은 경우는 그린이 제시하는 공동선이 빈약한 철학적 기반 위에 놓여 있다고 비판하기도 한다.[55] 하지만 그린이 제시하는 공동선의 개념은 시민이 가지고 있는 그리고 가져야 할 덕성(virtue)을 의미한다. 그린과 같은 새로운 자유주의의 공동선 이론이 개인의 이익과 공공의 이익이 충돌하는 상황에서 명확한 해답을 제시해주지는 못하지만, 추구해야 할 방향성만은 명증하게 드러내고 있다. 배제를 배제해야 한다는 원칙이 바로 그것이다. 그린의 공동선은 'Common'이라는 것이 사회 구성원 전체나 '모든 인간 존재들'(all human beings)을 지향해야 하며 진정한 선 혹은 진정한 좋음(true good)은 나의 좋음은 물론 상대방의 좋음을 포함해야 한다는 지향점을 제시해주고 있는 것이다.

더군다나 그린이 제시하는 개인의 존재론적 근거는 '사람들 사이의 사람'(a person in persons)이다. 인간은 관계적 존재이며 이 관계는 사람들 사이에서뿐만 아니라 다른 것과도 연결되는 것이다. 따라서 현실과 인식되는 모든 것들은 관계를 통해서 구성되며 관계는 정신(mind)의 작용을 통해서 이루어진다.[56] 따라서 그린이 제시하는 공동선은 현실을 이루는 관계를 만들고 그 관계를 구성하는 정신 작용의 지향점이라고 보아야 한다. 그린의 공동선은 '역사란 절대정신의 자기실현 과정'이라는 헤겔의 영향을 받은 것이지만, 자본주의의 폐해로 점철된 당대 사회에 가장 현실적이며 정신적인 윤리관이었다.

또한 공동선을 추구하는 그린의 시민관은 지속적인 긴장을 생산한다. 아무도 배제하지 않음으로써 개인에게 유리한 경제적인 논리와 공공에 유리한 공익의 논리 사이의 긴장을 생산하는 것이다. 이러한 긴장은 개인의 권리가 무시된 전체주의 사회에 대한 경계, 그리고 개인의 권리에 매몰된 자유지상주의에 대한 경계를 모두 생산한다.[57] 따라서 공동선을 지향하는 그린의 시민관은 개인과 공동체 모두 발전할 수 있는 기틀을 제공하는 것이다. 다시 말해서, 공동선을 지향하는 새로운 시민으로 태어난 그린의 사상은 고전적 자유주의와 사회주의의 경계에서 사회적 개혁을 요구하는 윤리적 이념이라 할 수 있다.

4 | 그린의 자유 개념

벌린에 의해서 공고화된 자유의 두 가지 개념, 즉 소극적 자유와 적극적 자유는 현대에 와서 자유라는 개념을 바라보는 중심축이 되었다. 다시 말해서 우리는 자유라는 개념을 인식할 때, 어떤 Y로부터의 자유(freedom from)와 어떤 X를 향한 자유(freedom to)라는 이분법적 구도를 가지고 파악하는 경향이 있다. 이러한 구분은 최소한의 법적 자유(juristic freedom)와 진정한 자유(true freedom)로 나타나기도 한다. 그리고 전자는 법의 영역이라 표현하고 후자를 도덕의 영역이라 말한다. 이러한 구분법이 벌린 이후에 주로 나타난 것이기는 하지만 그린 역시 다양한 자유의 차이를 인식하고 있었다. 하지만 그린은 벌린과는 달리 자유의 다양한 개념이 서로 대립되는 것이 아니라 서로 상관관계를 가지고 있다고 보았다. 비록 벌린식으로 구분하진 않지만 그린 역시 자유의 다양한 양태에 대해서 인지하고 있었던 것이다. 그린은 비록 적극적 자유를 지향하지만 궁극적으로는 자유에 대한 이분법적 태도를 경계하며 소극적 자유와 적극적 자유의 가치를 모두 인정하고 있다.[58]

그린과 같은 경우, 1879년 자유에 대한 강연에서 세 가지 자유의 형태에 대해서 이야기한다.[59] 자유는 세 가지 형태가 있는데, 첫 번째가 형식적 자유 또는 의지의 자유(formal freedom, free will)이고 두 번째가 법적인 자유(legal freedom), 그리고 마지막 진정한 자유(real freedom)가 있다고 설명한다.[60] 우선 그린이 말하는 형식적 자유에 대해서 알아보자.

그린이 말하는 형식적 자유 혹은 의지의 자유는 가장 기초적인 자유에 해당하는 것으로 개인적 차원에서의 자유를 의미한다. 이것은 다른 사람에게 강요받지 않는 자유를 의미하며 개인과 타인과의 관계에 기반한 자유를 의미한다. 즉 관계에 있어 다른 사람의 강요에 의해서 나의 의지를 결정하는 것이 아니라 나의 선택으로 의지를 결정하는 자유를 말한다. 물론 의지의 자유는 홉하우스의 지적처럼 외부의 자극에 의해서 충분히 자유롭지는 못하다. 하지만 그린은 가장 기초적인 자유로서 단순한 형태이기는 하지만 자기결정권(mere self-determination)이 있어야 한다고 보고 있다. 그린은 한 사람이 자신의 내면으로부터 나오는 수많은 의지들 사이에서 어떤 행위를 할 것인지는 다른 사람에게 강요받지 않고 자기가 선택해야 한다고 보며, 그것을 다른 자유로 진행하는 필요조건으로 보고 있다.

저항이나 간섭이 없는 형식적 자유는 자유의 가장 기본이 되는 자유다. 하지만 이러한 자유는 외부의 자극이나 저항으로부터 언제든지 침해받을 수 있는 자유라 할 수 있다. 따라서 이것을 보완할 수 있는 자유의 권리가 필요한데 그것이 바로 두 번째 자유의 양식이라 할 수 있는 법적인 자유(Juristic Freedom)이다. 법적인 자유는 형식적 자유를 기반으로 하는데, 형식적 자유가 사회적 인정(social recognition)을 획득했을 때 법적인 자유가 된다.[61] 형식적 자유에 기초해서 법적인 자유는 우선 일정한 원리를 갖는데 그 첫 번째가 바로 '다른 사람에 의한 강제의 면제'(exemption from compulsion by others)이다. 형식적 자유의 기본이라 할 수 있는 간섭이나 저항의 부재를 사회가 인정하여 법적인 차원에서 보장해주고자 한 것이다. 두 번째 원리는 '선호에 따라 행동할 수 있는 능력'(power to act according to preference)을 보장해주는 것이다. 여기서 말하는 능력(power)은 법적인 지위나 능력을 말하는 것으로서 내면의 도덕적 능력을 보장해주어야 한다기보다는 외부적 차별의 방지에 중점을 두고 있다고 할 수 있다.

마지막으로 자유의 양식 중 세 번째 양식은 '진정한 자유'이다. 현대사회에서 적극적 자유로 표현되기도 하는 새로운 자유주의의 진정한 자유는 형식적 자유, 그리고 법적인 자유와 매우 다른 모습을 가지고 있다고 할 수 있다. 진정한 자유는 위에서 제시했던 '영원한 정신'과 '자기 객관화 원리' 그리고 '자아실현'과 연결되는 것으로서 도덕성에 기초한 자유이다. 이것은 사회 구성원 전체의 자유를 증진하고 능력을 배양시키고자 하는 자유이며[62] 구성원들에게 자신의 능력이 발휘될 수 있도록 최대한의 기회를 제공하기 위한 자유이다. 좀 더 구체적으로 살펴보자면, 진정한 자유는 다른 사람의 자유와 기회의 증진을 위해 자신의 형식적 자유를 포기할 줄 아는 자유이며 빈곤층 등 사회적 약자들이 도덕적 행위자로서 자신의 능력을 발휘할 기회를 평등하게 향유하도록 하는 자유이다. 다시 말해서 진정한 자유는 다른 사람의 형식적 자유와 법적인 자유를 증진시키는 자유인 것이다. 이것에 대해 브래들리와 같은 경우 선호를 추구하는 자유가 아니라 의무를 추구하는 자유라 표현하기도 한다.[63] 진정한 자유는 도덕적 명령에 의한 자유이며 도덕적 이상을 추구하는 자유이다. 하여 그린은 진정한 자유는 완벽하게 현실화시킬 수도 없으며 현실화될 수도 없지만 항상 추구해야 하는 것이라고 말한다.

그렇다면 우리는 여기서 세 가지 자유의 양식이 서로 어떤 관계가 있는지 알아야 한다. 소극적 자유로 표현되는 형식적 자유와 법적인 자유 그리고 적극적 자유로 표현되는 진정한 자유가 서로 상반되는 것인지 아니면 서로를 위한 전제 조건인지 알아야 하는 것이다. 우선 가장 먼저 전제할 것은 형식적 자유와 법적인 자유가 없이는 진정한 자유도 없다는 사실이다.[64] 형식적 자유가 법적인 자유를 만들어내고 이 두 가지 자유가 다시 도덕성에 기초한 진정한 자유를 만들어낸다.

의지의 자유라 할 수 있는 형식적 자유는 인간의 원초적 욕망에 기초한 자유이다. 따라서 이 자유는 매우 불안정하다. 간섭이나 저항의 부재를 요구하는 형식적 자유는 언제든지 타인이나 개인 내부의 문제로 인해서 무너질 수 있는 것이다. 따라서 이것을 보장해주는 사회적 인정에 기초한 법적인 자유가 필요하게 되고 법적 자유의 기본 틀은 형식적 자유에 의해서 구성된다. 형식적 자유의 한계를 보완하기 위해서 법적인 자유가 나타나게 되며 형식적 자유는 법적인 자유의 바탕이 되는 것이다. 그리고 진정한 자유는 사회적 차원의 자유라고 할 수 있는 것으로서 공공의 선을 추구하고자 하는 도덕적 이상에 의해 구성되는 것이다. 하여 공공의 이익과 사회 구성원들의 가능성이 현실화되는 최적의 조건을 추구하는 진정한 자유는 개인들이 자아실현을 위한 조건을 위해 형식적 자유와 법적인 자유에 기초함과 동시에 이 두 가지 자유의 증진을 추구한다. 이처럼 세 가지 자유는 서로의 바탕이 되고 보완적인 개념으로 존재한다. 따라서 그린의 자유 개념은 소극적 자유와 적극적 자유가 서로 양립 가능하다는 것을 말한다고 할 수 있다. 형식적 자유가 없이 법적인 자유가 존재할 수 없고 법적인 자유가 없이 진정한 자유가 존재할 수 없다는 그린의 자유 개념은 현대에 와서 벌린에 의해서 양분된 자유의 두 가지 개념에 새로운 지평을 제공한다고 할 수 있으며 고전적 자유주의가 가진 한계를 넘어서고자 하는 시도였다. 그리고 전환시대 사회개혁의 초석을 위한 개인과 공공의 조화라는 새로운 '자유' 개념이라고 평가할 수 있다.

5 | 나가는 말

토머스 힐 그린은 19세기 당시 영국 자유주의 중심 이론이었던 '철저한 개인주의'(rugged individualism)를 비판하고 '공동선'과 '자아실현'을 주장하며 새로운 자유주의의 토대를 마련한 인물이다. 인간의 자아실현이 가치의 중심이 되어야 하며, 그러한 궁극적 가치가 공동선 속에서 실현될 수 있다는 것이 그의 정치철학의 핵심이다.[65] 사회와 개인을 이분법적 대칭관계로 보는 시각을 넘어, 그린은 우선 사회적이며 개별적인 존재로서 '개인'을 새롭게 정의하였다. 그는 개인을 사회적 존재이며 관계로부터 구성된 것이지만 개별성을 유지한 존재로 상정하고 개별성과 사회성을 통일시키고자 하였다. 개인에 대한 새로운 가치정립으로 개인의 이익과 타인의 이익 그리고 사회 전체의 이익에 대한 조화를 추구했던 것이다. 따라서 그린의 개인은 사회적 인정에 의해서 권리와 의무가 주어진다. 그리고 그는 개인을 시민으로 규정하며 단순한 권리의 담지자가 아니라 능동적으로 자신의 자아를 실현하는 존재(an active self-realising being)

로 상정한다. 그린은 자아실현을 자기의 잠재적 능력을 실현하는 것으로서 자신을 객관화시키는 것이며 자신을 이성적으로 통제하는 것을 의미한다고 말하며 개인의 최고의 가치를 자아실현으로 두었고 이를 추구하는 것이 진정한 시민이라고 주장했다.

또한 그린은 공동선이 어느 누구도 다른 사람의 손실을 통해 이득을 얻어서는 안 된다고 하는 소극적 의미와 더불어, 한 사람이 추구하는 선이 다른 사람의 선도 함께 증진시켜주어야 한다는 적극적 의미를 가지고 있다고 말하며 모든 개인은 사회의 구성원인 다른 개인을 존중해야 하고 '상호 인정'(reciprocal recognition)해야 한다고 설명한다. 즉 시민으로서의 개인을 자아실현의 존재이며 공동선을 동시에 추구해야 하는 존재로 설명한 것이다. 이처럼 그린은 '공동선'과 '자아실현'의 개념을 중심으로 '사회'와 '개인'의 조화를 추구했던 인물이다. 사회에 만연한 부조리를 극복하기 위해, 그리고 아무도 배제하지 않는 사회 구성원 모두의 발전을 위해 그린은 새로운 정치철학을 제시하였다. 그리고 이러한 그린의 사유는 보즌켓과 홉하우스 등으로 이어지며 '새로운 자유주의' 혹은 '영국 이상주의'라는 사조로 발전되었다.

전환기 사회에 새로운 가치를 제시했던 그린의 이러한 사유는 지금 인공지능과 로봇 기술을 비롯하여 첨단 과학기술의 발전으로 새로운 사회를 목도하고 있는 우리에게 많은 울림을 주고 있다. 대규모 기술실업으로 인해 많은 사람들이 기계에게 자신의 자리를 내어주어야 하는 현시점에서 그린은 한 공동체 안에서 우리가 서로와 자신을 어떻게 인식해야 하는지를 알려주고 있다. 그린의 철학은 시대와 사회에 대한 협소한 조망을 넘어 사고의 지평을 넓혀 주며 어떻게 더불어 살아야 하는지 그리고 정치의 본질은 함께 사는 것이라는 사실을 인식하게 한다.

X

Karl Marx

10 카를 마르크스

자본의 지배 너머의 자유를 향해[1]

한상원

생애의 말년인 1880년 8월, 노(老) 사상가 마르크스는 램즈게이트 해변에서 여름휴가 중에 뉴욕 『더 선』지의 기자 존 스윈턴의 방문을 받는다. 저녁이 되어 그는 마르크스와 해변을 산책하던 중 '존재의 근원'에 관하여, '존재 일반'에 관하여 자신의 생각을 한마디로 답해줄 것을 마르크스에게 부탁했다. "무엇입니까?" 마르크스는 답하지 않고 요동치는 파도와 해변의 군중을 바라보았다. 그는 다시 물었다. "무엇입니까?" 이윽고 마르크스는 깊고 경건한 톤으로 대답했다. "투쟁이지!"

종종 언급되는 이 일화는 마르크스의 변혁적, 실천적 지향점을 드러내준다. 투쟁을 통해 인간 사회를 변화시켜야 한다는 열정적인 관념은 마르크스의 생애 전반에 걸쳐 나타났다. 동시에 그는 이론적 혁명가이기도 했다. 즉 그는 실천적 혁명 못지않게, 이론적 영역에서의 변화와 혁신을 추구했던 지식인이기도 했다. 1865년 친척의 집에서 머물던 그는 딸들과 함께 '자기문답' 퀴즈를 푸는 게임을 했는데, 여기서 그는 자신이 가장 좋아하는 사람이 누구인지 묻는 질문에 스파르타쿠스와 케플러라고 답한다. 이 두 인물은 각각 로마 시대 노예 반란을 이끌었던 계급적, 실천적 혁명가와, 코페르니쿠스의 지동설을 수학적으로 증명하여 천동설 중심의 신학적, 형이상학적 세계관의 전복을 이끌어낸 과학적, 이론적 혁명가를 상징한다.

이처럼 마르크스는 실천적이면서 동시에 이론적인 혁명의 삶을 지향했던 사상가였다. 따라서 우리가 그의 사유를 이해하기 위해서는 그의 텍스트뿐만 아니라 그가 대결하고 있었던 당대의 현실, 그리고 그 안에서 그가 부딪혔던 실천적인 고민들이 함께 고려되어야 한다. 이러한 맥락에서 이 글은 마르크스 사유의 전개 과정을 그의 실천적 삶과의 관계 속에서 추적해보기로 한다. 이를 위해 마르크스의 생애를 몇 가지 단계들로 나누어 그 시기를 대표하는 그의 저작들에 드러난 그의 사유를 포착해보기로 하자.

1 | 생애와 사상

청년기: 철학자 청년과 그의 사상적 전환

카를 마르크스(Karl Marx, 1818~1883)는 1818년 5월 5일 독일 남서부

의 도시 트리어에서 태어났다. 그의 가족은 라인란트 지역 유대인 랍비 가문의 후예였는데, 그의 선조들의 원래 성은 'Mordechai'였으나, 이를 유럽식 성인 'Markus'로, 다시 'Marx'로 옮긴 것이다. 카를 마르크스의 할아버지 대까지 이 가문은 정통 랍비 가문에 속했으나, 아버지 하인리히 마르크스(Heinrich Marx)는 트리어에서 가까운 프랑스로부터 계몽주의와 혁명적 공화주의의 영향을 받은 인물이었고 그 결과 가문의 유대교적 전통과 멀어지게 되었다. 그는 나폴레옹 점령기에 프랑스 당국에 적극 협력하지만, 나폴레옹이 실각하고 트리어가 다시 독일의 수중에 들어가게 되자 유대인이라는 이유로 변호사직을 유지할 수 없었다. 이 때문에 마르크스의 가족은 1817년 이후 루터교로 개종한다. 이 사실은 카를의 아버지 하인리히 마르크스가 혁명기 프랑스에 우호적이었다는 사실, 그리고 계몽주의적, 인문주의적 성향을 강하게 가지고 있어 랍비 가문의 유대교 전통에 큰 미련이 없었음을 시사해준다. 카를 마르크스는 이러한 아버지의 영향을 강하게 받는다.

마르크스는 1835년 본 대학에 입학했다가 이듬해 베를린 대학으로 학적을 변경한다. 아버지처럼 변호사가 되기 위해 법학을 전공으로 선택했으나, 대학 시절 그의 주된 관심은 철학이었다. 특히 이 시기 베를린의 지적 분위기는 베를린 대학의 총장을 지낸 헤겔 철학의 절대적 영향 하에 있었다. 그리고 헤겔의 제자이자 그의 『법철학 강요』를 편집, 출간한 에두아르트 간스(Eduard Gans)가 베를린 대학 법학과 교수로 재직 중이었기 때문에, 마르크스는 그로부터 헤겔 철학에 대한 강의를 들을 수 있었다. 마르크스는 아버지에게 쓴 편지에서 헤겔 철학이라는 "기괴한 암석의 멜로디"와 대면했다고 밝히고 있다.

이 시기 헤겔 철학의 세례를 받아 프로이센 절대왕정을 개혁하고자 했던 젊은 지식인들을 '청년 헤겔학파'라고 부른다. 마르크스 역시 청년 헤겔학파의 일원이 되어 활동하는데, 이는 특히 베를린의 지식인 모임인 '박사 클럽'(Doktorklub)에 그가 가입하면서 만나게 된 브루노 바우어의 영향 속에 이루어졌다. 마르크스는 카페 슈테엘리(Café Stehely)에서 매주 열린 모임에 참여하면서 철학적 토론에 뛰어들기도 하고, 자신의 시를 발표하기도 했다.

이 시기 마르크스의 철학적 입장은 1841년 예나 대학에 제출한 그의 박사 논문 『데모크리토스와 에피쿠로스의 자연철학의 차이』에서 드러난다. 이 논문에서 그는 에피쿠로스 철학의 입을 빌려, 유물론적 입장 속에서 자기의식의 자유를 추구하는 관점을 표현한다. 이처럼 그의 철학적 관심은 '자유'를 실현하는 데 있었으며, 정치적으로는 급진 민주주의의 입장을 가지고 있었다. 그러나 프로이센 당국의 권위주의적 검열과 탄압은 심각한 수준이었다. 마르크스는 그의 선배 브루노 바우어가 본 대학의 사강사(Privatdozent)직에서 해고되는 것을 보고, 프로이센 당국의 탄압이 지속되는 한 그 역시 대학에서 직업을 얻지 못할 것이라고 생각한다. 강단의 길을 포기한 그는 언론인이 되기로 결심하고, 1842년 4월부터 『라인 신문』 기자직을 수행하며, 10월부터는 편집장 직책까지 수행하게 되었다.

훗날 『정치경제학 비판을 위하여』(1859)의 서문에서 마르크스는 자신의 삶의 이력을 짧게 소개하는데, 그는 이 시기 자신의 입장에 근본적인 변화가 일어남을 암시하고 있다.

> 내 전공은 법학이었지만 나는 주로 철학 및 역사를 연구했으며 법학은 부전공으로만 연구했던 것이다. 1842년부터 43년에 걸쳐 『라인 신문』의 주필로서 나는 처음으로 이른바 물질적 이해관계에 관해 같이 이야기해야 하는 곤혹스러움을 당했다. 목재절도 및 토지 분할에 관한 라인 주의회의 토론, 당시 라인 주지사 폰 샤퍼 씨가 모젤 강변 농민의 상태에 관해 『라인 신문』과 벌인 필전, 끝으로 자유무역 및 보호관세에 관한 논쟁은 내가 경제 문제에 몰두한 최초의 동기들이 되었다.[2]

모젤 지역의 농민들이 인근 야산에서 목재를 베어오자 그들은 라인 주의 형법에 따라 '목재절도범'으로 처벌을 받아야 했다. 왜냐하면 이 목재들은 더 이상 공유재가 아니라 '사유재산'이므로, 목재를 몰래 베어오는 것은 사유재산에 대한 침해이자 공격으로 간주되기 때문이다. 마르크스는 이러한 상황을 목격하면서 자신이 처음으로 '물질적 이해관계'라는 주제와 직면해 느낀 곤혹스러움을 토로한다. 그것은 철학적 지반에서만 인간의 자유에 대해 사유했던 자신의 이전 견해로부터 벗어나야 함을 뜻했다. 또 '국가의 보편성'이란 허울에 불과하며, 근대 국가란 실은 사유재산을 지키는 장치로 기능하고 있다는 사실에 대한 통찰은 헤겔적 국가론을 넘어서야 할 필요성을 뜻하는 것이었다.

이처럼 라인 지역의 언론 기자로서 활동하면서 마르크스는 철학의 세계와는 또 다른 현실의 구체적인 모습들과 직접 대결할 수 있었다. 그리고 모제스 헤스와 같은 사회주의 경향의 지식인들과 교류하면서 그는 사상적 이동을 겪는다. 이 와중에 그는 1843년 3월 정부당국의 검열 때문에 『라인 신문』 편집장직을 사퇴해야 했다. 다소 시간적 여유(?)가 생긴 그는 1843년 6월 19일 크로이츠나흐에서 예니 폰 베스트팔렌(Jenny von Westphalen)과 결혼식을 올리고, 신혼생활을 겸해 그 도시에 몇 달간 머물면서 『헤겔 법철학 비판』을 저술한다. 이제 그의 입장은 점차 헤겔의 국가철학에서 벗어나, 자유를 실현하기 위한 혁명적 활동을 강조하는 방향으로 나아가기 시작하였다.

그러나 결정적인 사유의 전환은 파리에서 이루어진다. 1843년 10월 마르크스는 프로이센 검열관을 피해 파리로 이주하였다. 당시 유럽 각국에서 탄압을 피해 파리로 망명을 온 혁명가들과 교류하면서, 또 공산주의자인 아르놀트 루게와 함께 『독불연보』를 발간하면서, 나아가 아직 산업 발전이 더딘 독일과 달리 산업 노동계급이 집단적, 조직적 운동을 활발히 벌이고 있었던 파리에서의 정치적 경험과 노동계급과의 접촉을 통해 그는 공산주의(코뮤니즘)로의 결정적 입장 전환을 겪는다. 그는 몇 달 전 그가 저술한 『헤겔 법철학 비판』의 '서문'을 뒤늦게 작성하면서, 이제 '프롤레타리아 계급'이 혁명의 주체라고 선언하였다.

> 독일의 해방은 인간의 해방이다. 이 해방의 머리는 철학이고 이 해방의 심장은 프롤레타리아트이다. 프롤레타리아트의 지양 없이 철

학은 실현될 수 없으며, 철학의 실현 없이 프롤레타리아트는 지양 될 수 없다.[3]

그런데 이 구절에서 드러나듯, 마르크스는 혁명의 '심장'인 프롤레타리아트의 해방 과정을 '철학의 실현'과 동일시하고 있다. 해방의 '머리'인 철학, 즉 이념이 현실 속에 실현됨으로써 소외된 현실이 극복, 지양될 것이라는 청년 헤겔주의의 영향은 여전히 그를 사로잡고 있었다.

중기: 혁명적 앙가주망, 그리고 역사라는 새로운 대륙

마르크스가 청년기의 '철학적' 문제설정 방식에서 벗어나 '역사적 유물론'이라 불리는 다른 이론적 영역을 개척하기 시작하는 기간은 엥겔스와의 만남과 일치한다. 마르크스는 1844년 파리에서 엥겔스와 처음 만난다. 『영국 노동자 계급의 상태』를 쓴 엥겔스는 경험적, 실증적 관점에 익숙한 사상가였고, 이 점에서 철학적 관점을 중시하는 마르크스를 보완하는 역할을 하였다. 이들은 『신성가족』 『독일 이데올로기』 『공산당 선언』을 함께 저술하며 역사에 관한 자신들의 새로운 사유를 전개해나감과 동시에, 1848년을 기점으로 정점에 오른 유럽의 정치적 변혁기에 실천적으로 결합하였다.

마르크스와 엥겔스는 1846년 2월, 파리의 망명자 독일인들이 주축이 되어 결성된 공산주의 성향의 단체 의인동맹의 활동에 참여하게 된다. 이 단체는 재봉사 출신 지도자 바이틀링(Wilhelm Weitling)이 이끌고 있었다. 한편으로 즉각적인 직접적 무장봉기를 주장했던 바이틀링은 다른 한편으로는 사해동포주의와 같은 박애주의를 내세워 '우리는 모두 형제'라는 구호를 주창한다. 반면 마르크스와 엥겔스는 이 두 입장을 모두 거부하면서, 혁명적 실천을 위해서는 즉각적인 폭동을 선동하는 것도, 우리 모두가 형제라는 추상적 인도주의에 호소하는 것도 도움이 되지 않으며, 혁명적 이론과 그에 기초한 강령이 필요하다고 주장했다. 이를 반박하기 위해 바이틀링은 오늘날의 용어로 '반지성주의적'이라고 묘사될 수 있는 태도로 마르크스와 엥겔스를 공격한다. 즉 그는 마르크스와 엥겔스가 지식인 출신임을 지적하면서, 노동자 출신인 자신에게 도덕적 권위가 있음을 호소하였다. 그러자 마르크스는 "무지는 아무에게도 도움이 되지 않는다"고 응수한다. 추상적, 사변적 철학의 지반을 떠났지만, 마르크스는 결코 '이론' 자체를 거부한 것이 아니다. 오히려 그는 정치적 행동에 대한 낭만주의적 미화를 거부하고, 실천에 필요한 전략을 도출할 수 있는 이론적 역량을 강조한다.

비슷한 관점에서, 마르크스는 프랑스의 아나키스트 사회주의자 프루동(Pierre-Joseph Proudhon)과도 논쟁을 벌인다. 마르크스는 프루동의 책 『빈곤의 철학』을 비판하기 위해 『철학의 빈곤』이라는 신랄한 패러디 방식의 제목으로 책을 집필해 프루동의 '철학의 빈곤'을 비웃었다. 이 책에서 마르크스는 헤겔과 리카도에 대한 프루동의 해석이 올바르지 않다는 사실을 지적하면서, 혁명과 권력 장악 없이 대안적 공동체를 만들겠다는 프루동의 유토피아적 관점을 비판했다.

이러한 논쟁들을 거쳐나가면서 마르크스와 엥겔스는 유럽의 급진주의 지식인들 사이에 서서히 명성을 알리게 된다. 그들은

1847년 6월에 의인동맹 내에서 주도권을 장악하게 되어, 조직명을 '공산주의자 동맹'으로 변경한다. 그해 12월에는 공산주의자 동맹 2차 대회에서 동맹의 원칙을 밝히는 선언문의 초안 작성을 위임받는다. 그렇게 해서 1848년 1월 작성되고, 그해 2월 출간되는 책이 마르크스와 엥겔스의 대표적인 저작이자 정치적 팸플릿인 『공산당 선언』이다. 그리고 자주 언급되는 것처럼, 이 책은 다음과 같은 웅장한 선언으로 막을 내린다.

> 지배계급들로 하여금 공산주의 혁명 앞에서 벌벌 떨게 하라. 프롤레타리아가 혁명에서 잃을 것이라고는 쇠사슬뿐이요 얻을 것은 세계 전체다. 만국의 프롤레타리아여, 단결하라!

마치 마르크스와 엥겔스가 예언이라도 한 것처럼, 이 책이 출간된 직후 실제로 유럽 전역은 혁명적 상황을 맞이한다. 1848년 1월 이탈리아에서의 봉기를 시작으로 전 유럽에 걸친 혁명이 시작된 것이다. 프랑스에서는 2월 혁명이 발발하여, 루이 필리프 왕정이 붕괴하고 제2공화정이 선포되었다. 3월에는 베를린과 빈에서 봉기가 등장했다. 마르크스와 엥겔스가 『선언』에서 예언한 대로, 한 지역에서의 봉기는 다른 지역에서의 혁명적 투쟁의 분출로 급속도로 전파되면서 순식간에 전 유럽의 국제적인 혁명적 내전 상황이 초래된 것이다.

혁명으로 인해 두려움을 느낀 벨기에 정부는 이 '위험분자' 마르크스를 추방했는데, 그는 혁명운동에 가담하기 위해 다시 독일로

잠입하여 『신(新)라인 신문』의 편집장으로 활동을 재개했다. 그러나 이 혁명은 유럽사회를 근본적으로 변화시키지 못하고 패배로 귀결되었다. 프랑스에서 루이 필리프 왕정이 무너지고 부르주아 계급으로 구성된 공화파에 의해 임시정부가 들어서자, 파리의 급진파 공산주의 세력과 노동자들은 부르주아 공화정 선포에 반대하면서 6월에 재차 봉기를 일으켰고, 임시정부는 무력을 통해 이 노동자들의 봉기를 유혈 진압하는 데 성공한다. 이제 부르주아 계급은 더 이상 혁명을 주도하는 세력이 아니라, 자신에 대항하는 혁명을 분쇄하는 세력이라는 사실이 분명히 드러난 것이다. 이를 기점으로 유럽 전역에서 반혁명 세력이 승리를 거두게 되었다. 독일에서도 수십 개의 분열된 봉건왕국으로 이뤄진 구체제는 무너지지 않았으며, 독일 통일과 입헌군주국으로의 변화조차 이뤄지지 못했다. 1849년 2에는 주도권을 회복한 당국이 마르크스와 『신라인 신문』 편집자들을 기소하였다. 마르크스는 재판에서는 무죄를 선고받았으나, 그해 5월 프로이센 정부는 『신라인 신문』을 폐간하고 마르크스를 추방하였다. 편집장 마르크스는 『신라인 신문』의 마지막 호를 붉은 잉크로 인쇄해 당국의 검열에 항의하였으며, '쾰른 노동자들에게'라는 제목의 사설에서 다음과 같이 독자들에게 메시지를 전달하였다. "『신라인 신문』의 편집자로서 그간 독자 여러분이 보여주신 애정에 감사를 표하면서 고별인사를 드립니다. 우리의 마지막 말은 언제 어디서든 항상 노동계급의 해방이 될 것입니다."

더 이상 유럽에 발붙일 수가 없게 된 마르크스는 1849년 8월 런던으로 망명한다. 그는 혁명이 다시 시작되리라는 기대 속에 공산주의자 동맹 재건을 시도하였으나, 실제로는 혁명은 다시 일어나지 않았다. 1848년 혁명은 유럽 전역을 뒤흔든 역사적 대사건이었고, 『공산당 선언』의 저자들인 마르크스와 엥겔스의 명성을 전 유럽으로 알리게 된 계기가 되었으나, 이 혁명의 뼈아픈 패배는 성찰을 요구하였다. 영국에 망명하게 된 마르크스는 이제 새로운 과제를 떠맡게 되었다. 그것은 직접적 실천으로부터 한 발 물러나, 우리가 살고 있는 현대 자본주의에 대한 진지한 이론적 대결을 감행하는 일이었다.

성숙기와 생애 후반부: 영국 망명과 그 이후

혁명이 다시 일어나리라는 기대가 헛된 몽상이었음을 깨닫기 시작한 마르크스는 자신이 유럽 대륙으로 돌아가지 못할 것이라는 사실을 알게 된다. 반동세력이 장악한 유럽은 더 이상 혁명가가 오래 머물 수 있는 곳이 아니었다. 그렇다면 영국에서 무엇을 할 것인가? 유럽에서의 혁명적 열기는 시들해졌고, 일찌감치 의회민주주의를 받아들인 영국에서는 바리케이트가 설치되는 혁명적 봉기가 당장 일어날 거라고 예상하기 어려운 상황이었다. 그러나 영국은 가장 먼저 산업혁명을 달성한 나라였고, 애덤 스미스와 데이비드 리카도 같은 학자들에 의해, 당시 '고전경제학' 또는 '정치경제학'으로 불리고 있었던 경제학이 높은 수준으로 발전한 곳이기도 했다. 즉 영국은 부르주아 사회의 경제적 법칙이 가장 순수한 형태로 드러나는 나라였던 것이다. 청년기에 독일에서 철학을 연구하고, 망명지인 프랑스에서 프롤레타리아트 운동과 만나 혁명적 실천가로 거듭난 마르크스는 이제 산업혁명과 금융자본, 경제학의 나라 영국에서 자본주의 생산양식의 본질을 연구하기 시작한다. 1850년 6월 마르크스는 대영박물관 도서관 입장권을 구입한다. 우선 그는 『이코노미스트』지를 열독하고, 방대한 경제학 문헌을 연구하기 시작했다. 본격적인 연구를 위해서는 시간과 여유가 필요했고, 그가 맡고 있었던 당장의 실천적 역할들로부터 잠시 거리를 둬야만 했다. 마르크스는 공산주의자 동맹 중앙위 회의에서 격론을 벌인 뒤 동맹을 탈퇴한다. 물론 그럼에도 동맹의 지도자들이 대량으로 검거된 직후에는 「쾰른 공산주의자 재판에 관한 폭로」를 기고해 이 검거의 부당함을 호소하기도 했다. 이 시기 그의 경제학 연구의 성과는 1867년 발간되는 『자본론』에서 빛을 발한다.

1850년대는 1848년 혁명의 패배 이후 몰아친 이러한 반동의 물결이 지배하던 시기였다. 프랑스에서는 새로 등장한 공화국 대통령으로 나폴레옹 보나파르트 황제의 조카가 취임했고, 그는 몇 년 후 친위 쿠데타를 일으켜 황제로 취임하게 된다. 프랑스의 영웅적인 시민들의 항쟁으로 이뤄낸 민주화는 어째서 황제의 조카를 다시 황제로 즉위시키는 웃지 못할 희극으로 귀결되고 말았는가? 1852년 마르크스는 『루이 보나파르트의 브뤼메르 18일』을 집필하면서, 『공산당 선언』에서의 결말, 즉 부르주아의 패배와 프롤레타리아트의 승리가 필연적이며, 역사의 발전 법칙이 이러한 승리의 필연성을 보여주고 있다는 통찰에서 한 발 물러선다. 대신에 그는 역사적 사건의 반복과 악순환이라는 주제를 소환하며, 이 악순환으로부터의 탈출을 새로운 혁명의 과제로 설정한다. 또 이 글에서 마르크스는 프롤레타리아 계급과 부르주아 계급 사이의 단일하고 순수한 전선은 형성되지 않으며, 현실은 훨씬 더 복잡한 메커니즘 속에서 이해해야 한다는 사실을 통찰한다. 그럴 때라야 우리는 어째서 프랑스의 농민들이 부르주아와 프롤레타리아 양자와의 연대를 모두 거부하고 독자적으로 보나파르트를 지지했던 이유를 이해할 수 있다. 이러한 마르크스의 성찰은 도래할 혁명이 장밋빛 미래를 펼쳐낼 것이라고 믿었던 자신의 관점이 지닌 소박함에 대한 일종의 자기반성이기도 하다. 나아가 그가 변혁적 실천을 묘사하기 위해 새로 도입한 '두더지의 노동'이라는 이미지는 계급투쟁이 실천적 조급함으로부터 벗어나 장기적 관점에서 자기반성적이고 성찰적인 태도 속에서 묵묵히 전진해야 할 필요를 암시하는 것이었다. 이러한 '사회운동의 자기반성'이라는 주제는 맹목적 실천주의를 넘어서는 마르크스의 고민과 성찰이 지닌 무게감을 보여준다.

어쨌거나 이 기간은 혁명의 부재 상황이었다. 그리고 혁명가 마르크스 개인의 삶 역시 비극에 직면한다. 1850년부터 1856년의 기간 동안 여섯 자녀 중 셋이 사망한다. 1857년에는 일곱째 아이가 태어나자마자 사망하기도 했다. 처참한 가난이 마르크스의 가족을 덮쳤고, 그들은 빚더미에 시달려야 했다. 그 와중에도 마르크스가 그의 세 딸(예니, 로라, 엘리노어)에게는 발레를 가르치는 등 부르주아적 교육을 시켰고, 하녀와 사생아를 낳기도 했다는 사실은 흔히 마르크스에게 제기되는 도덕적 비난의 내용을 이룬다. 마르크스의 사생활을 도덕적으로 어떻게 볼 것인가는 물론 이 글의 주제는 아니다. 다만 그의 삶을 일방적으로 매도하는 것도, 무조건적으로 그의 선택을 모두 옹호하는 것도 적절하지 않을 것이라는 것만은 분명해 보인다.

1850년대가 혁명운동의 침체기였다면, 1860년대가 되자 다시금 노동운동의 새로운 물줄기가 나타나기 시작했다. 이를 상징적으로 보여주는 사건은 1864년 9월 28일 런던에서 국제노동자협회(인터내셔널)의 출범이다. 이는 '노동자에게는 조국이 없다'라고 천명한 마르크스의 노동자 국제주의가 노동자운동에 의해 수용되었음을 보여주는 사건이었다. 마르크스는 인터내셔널에 적극 참여하여 상임위원으로 선출되며, 다시 실천적 활동에 참여하기 시작했다. 1865년 5월에 그는 노동자들이 읽을 수 있도록 상대적으로 쉽게 작성된 소책자 『임금, 가격 그리고 이윤』을 집필한다. 그리고 영국과 유럽 노동운동의 성장에 대한 이론적 개입을 시도한다.

1869년 독일에서는 빌헬름 리프크네히트(Wilhelm Liebknecht)와 아우구스트 베벨(August Bebel)의 주도로 독일 사회민주노동자당(이후 독일 사회민주당)이 결성된다. 지금까지 150년 이상의 역사를 이어오고 있는 이 독일 사회민주당은 처음에는 마르크스주의적 사회주의를 표방하는 정당이었다. 이제 산업자본주의가 본격적으로 도입되고 근대적 산업 임금노동자 계급이 조직적으로 출현하기 시작한 독일은 새로운 노동운동의 중심지로 성장하고 있었으며, 마르크스 사상의 지지자들이 독일에서 형성되기 시작했다.

그러나 동시에 독일 사회 전체는 혁명적 진보가 아니라 국가주의적이고 군국주의적인 발전 과정을 밟아나갔다. 독일을 실질적으로 통일한 프로이센은 비스마르크 총리의 주도하에 프랑스와 전쟁을 벌이고 승리를 거둔다. 독일은 프랑스의 황제 루이 보나파르트를 포로로 잡고 독일에 감금했다. 순식간에 프랑스에는 지배 권력의 공백이 발생했다. 납치된 황제를 대신해, 공화주의자들이 베르사유에 임시정부를 수립하고 공화정을 선포하려 했다. 그러나 부르주아 공화주의자들의 세력은 수도 파리에는 미치지 못했다. 정부군이 퇴각한 사이 파리의 권력 공백을 메운 것은 스스로 무장해 시를 보호하던 노동자들의 군대였다. 파리 노동자들은 자신들이 지키던 파리가 부르주아 공화파들의 손에 넘어가길 원치 않았다. 그들은 1871년 3월 '코뮌', 즉 노동자 자치정부를 수립했다. 코뮌은 생산과 분배를 통제했을 뿐만 아니라, 유럽의 어느 국가에도 존재하지 않았던 급진적인 민주주의적 조치들을 도입했다. 그러나 약 석 달간 이어졌던 파리 코뮌은 5월 27일 베르사유 정부의 코뮌 함락과 유혈진압에 의해 파괴되고, 코뮌에 참여한 노동자들은 부르주아 공화파들이 보낸 군대에 의해 잔인하게 살해당하고 말았다.

이 패배는 끔찍한 비극이었다. 그러나 영웅적인 파리 노동자들이 보여준 코뮌의 실험은 대안적 민주주의에 대한 커다란 역사적 교훈을 제시해주었다. 파리 노동자들은 모든 대표자를 선출했고, 선출된 대표자들은 과도한 특권을 누리지 않고 노동자 평균치 정도의 봉급만을 받았으며, 노동자들은 언제든 대표자를 소환할 수 있었다. 모든 노동자들은 정치적 의사과정에 적극적으로 참여할 수 있었으며, 지역적인 회의체들이 이를 뒷받침했다. 도시는 민병대에 의해 공동으로 방어되었고, 여성 노동자는 남성 노동자와 동등한 권리와 발언권을 획득했다. 그것은 새로운 민주주의 실험이었다.

이것은 마르크스에게 강한 인상을 남긴다. 파리의 함락 직후 5월 30일 마르크스는 인터내셔널 대회에서 파리 코뮌을 평가하는 연설을 수행한다. 이 연설문은 이후 『프랑스 내전』이라는 이름으로 출간되었다.

파리 코뮌의 패배 이후 인터내셔널은 분열했다. 특히 즉각적 봉기를 주장한 아나키스트 바쿠닌 세력과 마르크스파 사이에 격렬한 내부 투쟁이 일어났다. 마르크스파가 다수의 지지를 얻어 승리하게 되자 마르크스는 인터내셔널의 해소를 결정한다. 인터내셔널은 본부를 뉴욕으로 옮겼다가 1876년 최종 해산된다.

이 시기 독일에서는 리프크네히트가 이끄는 사회민주노동자당과 라살레(Ferdinand Lassalle)파 전독일노동자협회가 통합하여 독일 사회민주당이 결성되었다. 1875년 독일 사회민주당의 첫 통합 당 대회가 고타에서 열렸고 여기에서 새로운 당의 강령이 채택되었다. 그러나 마르크스는 『고타강령 비판』을 작성해 이 강령을 공개적으로 신랄하게 비판했다. 여기에서 마르크스는 '노동이 모든 부의 원천이다'라는 고타 강령의 문구가 실은 노동을 신성시하는 부르주아적 관점을 담고 있음을 지적하였고, 또 라살레주의적 사회주의가 가진 국가주의를 비판하면서, 국가권력을 혁명의 수단으로 활용할 수 있는가라는 물음을 제기했다.

마르크스의 생애 말기는 매우 비극적이었다. 빈곤으로 고통받던 와중에 1881년 12월 2일 부인 예니 폰 베스트팔렌이 사망한다. 마르크스의 슬픔이 채 가시기도 전에, 1883년 1월 11일에는 그의 첫째 딸이자 그가 가장 사랑했던, 그리고 마르크스를 닮아 사회주의 언론인의 삶을 살았던 예니가 프랑스에서 젊은 나이에 사망한다. 마르크스는 몸의 병이 심해 딸의 장례식에도 가지 못했으며, 얼마 지나지 않은 3월 14일 그 자신 역시 생을 마감한다.

이하에서는 지금까지 살펴본 마르크스의 생애를 준거점 삼아, 그가 청년기, 중기, 성숙기에 각각 성립시킨 주요 이론적 문제설정들—청년기의 '소외된 노동', 중기의 '역사적 유물론', 성숙기의 '정치경제학 비판'—의 주요 내용을 살펴보며, 이를 통해 마지막으로 그의 공산주의(코뮨주의) 사상이 어떻게 '자유'의 확장을 위한 기획이었는가를 드러내보고자 한다.

2 | 소외된 노동

청년 마르크스는 『경제학-철학 수고』(1844)라는 이름으로 불리는 파리 시절의 미출간 수고에서 소외된 인간 본성의 회복을 공산주의의 목표로 설정하였다. 이 서술은 사적 소유와 인간 소외의 관계를 다루고 있는데, 이 역시 결국 본질/소외라는 철학적인 문제설정 속에 전개되고 있다. 특히 이러한 문제설정 방식은 청년 헤겔학파의 또 다른 일원이었던 포이어바흐(Feuerbach)의 인간학적 유물론으로부터 강한 영향을 받은 것이다. 마르크스에 따르면, 사유재산과 화폐의 축적 욕구는 인간을 탐욕스러운 존재로 만든다. 또 노동의 산물은 자본의 형태로 축적되면서 계급 간의 불평등 관계가 고착화된다. 즉 노동이 본래적인 의미를 상실하고 지배의 수단이 되면서, 노동과 협업을 매개로 실현되던 인간의 공동체적 관계 역시 해체된다. 그리고 그 결과 나타나는 것은 원자화되고 고립된 로빈슨 크루소적인 인간, 이기적인 스크루지 영감과 같은 인간이다. 이것이 인간의 현주소다. 그러나 그것은 사실 인간의 '소외된' 형태에 불과하다.

이러한 인간 소외 현상의 핵심에는 '소외된 노동'의 문제가 자리하고 있다. 쉽게 말해, 마르크스가 던지는 물음은 '왜 우리는 월요일을 싫어할까?', '왜 노동은 우리에게 하기 싫은 일이 되었을까?' 하는 것이다. 그리고 이에 대한 마르크스의 대답은, 그것은 노동이나 자신의 '본래적' 활동이 아니기 때문이라는 것이다. 즉 오늘날 노동은 '소외된' 활동이 되었다.

'소외'(alienation/Entfremdung)란 그 일상적 의미로는 외로움, 고독, 타인으로부터의 멸시와 차별에 대한 경험을 의미한다. 그런데 이 개념은 철학적으로는 다소 사변적인 의미로 사용된다. 즉 그것은 '나 자신의 본래적인 것'이 나의 외부에서 '자립화'되어 나에게 '낯선 것'으로 마주서는 현상을 말한다. 즉 '소외된 세계'란 본래 내가 만든 것이지만 더 이상 내가 통제할 수 없는, 나에게 낯선 것이 된 세계를 의미하는 것이다.

'소외된 노동'에 대한 마르크스의 비판은 이러한 맥락에서 이해될 수 있다. 그것은 우선 '노동생산물로부터의 소외'를 의미한다. 즉 노동자는 자신이 생산한 상품에 대한 통제력을 갖지 못한다. 자신이 생산한 노동의 산물이 그 자신의 것이 아니라 타인의 부를 위해 판매된다. 따라서 이것은 "노동의 생산물이 낯선 존재로서, 생산자와 무관한 권력으로서 노동과 맞선다는 것을 나타낸다."[4] 둘째로, '노동 과정으로부터의 소외'란 노동 과정이 노동자 자신의 활동이 아니라, 그 자신으로부터 낯선 것으로 자립화된다는 것을 뜻한다. 왜냐하면 노동 과정을 결정하는 것은 노동자 자신이 아니기 때문이다. 따라서 노동자는 자신의 활동으로부터 소외되는 것이다. 셋째로, 인간은 자기 자신의 본래적, 자연적, 공동체적 본질로부터 소외된다. 이를 '유적 본질(Gattungswegen)로부터의 소외'라고 부른다. 즉 오늘날 인간은 더 이상 참다운 자신의 본질을 자각하지 못한다. 마지막으로, 그리고 결론적으로 인간은 '인간 자신으로부터의 소외' 또는 '다른 인간으로부터의 소외'를 겪는다. 왜냐하면 누군가에게 고통과 비참함과 소외의 산물인 어떤 것이 다른 누군가에게는 향유와 기쁨의 대상이 될 것이기 때문이다. 이처럼 사유재산 제도 하에서 인간의 타인과의 관계는 수단화될 뿐이다. 인간은 인간 자신으로부터 소외된다. 타인과의 관계는 나의 자기실현을 위한 것이 아니라 낯설고 삭막한 것으로 되었다.

사유재산 제도 하에서 인간이 자신의 참된 본질을 상실했다는 이러한 진단은 새로운 사회, 곧 소외되고 상실된 인간의 본질이 회복되는 사회에 대한 처방으로 이어진다. 따라서 청년 마르크스의 공산주의 개념은 "인간의 자기소외로서의 사적 소유의 실증적 지양으로서의 공산주의 따라서 인간에 의한 인간을 위한 인간적 본질의 현실적 획득으로서의 공산주의 (…) 인간이 의식적으로 자기 자신으로 완전히 복귀하여 자신을 사회적 인간 곧 인간적 인간으로 자각하는 것으로서의 공산주의"[5]를 의미하는 것이다.

청년기 마르크스의 이와 같은 인간주의적, 휴머니즘적인 공산주의론은 20세기 서구 마르크스주의 형성 과정에서 마르크스의 휴머니즘적 요소를 강조하는 철학자들—대표적으로 마르쿠제(Herbert Marcuse)와 프롬(Erich Fromm)을 들 수 있다. 거꾸로 알튀세르(Louis Althusser)는 청년기 마르크스의 휴머니즘적 요소를 '관념론적 잔재'로 규정하고, 이후 마르크스가 자신의 청년기 문제틀로부터 '인식론적 단절'을 수행한다고 본다—에게 널리 수용되었다. 그러나 청년기 마르크스의 휴머니즘적 사상이 갖는 정치적 의미는 매우 크다고 할 수 있겠으나, 동시에 그것은 이론적 방법의 맥락에서 난점을 드러내기도 한다. 왜냐하면 이러한 인간주의적 공산주의론은 본질/소외라는 전통 철학적 이분법, 특히 인간의 본래적 자연 본성(유적 본질)이 존재한다는 포이어바흐 인간학의 소박한 인간 본질론을 그대로 수용하고 있기 때문이다.

이러한 문제는 마르크스 자신에 의해 인식되고 극복된다. 이듬해 그가 남긴 (그리고 훗날 엥겔스에 의해 「포이어바흐에 관한 테제」라는 이름으로 출간된) 메모에서 마르크스는 이러한 '인간 본질'에 대한 철학적 고찰들이 관조적인, 스콜라적인 문제제기에 불과하다고 불만을 표현한다. 그 대신 마르크스는 고정된 인간 본질에 대한 추상적, 사변적 논의를 벗어나 구체적인 '역사'라는 인간의 활동 무대를 이론의 대상으로 삼는다.

3 | 역사적 유물론의 성립

1845년 2월 파리에서마저 추방된 뒤 브뤼셀로 이주한 마르크스는 엥겔스와 함께 1845년 가을부터 1846년 5월경까지 『독일 이데올로기』를 저술한다. 이 저작에서 두 저자는 포이어바흐, 바우어, 슈티르너 등 자신들에게 영향을 미친 청년 헤겔주의자들을 차례로 비판해나간다. 워낙 방대한 텍스트였고, 탄압과 검열의 시선 때문에 이 책은 출간되는 데 실패했다. 그러나 마르크스는 이후 "우리는 우리의 주요 목적인 자기명료화를 달성했기 때문에 그 원고를 쥐새끼들이 갉아먹도록 기꺼이 내버려두었다"고 술회하는데, 그만큼 이 방대한 양의 텍스트는 마르크스와 엥겔스의 유물론적 역사관 확립을 위한 결정적 계기가 되었다고 평가할 수 있다.

이 원고에서 마르크스와 엥겔스는 '혁명 없는 철학의 발전'으로 특징지을 수 있는 독일의 학문적 분위기에 대해 한탄하는 것으로 서술을 시작한다. 즉 독일인들은 프랑스 혁명을 머릿속에서만 수행했고, 결국 그것은 실천적으로는 무능할 뿐인, 자립화된 관념들의 혁명에 불과한 것이었다. 바로 그 대표주자가 청년 헤겔주의자들이었다. 이들은 철학의 밖에서 일어나야 할 실천적 혁명에는 관심이 없고, 오로지 '철학적' 혁명만을 꿈꿀 뿐이었다. "독일에서 전개된 비판 운동은 가장 최근의 시도에 이르기까지 철학의 지반을 떠난 적이 없었다."[6] 그것은 현실적 지반을 떠난 추상적 사변에 불과한 것이었다.

반면, 이들 청년 헤겔주의자들을 넘어서고자 하는 마르크스와 엥겔스에게 역사의 출발점이란 이념이나 개념이 아닌 "현실적 개인들, 그들의 활동 그리고 그들의 물질적 생활조건들"일 수밖에 없다. 즉 인간 역사의 최초의 전제란 관념적 실체가 아니라 "살아 있는 인간 개인의 현존"[7]에서 발견되어야 하는 것이다. 두 저자는 인간이 동물과 구분되는 지점은 단순히 종교, 의식 등 관념 형식뿐이 아니며, 인간은 자신의 생활수단을 스스로 생산하기 시작하자마자 동물과 구분되기 시작한다고 말한다. 그리고 이것이 인간의 역사를 이해하기 위한 단초가 된다. 역사는 추상적 이념에 의해 운동하지 않는다. 모든 역사의 최초의 전제는 "인간은 '역사를 만들' 수 있기 위해 살아야 한다"는 것, 즉 의, 식, 주 등의 기본적 욕구를 가진 인간이 존재한다는 것이다. 그리고 이것을 만족시키기 위한 물질적 생산활동이 역사를 만들어간다. "그러므로 역사의 최초의 행위는 욕구를 충족하기 위한 수단을 제조하는 것 곧 물질적인 삶 자체를 생산하는 것이다. 이것이 진정한 역사적 행위이자, 모든 역사의 근본 조건이다."[8]

이처럼 『독일 이데올로기』에서 마르크스와 엥겔스는 헤겔과 청년 헤겔학파가 공통적으로 갖고 있는 사변적이고 추상적인 역사관과 결별하면서, 구체적 인간의 실존과 그들의 물질적 생산에서부터 출발하는 유물론적 역사관을 확립한다. 두 저자는 이러한 사고방식을 다음과 같이 간명하게 표현한다.

> 하늘에서 땅으로 내려온 독일 철학과는 정반대로 여기서는 땅에서 하늘로 올라간다. 즉 우리는 인간의 말, 공상, 관념에서 출발해 또

는 말해진, 사유로 생겨난, 상상된, 관념 속의 인간에서 출발해, 여기에서 육체적인 인간에 이르려고 하지 않는다. 우리는 실제로 활동하는 인간에서 출발하며, 이 인간이 실제로 살아가는 과정을 근거로 해서 이 삶의 과정을 이데올로기로 반영한다거나 그 반향이 발전한다는 사실을 서술하려 한다. (…) 이와 함께 우리는 도덕, 종교, 형이상학, 여타의 이데올로기 또한 이에 상응하는 의식 형태가 자립적으로 존재한다는 가상을 더는 지니지 않는다. 이러한 이데올로기 또한 이에 상응하는 의식 형태는 역사를 갖지 않으며, 발전하지도 않는다.[9]

이러한 사고에는 관념적, 이데올로기적 의식 형태는 그 자체로 자립적인 것이 아니며, 물질적 관계들의 산물 또는 파생물이라는 관점이 깔려 있다. 그것은 인간의 관념과 의식만이 자유로운 것이며, 물질적인 현실은 법칙에 종속된 부차적인 존재라는 전통적 관념론을 전복한 것이다. 『독일 이데올로기』가 서술된 지 14년가량 흐른 뒤 출간된 『정치경제학 비판을 위하여』의 서문에서 마르크스는 이 당시 그가 엥겔스와 함께 정식화한 유물론적 역사관의 명제들을 다음과 같이 정리한다.

인간은 그들 생활의 사회적 생산에서 그들의 물적 생산력의 일정한 발전 수준에 조응하는 일정한, 필연적인, 그들의 의사와는 무관한 관계들, 생산관계를 맺는다. 이 생산관계 전체가 사회의 경제적 구조, 현실적 토대를 이루며, 이 위에 법적이고 정치적인 상부구조가 세워지고 일정한 사회적 의식 형태들이 그 토대에 조응한다. 물적 생활의 생산양식이 사회적, 정치적, 정신적 생활과정 일체를 조건 지운다. 인간의 의식이 그들의 존재를 규정하는 것이 아니라, 반대로 그들의 사회적 존재가 그들의 의식을 규정하는 것이다.[10]

이 구절에서 드러나는 마르크스의 토대/상부구조론은 20세기 들어 마르크스주의 내부와 외부 모두에서 격렬한 찬반논쟁을 일으켰다. 또 관념을 '상부구조'로 규정하며 그 자립성을 부정하는 마르크스의 관점은, 관념의 자율성 전체를 부정하고 의식을 물질법칙으로 환원하는 독단론적인 환원주의적 유물론을 정당화하는 것처럼 보이기도 한다. 실제로 구 소련이나 동구권 사회주의 국가들은 이와 같은 조야한 환원주의적 유물론을 마르크스의 입장이자 철학적 '진리'로 선포하기도 했다. 이탈리아의 혁명가 그람시와 헝가리의 철학자 루카치, 독일의 프랑크푸르트학파, 그리고 프랑스의 실존주의적 마르크스주의와 구조주의적 마르크스주의에 이르기까지, 소위 '서구 마르크스주의' 전체는 바로 이러한 독단론적 형이상학으로 교조화된 정설 마르크스주의에 대항하기 위한 시도들이었다고 말해도 무방하다 할 수 있다.

그런데 분명한 것은, 마르크스에게서 유물론은 '물질'이라는 실체를 중시하며 '관념'을 그 반영으로 규정하는 특정한 '형이상학적' 입장—마르크스 자신이 청년 헤겔학파와 결별하면서 그러한 사변철학적 입장으로부터 떠나고자 시도하고 있다—으로 축소될 수 없다는 사실이다. 오히려 마르크스에게서 유물론이란 인간을 사회적 존재로 규정하기 위한 시도이며, 따라서 그 핵심에는 인간의 자유를 실현하기 위해서는 관념적 사변을 넘어, 구체적이고 물질적인 사회적 관계를 변화시켜야 한다는 관점이 녹아 있다. 어쨌거나 이러한 논쟁은 오늘날까지도 이어지고 있다.

마르크스와 엥겔스의 역사적 유물론에 대한 관점이 압축적으로 드러나는 또 다른 저작은 『공산당 선언』이다. 이 저작은 "지금까지의 모든 사회의 역사는 계급투쟁의 역사였다"[11]라는 간명한 선언으로 시작한다. 이 문장은 두 가지 사실을 의미한다. 첫째는 이제까지의 역사가 계급 대립의 역사였으며, 따라서 계급투쟁은 역사의 발전을 결정짓는다는 것이고, 둘째는 봉건적 신분질서가 무너진 현대 부르주아 사회 역시 새로운 형태의 계급사회라는 사실이다. 『선언』은 부르주아 계급의 탄생과 성장 과정을 웅장하게 묘사하면서, 그에 상응하여 '역사의 의도하지 않은 결과'로서 어떻게 부르주아의 성장 과정이 동시에 '자신의 무덤을 파는 자들'인 프롤레타리아 계급의 탄생과 계급적 조직화 과정을 낳았는가를 보여준다.

이 책은 도래할 노동자 혁명에서 공산주의자들이 내세울 강령을 제시하면서, 궁극적으로 달성돼야 할 대안적 사회를 "각자의 자유로운 발전이 모든 이의 자유로운 발전을 위한 조건이 되는 연합체"[12]로 정의 내린다. 즉 공산주의 사회의 핵심적 모토는 '각자의', 다시 말해 '모든 개인'이 자신만의 고유한 방식으로 자유를 추구하되, 그러한 자유의 실현이 동시에 타자의 자유와도 이어지는 코뮨적 공동체인 것이다. 또 저자들은 그들 공산주의자 동맹과 경쟁하는 다른 급진파 운동세력들(부르주아적, 봉건적, 유토피아적 사회주의자들)의

회귀적, 반동적 낭만주의 또는 계급투쟁 없는 유토피아적 반자본주의에 대해서 비판을 가한다. 마지막으로 이 책은 그러한 차이에도 불구하고, 투쟁하는 모든 나라의 피억압계급이 어떻게 단결을 이뤄야 하는지, 그리고 그 가운데에서 공산주의자들의 역할은 무엇인지를 밝히면서, 공산주의자들은 현존하는 모든 형태의 민주적인 정치적 운동을 지지하면서도, 그 가운데 '소유'의 문제를 제기해야 한다는 과제를 제시한다.

4 | 정치경제학 비판과 현대사회의 해부

영국 망명 이후로 경제학 연구에 몰두하던 마르크스는 1857년부터 1858년 사이 『정치경제학 비판 요강』, 일명 『그룬트리세』(*Grundrisse*)라고 불리는 방대한 수고를 작성한다. 그리고 1859년에는 『정치경제학 비판을 위하여』를 저술하여 출간한다. 경제학에 대한 그의 비판적 연구들이 점차 결실을 맺어가고 있었다. 동시에 그는 고전 경제학에 대해 비판하면서 자신의 새로운 비판적 방법론을 발전시키고 있었다.

정치경제학 비판의 방법

이러한 측면은 『그룬트리세』의 서설에서 자세히 드러난다. 그는 여기서 "추상적인 것으로부터 구체적인 것으로 상승하는 방법"[13]을 제시하는데, 이를 통해 그는 구체적 대상들 사이의 경험적 현상으로부터 그것의 일반적 법칙을 도출하고자 했던 경험주의를 넘어서고자 했다. 또 그는 개인의 고립적 경험이나 개별적 현상들의 단순한 총합이 사회 전체를 결정짓는다고 보는 개인주의적, 유명론적 관점에 반대하면서 이렇게 적는다. "사회는 개인들로 구성되어 있는 것이 아니라, 이 개인들이 서로 맺고 있는 관계들의 합을 표현한다."[14] 사회적 관계는 언제나 단순한 개인의 총합 이상의 구조적 실재성을 드러낸다. 개인은 오로지 그가 속한 이 관계 내에서만 특정한 개인으로 살아갈 수 있다. 반면 그의 비판 대상이었던 고전 경제학자들은 바로 이러한 (가장 '영국적인' 지적 사조인) 경험주의, 개인주의, 유명론의 관점을 취하고 있었다. 이 때문에 그들은 화폐와 자본의 존재를 자명한 것, 자연스러운 것으로 간주했고, 자본주의 사회에서 관찰되는 개인의 가치관이나 행동양식을 인간의 본래적 특징으로 규정했다. 그들에게 자본주의는 인간의 본성에 부합하는 체제였던 것이다. 따라서 그들의 이론에서는 언제나 자본주의 생산양식의 역사적 특수성이라는 문제가 간과되고, 현재의 조건을 역사적으로 특수한 상황으로 규정하는 것이 아니라 보편적이고 자연적인 것으로 고찰하는 초역사주의가 발견된다. 마르크스는 이러한 이유에서 고전 정치경제학의 이론적 문제설정 방식은 일정한 난관에 봉착한다고 비판한다.

이처럼 마르크스의 '정치경제학 비판'이라는 기획은 단순히 자본주의의 끔찍한 참상을 그 현상적 수준에서 고발하는 수준에서 머물지 않는다. 그것은 오히려 고전적 정치경제학이 발 딛고 있는 문제설정의 근본적 방식과 구조를 비판적으로 해체하면서 이로부터 새로운 문제틀로 이행했던 일종의 이론적 혁명이었다. 그가 정치경제학 비판이라는 이 새로운 이론적(과학적) 혁명을 수행한 1850년대는 현실의 실천적 혁명운동이 퇴조를 이루던 기간이었다. 이때 그는 부르주아 사회에 대한 해부학과 이를 통한 고전 경제학적 문제틀과의 단절이라는 이론적 혁명 없이는 새로운 실천적 혁명이 벌어질 수 없으리라는 깨달음에 도달한 것으로 보인다. 1850년대에 비로소 시작된 이 기획의 절정은 1867년, '정치경제학 비판'이라는 부제가 붙은 책 『자본론』(*Das Kapital*)의 출간으로 이어진다.

상품의 이중성과 그 전도된 귀결

마르크스의 가장 대표적인 이론적 저작인 이 책은 '상품'이라는 범주로부터 논의를 시작한다. 그리고 마르크스는 우리에게 자명해 보이는, 그리고 어디에서나 쉽게 찾을 수 있는 상품이 기묘한 물건이라고 주장한다. 상품은 일종의 이중생활을 한다. 그것은 일종의 물건, 즉 노동생산물이면서 동시에 판매, 교환하기 위해 생산된다는 특수성을 갖는다. 쉽게 말해, 상품은 하나의 물건이되 동시에 가격표가 붙은 물건이다. 이로부터 자본주의적 노동의 특수성이 도출된다. 그것은 '교환'을 위한 생산이라는 사실이다. 자본주의 이전 시대에 대부분의 생산은 직접적인 사용, 즉 소비를 위한 생산이었다. 그런데 화폐를 통한 상품교환이 보편화된 자본주의에서 대부분의 생산은 판매와 교환을 목적으로 이뤄진다.

마르크스는 이러한 '물건', 즉 특수한 노동생산물로서 상품의 구체적 유용성과 그 소재적 특수성을 '사용가치'라고 부른다. 모든 상품은 사용가치를 갖는다. 예컨대 장미꽃의 사용가치는 향기와 아름다움이고, 의자의 사용가치는 인간이 그 위에 앉아 누릴 수 있는 편안함이다. 반면 교환대상으로서의 상품은 이 사용가치와 독립적으로 교환가치를 갖는다. 그것은 한 상품이 다른 상품과 교환되는 비율이자 양적 관계를 의미한다.

그런데 이처럼 서로 다른 상품이 교환될 수 있는 이유는 무엇일까? 서로 다른 상품, 예컨대 장미꽃과 볼펜이 1 대 1의 비율로 교환된다면(장미꽃 1송이 = 볼펜 1자루), 이 두 물건 사이에 일정한 공통점이 전제되어야만 한다. 그렇지 않다면 서로 다른 이 두 상품의 교환은 불가능할 것이다. 등가관계(=)를 가능케 해줄 두 상품의 공통점이란 무엇인가? 이 두 상품의 자연 소재상으로는 아무런 공통점도 찾을 수 없다. 장미꽃은 유기체인 생명이며, 볼펜은 무기물인 플라스틱과 잉크로 이뤄져 있기 때문이다. 그렇다면 이 두 상품 사이의 공통점은 무엇일까? 그것은 두 상품 모두 그것을 생산하는 데 일정량의 인간의 노동이 투입되었다는 사실이다.

인간의 노동에 의해 생산되는 이러한 상품의 동질적 특성을 마르크스는 '가치'라고 부른다. 모든 상품은 가치를 갖는다. 그리고 상품의 가치는 그 생산에 투하된 노동량에 따라 결정된다. 이를 노동가치설이라고 한다. 그렇다면 상품 가치의 크기(양)는 어떻게 측정될 수 있을까? 생산에 투하된 노동의 양은 '시간'이라는 척도로 측정될 수 있다. 따라서 상품의 가치는 상품을 생산하는 노동의 '시간'에 따라 결정된다. 물론 이때의 시간이란 하나의 개별 상품을 생산하는 데 어느 개인이 실제로 투입한 구체적인 노동시간을 말하는 것이 아니다. 왜냐하면 개인별로 능률이나 신체적 역량의 차이가 있으므로, 같은 상품이라 해도 생산하는 데 필요한 시간이 다 다를 수 있기 때문이다. 따라서 상품의 가치 크기를 결정하는 데에는 노동시간에 대한 일종의 '사회적' 척도가 필요하다. 결국 가치의 크기는 그 상품을 생산하는 데 필요한 '사회적 필요노동시간'에 따라 규정된다.

정리해보자. 하나의 상품(예컨대 볼펜)의 '가치'란 생산자가 볼펜을 만드는 데 (사회적으로) 필요한 노동시간을 말한다. 예컨대 '볼펜 1자루의 가치는 3시간의 노동과 같다'고 말할 수 있다. 동시에 이러한 볼펜의 가치는 그것이 다른 상품과 교환될 때 비로소 현실적인 것이 될 수 있다. 볼펜의 교환가치는 볼펜의 가치의 표현을 말한다. 그리고 이는 곧 볼펜이 다른 상품과 교환되는 비율을 뜻한다. 예컨대 '볼펜 1자루(생산자 A의 3시간의 노동) = 지우개 2개(생산자 B의 3시간의 노동)'라는 등식이 가능하다. 이 경우엔 '볼펜 1자루의 교환가치는 지우개 2개다'라고 표현할 수 있다. 마지막으로, 이 교환가치가 일정량의 화폐의 형태로 고정될 때 우리는 그것을 가격이라고 부른다. '볼펜 1자루 = 2000원' 또는 '볼펜 1자루의 가격은 2000원이다'라고 말할 수 있는 것이다.

이처럼 교환대상으로서의 상품은 자신의 사용가치, 즉 질적 특수성과 구체적 유용성(예컨대 장미꽃의 향기, 볼펜의 필기구로서의 쓸모 등)과 무관하게, 가치, 교환가치, 가격과 같은 여러 형태의 수량적 대상화가 가능해진다.

문제는 여기에서 발생한다. 이 수량적 대상화의 과정은 결국 일정한 화폐량으로 표현되며, 우리가 일상생활에서 목격하는 것은 오로지 상품의 가격, 즉 화폐로 표현된 교환가치다. 그러다보니 우리는 상품이 그 스스로 일정한 가치를 가지고 있는 것 같은 '가상' 속에 살아간다. 즉 우리는 상품의 교환을 가능하게 해주는, 즉 생산자들의 노동이 상호 비교 가능한 크기로 환원되고 이를 통해 전면적인 교환이 가능하게 되는 특수한 사회적 관계에 대해서는 인식하지 못하고, 상품이 '원래부터' 가치를 가지고 있어서 교환되는 것처럼 간주한다. 그리하여 우리는 상품 가격의 변동을 보면서 마치 상품이 자기 스스로 운동하는 것과 같은 착각을 얻는다.

그렇다면 우리가 상품이 원래부터 가격을 갖는다고 믿게 되는 것은, 상품을 마치 살아 있는 생명체처럼 여기는 것은 아닐까? 반면, 상품이 일정한 비율로 교환되도록 만드는 생산자(인간)들의 사회적 관계는 죽은 사물처럼 취급하고 있는 것이 아닐까? 이러한 물음을 던지면서 마르크스는 물신주의(fetishism/Fetischismus)라는 표현을 사용한다. 물신주의란 카리브해의 부두교와 같이 주술적인 힘을 가지고 있는 특수한 사물이나 대상에 대한 신앙을 일컫는다. 즉 마르크스는 그러한 원시종교에서 드러나는 물신숭배가 현대 자본주의에서 발견된다고 말하고 있는 것이다. 과연 이것은 타당한 이야기인가?

그런데 우리는 스스로 인지하지 못한 채로, 그러한 신비로운 체험을 하며 살아간다. 만약 내가 어제 금을 샀는데 1g에 5만 5천 원이었다고 치자. 자고 일어났더니 금의 가격이 6만원으로 올랐다. 우리는 여기에 대해 아무런 의구심을 나타내지 않는다. 금의 가격이 인상되는 것은 '자연스러운' 현상으로 간주된다. 그렇다면 이것은 우리가 알게 모르게, 금에 어떤 신비로운 힘이 깃들어 있다고 믿는 것을 뜻하는 게 아닌가?

> 상품은 첫눈에는 자명하고 평범한 물건으로 보인다. 그러나 상품을 분석하면, 그것이 형이상학적 궤변과 신학적 잔소리로 차 있는 기묘한 물건이라는 것이 판명된다. 상품이 사용가치인 한, (…) 상품에는 조금도 신비한 요소가 없다. (…) 책상은 여전히 목재이고 보통의 감각적인 물건이다. 그러나 책상이 상품으로 나타나자마자 초감각적 물건으로 되어버린다. 책상은 자기의 발로 마루 위에 설 뿐 아니라, 다른 모든 상품에 대해 거꾸로 서기도 하며, 훨씬 더 기이한 망상을 자기의 나무 두뇌로부터 빚어낸다.[15]

상품은 '형이상학적, 신학적' 술어들을 갖고 있는 기묘한 물건이다. 또 상품은 감각적이면서 동시에 초감각적인 사물이다. 즉 구체적인 노동생산물이면서, 동시에 일정한 관계에서 교환을 목적으로 생산되어 양적으로 대상화되는 사물이다. 사용가치로서의 상품에는 신비로운 요소가 없지만, 교환가치로서의 상품은 이처럼 상품을 생산하는 인간들의 사회적 관계를 보이지 않게 만든다. 왜냐하면 교환자들의 의식 속에는 그러한 상품의 가치가 생산되는 사회적 관계가 망각되고, 오로지 상품의 가치 크기만이 남아 있기 때문이다. 따라서 교환에 참여하는 행위자들의 머릿속에는 생산자 인간들의 사회적 세계가 아니라, 오로지 상품들의 세계만이 살아남는다. 그것은 전도된 세계인 것이다. 그리고 이런 의미에서 상품이라는 신비로운 대상은 이전 시대 형이상학이나 신학이 추구했던 초감각적인 대상이 되었다.

"인간의 눈에는 물건들 사이의 관계라는 환상적인 형태로 나타나지만 그것은 사실상 인간들 사이의 특정한 사회적 관계에 지나지 않는다."[16] 본래 인간들 사이의 사회적 관계로 인해 발생하는 상품의 교환관계는 상품들 자신의 관계로 간주된다. 인간의 사회적 실천은 우리의 머릿속에서 사라진다. 여기서 '환상적'으로 번역된 단어의 독일어 원어는 'phantasmagorisch'인데, 이는 19세기 유럽에 등장한 시각적 오락 장치인 판타스마고리아(Phantasmagorie), 즉 마술환등상을 의미하는 것이다. 어두운 밀실에 시각장치를 통해 유령의 모형을 만들어놓으면 그 안에 들어온 관람객에게는 이 인형이 실제로 움직이는 것처럼 보인다. 그러나 실제로 그것은 살아 있는 유령이 아니라 허공에 걸린 모형일 뿐이다. 마르크스는 자본주의적 상품경제에서도 비슷한 '환등상적' 현상이 나타난다고 지적한다. 여기서 유령은 상품이다. 관람객은 교환 행위자들이다. 그들에게는 실제로 살아 있지 않은 상품이 살아서 움직이는 것처럼 보인다.

철저하게 '합리성'의 원칙 위에 세워진 현대 자본주의 문명과 그 기초가 되는 상품의 범주가 이처럼 환등상적이고 신비로운 특징을 갖고 있다는 사실은 무척이나 공격적인 비판임에 틀림없다. 마르크스는 실제적인 사회적 관계를 보이지 않게 만들고 상품들이 (마치 유령처럼) 살아 움직이는 것처럼 보이는 이 세계는 안개와 같은 "몽롱한 종교적 가상"을 낳는다고 지적한다. 그런데 그러한 가상은 필연적으로 발생한다. 상품에 내재한 물신주의는 '환영, 가상'이지만, 그것은 동시에 실제적 근거와 현실적 지배력을 갖고 있는 '필연적' 가상인 것이다.

이와 같은 마르크스의 물신주의론은 상품의 존재론('상품의 이중적 존재방식'에 대한 규명)을 통한 인식론적('그것이 우리에게 어떻게 인식되는가'를 묻는) 자본주의 비판이라고 정의할 수 있다. 이처럼 마르크스는 물신주의 개념을 통해 자본주의의 사회적 관계는 언제나 물신적으로 은폐되어 있으며, 우리에게 일상적으로는 의식되지 않는다는 사실을 보여주고자 했다. 『자본론』은 이러한 사회적 관계의 비가시성에 대해 지속적으로 강조한다. 이 저작은 자본주의 생산양식의 경제적 운동법칙을 규명하면서, 동시에 그러한 법칙이 어떻게 자기 스스로의 모습을 감추는지를 서술하는 이중성을 드러낸다. 이러한 서술의 이중성은 착취와 잉여가치에 대한 그의 분석에서도 이어진다.

착취는 어떻게 발생하는가? (그리고 어떻게 은폐되는가?)

착취의 발생에 대한 분석은 '자본의 이윤은 어디에서 오는가?'라는 질문으로 소급된다. 결론부터 말하자면 마르크스는 자본의 이윤은 노동자가 수행하는 잉여노동에서 비롯한다고 답한다. 즉 자본주의 사회에서 노동자는 대가를 돌려받지 못하는 노동을 수행한다. 이것은 노동자가 받는 임금은 그가 자신의 노동을 통해 새롭게 창조해낸 가치의 전부가 아닌 일부분에 불과하다는 뜻이다. 그럼 나머지는 어디로 갔을까?

상품의 가치는 그것을 생산하는 데 필요한 노동시간에 따라 결정된다. 노동자가 수행한 노동시간이 온전히 상품의 가치로 이전되었다고 가정해보자. 상품이 판매되어 자본가는 그만큼의 가치 크기에 해당하는 화폐를 얻는다. 그리고 이 중 일부를 노동자에게 임금으로 지불한다. 이렇게 노동자가 되돌려받는 만큼의 가치에 해당하는 노동시간을 마르크스는 필요노동시간이라고 부르고, 거꾸로 되돌려받지 못하는 몫, 즉 자본가에게 전유되어 노동자들이 지불받지 못하는 만큼의 가치에 해당하는 노동시간을 잉여노동시간이라고 부른다. 그리고 이 잉여노동시간에 상응하는 만큼의 가치량이 잉여가치를 형성한다. 정리하자면, 잉여가치란 노동자가 새롭게 생산한 가치 중에서 그가 임금의 형태로 돌려받는 만큼을 뺀 나머지, 즉 잉여노동시간만큼의 가치를 말한다. 예를 들어 하루 8시간 동안 노동한 노동자 A의 노동 중에 4시간만큼의 노동이 생산한 가치가 그가 받는 임금에 상응하는 것이라면, 나머지 4시간의 노동이 생산한 가치는 잉여노동에 의한 잉여가치다.

이러한 설명은 착취의 메커니즘을 드러낸다. 이 잉여가치는 자본가에 의해 '이윤'이라는 이름으로 전유되는데, 마르크스는 이를 착취라고 부른다. 그가 자본주의를 계급사회로 보는 이유도 여기에 있다. 자본주의라는 새로운 "천부인권의 참다운 낙원"을 지배하는 것은 "자유·평등·소유·벤담"[17]이라고 마르크스는 지적한다. 즉 근대적 혁명을 추동했던 부르주아 계몽 사상가들이 주창했던 인간의 권리란 허울에 불과한데, 왜냐하면 그것이 선포하는 인간의 권리들—예컨대 자유와 평등—은 곧 부자유와 불평등으로 귀결되며, 이는 생산수단에 대한 사적 소유에 근거를 둔 현대 자본주의 사회가 제러미 벤담의 공리주의가 가정하듯, 이기적 개인의 양적 쾌락의 극대화만을 추구하는 본질적으로 비인간적인 사회이기 때문이다. 인간의 자연적 권리는 사회적 현실 속에서는 한쪽의 권리를 위한 다른 한쪽의 권리의 박탈로, 즉 생산수단을 소유한 계급의 이윤 추구를 위해 이 생산수단으로부터 배제된, 자신의 노동력 이외에는 아무것도 갖지 못한 계급으로부터의 착취로 이어진다.

그러나 일상적으로 많은 수의 노동자는 자신이 착취받는지 알지 못한다. 자본주의에서의 착취는 은폐되어 있다. 여기에는 여전히 물신주의의 메커니즘이 작동한다. 즉 사회적 관계가 불투명해지고 행위자들은 그 관계들이 낳은 가상에 종속된다.

여기에는 두 가지 설명이 가능하다. 한 가지는 근대적 법 형식에 의한 물신주의다. 즉 전근대적인 신분제적 예속이 사라진 뒤, 노동자와 자본가는 '동등한' 인격체이자 법적 주체로서 '자유로운' 계약을 체결한다. 이들이 체결하는 '근로계약서'에는 자본가가 노동자를 착취해도 좋다는 규정은 담겨 있지 않다. 그러나 실질적으로 생산 과정은 잉여가치에 대한 착취를 수반하며 이로부터 자본의 이윤이 발생한다. 그럼에도 동등한 법적 주체들 간의 자유로운 계약이라는 법적 형식은 이러한 실질적 관계를 은폐한다.

다른 한 가지는 자본주의적 교환을 지배하는 화폐 형태에서 비롯한다. 전근대 사회에서는 착취, 곧 잉여노동에 대한 수탈이 벌어진다는 사실은 자명한 일이었다. 봉건영주는 직접생산자 농노가 생산해낸 농작물의 상당량을 수탈해간다. 이 경우에는 직접생산자가 일정량의 토지에서 일정기간 수확한 생산량과, 이 중에 생산수단의 소유주인 봉건영주에게 돌아가는 몫의 비율이 명확하게 규정되어 있다. 따라서 봉건영주가 노동하지 않고도 직접생산자의 노동의 결실을 수탈해간다는 사실이 자명한 것이었다. 자본주의에서는 이와 다르다. 자본가는 노동자에 대한 임금을 화폐 형태로 지불한다. 반면 노동자가 새로이 생산한 가치의 양은 그것이 판매되기 전까지 직접적으로 드러나지 않는다. 따라서 이 경우에는 노동자가 얼마나 새로운 가치를 생산했으며, 그중 얼마를 임금으로 되돌려받는 것인지 분명히 드러나지 않는다. 따라서 많은 경우에 노동자는 자신이 착취받는다는 사실을 인지하지 못하고, 오히려 자신에게 임금을 주는 자본가에게 감사해하기도 한다.

이처럼 물신주의적 의식은 실질적 계급대립을 은폐하는 역할을 한다. 그럼에도 우리는 자본주의 사회에 분명한 계급적 대립이 존재한다는 사실을 여러 가지 사실들로부터 확인할 수 있다. 특히 이는 잉여가치율, 즉 착취의 정도를 증대하기 위해 자본가들이 도입하는 다양한 조치들에서 분명히 드러난다. 노동시간을 연장하기 위한 자본의 다양한 시도들은 노동시간을 단축하려 하는 노동계의 반발을 낳는다. 또 주어진 노동시간 내에서 노동자의 생산성을 높이기 위한 다양한 자본의 통제들도 존재한다. 공장은 군대와 같은 감시의 규율 속에 운영된다. 자본가는 일종의 장교와 같은 역할을 수행해서 병영화된 공장 내 노동자들을 철저한 위계와 시간적 규율 속에 통제한다. 그리고 이러한 시도들은 마찬가지로 노동의 반발을 야기한다.

이처럼 노동자로부터 더 많은 잉여가치를 뽑아내기 위한 자본가의 '흡혈귀 같은' 노력은 어째서 발생하는가? 그것은 자본가들이 인격적으로 사악한, 비도덕적인 사람들이어서일까? 마르크스는 그렇지 않다고 답한다. 『자본론』의 서문에서 마르크스는 이렇게 적는다. "자본가와 지주를 나는 결코 장밋빛으로 아름답게 그리지는 않는다. 그러나 여기서 개인들이 문제로 되는 것은 오직 그들이 경제적 범주의 인격화, 일정한 계급관계와 이익의 담지자인 한에서다."[18] 자본가는 '인격화된 자본'일 뿐이다. 그는 본성이 비도덕적인 사람이어서가 아니라, 자본의 운동에 종속된 '담지자'이기 때문에 이 구조적 법칙이 강제하는 행위를 수행할 뿐이다. 자본주의 사회에서 개별 자본은 다른 자본과의 경쟁에서 승리하지 않으면 몰락하게 된다. '자기보존'을 위해 자본은 기술혁신을 도입하고 동시에 잉여가치의 양과 비율을 증대시켜야 할 '물질적 이해관계'를 갖는다. 그리고 이처럼 착취율을 증대시키기 위한 자본의 다양한 시도들은 계급 간의 적대를 가시화한다. 노동시간, 임금, 노동조건, 고용형태 등을 둘러싼 노동과 자본의 일상적 계급투쟁은 이처럼 착취율(잉여가치율)을 둘러싼 투쟁이다. 노동계의 노동시간 단축, 최저임금 인상 등의 요구를 경영계에서 거부하는 이유 역시 착취율(잉여가치율)이 낮아지기 때문이다. 자본과 노동은 착취율을 둘러싼고 오늘날까지 크고 작은 일상적 내전을 벌인다.

공산주의(코뮨주의)란 무엇인가?

『자본론』의 방대한 텍스트들은 대부분 자본주의 생산양식의 경제적 운동법칙을 규명하는 데 초점을 맞추고 있다. 즉 이 책이 주로 다루고 있는 주제는 혁명적 실천의 필요성이나 도래할 공산주의의 당위를 설파하는 것이 아니다. 오히려 이 저작은 '도대체 자본이란, 그리고 자본주의란 무엇인가. 우리는 어떤 사회를 살고 있는가'에 대한 마르크스의 치열한 이론적 대결의 시도라고 볼 수 있다. 그는 미래 사회의 유토피아적 청사진을 묘사하는 것을 거부한 사상가였다. 그럼에도 이 저작에서는 군데군데 자본주의 이후의 사회, 즉 공산주의에 대한 마르크스의 사상을 이해할 수 있는 구절들이 등장한다.

공산주의란 무엇인가? 공산주의, 즉 코뮤니즘(communism)은 코뮨(commune)이란 단어에 '–ism'이 결합된 형태를 이루고 있다. 한마디로 그것은 '코뮨'을 이루려는 사상, 즉 '코뮨주의'를 의미한다. '코뮨' 또는 '코뮌'이란 본래 자원의 공유와 공동의 이익에 기반을 둔 자유로운 자치공동체를 의미하는 단어였다. 중세 말 수도원 운동을 벌이던 수도사들은 공동노동과 자급자족을 통해 운영되는 자신들의 공동체를 코뮨 혹은 'communio'라고 불렀고, 이 수도원 운동에 참여하는 사람들을 'communist'라고 불렀다. 물론 이것은 일종의 종교적 형태의 공산주의라고 할 수 있고 그 기원은 성경의 「사도행전」에 기록된 초기 기독교 공동체의 공유재산제에서부터 찾을 수 있다.

마르크스의 공산주의(코뮨주의)는 이러한 종교적, 공동체주의적, 코뮨 운동과 유사하면서도 결코 동일하지 않다. 그것은 자본주의적 사적 소유를 넘어 공유에 기반을 둔 대안적 공동체를 창출하고자 한다. 따라서 그것은 사회적 관계의 근본적 변화를 전제하며, 동시에 자급자족적인 국지적 공동체가 아니라, 사회 전체의 보편적인 원리로 이해되어야 한다.

마르크스의 공산주의 개념이 종교적 코뮨 운동과 구분되는 또 다른 지점이 있다. 성경책에 기록되어 있는 초기 기독교 공동체의 공유재산제는 '네 것'과 '내 것'을 구분하지 않는, 한마디로 '무소유'를 추구하는 운동이었다. "신자들은 모두 함께 지내며 모든 것을 공동으로 소유하였다. 그리고 재산과 재물을 팔아 모든 사람에게 저마다 필요한 대로 나누어주곤 하였다"라고 성경은 기록하고 있다(사도행전 2:44-45). 이와 같은 공유재산제를 통한 공동체 운동은 기독교 외에도 다양한 종교적 흐름에서 발견된다. 반면 마르크스는 소유 그 자체를 부정하지 않으며, 오히려 소유의 불가피성을 주장한다는 점에서, 소유를 '도둑질'과 같다고 보는 도덕적, 종교적 코뮨 운동과 구분된다. 오히려 마르크스는 자본주의가 다수의 '소유를 갖지 못한' 사람들, 즉 무산자들을 낳는다고 비판한다. 그렇다면 자본주의가 극복된 사회에서는 '모든 사람들이 자신의 몫을' 소유할 수 있어야 한다. 따라서 자본주의 이후의 사회는 그러한 '개인적 소유'가 보장되는 공간이어야 한다.

> 자본주의적 사적 소유는 소유자 자신의 노동에 입각한 개인적 사적 소유의 최초의 부정이다. 그러나 자본주의적 생산은 자연 과정의 필연성을 가지고 자기 자신의 부정을 낳는다. 이것은 부정의 부정이다. 이 부정의 부정은 사적 소유를 부활시키지는 않지만, 자본주의 시대의 성과—협업 및 토지와 생산수단의 공동점유—에 입

각한 개인적 소유를 확립한다.[19]

마르크스는 여러 차례에 걸쳐, 자신이 '부르주아적 사적 소유'를 폐지하고자 주장했으며, 이는 '소유 일반의 폐지'가 아님을 강조한 바 있다. 왜일까? 소유의 원래적 의미는 주체의 자기조건에 대한 형성이며, 생산의 원래적 의미는 주체의 자기 재생산에 있는 것이기 때문이다. 소유를 나타내는 영어의 'property'나 독어 단어 'Eigentum'은 모두 '고유성'이라는 단어에서 파생된 것들이다. 일정한 대상에 대한 개인의 소유는 그의 고유한 의지의 표현이며, 따라서 개인적 소유는 개인의 고유성과 개인적 자유를 실현하기 위해 불가피한 것이다. 그러나 자본주의적 '사적 소유'는 이러한 개인적 소유의 실현을 저해한다. 여기서 사적 소유란 생산수단(공장, 토지 등)을 소수의 개인이 소유하는 것을 말한다. 이 경우 생산수단을 소유한 소수가 배제된 다수의 삶을 통제하는 문제가 발생하며, 다수의 개인들은 자신의 고유한 삶의 방식을 실현하는 데 필요한 적절한 생활수단으로부터 배제되어, 자신의 생존을 유지하기 위해 이 특권적 소수를 위해 노동하는 삶을 살아야만 한다. 따라서 사적 소유와 개인적 소유는 일치하지 않는다. 오히려 사적 소유는 개인적 소유의 실현을 저해하는, 다수에 대한 소수의 '지배' 메커니즘이다. 반면 이러한 자본주의적 사적 소유를 넘어선 개인적 소유에서는 생산수단을 공동으로 점유하며, 다른 노동생산물에 대해서는 필요에 따른 개인적 소유를 인정한다. 따라서 그것은 '사회적 소유'와 다르지 않은 표현이며, 개인의 고유한 삶의 실현을 위한 보편적인 사회적 관계를 의미한다.

마르크스가 이처럼 '개인적 소유'를 강조했다는 것은 잘 알려지지 않은 사실이다. 마찬가지로 잘 알려지지 않은 사실은 그가 '자유의 실현'을 해방된 사회의 목적으로 설정했다는 것이다. 마르크스의 생전에는 책으로 출간되지 않은 『자본론』의 3권에서 그는 이렇게 적는다.

> 자유의 왕국은 궁핍과 외적 합목적성이 규정하는 노동이 중단되는 곳에서 비로소 시작되며, 따라서 그 본성상 진정한 물질적 생산의 영역을 넘어서서 존재한다. (…) 이 영역에서 자유는 오직 다음과 같은 점이다. 즉 사회화된 인간, 결합된 생산자들이 자연과의 신진대사를 합리적으로 규제함으로써 그 신진대사가 맹목적인 힘으로서 그들을 지배하는 것이 아니라 그들이 그 신진대사를 집단적인 통제 아래에 두는 것, 그리하여 최소의 노력으로 그리고 인간성에 가장 알맞고 적합한 조건 아래에서 그 신진대사를 수행하는 것이다. 그러나 이것은 여전히 필연의 왕국이다. 이 왕국을 넘어서야만 진정한 자유의 왕국—즉 인간의 힘을 목적 그 자체로서 발전시키는 것—이 시작된다. 비록 자유의 왕국은 필연의 왕국을 토대로 해야만 개화될 수 있지만. 노동일의 단축은 그 기본적인 전제조건이다.[20]

이 구절에서 언급된 필연의 왕국(자연필연성과 물질적 생산에 종속된 사회)과 자유의 왕국(자연필연성과 물질적 생산을 넘어서는 자유) 사이의 대비는 사실 관념론 철학의 모티브들을 차용한 것이라고 볼 수 있다. 특히 '물질적 법칙'을 넘어서는 영역에 비로소 진정한 '자유'가 시작될 것이라는 점에서 그렇다. 이러한 대조는 자연법칙이 지배하는 현상계와 자유의 영역인 예지계 사이의, 나아가 자연의 왕국과 목적의 왕국에 대한 칸트적인 구분을 연상시킨다. 그렇다면 여기서 마르크스가 강조하고자 했던 것은 무엇인가? 관념론자들은 물질세계를 지배하는 필연성의 법칙을 넘어서는 정신의 자유를 추구한다. 마르크스는 구체적인 물질적 관계를 분석하지 않는 그러한 관념론자들의 추상성을 비웃지만, 동시에 생산의 강제성을 넘어서는 자유의 실현을 해방된 사회의 조건으로 규정한다는 점에서는 이들과 유사한 목적을 추구한다고도 볼 수 있다. 인간은 욕구를 충족시키기 위해 물질적 생산을 수행해야 하고, 결국 이 생산 과정에 인간 자신이 종속되고 말았다. 자본주의는 그 필연의 왕국이 가장 극단적인 형태로 나타나는 사회다. 따라서 우선 필요한 과제는 이러한 물질적 생산이 인간 자신을 위한 생산이 되게끔 집단적, 합리적으로 통제하는 일이다. 그런데 이러한 '생산에 대한 집합적 통제'는 해방적 사회의 출발점은 될 수 있을지언정, 그 완성된 모습은 아니다. 자유의 왕국은 필연의 왕국을 넘어서는 영역이다. 그것은 그 누구도 외적, 강제적 법칙에 종속되지 않고, 각자가 자신의 자유로운 발전을 삶의 목적으로 삼을 수 있는 사회를 일컫는다.

여기서 드러나듯 마르크스에게 대안사회의 핵심 원리는 인간 '자유'의 실현이다. 그리고 그 출발점을 마르크스는 '노동시간의 단축'에서 찾는다. 인간은 욕구를 충족시키고 생존하기 위해서는 어쩔 수 없이 노동을 해야 한다. 따라서 '필연의 왕국'을 완전히 벗어나서 사는 것은 불가능하다. 그러나 적어도 이 필수적인 활동으로서의 노동이 그 자체로 우리 삶의 목적이 되는 것은 막아야 한다. 왜냐하면 생산의 목적은 결국 물질적 필요를 충족하고 이를 토대로 각 개인이 자신의 고유한 삶의 방식을 자유롭게 실현하는 것인데, 이러한 생산이 자립화되어 그 자체로 목적이 되는 사회, 곧 '생산을 위한 생산'이 지배하며 인간은 그러한 생산에 종속되는 사회에서는 인간 자신의 삶의 실현이라는 생산의 본래 목적은 망각되기 때문이다.

이 구절은 따라서 '노동중독'에 걸린 현대사회에 많은 점을 시사해준다. 그리고 '더 많은 물질적 부를 추구할 자유'라는 자유에 대한 우리의 표상에 이의를 제기한다. 오히려 물질적 생산이라는 '외적 합목적성을 넘어서는 자유'에 대한 마르크스의 언급은 개인의 이기적 욕구충족만을 자유로 규정하는 오늘날의 사회에 대해 비판적으로 성찰하게 만든다. 나아가 이 구절은 '물질적 생산력의 진보'를 역사의 진보와 직접적으로 일치시켰던 정설 마르크스주의를 넘어, 마르크스의 자본주의 비판으로부터 탈생산력주의적, 생태적 전망을 도출하게 만들어주기도 한다.

5 | 나가는 말

20세기 현실사회주의 국가들의 붕괴와 냉전의 해체 이후 마르크스의 이름은 많은 경우 부정적으로만 언급될 뿐이었다. 많은 사람들은 자본주의와 민주주의를 동일시하며, 거꾸로 공산주의와 독재를 동일한 것으로 규정한다. 그리고 마르크스는 당과 국가관료들의 독재를 뒷받침한 사상가로 인식되는 일이 흔하게 일어난다.

그러나 우리가 살펴본 대로, 마르크스는 '자유'의 사상가였으며, 결코 민주주의에 반대한 사람이 아니었다. 오히려 마르크스의 사유가 우리에게 제기하는 근본적인 문제는 '자본의 지배 속에서 우리는 자유로울 수 있는가', 또 '자본주의가 진정한 의미에서 민주주의와 양립 가능한가' 하는 것이다.

우리는 마르크스의 사유는 일관적이지 않고 여러 차례 수정되었으며, 그가 이전 시기 자신의 한계에 대해 스스로 성찰하고 이를 극복해나간 지식인이었음을 살펴보았다. 이처럼 여러 차례의 결정적인 방법론적 변화를 겪었음에도 불구하고, 그러나 고대 그리스 원자론을 다룬 그의 박사학위 논문에서부터 『자본론』 3권의 가장 마지막 부분에 등장하는 '자유의 왕국'에 대한 묘사에 이르기까지, 인간의 자유에 대한 그의 관심만큼은 놀라우리만큼 일관되게 전개되고 있었다. 그는 자본의 지배에 예속된 인간이 그들 스스로 자신의 해방을 향해 나아가는 역사를 꿈꾼 사상가였다. 그리고 진정한 자유는 자본의 지배를 넘어서야만 가능하다고 보았다.

하나의 인간 집단이 다른 인간 집단을 구조적이고 조직적인 방

Portrait, Berlin 1999 참조.

12 홉스 이론의 해석에서 표지 동판화의 묘사에 큰 의미를 부여한 경우로는 Carl Schmitt, *Der Leviathan in der Staatslehre des Thomas Hobbes. Sinn und Fehlschlag eines politischen Symbols*, Hamburg, 1938 (Nachdruck Köln-Lövenich 1982) 참조.

13 Thomas Hobbes, *Leviathan*, p. 244.

14 같은 책, p. 5.

15 같은 책, p. 134.

16 플라톤, 『국가』, 박종현 역주, 서광사, 2016, 3권 414a-414c.

17 Herfried Münkler, *Thomas Hobbes*, Campus Verlag, Frabkfurt/Main, 2001, p. 44.

18 Thomas Hobbes, *Elementorum Philosphiae sectio tertia de Cive* (1642) *Vom Menschen, Vom Bürger. Elemente der Philosophie* II/III, eing. und hrsg. v. Günter Gawlick, 3., verbesserte Auflage, Hamburg 1994, p. 66.

19 Thomas Hobbes, *Leviathan*, p. 134.

20 Günter Nonnenmacher, *Die Ordnung der Gesellschaft. Mangel und Herrschaft in der politischen Philosophie der Neuzeit: Hobbes, Locke, Adam Smith, Rousseau*, Weinheim, 1989, p. 35-39.

21 Thomas Hobbes, *Leviathan*, p. 97.

22 김항, 「내전과 현대 민주주의의 상황 - 슈미트의 『리바이어던』 해석을 중심으로」, 『인문학 연구』 56권 제56호, 조선대학교 인문학 연구원, 2018 참조. 슈미트 외에 아감벤, 푸코, 아렌트에 이르는 현대 정치철학의 홉스 해석에 대해서는 임미원, 「홉스의 법 및 정치사상에 대한 재해석 가능성: 슈미트, 아감벤, 푸코, 아렌트의 홉스 해석을 중심으로」, 『법과 사회』, 법과 사회이론학회, 42호, 2012 참조.

2 존 로크

1 이 글은 도입 부분을 제외하고는 『철학연구』 제114권(철학연구회, 2016. 9)에 실린 졸고 「로크의 자유주의와 무산자 배제」의 내용을 수정 보완하여 대부분 활용한 것임을 밝힌다.

2 로크의 생애에 관해서는 다음 책의 도움을 받았다. 송규범, 『존 로크의 정치사상』, 아카넷, 2015, 17-69쪽.

3 로크는 자유주의 내 다양한 분파에서 공통적으로 계승된다. 자유지상주의자로 유명한 노직이 로크의 재산론을 토대로 취득의 원리와 로크적 단서를 제시한 것은 유명하다. R. Nozick, *Anarchy, State, and Utopia*, Basic Books, Inc., 1974, pp. 174-182. 하지만 분배의 측면에서 자유지상주의를 거부하는 롤스와 같은 자유주의자 역시

식으로 지배하는 사회에서 인간은 참된 자유를 실현할 수 없다. 만약 이처럼 인간이 자유롭지 못하다면, 그것은 그 사회의 이러한 구조적 불평등에서 기인하는 것이다. 평등과 자유는 결코 양자택일의 관계로 이해될 수 있는 가치들이 아니다. 불평등한 사회는 부자유를 낳으며, 거꾸로 자유롭지 못한 관계는 불평등을 강화한다. 그리고 불평등과 부자유가 지배하는 사회, 빈곤이 인간의 삶을 황폐화시키고 경제적 격차로 인해 사회가 분열되는 상황은 설사 형식적 보편선거권이 갖춰졌다 해도 분명 진정한 의미에서 민주주의라고 부를 수 없다.

많은 사람들은 경제난을 이유로 자신의 꿈을 포기하고 원치 않는 일자리를 얻고 자신이 아닌 타인을 위한 노동을 하며 살아간다. 연극배우를 지망하던 어떤 청년이 꿈을 접고 회사원이 되어 살아간다고 가정해보자. 어느 누구도 그에게 직접적으로 그런 삶을 살라고 강요 또는 강제하지 않았으나, 경제적 구조의 법칙은 그에게 그러한 타율적 삶을 사실상 강제한 것이다. 자신의 '자유의지대로' 심야시간까지 야근을 하는 노동자도 마찬가지다. 정리해고로 인해 삶이 파산된 사람들, 투기세력의 '합법적 재테크'로 부동산 가격이 올라 삶의 터전을 옮겨야 하는 수많은 개인들, 고용불안으로 인해 어떠한 불만도 회사에 말할 수 없는 비정규직의 삶은 자유의 실현과 거리가 멀다.

마르크스가 '각자의 자유로운 발전이 만인의 자유로운 발전의 전제조건이 되는 연합체'에 대해 말했을 때, 그가 생각한 자유는 모든 사람들이 각자의 방식으로 자기 자신의 발전을, 자신만의 삶의

방식을 실현하면서 동시에 그것이 다른 모든 사람들의 자유와 결합되는 것을 의미하는 것이었다. 마르크스는 시장에서의 경쟁 속에 개인이 자신의 부를 무한정 추구할 이기적 자유라는 근대적 자유의 표상에 동의하지 않았지만, 거꾸로 집단의 이름으로 개인의 자유를 억압하는 사회를 꿈꾸지도 않았다. 오히려 그는 자본이라는 경제적 관계에 대한 종속에서 벗어나야만 인간이 자유로워질 수 있음을 주장했다. 그리고 그러한 맥락에서 마르크스는 자유의 사상가였다.

| 주 |

1 토머스 홉스

1 홉스의 고대 정치철학과의 단절에 대해서는 나종석, 「홉스의 정치철 정치철학의 붕괴」, 『사회와 철학』 제6호, 2003 참조. 홉스의 아리스 에 대한 상세한 논의는 Benedikt Wolfers, *Geschwätzige Philosophie: T Kritik an Aristoteles*, Königshausen & Neumann, 1991 참조.

2 Thomas Hobbes, *Leviathan oder Stoff, Form und Gewalt eines kirchliche chen Staates*, Suhrkamp, 1991, p. 131.

3 Thomas Hobbes, *Leviathan*, p. 152, p. 136.

4 같은 책, pp. 132-134.

5 Thomas Hobbes, *On the Citizen*, Cambridge University Press, 1998, p.

6 같은 책, pp. 75-76.

7 홉스에 나타나는 봉기 문제에 대한 상세한 논의로는 Dietmar Herz, und politische Ordnung in 'Leviathan' und 'Behemoth'. Zum Kapitel than'", in: Thomas Hobbes, 'Leviathan oder Stoff, Form und Gewalt chen und bürgerlichen Staates', hrsg. v. W. Kersting, Akademie-Verlag,

8 군주가 정치적 자질인 비르투(virtù)를 상실하고 국가를 잘못 이끌었을 해당한다. Niccolo Machiavelli, *Gedanken über Politik und Staatsführun* hrsg. von R. Zorn, 2. verbesserte Ausgabe, Kröner, 1977, pp. 274-275, 이와 같은 진술은 추후 인민의 저항권 논쟁의 불씨가 된다.

9 Thomas Hobbes, *Leviathan*, p. 167, p. 249.

10 같은 책, p. 242.

11 이 표지화는 엄밀한 의미에서 엠블럼이라 할 순 없지만, 의미의 비유 기법을 따르고 있음은 분명하다. 표지화는 『리바이어던』 출간 이전에 생활을 하던 파리에서 바츨라프 홀라(Václav Hollar)에 의해 제작된 져 있다. 표지화에 대해서는 Reinhard Brandt, "Das Titelblatt des Le Thomas Hobbes, *Leviathan oder Stoff, Form und Gewalt eines kirchlichen chen Staates*, hrsg. v. Wolfgang Kersting, Berlin, 1996, p. 29-53. 표지화 는 시각적 전략에 대한 상세한 연구로는 Horst Bredekamp, *Thomas Ho Strategien. Der Leviathan: Das Urbild des modernen Staates. Werkillustr*

식으로 지배하는 사회에서 인간은 참된 자유를 실현할 수 없다. 만약 이처럼 인간이 자유롭지 못하다면, 그것은 그 사회의 이러한 구조적 불평등에서 기인하는 것이다. 평등과 자유는 결코 양자택일의 관계로 이해될 수 있는 가치들이 아니다. 불평등한 사회는 부자유를 낳으며, 거꾸로 자유롭지 못한 관계는 불평등을 강화한다. 그리고 불평등과 부자유가 지배하는 사회, 빈곤이 인간의 삶을 황폐화시키고 경제적 격차로 인해 사회가 분열되는 상황은 설사 형식적 보편선거권이 갖춰졌다 해도 분명 진정한 의미에서 민주주의라고 부를 수 없다.

많은 사람들은 경제난을 이유로 자신의 꿈을 포기하고 원치 않는 일자리를 얻고 자신이 아닌 타인을 위한 노동을 하며 살아간다. 연극배우를 지망하던 어떤 청년이 꿈을 접고 회사원이 되어 살아간다고 가정해보자. 어느 누구도 그에게 직접적으로 그런 삶을 살라고 강요 또는 강제하지 않았으나, 경제적 구조의 법칙은 그에게 그러한 타율적 삶을 사실상 강제한 것이다. 자신의 '자유의지대로' 심야시간까지 야근을 하는 노동자도 마찬가지다. 정리해고로 인해 삶이 파산된 사람들, 투기세력의 '합법적 재테크'로 부동산 가격이 올라 삶의 터전을 옮겨야 하는 수많은 개인들, 고용불안으로 인해 어떠한 불만도 회사에 말할 수 없는 비정규직의 삶은 자유의 실현과 거리가 멀다.

마르크스가 '각자의 자유로운 발전이 만인의 자유로운 발전의 전제조건이 되는 연합체'에 대해 말했을 때, 그가 생각한 자유는 모든 사람들이 각자의 방식으로 자기 자신의 발전을, 자신만의 삶의 방식을 실현하면서 동시에 그것이 다른 모든 사람들의 자유와 결합되는 것을 의미하는 것이었다. 마르크스는 시장에서의 경쟁 속에 개인이 자신의 부를 무한정 추구할 이기적 자유라는 근대적 자유의 표상에 동의하지 않았지만, 거꾸로 집단의 이름으로 개인의 자유를 억압하는 사회를 꿈꾸지도 않았다. 오히려 그는 자본이라는 경제적 관계에 대한 종속에서 벗어나야만 인간이 자유로워질 수 있음을 주장했다. 그리고 그러한 맥락에서 마르크스는 자유의 사상가였다.

| 주 |

1 토머스 홉스

1 홉스의 고대 정치철학과의 단절에 대해서는 나종석, 「홉스의 정치철학과 고전적인 정치철학의 붕괴」, 『사회와 철학』 제6호, 2003 참조. 홉스의 아리스토텔레스 비판에 대한 상세한 논의는 Benedikt Wolfers, *Geschwätzige Philosophie: Thomas Hobbes' Kritik an Aristoteles*, Königshausen & Neumann, 1991 참조.

2 Thomas Hobbes, *Leviathan oder Stoff, Form und Gewalt eines kirchlichen und bürgerlichen Staates*, Suhrkamp, 1991, p. 131.

3 Thomas Hobbes, *Leviathan*, p. 152, p. 136.

4 같은 책, pp. 132-134.

5 Thomas Hobbes, *On the Citizen*, Cambridge University Press, 1998, p. 137.

6 같은 책, pp. 75-76.

7 홉스에 나타나는 봉기 문제에 대한 상세한 논의로는 Dietmar Herz, "Bürgerkrieg und politische Ordnung in 'Leviathan' und 'Behemoth'. Zum Kapitel 29 des 'Leviathan'", in: Thomas Hobbes, 'Leviathan oder Stoff, Form und Gewalt eines kirchlichen und bürgerlichen Staates', hrsg. v. W. Kersting, Akademie-Verlag, 1996 참조.

8 군주가 정치적 자질인 비르투(virtù)를 상실하고 국가를 잘못 이끌었을 경우가 이에 해당한다. Niccolo Machiavelli, *Gedanken über Politik und Staatsführung*, übers. und hrsg. von R. Zorn, 2. verbesserte Ausgabe, Kröner, 1977, pp. 274-275, pp. 461-462. 이와 같은 진술은 추후 인민의 저항권 논쟁의 불씨가 된다.

9 Thomas Hobbes, *Leviathan*, p. 167, p. 249.

10 같은 책, p. 242.

11 이 표지화는 엄밀한 의미에서 엠블럼이라 할 순 없지만, 의미의 비유적 묘사가 그 기법을 따르고 있음은 분명하다. 표지화는 『리바이어던』 출간 이전에 홉스가 망명 생활을 하던 파리에서 바츨라프 홀라(Václav Hollar)에 의해 제작된 것으로 알려져 있다. 표지화에 대해서는 Reinhard Brandt, "Das Titelblatt des Leviathan", in: Thomas Hobbes, *Leviathan oder Stoff, Form und Gewalt eines kirchlichen und bürgerlichen Staates*, hrsg. v. Wolfgang Kersting, Berlin, 1996, p. 29-53. 표지화 속에 드러나는 시각적 전략에 대한 상세한 연구로는 Horst Bredekamp, *Thomas Hobbes' visuelle Strategien. Der Leviathan: Das Urbild des modernen Staates. Werkillustrationen und*

Portrait, Berlin 1999 참조.

12 홉스 이론의 해석에서 표지 동판화의 묘사에 큰 의미를 부여한 경우로는 Carl Schmitt, *Der Leviathan in der Staatslehre des Thomas Hobbes. Sinn und Fehlschlag eines politischen Symbols*, Hamburg, 1938 (Nachdruck Köln-Lövenich 1982) 참조.

13 Thomas Hobbes, *Leviathan*, p. 244.

14 같은 책, p. 5.

15 같은 책, p. 134.

16 플라톤, 『국가』, 박종현 역주, 서광사, 2016, 3권 414a-414c.

17 Herfried Münkler, *Thomas Hobbes*, Campus Verlag, Frabkfurt/Main, 2001, p. 44.

18 Thomas Hobbes, *Elementorum Philosphiae sectio tertia de Cive* (1642) *Vom Menschen, Vom Bürger. Elemente der Philosophie* II/III, eing. und hrsg. v. Günter Gawlick, 3., verbesserte Auflage, Hamburg 1994, p. 66.

19 Thomas Hobbes, *Leviathan*, p. 134.

20 Günter Nonnenmacher, *Die Ordnung der Gesellschaft. Mangel und Herrschaft in der politischen Philosophie der Neuzeit: Hobbes, Locke, Adam Smith, Rousseau*, Weinheim, 1989, p. 35-39.

21 Thomas Hobbes, *Leviathan*, p. 97.

22 김항, 「내전과 현대 민주주의의 상황 - 슈미트의 『리바이어던』 해석을 중심으로」, 『인문학 연구』 56권 제56호, 조선대학교 인문학 연구원, 2018 참조. 슈미트 외에 아감벤, 푸코, 아렌트에 이르는 현대 정치철학의 홉스 해석에 대해서는 임미원, 「홉스의 법 및 정치사상에 대한 재해석 가능성: 슈미트, 아감벤, 푸코, 아렌트의 홉스 해석을 중심으로」, 『법과 사회』, 법과 사회이론학회, 42호, 2012 참조.

2 존 로크

1 이 글은 도입 부분을 제외하고는 『철학연구』 제114권(철학연구회, 2016. 9)에 실린 졸고 「로크의 자유주의와 무산자 배제」의 내용을 수정 보완하여 대부분 활용한 것임을 밝힌다.

2 로크의 생애에 관해서는 다음 책의 도움을 받았다. 송규범, 『존 로크의 정치사상』, 아카넷, 2015, 17-69쪽.

3 로크는 자유주의 내 다양한 분파에서 공통적으로 계승된다. 자유지상주의자로 유명한 노직이 로크의 재산론을 토대로 취득의 원리와 로크적 단서를 제시한 것은 유명하다. R. Nozick, *Anarchy, State, and Utopia*, Basic Books, Inc., 1974, pp. 174-182. 하지만 분배의 측면에서 자유지상주의를 거부하는 롤스와 같은 자유주의자 역시

자신이 따르는 전통에 로크를 포함시킨다. 계약론적 전통의 의미에서 말이다. 하지만 롤스는 계약론자로 유명한 홉스를 자신이 따를 전통에 넣지 않는다. J. Rawls, *A Theory of Justice*, The Belknap Press of Harvard University Press, 1971, p. 11, fn. 4.

4 이런 해석의 대표자는 스트라우스와 맥퍼슨이다. 레오 스트라우스, 『자연권과 역사』, 홍원표 옮김, 인간사랑, 2001, 281쪽; C. B. 맥퍼슨, 『홉스와 로크의 사회철학: 소유적 개인주의의 정치이론』, 황경식·강유원 옮김, 박영사, 1990, 223-303쪽.

5 존 로크, 『통치론: 시민정부의 참된 기원, 범위 및 그 목적에 관한 시론』, 강정인·문지영 옮김, 도서출판 까치, 1996.

6 로크 (1996), 11쪽.

7 로크 (1996), 13-14쪽.

8 로크 (1996), 13-14쪽.

9 어떤 해석가들은 필머의 이론적 취약함 때문에 로크의 진정한 논적은 필머가 아니라 홉스였을 것이라고 추정하지만 애시크래프트는 당시 필머는 정치적으로 영향력 있는 이론가였기에 로크의 표적이 충분히 될 것이라고 반론한다. R. Ashcraft, *Locke's Two Treatises of Government*, Allen & Unwin., 1987, p. 4.

10 로크 (1996), 7쪽.

11 롤스는 이 점에 큰 역할을 부여한다. 그에 따르면 로크에게서 자연권을 도출하는 것은 "근본적인 자연법의 원칙과 두 사실", 즉 "평등의 사실과 신이 아무도 그런 사람을 지정하지 않았다는 역사적 사실"에 대한 가정이다. J. Rawls, *Lectures on the History of Political Philosophy*, edited by Samuel Freeman, The Belknap Press of Harvard University Press, 2007, p. 120.

12 시먼스는 로크 전의 계약론자들이 종종 사실을 규범에 연결했지만 로크의 계약론은 좀 더 규범적이었다고 평가한다. 그리고 그에 따르면 필머 등의 이론은 "정치적 자연주의"의 성격을 갖기 때문에 그것에 대응하기 위해 규범을 강조해야 하는 "정치적 자발주의"가 제시되어야 한다고 지적한다. A. J. Simmons, "Locke on the Social Contract", *A Companion to Locke*, edited by Matthew Stuart, Blackwell Publishing, Ltd., 2016, pp. 413-416.

13 로크 이전의 자연법 사상가인 그로티우스와 필머의 대립 지점에 대해서는 존 던의 설명을 참조하였다. 어네스트 바커 외, 『로크의 이해』, 강정인·문지영 편역, 문학과 지성사. 1995, 111쪽.

14 로크 (1996), 35쪽.

15 로크 (1996), 35쪽.

16 단서 조항에 대한 해석 논쟁은 치열하다. 로크에게 있던 재산권 확장의 한계 조항들이 결국엔 완전히 소멸된다는 맥퍼슨의 주장을 논박하고자 여러 주장들이 제기

되었다. 그중에서 토지를 사유화할 때 "충분하고 양질의 상태"라는 상황에서 사유화를 해도 된다는 로크의 말을 사유화에 대한 제한사항으로 볼 것인지 아닌지에 대한 논쟁은 흥미롭다. 송규범은 이것은 제한사항이 아니라 단순히 그 상황의 전제 하에서 사유화를 말하고 있는 것일 뿐이라고 주장하면서 규범적 한계로 보는 맥퍼슨의 해석을 비판한다. 송규범 (2015), 219-220쪽. 월드론의 경우도 이 "충분하고 양질의 상태"의 조건절은 '오직 그런 경우에만'의 조건이 아니라 '의 경우에'라는 조건절로 읽히는 것이 맞고 그럴 경우 논리적으로 볼 때 이 조건절은 제한사항의 역할을 전혀 하지 않는다고 주장한다. J. Waldron, "Enough and as Good Left for Others", *Philosophical Quarterly*, October 1979, vol. 29, p. 321. 하지만 김남두는 이를 규범적 정당화 조건으로 읽는, 그리고 이것이 돈의 도입으로 소멸된다는 맥퍼슨의 해석에 동의하면서, 소멸되지 않으려면 기회균등이 보장되었어야 한다고 제안한다. 김남두, 「소유권에 관한 철학적 성찰: 사유재산권과 삶의 평등한 기회 - 로크를 중심으로」, 『철학연구』 제27권, 철학연구회, 1990, 167-171쪽.

17 로크 (1996), 37-38쪽.

18 로크 (1996), 41-42쪽.

19 로크 (1996), 42-43쪽.

20 로크 (1996), 119쪽.

21 로크 (1996), 119쪽.

22 로크 (1996), 93쪽.

23 로크 (1996), 212-213쪽.

24 맥퍼슨 (1990), 1-9쪽.

25 맥퍼슨에 대한 많은 비판가들은 로크의 『통치론』 저술 의도와 최대 관심사는 경제적인 것이 아니라 정치적인 것이었다는 점을 흔히 강조한다. J. Tully, *An Approach to Political Philosophy: Locke in Contexts*, Cambridge University Press, 1993, pp. 79-80. 하지만 이는 단순한 비판으로 보인다. 맥퍼슨은 로크의 저작 의도에 그치는 해석이 아닌, 역사적 구조 안에서 저술가가 의식적으로든 무의식적으로든 당연시한 가정들에 대한 해석을 바탕으로 로크의 외견상 비일관성을 일관적으로 해석하려는 시도를 하는 것이다.

26 맥퍼슨 (1990), 305-319쪽.

27 맥퍼슨 (1990), 230-234쪽.

28 맥퍼슨 (1990), 234-255쪽.

29 사유화의 과정에서 소유자가 고용한 타인의 노동이 만들어낸 산물까지 사유화한다고 로크가 가정한 구절은 다음과 같다. 『통치론』 28절.

30 맥퍼슨 (1990), 267쪽.

31 맥퍼슨 (1990), 268쪽.

32 맥퍼슨 (1990), 268-275쪽.

33 맥퍼슨 (1990), 257-265쪽.

34 시그래이브는 로크에게서 신의 인간 소유권과 인간의 자기 소유권이 충돌하는 것을 큰 문제로 보고 이에 대한 해결을 시도한다. 그의 흥미로운 제안에 따르면 신의 인간 소유권은 신이 인류 전체의 제작자라는 의미에서 해석되어야 하고 인간의 자기 소유권은 인간이 자신의 자아 등의 제작자라는 의미에서 해석되어야 한다는 것이다. 그래서 인류 전체의 의미에서는 신의 법인 자연법을 따라야 하지만, 자신의 개별성을 만들어가는 개개인의 인간들은 자기가 만들어낸 인격과 자아에 대해 소유권이 있다는 것이고 양 측면이 동시 발생할 수 있다는 것이다. S. A. Seagrave, "Locke on the Law of Nature and Natural Rights", *A Companion to Locke*, edited by Matthew Stuart, Blackwell Publishing, Ltd., 2016, pp. 377-386. 나는 이런 논의에서 인간의 자기 창조성을 신의 창조성에 유비한 것으로부터 소유적 개인주의의 문제가 나온다고 생각한다. 로크에 따르면 신은 세상의 창조자라서 세상을 소유할 권리를 가진다. 인간도 자신의 자아나 노동, 노동의 산물을 창조했다면 그것에 대한 소유권을 가질 것이다. 하지만 신은 무로부터 피조물을 창조했기에 소유권이 생긴다고 추론해도 좋을 것이다. 하지만 인간은 자기 자신에 대해서도 온전히 자신만이 인격과 자아 혹은 노동의 산물을 창조했다고 볼 수 없다. 이 점이 바로 공동체주의자들이 자유주의자들을 비판하는 지점일 것이다.

35 노동의 양도 가능성이 자본주의적 재산관계를 의미한다는 맥퍼슨에 대해 툴리를 위시한 많은 이들이 그 당시에는 아직 자본주의적 체계 하의 임금노동자가 출현하지 않았다고 반론한다. J. Tully, *A Discourse on Property: John Locke and his Adversaries*, Cambridge: Cambridge University Press, 1980, pp. 136-144.

36 나는 로크의 자유주의에 이런 자기소유 개념이 깔려 있다고 분석한 맥퍼슨의 발상이 칸트적 자유주의에서 이런 똑같은 모습을 발견한 샌델의 발상과 매우 유사하다고 생각한다. M. Sandel, *Liberalism and the Limits of Justice*, 2nd, Cambridge University Press. 1998, pp. 2-14. 샌델이나 테일러와 같은 현대의 공동체주의자들은 자유주의 이론에 기본적으로 이런 자아론이 깃들어 있다고 여긴다.

37 J. Cohen, "Structure, Choice, and Legitimacy: Locke's Theory of the State", *Philosophy & Public Affairs*, Vol. 15, No. 4 (Autumn, 1986), pp. 301-324.

38 Cohen (1986), pp. 307-308.

39 J. Locke, *Two Treatises of Government*, edited with an introduction and notes by Peter Laslett, student edition, Cambridge University Press, 1988, pp. 41-42.

40 맥퍼슨 (1990), 268쪽.

41 로크 (1996), 30쪽. 로크가 인정한 노예의 가능성은 동료들에게 전쟁 상태를 일으켜서 이미 인격 취급을 받지 못한 상태가 되어 승리자의 손에 목숨을 저당 잡힌 이들에 한해 제시되는 선택지일 뿐이다. 로크 (1996), 30-31쪽.

42 맥퍼슨 (1990), 267쪽.

43 Cohen (1986), pp. 309-310.

44 Cohen (1986), pp. 310-311.

45 Cohen (1986), pp. 310-311.

46 이런 코헨의 전략을 롤스도 이어받아 사용하고 있다. Rawls (2007), pp. 150-155.

47 Cohen (1986), p. 318.

48 Cohen (1986), pp. 318-321.

49 코헨은 게임이론을 활용하여 개인 합리성, 집단 합리성, 연합체적 합리성을 규정하고 각각의 경우에 있어 각 계급의 선호를 제시하는 훨씬 더 복잡한 제안을 한다.

50 Cohen (1986), p. 321.

3 애덤 스미스

1 본 논문은 『현대유럽철학연구』 60집(2021)에 실린 「경제적 자유주의를 통한 신자유주의 극복 – 새로운 스미스 해석의 자기모순」을 수정한 것임.

2 이근식, 『애덤 스미스의 고전적 자유주의』, 에크리, 2006, 26쪽, 144쪽.

3 이하 애덤 스미스의 생애에 대한 서술은 다음과 같은 문헌을 참조했다. 김광수, 「도덕철학체계와 그 역사적 맥락」, 애덤 스미스, 『도덕감정론』, 김광수 옮김, 한길사, 2016; 도메 다쿠오, 『지금 애덤 스미스를 다시 읽는다』, 우경봉 옮김, 동아시아, 2010, 프롤로그; 조현수, 『이기적인 개인, 공감하는 도덕』, 사람의 무늬, 2016, 「서설_애덤 스미스는 누구인가」.

4 이근식, 『애덤 스미스의 고전적 자유주의』, 82-84쪽.

5 애덤 스미스, 『도덕감정론』, 김광수 옮김, 한길사, 2016.

6 같은 책, 694쪽.

7 같은 책, 379쪽.

8 같은 책, 380쪽.

9 같은 책, 87쪽.

10 같은 책, 231쪽.

11 같은 책, 221쪽.

12 같은 책, 325쪽.

13 같은 책, 327쪽.

14 같은 책, 663쪽. 스미스는 타인의 감정, 행동, 인격에 대한 긍정적 가치 부여를 표현하기 위해 존중, 존경, 승인과 같은 단어를 별다른 구별 없이 사용하고 있다. 이 글에서는 이런 표현들을 포괄해서 인정이란 단어를 사용한다. 여기서 말하는 인정이란 단어는 비록 스미스의 영어식 표현인 approbation이 아닌 recognition으로 표기되지만, 오늘날 윤리학에서 타인에 대한 긍정적 가치 부여를 포괄하는 용어로 사용되고 있다는 점에서 동의어로 이해될 수 있다.

15 같은 책, 같은 곳.

16 같은 책, 187쪽.

17 같은 책, 291쪽.

18 같은 책, 295쪽.

19 같은 책, 285-287쪽.

20 같은 책, 237쪽.

21 같은 책, 370쪽.

22 같은 책, 682쪽.

23 같은 책, 369쪽.

24 같은 책, 479쪽.

25 같은 책, 231-234쪽, 486쪽.

26 같은 책, 223쪽.

27 같은 책, 490-491쪽.

28 같은 책, 238쪽.

29 같은 책, 573쪽.

30 애덤 스미스, 『국부론』 상/하, 김수행 옮김, 비봉출판사, 2007.

31 같은 책, 517쪽.

32 같은 책, 8-9쪽.

33 같은 책, 15쪽.

34 같은 책, 11쪽.

35 같은 책, 16쪽.

36 같은 책, 18쪽.

37 같은 책, 19쪽.

38 같은 책, 22쪽.

39 같은 책, 39쪽.

40 같은 책, 334쪽.

41 같은 책, 28쪽.

42 같은 책, 64쪽.

43 같은 책, 420쪽.

44 같은 책, 406쪽.

45 같은 책, 413쪽.

46 같은 책, 848쪽.

47 같은 책, 129쪽.

48 같은 책, 같은 곳.

49 같은 책, 848쪽.

50 같은 책, 129쪽.

51 같은 책, 848쪽.

52 같은 책, 552쪽.

53 같은 책, 129쪽.

54 같은 책, 86-90쪽.

55 같은 책, 642쪽.

56 같은 책, 553쪽.

57 같은 책, 615쪽.

58 같은 책, 553쪽.

59 같은 책, 575쪽.

60 같은 책, 847쪽.

61 애덤 스미스, 『도덕감정론』, 118쪽.

62 같은 책, 848쪽.

4 장-자크 루소

1 현봉철, 「올해만 예멘 난민 신청 511명」, 『제주일보』, 2018. 05. 30.

2 청와대 국민청원게시판에는 난민들을 당장 추방시켜야 한다는 청원들이 쏟아졌다. 난민법을 폐지하고 난민신청허가를 없애자는 청원에는 한 달 만에 71만 명이 넘는 사람들이 동의하여 법무부 장관이 답변을 하는 일까지 벌어졌다. '난민대책 국민행동', '자국민보호 국민행동', '다문화 정책 반대' 등 여러 시민단체들이 "국민이 먼저다"는 펼침막을 내걸고 난민 추방과 난민법 폐지 등을 요구하는 시위를 여러 차례 하였다. 그러한 여론에 힘입어 어떤 국회의원은 인도적 체류허가도 없애자는 난민

법 개정안을 대표 발의하였다. 국민청원과 답변에 대해서는 국민청원 「제주도 불법 난민 신청 문제에 따른 난민법, 무사증 입국, 난민신청허가 폐지/개헌 청원합니다」와 박상기 법무부 장관의 「'난민법 관련' 청원에 대한 청원 답변」을 참조하고, 난민 반대 시위에 대해서는 한동규, 「'국민이 먼저다' 주말 전국서 '예멘 난민 수용 반대 집회' 열려」를 참조하라. 국회의원의 난민법 개정안에 대해서는 김진태, 「난민법 개정안 발의」를 참조하라.

3 김소라, 「예멘 난민, 반대보다 높은 찬성은 없었다…정의당 지지층은 예외」, 『헤럴드경제』, 2018. 07. 05.

4 이재은, 「난민 23명 체류에 논란 '재점화'…일 난민 정책은?」, 『머니투데이』, 2018. 09. 18.

5 홍창진, 「중국 온라인 여론조사서 97.7% "난민수용 반대"」, 『연합뉴스』, 2018. 06. 21.

6 국제엠네스티, 「숫자로 보는 세계 난민」, 『국제엠네스티』, https://amnesty.or.kr/involved/campaigns/2019 (검색: 2019. 03. 31.)

7 난민인권센터, 『2018 난민인권센터 통계자료집』, 2018. 1994년~2017년 사이 32,733명이 신청하고 792명이 인정받았다.

8 이재은, 앞의 기사. 1982~2017년 사이 60,674명이 신청하고 708명이 인정받았다.

9 심영구, 「'난민 문제, 이것부터 보고 보자'…최초 공개 대한민국 난민 보고서 1」, 『SBS 뉴스』, 2018. 07. 07. 2000년~2017년 사이 한국으로 온 난민은 중국인이 3,639명으로 두 번째로 많고, 러시아인은 1,069명으로 열 번째다.

10 이재은, 앞의 기사.

11 일본은 난민 수용을 늘리는 대신에 경제적 원조를 늘렸다. 유엔난민기구에 미국, 영국, 유럽연합에 이어 네 번째로 많은 난민지원기금을 내고 있다. 2015년에 8억 1천만 달러(약 9,048억 원)를, 2016년에는 3년 동안 28억 달러(약 3조 1천 388억 원)를 지원할 것을 약속했다. 이것에 대해서는 이재은의 앞의 기사를 참조하라.

12 국제연합, 『난민의 지위에 관한 협약』의 제1조를 참조하라. 한국은 1992년에 가입하였다.

13 국제연합, 『세계인권선언』의 전문과 제25조를 참조하라.

14 '자연 상태'는 사회계약론자들이 시민사회나 국가권력을 정당화하기 위해 자주 끌어들이는 개념이다. 그들은 역사적으로 우연히 가지게 되는 요소를 덜어내어 인간의 본성을 드러내고 그것을 바탕으로 사회나 국가를 정당화하는 도구로 즐겨 사용하였다. 이 개념은 모든 사람을 평등한 조건 아래에 두어 그 상태로부터 사회나 국가의 규범이나 제도 또는 권력이 나타나는 과정이나 원칙을 보여주어 그것들의 정당성을 살펴볼 수 있도록 해준다. 한편 이 자연 상태는 초역사적인 것이므로 사회나

국가가 생긴 뒤에도 그 규범이나 제도가 그 자연 상태가 보장했던 평등한 조건을 보장하는지를 살펴 그것들의 정당성을 평가할 수 있도록 해준다. 이것에 대해서는 김남두, 「사유 재산권과 삶의 평등한 기회」, 『철학연구』 27권, 1990, 171-172쪽을 참조하라.

15 루소, 『인간 불평등 기원론』, 주경복·고봉만 옮김, 책세상, 2018, 100-101쪽.

16 루소, 앞의 책, 104쪽.

17 이것에 대해서는 자유주의자 로크의 『통치론』과 자유지상주의자 노직의 『아나키에서 유토피아로』를 참조하라. 자기 소유의 권리를 주장하는 자유지상주의자 가운데도 자기 소유의 권리로부터 땅에 대한 재산 소유의 권리가 곧바로 나오는 것이 아니라는 것을 인정하는 이들이 있다. 그래서 이른바 좌파 자유지상주의자들은 천연 자원의 국유화나 평등화와 땅이나 생산수단을 차지하지 못한 이들에 대한 보상을 받아들인다. 이것에 대해서는 P. 발렌틴과 H. 스타이너가 엮은 『좌파 자유지상주의의 기원』이나 H. 스타이너의 「자유와 평등」이나 U. 보겔의 「지구가 모두의 것이었을 때: 18세기 사유재산의 정당화에서 땅의 문제」를 참조하라.

18 자기 소유의 권리에 대한 비판에 관해서는 롤스의 『정의론』, 드워킨의 『자유주의적 평등』, 오킨의 『정의, 젠더, 가족』을 참조하라. 능력이 사회의 산물이라는 것에 대해서는 박상수, 「자기 소유와 재산권의 비판적 검토」, 『제도와 경제』 7권 2호, 2013을 참조하라.

19 이러한 비판에 대해서는 김남두, 앞의 논문, 158-165쪽과 남경희, 「사유재산권의 두 근거로서의 노동과 이성」, 『철학연구』 28권, 1991, 338-342쪽을 참조하라. 남경희는 다음과 같이 주장한다. "노약자, 장애자의 생존과 인간적 가능성의 실현을 위한 최소한의 재산에 대한 권리를 충족시키지 않음은 단지 비윤리적인 것이 아니라 위법 사항, 아니 위헌 사항이다."(남경희, 앞의 논문, 342쪽)

20 이러한 비판에 대해서는 킴리카, 『현대 정치철학의 이해』, 153-158쪽을 참조하라.

21 루소, 앞의 책, 125-126쪽.

22 처음의 땅이 모두의 것(res omnius)이라고 주장하는 것을 적극적 공유 이론이라고 하고, 처음의 땅이 누구의 것도 아닌 것(res nullius)이라고 주장하는 것을 소극적 공유 이론이라고도 부른다. 적극적 공유 이론은 주로 땅을 독차지하는 사유 재산의 권리를 부정하는 이론의 근거로 쓰이고 소극적 공유 이론은 주로 땅을 독차지하는 사유 재산의 권리를 긍정하는 이론의 근거로 쓰인다. 하지만 적극적 공유 이론에도 공동 소유뿐만 아니라 공동 생산, 공동 분배, 공동 소비의 권리까지 아우르는 강한 모습부터 개인 점유, 개인 사용, 개인 수익의 권리뿐만 아니라 특정한 조건을 만족한다는 단서를 달아 개인 소유와 처분의 권리까지 인정하는 약한 모습까지 다양한 모습이 있다. 로크의 소유 이론은 약한 적극적 공유 이론에 속한다. 물론 처음의 땅이

모두의 것이라는 로크의 주장을 점유의 권리로 해석하여 로크의 소유 이론을 소극적 공유 이론으로 보는 이도 있다. 이것에 대해서는 김준수, 「근원적 공유의 이념」, 4-26쪽을 참조하라. 근원적 공유(communio originaria)와 원초적 또는 시원적 공유(communio primaeva)의 구분에 대해서는 김준수, 앞의 논문과 김상봉, 「칸트와 근원적 공유의 문제」를 참조하라. 소유의 권리와 관련하여 로크와 칸트를 비교한 연구는 김수배, 「로크와 칸트의 소유 이론」, 『칸트연구』 32권, 2013을 참조하라. 소유의 권리와 관련하여 칸트와 헤겔을 비교한 연구는 김석수, 「소유론을 통해 본 칸트와 헤겔」을 참조하라.

23 로크가 원래 땅은 모두의 것이라고 생각한 까닭은 하나님이 땅을 모두에게 주셨다고 믿었기 때문이다. 로크는 다음과 같이 말한다. "하나님께서 아담에게, 노아와 그의 자손들에게 세계를 주신 것에 대한 가르침에 따르면, 다윗 왕이 시편(115:16)에서 하나님께서 '땅을 사람들에게 주셨다'고 말하는 것처럼 신은 땅을 인간에게 모두의 것으로 준 것이 분명하다."(로크, 『통치론』, 25절) 이것에 관해서는 J. 크리스먼의 「소유권은 자연법에 의해 정당화될 수 있는가?」를 참조하라.

24 '다른 이들에게도 쓸 만한 좋은 땅이 충분히 남아 있다면'이라는 조건을 '로크의 조건'(the Lockean proviso)이라고 부른다. 또는 다른 조건들과 구분하여 '충분함의 조건'이라고 부른다. 이것에 대해서는 로크, 앞의 책, 33절을 참조하라. 로크는 아주 먼 옛날에 처음으로 땅을 독차지했을 때나 사람이 엄청나게 늘어난 뒤에도 땅은 여전히 충분했다고 주장한다. 그는 더 나아가 '오늘날'에도, 곧 18세기에도 땅이 여전히 충분하다고 주장한다. 이것에 대해서는 로크, 앞의 책, 36절을 참조하라. 한편 C. B. 맥퍼슨은 로크 스스로도 오늘날 썩지 않는 돈이 생기자 매우 많은 땅을 차지하게 되어 땅이 부족해졌다는 것을 결국 인정했다고 주장한다. 이것에 대해서는 맥퍼슨, 『홉스와 로크의 사회철학』, 243-247쪽을 참조하라.

25 이러한 비판을 한 이는 바로 노직이다. 그는 '다른 이들에게도 그들이 **독차지할** 쓸 만한 좋은 땅이 충분히 남아 있다면' 땅을 독차지하는 것이 정당하다고 보는 로크의 충분함 조건이 너무 강하다고 말한다. 그는 로크의 조건을 그렇게 강하게 하면 그러한 조건은 독차지할 쓸 만한 빈 땅이 더 이상 충분히 남아 있지 않은 오늘날에 더 이상 충족시킬 수 없으며, 그 때문에 맨 처음 땅을 독차지한 것도 정당하지 않게 된다고 말한다. 그는 다음과 같이 말한다.

"이 조건이 [오늘날에] 더 이상 타당하지 않다면 옛날에도 타당하지 않았다는 논증이 가능하다. (옛날에 타당하면 영원하고 상속할 수 있는 재산의 권리가 생기기 때문이다). 충분한 양과 동등한 질의 [땅]이 더 이상 남아 있지 않은 상태에서 [땅]을 독차지하고 싶은 사람 Z를 생각해보자. 맨 마지막으로 [땅]을 독차지한 사람 Y는 Z의 상황을 더 나쁘게 만들었다. Z가 [땅]을 독차지할 수 있는 자유가 더 이상 남아 있지 않기 때문이다. 그러므로 로크의 조건에 따르면 Y가 땅을 독차지하는 것은 허락될 수 없다. 이렇게 Y를 더 나쁜 상황에 있게 한 사람은 마지막 두 번째로 [땅]을 독차지한 사람인 X다. X가 [땅]을 독차지하여 누구도 더 이상 [땅]을 독차지하는 것이 허락될 수 없게 했기 때문이다. 그러므로 X가 [땅]을 독차지하는 것도 허락될 수 없다. 그러면 마지막 세 번째로 [땅]을 독차지한 사람인 W도 [땅]을 독차지하는 것이 허락될 수 없다. 누구도 더 이상 [땅]을 독차지하는 것이 허락될 수 없도록 하여 X의 상황을 더 나쁘게 만들었기 때문이다. 이렇게 하여 우리는 맨 처음 [땅을 독차지하여] 영원한 재산의 권리를 얻은 사람인 A까지 거슬러 올라갈 수 있다."(노직, 『아나키에서 유토피아로』, 223쪽)

그래서 노직은 로크의 조건을 다음과 같이 약하게 만든다. 즉 '다른 이들도 **이용할** 쓸 만한 좋은 땅이 충분히 남아 있다면' 땅을 독차지하는 것이 정당하다. 이것을 '**약한** 로크의 조건'이라 부른다.

26 '땅을 차지하지 못한 다른 이들의 처지를 더 나쁘게 만들지 않는다면'이란 로크의 조건은 '다른 이들도 **이용할** 쓸 만한 좋은 땅이 충분히 남아 있다면'이란 이른바 '약한 로크의 조건'보다 더 약하다. '가장 약한 로크의 조건'이라 부를 수 있다. 이 조건은 노직이 땅 소유의 권리를 정당화하기 위해 로크에게 빌려온 핵심 근거다. 모든 이들의 처지를 더 나쁘게 만드는 공유지의 비극 때문에 모두의 것인 공유물을 개인이 차지하는 것은 허용될 뿐만 아니라 도덕적 의무이기까지 하다고 주장하는 이도 있다. D. 슈미츠에 따르면 자원이 모두 없어질 것을 알면서도 모두의 것으로 남겨두는 것은 우리 아이들에 대해 도덕적으로 죄를 저지르는 것이며, 그러한 죄를 저지르는 것을 미리 막는 단 하나의 방법은 자원에 대해 사유재산의 권리를 주는 것이다(슈미츠의 「최초의 사유화는 언제 요구되는가?」 참조). 이것은 한국의 보수 정책연구기관인 '자유기업원' 김정호 원장이 "땅은 사유재산이다"고 주장하며 토지공개념을 비판한 핵심 근거이기도 하다. 김정호, 『땅은 사유재산이다』, 316-319쪽을 참조하라.

27 역사적으로 땅이 부족해지기 시작한 시기부터 모든 인간 사회는 공유지의 비극을 막기 위해 땅을 다루는 다양한 방법을 찾아냈다. 그 때문에 공유지의 비극에 빠지지 않고 살아남을 수 있었다. 땅을 개인이 독차지하는 방법이 공유지의 비극을 막는 단 하나의 방법이라는 주장은 역사적으로도 맞지 않다. 국가가 소유하거나 노동자들이나 집단농장이 소유하는 방법도 공유지의 비극을 피할 수 있다. 또한 소유할 권리가 아니라 사용할 권리만을 가지는 방법이나 처분할 권리를 가지지 않고 소유할 권리만 가지는 방법 등 땅을 다루는 다양한 방법들로도 무임승차를 막고 땅을 잘 가꾸고 황폐화되지 않도록 노력할 동기를 제공하여 공유지의 비극을 피할 수 있다.

28 이것에 대해서는 구영모, 「노직의 소유권리론에 대하여」, 『철학논구』 23권, 1995, 179-180쪽을 참조하라.

29 땅을 모두의 것으로 두고 필요에 따라 나누어 먹는 방식에 대해서는 하태규의 「마

르크스의 대안적 소유개념」을 참조하라.

30 땅을 독차지하는 것에 대해 아무도 동의를 하지 않았다는 반론에 대해 로크는 다음과 같이 되받는다. "어느 누가 주어서 모은 도토리나 사과에 대해서, 모든 사람들의 동의를 받지 않았기 때문에 그것을 가질 아무런 권리가 없다고 말할 것인가? 모든 사람에게 공통으로 속하는 것을 그렇게 차지하는 것은 그들의 것을 빼앗는 것인가? 만약 그러한 동의가 필요했다면 신이 모든 것을 충분히 주었음에도 인간은 이미 굶어 죽었을 것이다. 약속에 의해 공유지로 남아 있는 땅에서 공유하고 있는 것 가운데 어떤 것이든 자연이 남겨둔 상태로부터 가지면 그것에 대해 소유할 권리가 처음으로 생긴다는 것은 누구나 안다. 그 가운데 어떤 것을 가질지에 대해서도 그 땅을 함께 가지고 있는 모든 사람들에게 명시적인 동의를 받을 필요가 없다. 따라서 다른 사람과 공유할 권리를 가지고 있는 땅에서 내 말이 뜯어먹는 풀, 내 하인이 떼어온 잔디의 뗏장, 내가 가져온 광물은 다른 사람들의 양도나 동의 없이도 나의 소유물이 된다."(로크, 앞의 책, 28절)

31 '땅을 차지하지 못한 다른 이들의 처지를 더 나쁘게 만들지 않는다면'이라는 '로크의 조건'은 '권리'보다 '결과'나 '효용'에 호소한다. 이것은 재산에 대한 권리를 자연법에 따른 '권리'로 여기는 로크나 '결과의 효용'에 호소하여 '정의'의 문제를 다루는 공리주의에 반대하여 "개인들은 권리를 가지며 어떤 개인이나 집단도 그들에 대해 행해서는 안 되는 일들이 있다"고 주장하는 노직에게 어울리지 않는 조건이다. 이것은 재산 소유의 권리 정당화 문제를 포함한 정의의 문제를 '마지막 결과의 원칙'(end-result principles)에 따르는 '마지막 결과'의 문제가 아니라 '역사의 원칙'(historical principles)에 따르는 '역사'의 문제로 보는 노직의 관점과도 어울리지 않는다. 노직, 앞의 책, 196-198쪽을 참조하라.

32 노직, 앞의 책, 204-206쪽.

33 이것에 대해서는 C. R. 체르니, 「소유의 권리와 개인의 자유」, 329쪽과 구영모, 앞의 논문, 168-173쪽을 참조하라.

34 이것에 대해서는 G. A. 코헨, 「로버트 노직과 윌트 체임벌린」, 12쪽을 참조하라.

35 노직, 앞의 책, 194-195쪽.

36 루소, 앞의 책, 154쪽 변용.

37 이러한 생각을 바탕으로 롤스의 차등원칙을 지지하거나 기본소득을 주장하는 이들이 있다. 앞의 생각에 대해서는 코헨, 「자기 소유, 세계 소유, 평등」 2부를, 뒤의 생각에 대해서는 판 파레이스가 엮은 『기본소득을 주장한다』를 참조하라. 롤스의 정의론을 바탕으로 재산 소유의 문제를 다룬 연구는 정태욱, 「존 롤즈의 정의론과 '재산소유 민주주의'론」을 참조하라. 이때 재산소유 민주주의(property-owning democracy)는 '재산을 널리 나누어 가지는 민주주의'를 뜻한다.

38 루소, 앞의 책, 154쪽 변용. 난민의 문제는 환경의 문제로 확장되어 적용될 수 있다. "땅은 모두의 것이다"는 주장을 할 때 '모두'는 '인간 모두'를 넘어 인간을 포함한 '자연 모두'를 뜻할 수 있다. 그렇게 되면 난민 불평등의 문제는 자연 불평등의 문제로 된다. 그러므로 루소의 마지막 말을 다음과 같이 바꿀 수 있다. "자연 불평등은 자연 상태와 균형을 이루지 못하면 자연의 법칙에 어긋난다. 이것은 모든 문명사회에 널리 퍼져 있는 자연 불평등의 모습을 어떻게 생각해야 하는가에 대해 충분한 답을 준다. 자연의 법칙을 어떻게 규정하든 대다수의 자연이 몸살을 앓고 있으며 살아가는데 꼭 필요한 최소한의 삶터마저 가지지 못하는 형편인데 한 줌의 인간들에게는 삶터와 사치품이 넘쳐난다는 것은 명백히 자연의 법칙에 어긋난다. 삶터를 잃은 자연에게 최소한의 삶터를 주자. 원래 그들의 것이기도 하니까." 이것에 대해서는 김일방, 「근대 소유론과 그 한계 그리고 새로운 소유권 개념」을 참조하라. 그는 (인간이) 소유할 권리에 대한 생각에 깔려 있는 강한 인간중심주의를 비판하고 소유의 주체에 자연도 포함하는 약한 인간중심주의 소유권을 주장한다.

39 1775년 8월 30일 편지. 슈퇴리히, 『세계철학사』, 박민수 옮김, 이룸, 577쪽에서 재인용.

40 자크만, 『문화의 위기, 루소 저작 발췌집』 서문. 슈퇴리히, 『세계철학사』, 580쪽에서 재인용.

5 베네딕투스 데 스피노자

1 우리가 이 말을 비판적 의미(곧 칸트 이래 다양한 형태로 전개되어온 서양의 형이상학에 대한 비판이라는 관점에서 파악된)가 아니라 통용되는 의미에서, 곧 제1철학적인 주제들에 관해 깊은 사변을 전개하는 철학자라는 의미에서 받아들인다면.

2 이는 사실은 헤겔로부터 유래하는 태도다. 이 문제에 관해서는 피에르 마슈레, 『헤겔 또는 스피노자』, 진태원 옮김, 그린비, 2010(수정 2판) 참조.

3 이 문제에 관한 좀 더 자세한 논의는 진태원, 「『신학정치론』에서 홉스 사회계약론의 수용과 변용: 스피노자 정치학에서 사회계약론의 해체 I」, 서울대학교 철학사상연구소 편, 『철학사상』 19집, 2004 참조.

4 지금부터 스피노자의 저작들에 대해 다음과 같은 약어들을 사용하겠다.
- 『신학정치론』 → TTP 예) 『신학정치론』 16장 2절 → TTP 16장 2절
- 『정치론』 → TP 예) 『정치론』 4장 6절 → TP 4장 6절
- 『윤리학』 → E. 정의(D) 공리(A) 정리(P) 증명(d) 따름정리(c) 주석(s) 보조정리(l) 서문(prf.) 부록(app.) 예) 『윤리학』 4부 정리 37의 주석 1 → E IV P37s1
- 스피노자의 고증본 전집(Benedictus de Spinoza, *Spinoza Opera*, vol. 1-4, ed., Carl Gebhardt, Carl Winter Verlag, 1925)은 G라는 약어 아래, 권수는 로마자로, 쪽수는 아라비아숫자로 표기하겠다. 『신학정치론』 및 『정치론』의 경우는 1999년과 2005년

에 출간된 새로운 고증본 전집을 사용할 것이며, 인용의 경우는 "모로판"이라는 표시 다음에 해당 쪽수를 표시하겠다. Benedictus de Spinoza, *Traité théologique-politique*, ed., Fokke Akkerman, trans., Pierre-François Moreau & Jacqueline Lagrée, PUF, 1999; *Traité politique*, ed., Pina Totaro, trans., Charles Ramond, PUF; 공진성 옮김, 『정치론』, 도서출판 길, 2020.

5 알렉상드르 마트롱, 『스피노자 철학에서 개인과 공동체』, 김문수 · 김은주 옮김, 그린비, 2008.

6 하지만 이때 플레브스는 『신학정치론』과 같은 부정적인 함의로 사용되고 있다기보다는 귀족과 대비되는, 고유한 의미의 평민이라는 의미로 사용되고 있기 때문에, 단순한 빈도수의 차이만으로는 중요성과 의미의 차이를 평가하기 어렵다.

7 예컨대 에티엔 발리바르, 『스피노자와 정치』, 진태원 옮김, 그린비, 2014; Antonio Negri, *The Savage Anomaly*, trans. Michael Hardt, University of Minnesota Press, 1990; Justin Steinberg, "Spinoza on Being sui iuris and the Republican Conception of Liberty", *History of European Ideas*, vol. 34, no. 3, 2008; Martin Saar, "Politik der Natur: Spinozas Begriff der Regierung", *Deutsche Zeitschrift für Philosophie*, vol. 57, no. 3, 2009; Daniel Frank & Jason Waller, *Routledge Philosophy Guidebook to Spinoza on Politics*, Routledge, 2016; Michael Rosenthal, "Spinoza's Political Philosophy", in Michael Della Rocca ed., *The Oxford Handbook of Spinoza*, Oxford University Press, 2018 참조.

8 덧붙이자면, 이것은 예전에 이 책의 국역본(오역이 너무 많아서 제대로 참조하기 힘들었던) 제목이 가리키듯이 "야만적 별종"과 같은 뜻이 아니다. '야생의 별종'이라는 제목은, 스피노자 철학이 서양 근대철학의 주류(네그리에 따르면 홉스, 루소, 헤겔로 이어지는 노선)와는 너무 이질적인 본성을 지닌 "별종"이었으며, 더욱이 스피노자 철학을 어떻게든 주류 사상의 손길로 길들이려는 이런저런 시도들을 무력하게 만든 강력한 힘("야생성")을 지닌 철학, 심지어 서양 근대 철학의 주류 전체를 전복할 수 있는 거대한 역량을 지닌 철학이라는 점을 뜻하는 것이다.

9 이 네 명의 사상가들의 작업에 대한 소개 및 평가로는 진태원, 「스피노자의 현재성: 하나의 소개」, 『모색』 2호, 2001 참조.

10 Jonathan Israel, *Radical Enlightenment: Philosophy and the Making of Modernity 1650-1750*, Oxford University Press, 2001.

11 특히 영미권 연구자들은 이 텍스트를 거의 무시하거나 인간의 편견 내지 가상에 대한 외삽적인 비판으로 간주하고 있다. 예외적인 경우들로는 Warren Montag, *Bodies, Masses, Power: Spinoza and His Contemporaries*, Verso, 1999 및 Hasana Sharp, *Spinoza and the Politics of Renaturalization*, The University of Chicago Press, 2011을 들

수 있는데, 이는 이 두 사람이 알튀세르의 영향을 많이 받은 연구자들이라는 사실과 무관하지 않다. 스피노자의 상상계 이론을 체계적으로 재구성하고 있는 미셸 베르트랑(Michèle Bertrand)은 『윤리학』 1부 「부록」이나 『신학정치론』 「서문」 및 17장 사이의 체계적인 연관성에 대해서는 주목하지 않는다. Michèle Bertrand, *Spinoza et l'imaginaire*, PUF, 1983. 역으로 로랑 보브(Laurent Bove)는 『윤리학』 1부 「부록」과 『신학정치론』 「서문」 사이의 체계적인 관련성에는 주목하고 있지만, 이것의 인간학적 기초에 대해서는 얼마간 간과하는 것으로 보인다. Laurent Bove, *La stratégie du conatus. Affirmation et résistance chez Spinoza*, Vrin, 1995.

12 나머지는 스피노자의 철학 전략으로서 "신으로부터의 출발"이라는 사례, 스피노자의 반(反)변증법적 입장, 인식의 문제에서 반(反)초월론적 문제설정을 보여주는 "왜냐하면 우리는 참된 관념을 가지고 있기 때문이다"(habemus enim veram ideam)라는 『지성교정론』의 명제 등이다.

13 Louis Althusser, "Éléments d'autocritique"(1974), in *Solitude de Machiavel et autres textes*, ed. Yves Sintomer, PUF, 1997, p. 184. 그 이외에 『윤리학』 1부 「부록」에 관한 상세한 연구는 Pierre Macherey, *Introduction à l'Ethique de Spinoza*, vol. I, PUF, 1998; Pascal Sévérac, *Éthique: Spinoza*, Ellipses, 1999 등을 참조. 이 두 사람은 『윤리학』 1부 「부록」 텍스트를 매우 꼼꼼하게 분석하고 있어서, 텍스트의 논의를 파악하는 데 많은 도움이 된다. 우리와는 분석방식이 약간 상이하고 관점에도 다소간 차이가 있긴 하지만, 『윤리학』 1부 「부록」을 정확하게 읽기 위해서는 반드시 참조해야 할 연구들이다.

14 이는 물론 스피노자가 이러한 목적론적 가상이 지니는 실제적인 효력을 무시했다는 의미는 아니다. 다만 여기서 스피노자의 목표는 이러한 가상의 효력을 부각시키는 게 아니라, 가상을 낳는 인간학적 원인을 분석하는 데 있을 뿐이다. 사실 스피노자는 『신학정치론』 5장과 17장, 특히 17장에서 히브리 백성들이 모세의 중개를 통해 야훼와 맺는 계약, 다시 말해 우리가 방금 말한 신과 인간의 특별한 상호 의존 관계의 원형을 이루는 신과의 계약에 대한 분석을 제시하고 있다. 이 분석에서 스피노자는 『윤리학』과 달리 인간의 보편적인 인간학적 특성에서 이러한 가상의 원인을 찾지 않고, 오히려 히브리 백성들의 특수한 가상을 통해 이러한 계약을 해명한다. 따라서 『신학정치론』의 분석에서는 가상에 대한 비판이 아니라 그러한 가상이 낳은 효력, 곧 히브리 국가의 창설과 안정의 유지라는 효력의 관점에서 가상을 평가하고 있다. 이는 스피노자가 상상의 실효성, 상상의 자연성을 긍정했음을 보여주는 중요한 사례다. 여기에 대한 분석으로는 진태원, 「『신학정치론』에서 홉스 사회계약론의 수용과 변용: 스피노자 정치학에서 사회계약론의 해체 I」, 앞의 책 참조.

15 이를 가장 잘 보여주는 것은 아마도 『윤리학』 5부 정리 39의 주석일 것이다. "사실 갓난아이나 어린 아이처럼(infante vel puero) 아주 적은 것만을 할 수 있는 적성을

지니고 외부 원인에 최고로 의존하는 신체를 가진 사람은, 그 자체로 고려되었을 경우 자기 자신에 대해서도 신에 대해서도 실재들에 대해서도 거의 아무런 의식을 갖지 못한 그런 정신을 갖는다. 반면 아주 많은 것을 할 수 있는 적성을 지닌 신체를 갖고 있는 사람은, 그 자체로 고려되었을 경우 자기 자신과 신, 실재들에 대해 커다란 의식을 가진, 그런 정신을 갖는다. 따라서 이 생에서(in hac vita) 우리는 특히 갓난아이의 신체의 본성이 감당할 수 있고 또 그렇게 기여할 수 있는 한에서 이러한 신체를 될 수 있는 한 많은 것을 할 수 있는 적성을 지니고 자기 자신과 신, 실재들에 대해 커다란 의식을 지닌 정신과 관련되어 있는 신체로 변화시키려고 노력한다."(G II 305) 스피노자의 인식론 및 윤리학을 이해하는 데서 매우 중요한 문제임에도 스피노자에서 유년시절의 문제에 대해 다루고 있는 연구는 매우 드물다. 정리 39의 주석에 대한 논평은 Pierre Macherey, *Introduction à l'Ethique de Spinoza*, vol. V, PUF, 1994, pp. 184-85를 참조하고, 유년시절의 문제에 관한 좋은 논의는 François Zourabichvili, *Le Conservatisme paradoxal de Spinoza: Enfance et royauté*, PUF, 2002, 2부 참조.

16 이 점에서 스피노자는 경험론자들, 특히 홉스와 유사하다고 할 수 있다.

17 스피노자와 프로이트 사이의 이론적 친화성은 많은 주석가들에게 주목받은 바 있다. 이들의 이론적 친화성은 일차적으로 두 사람이 자아의 의식적인 사고와 행위를 넘어서는 좀 더 근본적인 심리적 인과성이 존재한다고 보았다는 사실에서 찾을 수 있다. 더 나아가 이들은 이러한 인과성을 욕망과 결부시켰다는 점에서도 공통적이다. 스피노자는 욕망을 인간의 정신 및 신체의 역량으로 파악하고 프로이트는 욕망을 일차적으로 성적 욕망으로서 이해하지만, 욕망이 인간의 정신적 삶을 규정하는 가장 근본적인 원인이라고 본다는 점에서는 공통적이다. 그리고 이들은 또한 이러한 욕망의 인과성이 본질적으로 상상의 논리를 수반한다고 보았다는 점에서도 공통적이다. 프로이트에게 환상(Phantasie)이라는 개념은 무의식과 거의 동연적인 것이며, 스피노자에게도 상상은 인간의 생활세계를 조건 짓는 것이다. 마지막으로 이들은 그럼에도 무의식적 욕망이 비합리적인 것이라고 생각하지 않았으며, 이는 그 나름의 고유한 인과성을 지니고 있기 때문에 합리적으로 인식되고 또 얼마간 규제될 수 있다고 보았다. 프로이트에게 이는 정신치료의 길이며 스피노자에게는 영원한 지복으로 나아가는 길이다. 스피노자 철학과 프로이트 또는 정신분석 일반의 관계에 대한 좀 더 상세한 논의로는 Monique Schneider, "Le fini, l'autre et le savoir", *Cahiers Spinoza* 1, 1977; Michèle Bertrand, *Spinoza et l'imaginaire*, op. cit.; Bertrand Ogilvie, "Spinoza dans la psychanalyse", in Olivier Bloch ed., *Spinoza au XXe siècle*, PUF, 1993 등을 참조. 그리고 햄프셔는 스피노자의 철학은 일종의 치료술이라는 점에서 프로이트와 유사하다고 지적하고 있다. Stuart Hampshire, *Spinoza*, Penguin, 1981, pp. 110~112 참조. 반면 들뢰즈(/가타리)는 스피노자의 철학을 반(反)프로이

트적인 분열증 이론을 고안하는 데 활용했다는 점에서, 좀 독특한 입장을 보여주고 있다. Gilles Deleuze & Felix Guattari, *L'anti-oedipe*, Minuit, 1972; 『안티 오이디푸스』, 김재인 옮김, 민음사, 2015 참조.

18 꿈의 작업에 관한 좀 더 자세한 논의는 Sigmund Freud, *Die Traumdeutung*, in *Gesammelte Werke: Chronologische geordnet*. Bde. II~III, Imago Publishing Co., Ltd., 1946; 『꿈의 해석』, 김인순 옮김, 열린책들, 2003, 6장 참조. 하지만 이는 비단 꿈의 경우에만 해당되는 것은 아니며, 일상적인 생활에서 흔히 볼 수 있는 여러 가지 행동, 곧 말실수나 착각 또는 여러 가지 성적인 병리현상들에서도 관철되는 작용이다.

19 약 한 세기 후에 볼테르가 『캉디드』에서 라이프니츠의 충족이유율을 조롱하기 위해 팡글로스의 입으로 들려주는 말들은 스피노자가 여기서 제시하는 목적론의 논리와 매우 흡사하다. 볼테르, 『캉디드』, 김미선 옮김, 을유문화사, 1994, 참조.

20 여기서 스피노자의 반(反)데카르트주의를 확인할 수 있을까? 한편으로는 그렇고 다른 한편으로는 그렇지 않다. 스피노자의 반데카르트주의를 말할 수 있다면, 이는 무엇보다도 그가 필연성과 분리되어 있고 또 필연성을 넘어서는 인간의 자유와 신의 자유에 관한 발상을 모두 가상으로 간주하고 있기 때문이다(이 점에 관해서는 특히 Yannis Prelorentzos, *Temps, durée et éternité dans les Principes de la philosophie de Descartes de Spinoza*, PUPS, 1996; "Volonté et liberté: De Descartes à Spinoza à travers les Principes de la philosophie de Descartes et les Pensées métaphysiques", in Chantal Jaquet ed., *Les Pensées métaphysiques de Spinoza*, PUPS, 2004 참조). 하지만 그럼에도 여기서의 비판의 대상을 데카르트주의로 돌릴 수는 없는데, 왜냐하면 스피노자 자신이 1부 정리 33의 주석 2에서 지적하고 있듯이 "모든 것을 신의 무관심한 어떤 의지(indifferenti cuidam Dei voluntati)에 종속시키고, 모든 것은 그의 만족(beneplacito)에 달려 있다고 제시하는 의견이, 신은 모든 것을 선의 견지에서(sub ratione boni) 실행한다고 보는 관점보다는 진리에서 덜 떨어져 있"(G II 76)기 때문이다. 곧 데카르트주의는 인간의 자유와 신의 자유를 긍정함에도 불구하고, 신의 자유에 고유한 그 "무관심함" 때문에 목적론으로 환원되지 않는다는 점을 스피노자 역시 인정하고 있는 것이다. 이런 의미에서 데카르트주의는 또 다른 반(反)목적론의 형태 중 하나라고 보는 게 옳을 것이다.

21 스피노자가 명시적으로 표현하지는 않았지만, 여기에서 제시된 투사의 논리는 "정서 모방" 개념의 한 사례로 간주될 수 있다.

22 주지하다시피 이는 알튀세르가 「이데올로기와 이데올로기 국가장치들」 논문에서 이데올로기적 호명의 논리를 지칭하기 위해 사용한 명칭이다. Louis Althusser, *Sur la reproduction*, PUF, 1995 참조. 스피노자의 상상계 이론과 알튀세르의 이데올로기 이론 사이의 관계에 대한 고찰로는 진태원, 「스피노자와 알튀세르: 상상계와 이

데올로기」, 서동욱 · 진태원 엮음, 『스피노자의 귀환』, 민음사, 2017; 김은주, 「대중(multitude)의 '호명'에서 감정의 역할: 『신학정치론』 히브리 신정의 사례와 알튀세르의 스피노자 독해에서 빠진 것」, 『철학』 139집, 2019 참조.

23 여기서 "평온"(tranquilitas)이라는 용어는 스피노자가 『정치론』에서 말하는 "평화"(pax), 곧 "단순한 전쟁의 부재가 아니라 마음의 연합이나 화합"(animorum unione sive concordia)(TP VI 4)으로서의 평화와는 구분되어야 한다. 왜냐하면 스피노자가 지적하듯이 투르크 제국은 야만적임에도 불구하고 "어떠한 현저한 변화" 없이 오래 지속되었으며, 반대로 민주주의 국가는 매우 단명했을 뿐만 아니라, 지속적인 내부 갈등에 빠지기 쉽기 때문이다. 따라서 소요나 불화, 전쟁의 부재로서의 평온은 정치적 가치 판단의 기준이 될 수 없다.

24 예컨대 다음 구절을 참조. "왜냐하면 지금 보여준 것으로부터 아주 명료하게 이러한 서사들과 믿음에 대한 인식은, 그 기질로 인해(cujus ingenium) 명석 판명한 지각을 할 수 없는 우중에게 극히 필요하다는 점이 따라 나오기 때문이다."(TTP V 16; 모로판 p. 228) 또는 "이는 단 하나의 민족의 기질에 맞춰져 있다."(ad ingenium unius nationis accommodatur)(TTP III 10; 모로판 p. 170)

25 이런 의미에서 『신학정치론』은 "미신을 낳고 보존하고 양육하는 원인은 바로 공포다"(TTP prf. 4; 모로판 p. 58)라고 말하고 있다. 정념들 중에서 가장 강력한 정념을 죽음에 대한 공포로 제시한 사람은 주지하다시피 홉스다(『리바이어던』 11장 및 12장 참조). 하지만 스피노자는 욕구 또는 욕망을 인간의 본질로 간주하고 욕망과 기쁨, 슬픔을 원초적인 3가지 정서로 간주한다는 점에서 홉스와 차이가 있다. 스피노자에게 미신을 낳는 원인이 바로 공포라면, 이는 미신에 빠져 있는 사람들이 지닌 자기보존 욕구의 수동성 때문이지, 공포가 원초적이거나 가장 강력한 정서이기 때문은 아니다.

26 이 점에 관해서는 특히 Filippo Mignini, "Theology as the Work and Instrument of Fortune", in Cornelius de Deugd ed., *Spinoza's Political and Theological Thought*, North-Holland publishing Company, 1984; 피에르-프랑수아 모로, 「운과 역사이론」, 『트랜스토리아』 제5호, 박종철 출판사, 2005 참조. 미니니는 「서문」에서 "운"(fortuna)이라는 개념에 주목하면서, 이를 기반으로 스피노자의 존재론과 인간학에 내재한 아포리아를 심도 있게 분석한다. 반면 모로는 역시 운 개념에 주목하면서도, 이 개념을 기반으로 삼아 스피노자의 역사이론의 독창성을 해명한다.

27 『신학정치론』 17장과 18장에서는 특히 당대에 일어난 영국혁명이 이것의 대표적인 사례로 예시되고 있다.

28 스피노자의 이러한 주장은 서신교환에서도 볼 수 있다. "자네가 그처럼 칭찬해 마지않는 로마 교회가 정치적이고 많은 사람에게 이득의 원천이 된다는 점을 나는 인정

하네. 그리고 나는 로마 교회보다 더 사람들을 속이고 사람들의 정신을 통제하는 일을 위해 잘 조직된 교회가 있다고는 믿지 않네. 이런 일에서는 로마 교회를 훨씬 능가하는 마호메트 교회가 아니라면 말일세. 왜냐하면 이러한 미신이 생겨난 이래 그들의 교회 안에서는 어떠한 분열도 없었기 때문일세."(Ep 76; G IV) 그리고 『신학정치론』 6장 4절에서도 이와 비슷한 주장을 볼 수 있다. 이러한 주장은 물론 이슬람교의 역사에 대한 스피노자의 무지에서 나온 것이기는 하지만, 스피노자가 항상 미신의 제도화를 규율 및 강제와 결부시켜 사고하고 있다는 것을 보여준다는 점에서 주목할 만하다.

29 들뢰즈-가타리의 『반(反)오이디푸스』의 출발점 역시 바로 이러한 도착의 이유에 대한 질문에 있다는 점에 주목할 필요가 있다. "수 세기에 걸친 착취 이후에도 왜 사람들은 다른 사람들을 위해서만이 아니라 자기 자신들을 위해서도 **현실적으로** 착취와 예속을 **원할** 정도까지 모욕과 착취를 감내하고 있는가? 대중의 무지나 환상을 파시즘에 대한 설명으로 받아들이기를 거부하고, 그들의 욕망을 해명할 수 있는 설명, 욕망의 관점에서 정식화된 설명을 요구했을 때, 라이히(Reich)는 사상가로서 가장 심원한 경지에 도달한다. 대중은 천혀 순진한 얼뜨기들이 아니다. 어떤 지점, 어떤 일련의 조건들 아래에서 그들은 파시즘을 **원했으며**, 해명될 필요가 있는 것은 대중의 욕망의 이러한 도착이다." Gilles Deleuze & Felix Guattari, *L'anti-oedipe*, p. 33(강조는 들뢰즈-가타리). 그들은 이러한 질문에서 출발하여, 정신분석은 오히려 대중의 욕망을 연극화하는 한 형태, 따라서 욕망을 도착시키고 지배에 예속시키는 한 형태라고 비판하면서 욕망을 존재론적인 차원에서 생명의 흐름 그 자체(물론 이는 유기체론 또는 생기론과는 좀 다른 의미이기는 하다)로 격상시키고 이에 기반하여 자신들의 고유한 역사유물론을 전개한다. 이는 스피노자의 철학을 현대화하는 매우 흥미 있는 한 가지 방식으로 볼 수 있지만, 저자들은 8년 뒤에 씌어진 『천 개의 고원』에서는 이러한 문제설정을 해체한다.

30 내가 볼 때에는 바로 여기에 스피노자와 정신분석의 이론적 연관성의 한계가 존재하는 것 같다. 이런 점에서 스피노자의 문제설정은 오히려 알튀세르나 푸코와 더 가깝다.

31 엄밀히 말하자면 이는 "인식"이라고 할 수는 없다. 오히려 이는 인식이 가다듬고 교정해 나가야 할 소재라고 할 수 있을 것이다.

32 이를 좀 더 정치적인 관점에서 표현한다면 다음과 같은 질문으로 제시해볼 수 있을 것이다. "사람들은 어떻게 자신들의 고유한 상상계가 처음부터 예비해놓은, 그리고 사람들 중 일부[신학자들-전제군주들]에 의해 체계화되고, 아직도 많은 사람들이 그것에 묶여 있는 군주정의 운명에서 벗어날 수 있는가?" Laurent Bove, *La stratégie du conatus. Affirmation et résistance chez Spinoza*, op. cit, p. 191.

6 이마누엘 칸트

1 칸트의 생애에 관해서는 카를 포르랜더, 『칸트의 생애와 사상』, 서정욱 옮김, 서광사, 2001 및 오트프리트 회페, 『임마누엘 칸트』, 이상헌 옮김, 문예출판사, 2012, 1장을 참조하였다.

2 물론 칸트에게서 역사철학적인 차원에서의 정치철학적 논의를 빼놓을 수 없지만, 지면의 제약상 여기서는 다루지 않기로 한다.

3 이를 대한민국 헌법의 1조 1항 및 2항("대한민국은 민주공화국이다", "대한민국의 주권은 국민에게 있고, 모든 권력은 국민으로부터 나온다")과 비교해보면, 두 헌법이 출발점에서 다르다는 것이 분명히 드러난다. '공화주의적' 색채의 대한민국 헌법과 달리 독일 헌법에 그림자를 드리우고 있는 칸트 정치사상은 '자유주의적'이라고 할 수도 있을 것이다.

4 아르투어 쇼펜하우어, 『의지와 표상으로서의 세계』, 곽복록 옮김, 을유문화사, 2005, 411-412쪽.

5 이충진, 『이성과 권리: 칸트 법철학 연구』, 철학과현실사, 2000, 54-55쪽. 칸트의 법철학적 정치철학을 집필하는 데 이충진의 연구에서 많은 도움을 받았음을 미리 밝힌다.

6 Immanuel Kant, *Metaphysische Anfangsgründe der Rechtslehre*, herausgegeben von Bernd Ludwig, Hamburg: Meiner, 1986.

7 Wolfgang Kersting, *Wohlgeordnete Freiheit. Immanuel Kants Rechts- und Staatsphilosophie*, Frankfurt am Main: Suhrkamp, 1984.

8 오트프리트 회페, 『임마누엘 칸트』, 문예출판사, 2012, 254쪽.

9 칸트 저작에서 인용할 경우 관례에 따라 『순수이성비판』의 경우 초판 및 재판의 쪽수만을 명기하고, 나머지 저작은 저작명 뒤에 학술원판 권수(로마자) 및 쪽수를 명기한다. 번역은 필자.

10 오트프리트 회페, 『임마누엘 칸트』, 문예출판사, 2012, 258쪽.

11 오트프리트 회페, 『임마누엘 칸트』, 문예출판사, 2012, 262쪽.

12 이충진에 따르면, 브란트(Reinhard Brandt), 케르스팅(Wolfgang Kersting) 등 고전적인 칸트 법철학 연구자들은 칸트 소유권 논의, 나아가 사회계약 논의에서 허용법칙이 갖는 위상을 강조한다(이충진, 『이성과 권리: 칸트 법철학 연구』, 철학과현실사, 2000, 95-96쪽).

13 이충진, 『이성과 권리: 칸트 법철학 연구』, 철학과현실사, 2000, 96-97쪽.

14 전달/공유가능성의 독일어는 Mitteilbarkeit이다. 명사 Teil은 '부분, 몫'을 뜻하고, 동사 mitteilen에서 teilen은 '나누다'(분할과 공유의 두 의미)이고 mit-(함께)와 결합

하여 '함께 나누다, 공유하다, 전달하다'라는 의미를 가진다. 영어에서는 communicate가 이러한 의미를 지닌다. communicate는 common과 함께 라틴어 communis(공통의), communicare(공유하다), communicat-(공유된)로부터 유래했다.

15 우리는 심미적 판단을 하면서 실제로 이러한 보편성을 우리도 모르는 사이에 다른 사람들에게 요구한다는 관찰이 칸트의 독창적인 통찰에 속한다는 점은 이미 위에서 언급했다.

16 "예술과 정치를 연결하는 공통의 요소는 그것들이 공통의 세계의 현상이라는 점이다."(한나 아렌트, 『과거와 미래 사이』, 서유경 옮김, 푸른숲, 2005, 292쪽)

17 한나 아렌트, 『칸트 정치철학 강의』, 김선욱 옮김, 푸른숲, 2000, 93쪽.

18 한나 아렌트, 『예루살렘의 아이히만: 악의 평범성에 대한 보고서』, 김선욱 옮김, 한길사, 2006, 104쪽. "그와는 어떠한 소통도 가능하지 않았다. 이는 (…) 그가 말과 다른 사람들의 현존(the presence of others)을 가로막는, 따라서 현실 자체(reality as such)를 가로막는 튼튼한 벽으로 에워싸여 있었기 때문이다."(106쪽) 또한 그녀는 "무사유와 악의 이상한 상호연관성"에 대해 말한다(392쪽). 물론 여기서 "무사유"는 "타인의 입장에서 생각하는 데 무능력함"(106쪽)이다. 우리는 여기서 '예루살렘의 아이히만'을 집필하고 출간하던 1960년대 초반의 아렌트가 이미 『판단력비판』의 저 부분을 깊이 염두에 두고 있지 않았나 추측해볼 수 있다.

19 알려져 있다시피, 준칙의 보편화가능성을 요구하는 것이 정언명령이다.

20 한나 아렌트, 『칸트 정치철학 강의』, 94-95쪽. 정확히 말하면 그녀는 칸트적인 선험적 관점과 경험적-상대적 관점 사이를 부주의하게 왔다 갔다 한다.

7 게오르크 빌헬름 프리드리히 헤겔

1 헤겔, 『법철학』, 서정혁 옮김, 지식을만드는지식, 2020, p. 64.

2 악셀 호네트, 『비규정성의 고통』, 이행남 옮김, 그린비, 2017, p. 51-70.

3 『안티고네』는 여주인공 안티고네가, 외삼촌 크레온에게 넘어간 왕좌를 되찾기 위해서 테베를 공격했다가 전사한 자신의 오빠 폴리네이케스의 장례를 치르기 위해 여러 일들을 감행하다가 결국에는 이 장례 행위를 금지하기 위해 반포된 크레온의 칙령에 따라 동굴에 유폐되기에 이르고 그곳에서 스스로 목숨을 끊는 비극적인 최후를 맞이한다는 이야기를 담고 있다. 헤겔이 자신의 인륜성 이론의 지평 위에서 제시한 안티고네 분석은 이 고대 그리스의 비극 작품의 여주인공에 관한 고전적인 해석 가운데 하나로 꼽힐 정도로 유명하다.

4 소포클레스, 「안티고네」, 『소포클레스 비극』, 천병희 옮김, 단국대학교출판부, 2001, p. 110.

5 위의 책, p. 98-99.

6 헤겔, 『정신현상학 2』, 임석진 옮김, 한길사, 2005, p. 40-57.

7 위의 책, p. 42-43.

8 이상 안티고네의 비극에 관한 헤겔의 논의를 다루는 내용은 필자의 논문, 「헤겔의 인륜성 이론에서 "순수한 자기사유"」, 『가톨릭철학』 제31호, 가톨릭철학회, 2018, p. 231-232를 보충하여 확장한 것임.

9 헤겔, 『자연법』, 김준수 옮김, 나남, 2004, p. 27.

10 위의 책, p. 28.

11 헤겔, 『정신현상학 1』, 임석진 옮김, 한길사 2005, p. 211.

12 위의 책, p. 212.

13 위의 책, p. 210.

14 위의 책, p. 211.

15 위의 책, p. 212.

16 헤겔의 『정신현상학』의 「자기의식」 장에 나타난 "욕망" 개념을 이 방향에서 흥미롭게 재구성하는 분석으로는 Axel Honneth, "Von der Begierde zur Anerkennung – Hegels Begründung von Selbstbewusstsein", in: ders. *Das Ich im Wir*, Berlin: Suhrkamp, 2010, p. 24-30.

17 헤겔, 『정신현상학 1』, 임석진 옮김, 한길사, 2005, p. 217.

18 위의 책, p. 217.

19 위의 책, p. 217.

20 위의 책, p. 222.

21 헤겔, 『법철학』, 서정혁 옮김, 지식을만드는지식, 2020, § 5 ~ § 7.

22 Hegel, *Grundlinien der Philosophie des Rechts*, ed. By Eva Moldenhauer & Karl Markus Michel, Frankfurt am Main: Suhrkamp, 1986, § 7, Zusatz.

23 헤겔, 『법철학』, 서정혁 옮김, 지식을만드는지식, 2020, § 145.

24 위의 책, § 145.

25 위의 책, § 174.

26 위의 책, § 153.

27 위의 책, § 146.

28 위의 책, § 192 ~ § 193 참조.

29 위의 책, § 260 참조.

30 이상 두 단락은 필자의 논문, 「칸트의 도덕적 자율성으로부터 헤겔의 인륜적 자율

성으로: "제2의 자연"에 의해 매개된 두 차원의 "해방"을 위하여」, 『철학연구』 제 116집, 철학연구회, 2017, p. 232-234에서 발췌한 내용을 변형하여 재구성한 것임.

31 Michael Theunissen, "Die Verdrängte Intersubjektivität in Hegels Philosophie Des Rechts", in: *Hegels Philosophie des Rechts*, ed. by Dieter Henrich/Rolf-Peter Horstmann, Stuttgart: Klett-Cotta, 1982, pp. 317-381; Jürgen Habermas, "Arbeit und Interaktion. Bemerkungen zu Hegels Jeneser Philosophie des Geistes", in: ders. *Technik und Wissenschaft als "Ideologie"*, Frankfurt am Main: Suhrkamp, 1968, pp. 9-47.

8 존 스튜어트 밀

1 이사야 벌린의 소위 '소극적 자유'에 대한 언급은 기본적으로 밀이 『자유론』에서 말하고 있는 기본적인 권리와 관련된 것이다. "무제한적인 자유방임의 폐해가, 그리고 그러한 무한경쟁을 허용하고 조장하는 사회체계 및 사법체계의 폐해가, "소극적" 자유에 대한 침해, 즉 (압제자를 막아줄 방호벽이라는 점에서 항상 "소극적"인 개념일 수밖에 없는) 기본적 인권—자유로운 의사 표현 및 결사의 권리 등, 그것 없이도 정의나 박애 또는 심지어 일정한 종류의 행복조차 혹시 존재할 수 있을지 모르나 민주주의는 존재할 수 없는 권리—에 대한 광포한 침해로 이어진다는 점을 그 글에서 강조하였던 것보다 더 강조했어야만 했던 것 같다. (…) 권리를 집행할 힘이 없다면 권리가 무슨 의미를 가지겠는가?"(이사야 벌린, 『이사야 벌린의 자유론』, 박동천 옮김, 아카넷, 2006, 129-130쪽) 존 롤스는 『정의론』에서 자유롭고 합리적인 개인들이 참여하는 원초 상태를 가정한다. 여기서 말하는 자유롭고 합리적인 개인들은 타인의 이해관계에 관심이 없는 것으로 상정되었지만 자신의 행복을 위해 효과적인 수단을 취할 수 있는 개인을 뜻한다(존 롤스, 『정의론』, 황경식 옮김, 이학사, 2003, 48쪽 참조). 밀의 자유주의는 개성을 실현함으로써 행복을 얻고자 하는 개인을 자유의 주체로 상정한다. 나머지 철학자들과 밀의 연관성은 본문의 주를 참조.

2 밀은 자신의 자서전에서 "아버지는 모든 가르침에서 내가 할 수 있는 최대한의 것뿐만 아니라 내가 도저히 할 수 없는 많은 일을 요구했다."거나 "그 자리에서 아버지는 기회가 닿는 대로 문명, 정치, 도덕, 학문에 대한 설명과 사고 방법을 말해주었으며, 나중에 내가 나 자신의 말로 그에게 다시 말하도록 요구했다."라고 회상한다. 존 스튜어트 밀, 『존 스튜어트 밀 자서전』, 박홍규 옮김, 문예출판사, 2019, 21-24쪽 참조.

3 같은 책, 10쪽.

4 존 스튜어트 밀, 『자유론』, 김형철 옮김, 서광사, 2003, 26쪽.

5 같은 책, 23쪽.

6 같은 책, 25쪽 참조.

7 같은 책, 26쪽.

8 같은 책, 34쪽. 밀의 이와 같은 견해는 로티의 자유주의에 대한 관점과 크게 다르지 않은 것으로 보인다. "우리의 관점에서 보면 자유주의 정치에서 관건이 되는 모든 것은 (…) 자유로운 토론의 결과가 무엇이건 간에 그것을 "참" 혹은 "선"이라고 부를 것이라는 널리 공유된 확신뿐이다. 바꿔 말해서 우리가 정치적 자유를 돌본다면, 진리와 선은 스스로를 돌볼 것이라는 확신이다."(리처드 로티, 『우연성, 아이러니, 연대』, 김동식·이유선 옮김, 사월의책, 2020, 183쪽)

9 존 스튜어트 밀, 『자유론』, 44쪽.

10 같은 책, 53쪽 참조.

11 같은 책, 83쪽.

12 같은 책, 85쪽. 에리히 프롬 역시 칼뱅주의의 자기부정에 대해 언급하고 있으며, 이러한 그의 관점은 밀의 입장과 연관 지어 볼 수 있다. "예정설은 심리적으로 이중적인 의미를 가지고 있다. 그것은 한편으로는 개인이 보잘것없고 무력하다는 느낌을 표현하고 강화한다. (…) 루터의 가르침과 칼뱅의 가르침에는 아주 중요한 차이점이 또 하나 있다. 그것은 칼뱅이 도덕적 노력과 고결한 생활의 중요성을 더 강조한다는 점이다. 개인이 행동으로 운명을 바꿀 수 있는 것은 아니지만, 노력할 수 있다는 바로 그 사실이 그가 구원받을 집단에 속해 있다는 것을 보여주는 증거다. '개인이 회의와 무력감을 극복하기 위해서는 활동적이어야 한다.' 이런 종류의 노력과 활동은 내적인 힘과 자신감의 결과가 아니라 불안에서 벗어나려는 필사적인 도피일 뿐이다."(에리히 프롬, 『자유로부터의 도피』, 김석희 옮김, 휴머니스트, 2012, 98-101쪽)

13 존 스튜어트 밀, 『자유론』, 86쪽. 존 듀이 역시 바람직한 민주적 공동체란 개인의 삶과 사회적 목표가 갈등을 일으키지 않는 사회로 보고 있으며, 각각의 개인이 의미 있는 삶을 살 수 있을 때 그 사회가 의미 있는 사회가 될 수 있다고 주장한다. "뜻 깊은 인격적 자질을 갖춘 개인으로 구성된 사회가 아니면, 진정으로 공헌할 만한 가치가 있는 사회 같은 건 있지도 않기 때문이다. (…) 민주주의에 도덕적이고 이상적인 뜻이 있다면, 그것은 모든 사람이 사회에 합당한 기여를 해야 하고, 모든 사람에게 독자적인 능력을 발달시킬 기회가 주어져야 한다는 것이다."(존 듀이, 『민주주의와 교육/철학의 개조』, 김성숙·이귀학 옮김, 동서문화사, 2008, 138쪽)

14 존 스튜어트 밀, 『자유론』, 107쪽.

15 같은 책, 120쪽 참조.

16 같은 책, 142쪽.

17 존 스튜어트 밀, 『공리주의』, 이을상 옮김, 지식을만드는지식, 2011, 12쪽.

18 같은 책, 13쪽.

19 같은 책, 21쪽.

20 벤담은 고통과 쾌락의 가치를 측정할 수 있다고 보고 다음과 같이 그 측정 방법을 제안하고 있다. "한쪽에서는 쾌락의 가치의 총량을, 다른 쪽에서는 고통의 가치의 총량을 합산해보라. 만일 차감한 값이 쾌락 쪽에 기운다면, 그것은 그러한 개별적 개인의 이익과 관련하여, 전반적으로 행위의 좋은 경향을 제시하는 것이 될 것이다. 만일 그것이 고통 쪽에 기운다면, 전반적으로 행위의 나쁜 경향을 제시하는 것이 될 것이다."(제러미 벤담, 『도덕과 입법의 원리 서설』, 고정식 옮김, 나남, 2011, 69-70쪽)

21 존 스튜어트 밀, 『공리주의』, 29쪽.

22 같은 책, 36쪽.

23 같은 책, 46쪽.

24 같은 책, 50쪽.

25 같은 책, 54쪽.

26 같은 책, 62쪽.

27 같은 책, 78쪽.

28 같은 책, 100쪽.

29 같은 책, 103쪽.

30 같은 책, 119쪽.

31 『공리주의』의 역자인 이을상은 밀이 벤담과 더불어 신자유주의 윤리설을 정당화한다고 평가한다. 『공리주의』, 169-170쪽 참조.

32 『존 스튜어트 밀 자서전』의 역자인 박홍규는 밀의 자유주의가 신자유주의와 다르며 경제적 자유보다는 정치적 자유주의를 강조하는 서구의 리버럴리즘의 전통에 있다고 본다. 『존 스튜어트 밀 자서전』, 363쪽 참조.

33 존 스튜어트 밀, 『존 스튜어트 밀의 사회주의론』, 정홍섭 옮김, 좁쌀한알, 2018.

34 같은 책, 14쪽.

35 같은 책, 18쪽.

36 같은 책, 30쪽.

37 같은 책, 89쪽.

38 같은 책, 94-95쪽.

39 같은 책, 110쪽 참조.

40 같은 책, 113쪽.

41 같은 책, 122쪽.

42 같은 책, 130쪽.

43 같은 책, 131쪽.

44 존 스튜어트 밀, 『여성의 예속』, 김민예숙 옮김, 이화여대출판부, 2006, 45쪽.

45 같은 책, 57쪽.

46 같은 책, 62쪽.

9 토머스 힐 그린

1 본 글은 저자의 박사학위 논문의 일부를 수정·보완한 것이다. 박성진, 『'새로운 자유주의(New Liberalism)'의 재해석: 자유주의 역사의 재구성과 실천적 함의를 중심으로』, 성균관대학교 정치외교학과 박사학위 논문, 2015 참조.

2 조승래, "토머스 힐 그린과 아이제이아 벌린, 그리고 공화주의", 『영국연구』 25집, 2011, 147쪽.

3 토머스 힐 그린, 『윤리학 서설』, 서병훈 옮김, 한길사, 2004, 67쪽.

4 같은 책, 69쪽.

5 같은 책, 100쪽.

6 같은 책, 99쪽.

7 "칸트와 피히테의 관념론에서 의식은 항상 대상에 고착해 있다. 그렇기 때문에 하나의 의식은 대상과 통일되지 못하고 다른 의식으로 이행하지만 그 역시 대상을 자신에 낯선 것으로 보기 때문에 결코 대상과 통일될 수 없다. 충족을 찾아 무한히 진행하는 계열은 끝에 도달할 수 없는데, 그것은 의식이 원리적으로 감성에 제약되어 있기 때문이다. 달리 말하면 이러한 의식에게 대상은 항상 자체존재(Ansich)로서 독자적으로 있다. 관계의 형성은 이미 독자적인 존재인 사물이 관계항으로서 독립해 있고 또 다른 독자적 존재인 사물과 외적으로 이루어진다. 그렇기 때문에 이 관계는 기계적이다." 강순전, 「헤겔 정신현상학에서 칸트와 피히테의 관념론 비판」, 『철학탐구』 20집, 2006, 111쪽 참조.

8 토머스 힐 그린, 『윤리학 서설』, 69-70쪽.

9 R. L. Nettleship, "Memoir (of T. H. Green)", in Nettleship, ed., *Works of Thomas Hill Green, VOL. III : Miscellanies and Memoir* (London: Longmans, 1888), p. 65.

10 Darin R. Nesbitt, "Recognizing Rights: Social Recognition in T. H. Green's System of Rights", *Polity*, Vol. 33, No. 3 (Spring, 2001), p. 434.

11 Ibid., p. 424.

12 Peter P. Nicholson, *The Political Philosophy of the British Idealists*, New York: Cambridge University Press, 1990, p. 84.

13 T. H. Green, *Lecture on the Principles of Political Obligation* (Ontario: Batoche Books, 1999), p. 48.

14 Rex Martin, "T. H. Green on individual rights and the common good", in *The New Liberalism: Reconciling Liberty and Community*, (eds.) Avital Simhony & David Weistein (Cambridge: Cambridge University Press, 2001), p. 52.

15 T. H. Green (1999), p. 364.

16 T. H. Green (1999), p. 362.

17 T. H. Green (1999), pp. 23-26.

18 R. L. Nettleship (1888), p. clv.

19 Peter P. Nicholson (1990), p. 96.

20 John Allett, "New Liberalism & the New Property Doctrine: Welfare Right as Property Rights", *Polity*, Vol. 20, No. 1 (1987), pp. 57-79.

21 T. H. Green, "Liberal Legislation and Freedom of Contract", in R. L. Nettleship, ed., *Works of Thomas Hill Green, VOL. III : Miscellanies and Memoir* (London: Longmans, 1888), p. 377.

22 T. H. Green (1999), pp. 155-156.

23 Michael Freeden, "J. A. Hobson as a New Liberal Theorist: Some Aspects of his Social Thought Until 1914", *Journal of the History of Ideas*, Vol. 34, No. 3 (1973), p. 424.

24 T. H. Green (1999), p. 155.

25 Charles A. Reich, "The New Property", *The Yale Law Journal*, Vol. 73, No. 5 (1964), p. 771.

26 Peter P. Nicholson (1990), p. 97.

27 John Morrow & Andrew Vincent, "Private property, liberal subjects and the state", in *The New Liberalism: Reconciling Liberty and Community*, (eds.) Avital Simhony & David Weistein (Cambridge: Cambridge University Press, 2001), p. 101.

28 R. L. Nettleship (1888), p. 372.

29 David Boucher & Andrew Vincent, *British Idealism and Political Theory* (Edinburgh: Edinburgh University Press, 2011), p. 5.

30 T. H. Green (1999), p. 337.

31 David Boucher & Andrew Vincent (2011), p. 29.

32 William Sweet, *Idealism and Rights: The Social Ontology of Human Rights in the Political Thought of Bernard Bosanquet* (Oxford: University Press of America, 1997), p. 131.

33 T. H. Green (1999), p. 328.

34 서병훈, "공동선 자유주의: 토마스 힐 그린의 정치사상", 『한국정치학회보』 29집 4호 (1996), p. 97.

35 Quentin Skinner, "A Third Concept of Liberty", *Proceedings of British Academy*, 117 (2002), pp. 240-241.

36 서병훈 (1996), p. 93.

37 T. H. Green (1999), p. 7.

38 T. H. Green, *Prolegomena to Ethics* (London: Clarendon, 1899), p. 288, no. 239.

39 토머스 힐 그린 (2004), pp. 259-260.

40 서병훈 (1996), p. 93.

41 T. H. Green (1888), p. 375.

42 그린과 교육 그리고 시민의 관계에 대해서는 Raymond Plant, "T. H. Green: Citizenship, Education and the Law", *Oxford Review of Education*, Vol. 32, No. 1 (2006), pp. 23-37 참조.

43 토머스 힐 그린 (2004), p. 529.

44 T. H. Green (1999), p. 339.

45 Paul Harris, "Moral Progress & Politics: The Theory of T. H. Green", *Polity*, Vol. 21, No. 3 (1989), p. 540.

46 Michael Freeden, *Minutes of Rainbow Circle 1894-1924* (London: Royal Historical Society, 1989), no. 130, p. 177.

47 T. H. Green (1999), p. 365.

48 서병훈 (1996), p. 93.

49 T. H. Green (1899), p. 348.

50 Louis Dupré, "The Common Good and the Open Society", *The Review of Politics*, Vol. 55, No. 4 (1993), pp 687-712.

51 Avital Simhony, "T. H. Green's complex common good: between liberalism and communitarianism", in *The New Liberalism: Reconciling Liberty and Community*, (eds.) Avital Simhony & David Weistein (Cambridge: Cambridge University Press, 2001), pp. 85-86. 초기 롤스의 사상을 'rightness-common good' 사상이라 할 수 있으며 공동체주의의 사상을 'goodness-common good'이라 한다면, 그린은 'goodness-common good'에 더 가깝다고 할 수 있다. 하지만 그린의 공동선은 훨씬 복잡한 모습을 하고 있다. 그린의 공동선은 '자아실현'이라는 개념이 함의되어 있으며 이것은 칸트와 아리스토텔레스 그리고 헤겔의 철학을 모두 함의하고 있다고 할 수 있다. 샌델은 롤스의 정의론을 분석함에 있어 공동선에 대한 권리의 우선성 명제를 공격하

는 데 주력했다. 하지만 샌델은 정의와 인격체에 대한 자유주의적 설명이 공동체의 구성적 선을 배제한 것이 아니라 단지 그것에 대한 부분적 내지는 편향적 해석에 기초하고 있음을 인식하지 못했다. '자유주의적 정의'와 '공동체' 사이의 갈등관계에서 어느 한쪽의 일방적 승리에 의하지 않는 최선의 타협안을 모색하지 않은 점에서 샌델은 헤겔을 계승하지 못했다. P. Stern, "Citizenship, Community and Pluralism: The Current Dispute on Distributive Justice", *Praxis International*, Vol. 11, No. 3 (1991), p. 281. 매킨타이어의 경우, 그의 유일한 전략은 개별적인 지역 공동체 내에서 전통적인 아리스토텔레스적 미덕정치를 재건하는 것이다. 아리스토텔레스의 전통으로 복귀하는 것이 그의 유일한 해결책이었다. 김비환, "현대 자유주의-공동체주의 논쟁의 정치적 성격에 관한 고찰", 『철학연구』, Vol. 45 (1999), p. 111.

52 서병훈 (1996), p. 100.

53 David Boucher & Andrew Vincent (2011), p. 50.

54 Peter P. Nicholson (1990), pp. 56-64.

55 Peter P. Nicholson (1990), p. 64. 새로운 자유주의가 제시하는 공동선에 대한 비판은 서병훈의 그린에 대한 비판에도 잘 나타나 있다. 서병훈은 그린의 공동선 개념에 대해서 입증되지 않은 주장 위에서 이론을 전개한다고 말하며 이성과 양심, 그리고 인간의 본성이라고 하는 막연한 근거를 가지고 그것을 정당화하려 한다고 비판한다. 서병훈 (1996) 참조.

56 W. J. Mander, *British Idealism: A History* (Oxford: Oxford University Press, 2011), p. 89.

57 Andrew Vincent, "The New Liberalism and Citizenship", in *The New Liberalism: Reconciling Liberty and Community*, eds. Avital Simhony & David Weistein (Cambridge: Cambridge University Press, 2001), pp. 225-226.

58 Avital Simhony, "Beyond Negative and Positive Freedom: T. H. Green's View of Freedom", *Political Theory*, Vol. 21, No. 1 (1993), p. 28.

59 W. J. Mander (2011), p. 239.

60 Peter P. Nicholson (1990), p. 116.

61 Peter P. Nicholson (1990), p. 117 & W. J. Mander (2011), p. 239.

62 T. H. Green (1888), p. 372.

63 Peter P. Nicholson (1990), p. 119.

64 W. J. Mander (2011), p. 241.

65 서병훈 (1996), p. 89.

10 카를 마르크스

1 이 글은 2018년 대한민국 교육부와 한국연구재단의 지원을 받아 수행된 연구임 (NRF-2018S1A3A2075204).

2 Karl Marx, 『정치경제학 비판을 위하여』, 김호균 옮김, 중원문화, 1989, 6쪽.

3 Karl Marx, 『헤겔 법철학 비판』, 홍영두 옮김, 아침, 1994, 204쪽.

4 Karl Marx, 『경제학 철학 수고』, 김태경 옮김, 이론과실천, 1987, 56쪽.

5 같은 책, 84쪽.

6 Karl Marx, Friedrich Engels, 『독일 이데올로기: 최근 독일 철학의 대표자 포이어바흐, 바우어, 슈티르너에 대한 비판』, 이병창 옮김, 먼빛으로, 2019, 45쪽.

7 같은 책, 49쪽.

8 같은 책, 63쪽.

9 같은 책, 60쪽.

10 『정치경제학 비판을 위하여』, 7쪽.

11 Karl Marx, Friedrich Engels, 『공산당 선언』, 강유원 옮김, 이론과실천, 2008, 8쪽.

12 같은 책, 41쪽.

13 Karl Marx, 『정치경제학 비판 요강 I』, 김호균 옮김, 그린비, 2007, 71쪽.

14 같은 책, 264쪽.

15 Karl Marx, 『자본론: 정치경제학 비판 I(상)』, 김수행 옮김, 비봉출판사, 2006, 91쪽.

16 같은 책, 93쪽.

17 같은 책, 230쪽.

18 같은 책, 6쪽.

19 Karl Marx, 『자본론: 정치경제학 비판 I(하)』, 김수행 옮김, 비봉출판사, 2005, 1050쪽.

20 Karl Marx, 『자본론 3(하)』, 김수행 옮김, 비봉출판사, 2004, 998-999쪽.

고지현

독일 브레멘 대학 철학과에서 발터 벤야민 연구로 박사학위를 받았다. 서울과학기술대 강사로 재직 중이다. 저서로 『꿈과 깨어나기: 발터 벤야민 파사주 프로젝트의 역사이론』이 있고, 벤야민 관련 다수의 논문들이 있다. 공저서로 『프랑크푸르트학파의 테제들』 『포스트모던의 테제들』 『현대 페미니즘의 테제들』 등이 있으며, 공역서로 『베스텐트 2012』 『베스텐트 2013/1』 『베스텐트 2014』 『베스텐트 2015』 『대탈주: 베스텐트 한국판 5호』 『토크빌과 평등의 역설: 베스텐트 한국판 7호』 등이 있다.

김은희

서울대 철학과를 졸업하고 동대학원에서 롤스와 왈저의 정치철학을 비교하는 논문으로 박사학위를 받았다. 건국대 상허교양대학 교수로 재직 중이며 비판적 사고와 윤리학을 가르치고 있다. 공저서로 『윤리학과 그 응용』 『처음 읽는 윤리학』 『현대 정치철학의 테제들』 『현대 페미니즘의 테제들』 등이 있으며, 역서로 『해석과 사회비판』 『공동체주의와 공공성』(공역) 『도덕철학사 강의』 등이 있다.

문성훈

연세대 철학과를 졸업하고 서울대 대학원을 거쳐 독일 프랑크푸르트 대학 철학과에서 악셀 호네트 교수의 지도로 박사학위를 받았다. 서울여대 교양대학 현대철학 담당 교수로 재직 중이며 『베스텐트』 한국판 책임편집자를 맡고 있다. 저서로 『미셸 푸코의 비판적 존재론』 『인정의 시대』, 공저서로 『프랑크푸르트학파의 테제들』 『포스트모던의 테제들』 『현대 정치철학의 테제들』 『현대 페미니즘의 테제들』 등이 있으며, 역서로 『정의의 타자』 『인정투쟁』 『분배냐, 인정이냐?』(이상 공역) 『사회주의 재발명』 등이 있다.

김광식

서울대 철학과를 졸업하고 독일 베를린 공과대학 과학·기술·철학과에서 인지문화철학 전공으로 박사학위를 받았다. 서울대 철학사상연구소 연구원을 거쳐 서울대 기초교육원에서 교양교육을 담당하고 있다. 저서로 『행동지식』 『김광석과 철학하기』 『다시 민주주의다』(공저) 『세상의 붕괴에 대처하는 우리들의 자세』(공저) 등이 있고, 논문으로 「인지문화철학으로 되짚어 본 언어폭력」 「인지문화철학으로 되짚어 본 동성애혐오」 등이 있다.

진태원

연세대 철학과와 동대학원 철학과를 졸업하고 서울대 철학과에서 스피노자 연구로 박사학위를 받았다. 고려대 민족문화연구원 선임연구원으로 재직 중이며 『황해문화』 편집위원으로 있다. 저서로 『을의 민주주의』 『애도의 애도를 위하여』, 공저서로 『알튀세르 효과』 『스피노자의 귀환』 『포퓰리즘과 민주주의』 등이 있으며, 역서로 『헤겔 또는 스피노자』 『법의 힘』 『스피노자와 정치』 『마르크스의 유령들』 『우리, 유럽의 시민들?』 『정치체에 대한 권리』 『폭력과 시민다움』 『쟁론』 『불화』 『알튀세르의 정치철학 강의』 등이 있다.

정대훈

서울대 철학과를 졸업하고 동대학원에서 데카르트 연구로 석사학위를 받았다. 독일 프랑크푸르트 대학에서 크리스토프 멘케 교수의 지도 아래 「주체성과 예술: 헤겔과 니체에 따른 근대의 구성」으로 박사학위를 받았다. 한국산업기술대 지식융합학부에서 교육전담교원으로 재직 중이다. 역서로 『데카르트』 『뉴레프트리뷰 3』(공역) 등이 있으며, 논문으로 「칸트의 존경 이론에서 주관적 전회와 존경의 절취」 「헤겔의 역사철학적 비극관」 「정신의 도야」 「선택의지의 자유란 어떻게 이해되어야 하는가」 「'지식의 의지' 개념 분석을 중심으로 한 푸코와 니체의 사상적 관계에 대한 고찰」 등이 있다.

이행남

서울대 동양사학과를 졸업하고 같은 대학 철학과에서 헤겔 연구로 석사학위를 받았다. 독일 프랑크푸르트 대학에서 악셀 호네트 교수의 지도 아래 「인륜적 자유의 변증법: 헤겔과 그의 선행자들 간의 논쟁」으로 박사학위를 받았다. 서울대 철학과 교수로 재직 중이다. 역서로 『뉴레프트리뷰 1』(공역) 『비규정성의 고통』이 있으며, 논문으로 「피히테의 『자연법의 토대』에서의 상호인정의 근본이념」 「칸트의 도덕적 자율성으로부터 헤겔의 인륜적 자율성으로」 「헤겔의 인륜성 이론에서 "순수한 자기사유"」 등이 있다.

이유선

고려대 철학과를 졸업하고 동대학원에서 박사학위를 받았다. 미국 버지니아 대학교에서 리처드 로티 교수의 지도를 받아 박사 후 과정을 마쳤다. 서울대 기초교육원 강의교수로 재직 중이다. 저서로 『리처드 로티』 『실용주의』 『아이러니스트의 사적인 진리』 『사회 철학』 『현대 정치철학의 테제들』(공저) 『로티의 철학과 아이러니』(공저) 『리처드 로티, 우연성·아이러니·연대성』 등이 있으며, 역서로 『우연성, 아이러니, 연대』(공역) 『철학의 재구성』 『공공성과 그 문제들』(공역) 등이 있다.

박성진

인하대 철학과를 졸업하고 성균관대학교 정치외교학과에서 정치철학 전공으로 박사학위를 받았다. 영남대 통일문제연구소 학술연구교수로 재직 중이다. 논문으로 「The liberal acceptance of Hegel: The Acceptance and Transformation of Hegelian Philosophy in 19th Century Britain」 「영장류의 사회적 행위를 통한 '정의(justice)'의 기원에 관한 연구」 「포스트데모스(Postdemos): 새로운 정치적 주체의 가능성」 등 다수가 있으며 현재는 '위기시대의 정치철학'에 관한 연구를 진행 중이다.

한상원

서울시립대 철학과에서 마르크스의 물신주의와 이데올로기 개념 연구로 석사학위를 받았고, 독일 베를린 훔볼트 대학교에서 아도르노의 정치철학 연구로 박사학위를 받았다. 충북대 철학과 교수로 재직 중이다. 저서로 『앙겔루스 노부스의 시선: 아우구스티누스, 맑스, 벤야민. 역사철학과 세속화에 관한 성찰』, 공저서로 『현대 정치철학의 네 가지 흐름』 『비판적 사고』 『아도르노와의 만남』 등이 있으며, 역서로 『공동체의 이론들』(공역) 『아도르노, 사유의 모티브들』 등이 있다.